KB272178

극우시대가 온다

햇볕정치와 공화적 민주시민교육

극우시대가 온다

햇볕정치와 공화적 민주시민교육

조희연 지음

차례

책을 펼쳐 든 독자에게: 세 명의 조희연이 엮어낸, 우리 시대와 민주주의를 위한 성찰　　7

서문: 지구적 퇴행의 시대, 정치·사회·교육의 새로운 길을 탐색하면서　　13

1부　아주 긴 민주화, 세상은 어떻게 변해왔을까?

'장기 민주화 시대'의 국내적·국제적 변화

1장　세상이 바뀌면 문제가 사라질까?　　55
　　　민주화의 단계적 변화와 민주주의의 새로운 위기

2장　적이 있는 민주주의와 적이 없는 민주주의, 성공의 역설　　74
　　　민주화 이후 구조 및 주체의 변모와 성공의 역설

3장　장기 민주화 시대의 그늘　　94
　　　'적'의 시선으로 우리를 바라보기

4장　트럼프식 정치는 왜 저런 모습일까?　　109
　　　서구의 '적대적 진영정치'와 지구화

2부　변화의 시대, 생각의 지도를 다시 그리다

국내적·국제적 변화에 대응하는 인식틀의 혁신과 확장

5장　우리의 좋은 실천이 갖는 그림자를 돌아보자　　121
　　　복합성의 시대에 대응하는 민주진보 인식틀의 확장

6장　70%의 확신과 30%의 성찰로 민주주의를 지키다　　142
　　　역지사지형 성찰성에 기반한 '3-7제 민주주의'

7장　민주주의는 언제나 위기에 처할 수 있다　　180
　　　공화성이 빠진 민주주의의 빈틈 메우기

[보론 1] 시민사회운동이 진영정치와 결합되면서 나타나는 의도하지 않은 결과　　200

3부 새로운 정치 양식, 햇볕정치의 다섯 가지 유형

8장 거센 바람만으로 마음을 녹일 수 없다 207
햇볕정치의 의미와 성격

9장 버려진 분노와 먼저 악수하다 220
음지 의제를 양지로 끌어올리는 햇볕정치

10장 국민들이 더 많은 것을 스스로 결정하게 하자 226
직접 민주주의형 햇볕정치

11장 성악설과 성선설의 거리를 좁히자 234
'내로남불' 논란에 대응해 '일반적 규칙'을 정립하는 협치형 햇볕정치

12장 반독재 민주화운동의 헌신성을 되살리는 정치는 불가능한가? 258
자기희생형 햇볕정치

13장 올바름이 공포가 아니라 해방이 되는 좁은 길을 찾아보자 273
이른바 PC 햇볕정치

4부 공화의 꿈, 교육에서 길을 찾다
공화적 개혁과 교육의 과제

14장 공동체 미덕이 숨 쉬는 학교의 꿈을 포기하지 말자 293
'공화적 민주시민교육'의 과제와 방향

[보론 2] 손흥민과 이강인의 갈등의 드라마를 보면서, 한국 정치와 교육을 생각한다 346
[보론 3] 교회가 관용과 다원성의 공간이 되기를: '교회의 정치화'의 양면성을 생각하며 355

결론: '총'을 든 채로 사랑할 수 있는가? — 민주주의의 마지막 질문 367
주 379

책을 펼쳐 든 독자에게
세 명의 조희연이 엮어낸, 우리 시대와 민주주의를 위한 성찰

언젠가 '공존의 사회, 공존의 교육'을 주제로 강의할 때였다. 나는 대립하는 상대를 악마라고 생각하면, 우리는 그들과 공존할 수 없다고 말했다. 그리고 덧붙였다. "악마에게도 천사 같은 면이 있고, 천사에게도 악마 같은 면이 있을 수 있습니다."

그때 맨 앞줄에 앉아 있던 어느 수녀님의 미소가 눈에 띄었다. 순간 솟아난 장난기를 참지 못하고 물었다. "그런데 수녀님, 천사에게도 악마성이 있을까요? 혹시 성서에 그런 얘기는 없나요?"

수녀님은 빙긋이 웃으며 단호히 말했다. "그런 구절은 없습니다." 강의장은 웃음바다가 되었다. 그렇게 어느 철없는 교육감의 촌극으로 지나갈 법한 일은 내게 오래도록 남아 고민거리가 되었다. 선과 악이 과연 명확히 나뉠 수 있는가. 첨예한 대립을 이루는 정치의 세계라 할지라도 그렇게 단순한 구도로 바라보아도 되는 걸까.

지금 대한민국은 거대한 격정의 순간을 맞이했다. 우리는 '내란 척결'이라는 이름 아래 제법 긴 터널을 흔들리며 지나고 있다. 이 길은 2024년 12월 3일의 비상식적 비상계엄으로 시작된 대한민국 민주주의의 궤도 이탈을 바로잡고자 많은 이들의 몸과 마음으로 닦아가는 길이다.

내란과 척결의 과정에서 우리는 21세기에도 민주주의가 흔들릴 수 있음을, 그와 동시에 흔들린 민주주의를 시민의 힘으로 다시 세울 수 있음을 보왔다. 이러한 시점에 내 머릿속을 가득 채우는 생각을 한 문장으로 표현하면 '이제는 돌아와 거울 앞에 섰다'이다.

격정의 1980년대, 사회주의적 이상으로 젊은 영혼을 뜨겁게 태우던 시기가 있었다. 사회주의 혁명으로 막이 오른 20세기는 사회주의 체제의 붕괴로 막을 내렸고, 이념적 격정보다는 생계의 고단함이 우선하는 시대가 되었다. 학자에서 교육자로, 또 선출직 공직자로 한국 사회의 여러 고비마다 변화를 겪은 내 삶도 모니터 앞에서 고개를 내민 채 키보드를 두드리는 한 개인으로 돌아왔다.

교육감직에서 물러나며 내 삶에서 더 이상의 치열함은 없을 것이라고 생각했다. 사회에 공헌하는 일을 찾아 여기저기 기웃거리거나 책을 읽고 자전거를 타는 등 소일거리로 삶을 채워갈 것이라 여겼다. 그런데 '계엄'은 나를 다시 머리를 쥐어뜯으며 고민하던 1980년대로 돌려보냈다.

전 세계를 극우적 보수주의가 휩쓸고 있다. 트럼프식 정치는 포퓰리즘을 넘어 선동적 물결을 만들고, 독일과 프랑스를 비롯한 유럽 전반에서 극우 정당이 약진하고 있다. 심지어 우리에게 한때 사민주의 복지 천국으로 여겨졌던 북유럽에서도 보수 정당이 집권하며 급격한 노선 변경을 시도하는 모습이 보인다.

기행(奇行)으로까지 보이는 윤석열의 계엄 시도는 다행히도 '빛의 혁명'으로 막아냈지만, 아직 안도하긴 이르다. 권위주의 시대와 달리, 오늘날의 극우는 '동원된 군중'이 아닌 '자발적 대중'의 형태로 존재한다. 나는 물었다. 어떤 경우에도 흔들리지 않을 거라 믿었던 '위대한' K-민주주의가 정말로 언제나 안전할 수 있을까? 전 지구적인 민주주의의 퇴행 앞에서 우리의 민주주의가 새로운 대안을 제시할 수 있을까? 대한민국은 적대적 진영정치의 확산 속에서도 밝은 미래를 꿈꿀 수 있을까?

가끔 나는 내 안에 서로 다른 세 명의 조희연이 공존하고 있음을 느낀다. 첫째는 1980년대 이후 비판적 지식인으로 살아온 조희연, 둘째는 대학 시절

학생운동에 몸담고 1990년대 이후 민주개혁운동과 시민운동에 참여했던 조희연, 셋째는 2014년 이후 서울시 교육감이라는 행정가의 길을 걸어온 조희연이다. 퇴임 이후, 격정적으로 요동치는 이 사회를 다시 마주하며 나는 내 안의 세 조희연과 함께 지금 우리의 상황을 되짚어 보았다.

이 책은 바로 그 세 얼굴이 뒤섞여 빚어낸 결과물이다. 교육감이 되기 전, 비판적 지식인으로서 탐구했던 사유의 흔적, 학생운동과 시민운동을 통해 '아래로부터' 세상을 바라보던 경험, 그리고 지난 10년간 교육감으로서 행정을 하면서 '위로부터' 성찰하고 고민했던 시간이 이 안에서 한데 어우러져 있다. 거울 앞에 선 자세로 시대와 사회, 그리고 나를 돌아보며, 어떨 때는 감히 비유하기도 어렵지만 『징비록(懲毖錄)』을 남긴 류성룡의 마음으로, 때로는 내 삶의 또 다른 고백록으로 이 글을 써 내려갔다.

다시 예전에 읽었던 이야기를 떠올려 본다. 대한민국 민주화의 상징적인 인물인 김근태 전 보건복지부 장관의 회고록에 등장하는 장면이다. 남영동 대공분실에서 끔찍한 물고문과 전기 고문을 당하고 늘어져 있던 김근태 장관을 고문 기술자가 군홧발로 짓밟고 있었다. 고문 기술자는 갑자기 전화기를 들어 어딘가로 전화를 걸었다. 그리고 상냥하게 말했다. "여보, 우리 딸 혼수는 …."

내 뇌리에는 그 장면이 오랫동안 남았다. 직접 보지 못한 처절한 역사이지만 마치 그 좁은 방에 같이 있었던 것처럼 생생히 그려진다. 잔혹하게 폭력을 행사하는 '괴물'과 딸의 결혼을 걱정하는 다정한 '가장'이 한 사람 안에서 교차한다. 한나 아렌트의 개념처럼 악(惡)에도 평범함이 있는가? 천사도 악마가 될 가능성이 있을까?

우리가 상대방, 주로 적대자를 어떻게 인식하느냐에 따라서 세계가 달라진다. 물과 전기에 시달려 웅크린 민주 투사에게는 고문 기술자가 천하에 둘도 없는 악마 그 자체였지만, 수화기 너머 그의 아내에게는 딸을 항상 걱정하는 둘도 없는 천사로 보였을 것이다.

　대한민국이라는 공동체에서의 정치적 갈등도 마찬가지다. 치열하게 각축하는 주체들이 경쟁 집단을 어떻게 인식하느냐에 따라 그 대응 방식은 달라질 수밖에 없다. 해방 공간에서 연달아 벌어졌던 암살 사건과 최근 21세기에 발생했던 박근혜와 이재명의 피습도 떠올려 볼 수 있다.

　지금은 치열한 '내란 척결' 국면이다. 철저한 척결이 필요하다. 윤석열이 내란죄로 무기징역을 선고받은 2026년 2월 19일을 지나면서, 탄핵 때 느꼈던 것과 유사하게, 내란척결의 또 다른 큰 고비를 넘겼다는 안도감이 든다. 이 국면을 지난 후 우리는 결국 일상으로 돌아갈 것이다. 이 책은 일상으로 돌아갔을 때 우리의 국가, 정치, 사회, 교육이 어떤 모습을 추구해 가야 하는지를 고민한 결과물이다. 민주진보가 보수와의 대립적 존재이기만 한 것이 아니라, 대한민국이라는 공동체의 리더로서 어떻게 우리 공동체를 끌어갈 것인가 하는 고민인 것이다. 전근대의 정치 갈등이 패자의 '삼족을 멸하는' 방식으로 나타났다면, 오늘날의 민주주의는 '1인 1표'를 행사하는 국민이 승자와 패자를 '일시적으로' 결정하고 마주 보며 투쟁하도록 제도 안에 묶어놓았다. 그래서 정치적인 대척자를 대하는 방식에도 변화가 필요하다. 어떤 의미에서 그 대척자를 '이고 살면서' 정의를 향한 행진을 계속해야 한다. 그것은 민주주의자의 책무이다.

　역사를 돌아보면, 민주진보는 보수가 이끈 산업화의 그늘과 맞서 싸우며 스스로의 목소리와 정체성을 세워왔다. 그 치열한 투쟁의 끝에서 우리는 마침내 1970~1980년대를 지나 민주화의 문을 열어젖혔다.

　그러나 세월이 흐르고, 정권 교체가 일상이 된 민주화의 긴 시간 속에서 민주화 역시 또 다른 그늘을 품게 되었다. 그 그늘 속에서 보수 내부의 극우가 자라났고, 이제는 주류 정치의 한복판까지 들어와 있다. 아이러니한 일이 아닐 수 없다.

　지금 세계 곳곳에서는 극우가 새로운 권력의 얼굴로 떠오르고 있다. 그 가운데 '빛의 혁명'으로 수호해 온 K-민주주의가 다시 길을 잃지 않으려면,

이제는 전혀 다른 시선과 전략이 필요하다.

"70%의 확신으로 싸우자." 나는 이것을 이렇게 부르고 싶다. 이른바 '3-7제 민주주의'다. 이것은 옳고 그름, 선과 악의 단순한 이분법을 넘어서는 태도다. 70%는 내가 옳다고 믿는 가치를 위해 당당히 싸우되, 나머지 30%는 상대의 언어 속에도 나름의 진실이 있을 수 있음을 받아들이는 여백으로 남겨두는 것이다. 그러려면 먼저 자신 안의 그림자를 마주 보고, 때로는 '적'의 주장 속 합리성을 직시하는 깊은 성찰이 필요하다. 그렇게 할 때 우리는 진영을 지키는 데 머무르지 않고 상대의 합리성마저 끌어안는 더 큰 전략의 길로 나아갈 수 있을 것이다.

극우가 범람하는 시대를 걱정하며 책을 썼다. 이 책이 반드시 옳을 것이라 믿지는 않는다. 그것은 3-7제 원칙에도 어긋나는 오만이다. 다만 우리는 미지의 도전에 직면한 한국 사회와 한국 정치, 한국 교육의 미래를 위해 길을 만들어야 한다. 무엇이 최선인지 단언할 수 없지만, 분명한 북쪽을 가리키면서도 미세하게 떨리는 지남철의 감수성이 필요하다. 그래서 책의 주 제목은 『극우시대가 온다』로 정하고, 앞에 '전환적 사고를 하지 않으면'이라는 단서를 붙이고 싶다. 부제는 '햇볕정치와 공화적 민주시민교육'인데, 그 뒤에는 '을 대안으로 제시한다'라는 문구를 덧붙이고 싶다. 요컨대, 이 책의 제목이 의미하는 바를 '(우리가 전환적 사고를 하지 않으면) 극우시대가 온다: 햇볕정치와 공화적 민주시민교육을 대안으로 제시한다'로 이해해 주시길 바란다. 그 의미는 책 전반을 통해 독자들에게 차근히 설명하고자 한다. 이 사유의 길을 함께 걸어주시길 소망한다.

지구적 퇴행의 시대,
정치·사회·교육의 새로운 길을 탐색하면서

지금 대한민국은 하나의 격정적인 문턱을 막 지나고 있다. '내란 척결 국면'이라는 이름으로 불리는 이 시간은, 2024년 12월 3일 비상계엄에서 시작된 한국 민주주의의 궤도 이탈(de-rail)을 되돌려 세우는 과정이다. 우리는 민주주의가 흔들릴 수 있다는 사실과 동시에 시민의 힘으로 그것을 다시 바로 세울 수 있다는 사실을 함께 목도했다. 이 책은 그 격랑을 지나 다시 일상으로 돌아왔을 때, 대한민국이라는 민족공동체이자 정치공동체, 교육공동체가 어떤 방향을 향해 나아가야 하는지를 묻는 데서 출발한다.

요즘 나는 자주 이런 말을 떠올린다. '이제는 돌아와 거울 앞에 선다' '아쉬움에 가슴 조이며 지나온 젊음의 길'을 뒤로하고 말이다. 개인의 삶에서도, 사회의 궤적에서도 우리는 이미 많은 시간을 통과해 왔다. 산업화와 민주화, 정보화를 지나 이제는 인공지능 시대에 이르렀다. 그 격변의 시간 속에서 우리는 모두 크고 작은 선택과 실천을 해왔고, 그 선택들이 만들어낸 결과 앞에 서서 나를 돌아보는 나이에 이르렀다. 생각이 많아질 수밖에 없는 이유다.

이제 나는 우리가 경험해 온 사건과 현상, 실천과 집단행동, 제도와 체제 속에 스며 있는 인간사의 복합성과 다층성을 다시 바라본다. 선한 목표를 향해 고투했던 실천의 빛뿐 아니라, 그 이면에 드리운 '그늘'까지 함께 응시하게 된다. 1980년대, 사회주의적 이상이 젊은 영혼을 울리고 무한한 열정을 불러일으키던 시절이 있었다. 그러나 우리는 그 열정의 끝자락에서 "20세기는 사회주의 혁명으로 막이 올랐으나, 사회주의 체제의 붕괴로 막을 내렸다"라는 냉정한 역사적 현실과 마주했다.

제2차 세계대전 이후 한때 약소국가의 젊은 세대에게 강렬한 희망의 언어였던 중국의 문화대혁명은 결국 참혹한 현실로 귀결되었다. 뼛속 깊이까지 '부르주아적 사고의 잔재'를 제거하겠다는 지고의 이상은 사회 전체에 지울 수 없는 상흔을 남겼다. 이와 반대되는 역사 또한 있다. 두 차례 세계대전 사이를 관통했던 파시즘의 광풍은 수백만 유대인의 학살이라는 극단적 폭력으로 인류사에 새겨졌다. 선의의 이름으로 출발한 운동과 체제들이 어떻게 비극으로 변모했는지를 우리는 이미 충분히 알고 있다.

문제의식

극우의 주류화와 극우의 한국 상륙을 막는 K-민주주의의 새로운 길을 개척하기 위하여

이러한 역사적 성찰은 곧 오늘의 질문으로 이어진다. 이 책을 집필하게 된 나의 근본적인 문제의식 가운데 하나는, 한국 사회에서 극우적 보수주의가 어떻게 대중화되고 있는가, 그리고 더 나아가 그 '주류화'를 어떻게 막을 수 있는가 하는 물음이다. 쉽게 말해, 트럼프식 극우 정치가 전 세계를 휩쓸고 있는 이 시대의 조류 속에서 한국은 그 길을 답습할 것인지, 아니면 전혀 다른 길을 열어갈 것인지에 대한 질문이다.

나는 이 절박한 물음을 우리 모두의 화두로 던지고자, 이 책의 제목을 '극우시대가 온다'로 정했다. 실제로 극우의 그림자는 이미 우리 곁 깊숙이 드리워 있다. 윤석열 정권의 비상계엄이라는 비상식적 만행 이후, 대통령 탄

핵을 거쳐 치러진 2025년 제21대 대통령 선거에서 극우를 자임한 야당 후보가 40%가 넘는 득표를 하고, 범여권과 범야권의 표심이 5 대 5로 맞서는 현실은 시사하는 바가 크다. 만약 특별한 변수가 없다면, 다음 선거에서 극우적 성향의 야당이 집권할 가능성 또한 결코 배제할 수 없다는 생각이 든다. 물론 야당이 '내란의 늪'에서 빠져나오지 못하는 현실을 목도한다. 하지만 과장하자면, 어쩌면 우리는 이미 '극우집권시대'를 눈앞에 두고 있는지도 모른다.

극우 정당의 약진은 이미 독일과 프랑스를 비롯한 유럽 전역에서 현실이 되었고, 트럼프의 재선을 기점으로 그것은 전 지구적 현상으로 확산되었다. 폴란드, 일본, 남미, 영국에서도 극우의 물결은 더 이상 주변부의 현상이 아니다. 만약 한국이 이러한 흐름 속에서 극우의 집권을 허용하게 된다면, 그것은 한국 민주주의의 심대한 퇴행을 의미할 것이다.

그러나 다행히도, 한국의 시민들은 윤석열의 비상계엄 시도를 '빛의 혁명'으로 막아내며, 민주진보 정부를 다시 세웠다. 그럼에도 불구하고 안도하기엔 이르다. 오늘날의 극우는 더 이상 과거처럼 '동원된 대중'의 형태가 아니라, '자발적 대중운동'으로 존재하고 있기 때문이다. 정치의 변방이 아니라, 중심부에 진입해 있다.

바로 이 지점에서 나는 묻는다. 우리가 자부심을 가지고 말해온 K-민주주의는 전 지구적 민주주의의 퇴행 속에서 과연 어떤 새로운 대안을 창출할 수 있는가. 만약 적대적 진영정치의 확산 속에서 한국마저 극우의 대중화와 주류화를 허용한다면, 그것은 보수의 미래에도, 진보의 미래에도 공히 재앙적 결과를 남길 것이다.

그러나 나는 믿는다. 우리가 전환적 사고를 할 수만 있다면, '극우시대'의 도래를 충분히 막아낼 수 있다는 것을. 극우집권은 결과적 현상일 뿐이며, 더 중요한 것은 그 도래를 가능하게 하는 정치적·사회적인 원인적 조건을 어떻게 해소할 것인지이다. 이 책의 문제의식은 바로 여기에 닿아 있다.

나는 가끔 이런 상상을 해본다. 만약 독일의 민주주의자들이 1919년부터 1933년까지의 바이마르 공화국 시기를 '역사의 다른 경로 탐색'이라는 관점에서 다시 분석한다면, 아니 우리가 시간여행을 통해 그 시대를 다시 살아볼 수 있다면, 과연 파시즘으로 향하던 길을 막아내고 공화국의 더 풍요로운 미래로 나아가는 길을 만들어낼 수 있었을까.

물론 그 당시에는 세계대공황을 비롯해 근대로의 이행 과정에서 작용한 복잡한 역사적·구조적 요인들이 얽혀 있었기에 선택의 여지는 그리 넓지 않았을 것이다. 그럼에도 오늘 전 지구적으로 극우가 확산되고 위기가 증폭되는 현실 속에서 나는 여전히 그런 상상을 해본다. 우리가 다른 선택을 할 수 있다면, 미래 또한 달라질 수 있지 않을까 하는 조심스러운 희망의 상상 말이다.

이 책은 한국의 국가, 정치, 시민사회, 교육을 향해 쓴 글이다. 동시에, 극우가 약진하는 오늘의 세계를 살아가는 국내와 지구촌의 민주파·진보파·급진파 사람들에게 던지는 제안이기도 하다. 더 나아가 20세기의 혁명과 파시즘, 사회주의의 붕괴와 신자유주의의 부상, 현재의 극우의 부상을 새롭게 성찰함으로써, 우리의 역사 인식을 다시 세워보고자 하는 시도이기도 하다.

■ 적과 동지의 관계

정치는 흔히 "적과 동지를 구분하는 행위"라고 말해왔다. 독일 파시즘을 이론적으로 정당화했던 카를 슈미트의 유명한 정의다. 나는 이에 동의하면서도 이견을 가지고 있다. 오히려 정치는 적과 동지의 경계를 고정하는 것이 아니라, 그것을 유동화하고 재구성하는 행위라고 말하고 싶다. 특히 '좋은 정치'란 그러하다. 지금 우리 사회와 세계에서는 적대와 혐오로 무장한 정치가 빠르게 확산하고 있다. 양극화와 불안정, 그로 인한 불안이 심화하면서, 적을 상정하고 분노를 동원하는 '편한 정치'가 힘을 얻고 있다. 선진국이 된 한국이 서구를 따라잡는 데서 멈추지 않고 그들의 적대적 정치마저 모방할 것인가, 아니면 새로운 정치적 상상력을 제시할 것인가. 이 책은 그 질문 앞에서 민주진보 진영의 인식과 전략, 정치의 방식 자체를 성찰적으로 확장해 보려는 하나의 시도이다. 이런 점에 대해서는 당연히 보수도 고민해 주기를 기대한다.

▌제압(制壓) 노선을 넘어

그동안 한국의 민주화는 투쟁을 통해 길을 열어왔다. 그 과정에서 민주진보 진영의 전략 인식 속에는, 말하자면 하나의 '군사적 제압 노선' 같은 인식이 깊숙이 자리 잡게 되었다. 전두환과 같은 '악마'와 맞서 싸우던 민주화 전기(前期)에는 이 인식이 분명한 효과를 발휘했다. '적'의 힘을 해체하고, 공포의 구조를 무너뜨리는 데는 그것만큼 직선적이고 강력한 전략도 없었다.

그러나 지금 우리는 다른 국면에 도달해 있다. 이제 필요한 것은 '적'을 무너뜨리는 힘만이 아니라, 적의 강퍅함을 녹여내는 전략을 함께 결합하는 일이다. 이 책에서는 '적'이라는 개념을 사용한다. 트럼프는 연방군을 배치하면서 자신의 통치에 도전하는 존재를 '적'으로 규정했고, 12·3 비상계엄에서 윤석열은 '반국가 세력'인 '적'을 상정했다. 나는 '적'과 동지 개념에 내포된 극단적 대립을 넘어서기를 지향하지만, 일단 현실로서의 '적'의 개념을 인정하고 사용할 것이다.

군사적 제압 노선은 본래 전근대 사회의 지배적 논리였다. 그곳에서 정치는 곧 전쟁이었다. 전쟁에서는 승자가 모든 것을 가진다. 패자의 재산과 가족, 생존의 조건까지 통제하며, 저항할 가능성이 있다면 제거한다. 삼족을 멸하는 극단적 폭력 역시 그 논리 위에 존재했다. 그러나 근대의 문명화된 정치는 아무리 치열하더라도 전쟁은 아니다. 승자가 모든 것을 독점하지도 않는다. 근대 민주정치는 국민이라는 주권자를 판정관으로 세운 무대 정치에 가깝다. 승자는 한시적이며, 패자는 패자대로 다음 국면을 준비할 수 있는 제도적 공간을 보장받는다. 민주주의는 다수의 지배이지만, 동시에 소수의 역전을 가능하게 하는 체제이기도 하다. 더구나 국민의 마음속에서 '다수자의 지배'와 '다수자의 전제(專制)' 간의 거리는 그다지 멀지 않다.

바로 이 지점에서, 군사적 제압 노선에 기반한 전쟁정치는 지속 가능하지 않다. 강한 제압은 일시적으로 질서를 만드는 듯 보이지만 특정 국면에서는 그것이 곧 극단성으로 치닫고, 그 극단성이 역설적으로 권토중래의 공간을 넓혀주기 때문이다. 더구나 강력한 개혁과 전쟁정치 사이에 언제나 명확한 경계선이 존재하는 것도 아니다.

근대 선거 민주주의는 그런 의미에서 주권자인 국민의 주관성에 따라 끊임없이 출렁이는 불안정한 게임이다. 그렇기에 정치에는 상대를 제압하는 힘만이 아니라, 국민의 마음과 판단을 변화시키는 보완적 노력이 필수적이다. 그 과정에서 우리는 이제 적의 시선을 함께 고려해야 하는 단계에 들어섰다.

▐ 정치가 '천사 대 악마'의 대결이던 시절

이 질문의 배경에는 한국 현대사의 특수한 경험이 있다. 우리 사회는 1987년을 기점으로 권위주의 체제에서 민주주의 체제로 이행하는 길에 들어섰다. 그러나 그 이전, 특히 1980년대 전두환 정권 시절을 떠올려 보면, 당시의 정치는 거의 전면적인 거의 군사적 대결 양상을 띠고 있었다.

많은 학생과 민중은 '타는 목마름으로 민주주의가 아니면 당장 죽어도 좋다'는 심정으로 독재에 맞섰다. 정권 담당자와 민중의 관계, 여야의 관계 역시 그러했다. 전두환을 정점으로 한 군부독재 세력은 거의 '절대적 악마'로 인식되었고, 그에 맞서 싸운 반독재 민주화운동의 주체들은 때로 목숨을 내놓고 해직과 투옥, 고문과 낙인을 감내한 존재들로서 '천사'에 가까운 도덕적 형상으로 인식되었다.

그 결과, 정치적 현실은 선과 악의 이분법으로 구성되었다. 조금 과장하면, 그것은 하나의 '도덕적 십자군 전쟁'처럼 받아들여졌다. 이 시기에는 선악 이

분법적 사고가 너무도 자연스러웠다. 그리고 대중 역시 반독재 민주화운동
이 절정에 달했던 1980년대 초중반에는 이 구도를 거의 의심하지 않았다.

그 결과는 아이러니했다. 민주화운동의 이름으로 자행된 일부의 폭력적
사건(예컨대 1989년 동양공전의 설인종 구타 사망 사건, 1997년 한양대에서 발생한
이석 구타 사망 사건처럼 프락치로 오인한 학생을 집단 구타해 사망에 이르게 한 사건
들)조차도, 거대한 선악 구도 속에서는 충분히 문제화되지 못했다. 대중은
그것을 '큰 흐름' 속에서 판단을 유보하거나 관용했다. 천사가 저지른 악마
적 행위조차, 시대의 비극으로 흡수되었다.

▐ 선악 구도의 해체와 민주화의 새로운 국면

그러나 그렇게 치열했던 시기로부터 40여 년이 흐른 지금, 상황은 근본적으
로 달라졌다.

군부 정권은 물러났고, 1987년 민주항쟁을 계기로 한국 사회는 민주화의
궤도에 들어섰다. 물론 12·3 비상계엄 사태에서 보았듯이, 권위주의의 그림
자가 완전히 사라진 것은 아니다. 그러나 다행스럽게도 헌법재판소의 탄핵
인용과 6·3 선거를 거쳐 민주정부가 다시 수립되었고, 2026년 2월 19일 윤
석열의 무기징역 선고로 우리는 다시 제자리로 돌아오는 과정에 있다. 다시
일상으로 돌아온다는 전제 위에서 보면, 과거의 '악마 대 천사'의 대결 구도
는 약화되고, 군부독재 시절에는 민주화 운동가들의 헌신에 무조건적인 도
덕적 존경을 보냈던 대중 역시, 이제 더 이상 동일한 방식으로 세계를 바라
보지 않는다. 도덕적 우위는 더 이상 자동으로 부여되지 않는다. 그 시기에
는 야당, 그것도 억압받는 야당이나 독재에 대항하는 민주화운동에는 그 자
체로 희생과 헌신이 내재되어 있었으나, 지금은 민주화운동이 정치인들에
게 '훈장'이 되고 있다.

민주화는 성공했다. 그러나 바로 그 성공이 새로운 질문을 던지기 시작했
다. 과거에는 분명했던 선악의 경계가 흐려졌고, 민주진보 세력 역시 권력

을 행사하는 주체가 되었다. 그리고 그 순간부터, 민주화운동의 주체들은 더 이상 도덕적 심판자의 자리에서만 머물 수 없게 되었다. '천사'는 더 이상 천사로만 남을 수 없게 된 것이다.

▍우리의 실천이 갖는 그늘을 응시하자
▍민주화의 '성공의 위기'

민주화가 진전되면서 한국 사회는 새로운 국면에 들어섰다. 그 변화의 핵심은 역설적으로, 민주화가 거둔 성과 그 자체에 있었다. 지난 40여 년 동안 한국은 여덟 차례의 정부 교체를 경험했다. 선거 민주주의 이론에서 흔히 말하듯, 두 차례의 평화적 정권 교체(two turnover)만으로도 민주주의는 일정 수준 이상 공고화된 것으로 평가된다. 그런 기준에서 본다면, 한국 민주주의는 이미 충분한 성공을 거두었다고 말할 수 있다.

이 긴 민주화의 시간 동안, 한국의 민주진보는 독재적 국가권력과 시장의 폭주를 민주주의의 원리로 제어하며 사회 전반을 변화시켜 왔다. 그것은 분명 거대한 성공의 역사였다. 그러나 모든 성공은 그 자체로 새로운 과제를 낳는다. 산업화의 성공이 부작용과 그늘을 남겼듯, 민주화의 성공 역시 새로운 형태의 긴장과 그늘을 동반했다. 나는 이것을 '실패의 위기'가 아니라 '성공의 위기'라고 부르고자 한다.

정권 교체가 반복되면서, 특히 반독재 민주화운동을 배경으로 한 야당이 집권 세력이 되었을 때 정치의 지형은 근본적으로 달라졌다. 과거에는 '적'이 분명했다. 그러나 이제는 여야의 위치가 바뀌고 권력의 자리가 교대되면서, 과거에는 상상하기 어려웠던 일들이 발생하기 시작했다. 민주진보 진영 내부에서도 비리 사건이 발생했고 과거의 '적'과 유사한 행태들이 드러나기 시작했다.

권력을 갖는다는 것은 정책을 실현할 수 있는 힘을 갖는다는 뜻이지만, 동시에 그 권력이 지닌 관료제적 폐해와 부패의 유혹을 함께 떠안는다는 뜻이기도 하다. "보수는 부패로 망하고, 진보는 분열로 망한다"라는 오래된 말이 있지만, 집권한 진보 역시 부패로부터 완전히 자유로울 수는 없었다. 독재 시절에는 상상하기 어려웠던 균열이 민주화 이후에 현실적인 문제로 등장한 것이다.

돌이켜 보면, 1970년대 긴급조치 시절처럼 군부독재의 힘이 압도적이던 시대에는, 반독재 민주화운동에 참여한다는 것 자체가 엄청난 자기희생을 전제로 했다. 그러나 광주 학살 이후, 군부독재를 향한 분노와 저항이 국민적 지지를 얻으면서 저항은 점차 대중화되었고, 그에 따르는 위험 역시 상대적으로 완화되었다. 1987년 6월 민주항쟁 이후에는 이러한 변화가 더욱 뚜렷해졌다.

그 결과, 민주화운동은 더 이상 극소수의 결단과 희생에 의존하는 운동이 아니라, 다양한 이해관계와 동기가 얽힌 대중적 정치 현상으로 확장되었다. 이는 민주주의의 발전을 의미하는 동시에 새로운 문제를 동반했다. 과거처럼 절대적인 도덕적 우위를 전제할 수 없는 조건이 형성된 것이다.

이러한 변화는 결국, '천사 대 악마'의 단순한 구도를 약화했다. 민주화운동이 절대적으로 선하고 그 반대편이 절대적으로 악하다는 인식은 더 이상 강력한 힘을 발휘하기 어려워졌다. 예컨대 '조국 사건'을 둘러싸고 많은 민주진보 단체 내부에서 내홍을 겪었던 것을 기억해 보자. 그것은 단순한 개인의 문제가 아니라, 민주화의 성공이 만들어낸 구조적 진통이었다. 문재인 정부 시기의 경험 역시 마찬가지다. 민주정부로서의 정체성이 분명했던 이 시기에 스물여섯 차례에 이르는 부동산 정책에도 불구하고 주택 가격은 폭등했고, 주택 소유 여부는 거대한 사회경제적 불평등의 축으로 자리 잡았다. 이는 특히 20·30세대에게 깊은 좌절감을 안겼고 민주진보를 향한 도덕적 신뢰가 약화되는 계기가 되었다.

이 모든 현상은 민주화의 성과가 만들어낸 성공의 위기다. 독재 치하에서처럼 목숨을 걸고 싸울 필요는 없어졌지만, 그만큼 이에 따라 부여되던 도덕적 우위도 사라졌다. 이 조건 속에서 정치의 언어는 점점 '내로남불'이라는 말로 수렴되기 시작했다. 내로남불은 단지 상대를 공격하기 위한 수사가 아니다. 그것은 민주화 이후의 정치 지형이 만들어낸 구조적 산물이다. 반독재 민주화 세력이 야당이던 시절에는 최고 수준의 도덕적 기준으로 '적'을 비판하면서도, 집권 이후에는 '동지'에게 훨씬 낮은 기준을 적용하는 경향이 나타났다. 반대로, 권력을 상실한 보수는 바로 그 이중 기준을 공격의 명분으로 삼았다.

나는 이를 이렇게 표현하고 싶다. 우리는 반대편을 비판할 때는 성악설에 기대고, 우리 편을 옹호할 때는 성선설에 기대왔다. 상대의 문제는 본질의 발현으로 해석하고, 우리 편의 문제는 우연이나 왜곡으로 설명해 왔다. 이 이중 기준의 간극만큼, 상대가 '내로남불'이라고 역공할 수 있는 공간은 넓어졌다.

문제는, 민주화 시대의 그늘이라고 할 수 있는 이 내로남불의 반복이 결국 적을 약화하는 것이 아니라 오히려 강화한다는 점이다. 과거 독재 시절에는 보수의 전유물처럼 여겨졌던 도덕적 위선이라는 프레임이, 이제는 민주진보를 공격하는 강력한 무기가 되었다. 그리고 그것은 극단적 보수의 도덕적 결집을 가능하게 하는 토양이 되었다. 이렇게 적을 향한 공격이 오히려 적을 강화하는 역설이 성립한다. 내로남불은 끝없는 반복의 고리에 빠지고, 적대적 진영정치는 더욱 공고해진다. 이것이 바로 민주화의 성공이 낳은 가장 불편한 풍경이다.

이처럼 내로남불적 공방 현상이 부상하는 것은, 민주화로 인해 여야 간 정권 교체가 일상화되는 민주화의 성공에 따른 변화이다. 자, 일종의 성공의 위기 현상이다. 이와 함께 민주화의 진전은 당연히 개인의 자유와 권리를 확대했다. 그런데 이러한 진전은 그늘도 함께 동반했다. 확대된 자유와 권리에는 개인이나 집단이 자신의 이익을 최대로 추구할 수 있는 권리도 포함되기 때문이다. 이 점에서 의대 정원을 둘러싼 의사 파업처럼 최대이익주의적 경향이 사회 전반에 널리 확산되었다. 또한 좋은 가치를 추구하는 다양한 시민사회운동과 소수자운동이 활발히 전개될 수 있었다. 그러나 이러한 좋은 가치(때로는 좋은 가치 포함)의 최대주의적 실현을 위한 고투(苦鬪) 과정에서 그늘과 백래시(backlash) 현상도 불가피하게 나타났다. 억압의 시대에는 존재하지 않던 이러한 현상들, 바로 이것이 민주화의 성과이자 동시에 의도하지 않은 그늘이다.

■ 민주적 전투성의 탄생과 그 이면

지난 40여 년에 걸친 장기 민주화 과정에서 한국 사회에 가장 깊이 각인된 변화는, 개인의 자유와 권리가 헌법으로 보장되고 실질적으로 확장되었다는 점일 것이다. 독재 체제는 국민을 '백성'이나 위축된 존재로 만들었지만, 민주화는 개인을 주눅 들지 않는 주체, 권리를 주장하는 전투적 시민으로 변화시켰다.

이제 대한민국의 시민들은 자신의 자유와 권리가 침해당한다고 느낄 때, 당당하게 맞선다. 12·3 비상계엄과 같은 퇴행적 시도가 자행되었을 때, 거리로 나와 전투적으로 저항하는 시민의 모습은 더 이상 예외적인 장면이 아니다. 누구도 침묵을 강요받지 않는다. '말 못 하는 사람은 없는 사회', 이 말은 더 이상 수사가 아니다. 이런 의미에서 우리는 '민주적 전투성'이 꽃피운 시대에 살고 있다. 한국 민주화의 중요한 성취 중 하나는, 거의 모든 개인이 일정한 수준의 정치적 주체성과 전투성을 내면화했다는 점일 것이다.

그러나 이 전투성은 언제나 공공선의 방향으로만 작동하지는 않는다. 개인의 자유와 권리에는 자신의 이해관계를 방어하고 확대할 자유 역시 포함된다. 그 결과, 사회 곳곳에서 최대이익을 향한 전투성이 경쟁적으로 분출되는 양상이 나타나고 있다.

내가 교육감으로 재직하며 경험한 학교 현장 역시 예외가 아니었다. 2023년 서이초 사건에서 드러났듯이, 서로 다른 주체들의 전투성이 (교육이라는 공적 목적을 중심에 두어야 할 학교 공간에서) 오히려 교사의 교육권을 침해하는 방식으로 충돌했다. 학교는 '작은 사회'이자 사회의 축소판이다. 그곳에서 벌어지는 갈등은 사회 전반에서 목도되는 '만인의 만인에 대한 투쟁'의 또 다른 얼굴이기도 하다. 주택 가격 하락을 이유로 특수학교 설립에 반대하는 주민들의 모습 역시 마찬가지다. 권리는 정당하지만 그것이 충돌할 때 공동체는 깊은 곤혹 속에 빠진다.

■ 복합성의 시대, 민주진보의 새로운 과제

결국 민주화가 진전될수록 정치적 대결은 더 이상 과거와 같은 선악 이분법으로 설명되지 않는다. 갈등은 훨씬 복합적이고 다층적인 모습으로 나타난다. 이 새로운 현실은 민주진보 세력에게 불편한 질문을 던진다. 이처럼 곤혹스럽기까지 한 복합적 상황에 민주진보는 어떻게 대응해야 하는가. 바로 이 질문이 오늘날 민주진보가 마주한 중요한 도전 중 하나다.

과거처럼 선명한 적을 상정하고 전투적으로 돌진하는 방식만으로는, 민주화 이후의 사회를 설명할 수도, 이끌 수도 없다. 민주화의 성공이 낳은 이 새로운 풍경 속에서 민주진보는 이제 자기 확신을 성찰로 조정하는 용기, 그리고 전투성을 공화적 방향으로 재구성하는 상상력을 요구받고 있다.

현 단계 한국 민주주의의 위기가 단순히 '독재로의 회귀 위험'만 의미한다고 생각해서는 안 된다. 오히려 민주화의 성취가 쌓여가는 과정에서 등장한 '성공 이후의 위기', 다시 말해 장기 민주화 시대가 만들어낸 새로운 딜레마가 현실로 나타나고 있다고 보아야 한다. 권리의식은 성장했지만, 서로의 다른 권리가 충돌하는 사회가 되었다. 시민은 더 당당해졌지만, 그만큼 갈등은 전투적으로 표출된다. 민주화는 시민을 주체로 만들었지만, 그 주체들은 때로 서로를 상처를 주며 맞부딪치기도 한다. 이것은 실패의 위기가 아니라 성공이 낳은 더 높은 차원의 정치적 과제다. 이 과제를 K-민주주의가 풀어내야 한다.

▌ 역지사지형 성찰성과 3-7 인식틀

이 지점에서 나는 하나의 전환을 제안하고자 한다. 치열했던 반독재 민주화 운동 시대를 지탱해 왔던 선악 이분법적 인식틀을 유연화할 필요가 있다는 제안이다. 이것은 투쟁을 포기하자는 이야기가 아니다. 오히려 투쟁을 지속하기 위해 필요한 인식의 확장에 가깝다. 싸우되, 적의 시선을 품고 싸우는 것이다.

여기서 내가 말하고자 하는 핵심 개념은 '역지사지형 성찰성'이다. 역지사지는 단순한 도덕적 훈계가 아니다. 그것은 반대편의 시선에서 나 자신과 우리 진영의 언어, 태도, 전략을 다시 비춰보는 능력이다. 이를 정치의 장에 적용하면, '적을 공격하는 방법으로 우리 자신을 검토해 보는 것'이라고 말할 수 있다.

이렇게 되면 우리는 여전히 적과 싸우되, 적의 눈으로 세계를 바라보는 감각을 내부에 품고 싸우게 된다. 전쟁에서 적이 어떤 방식으로 침투할지를 가정하며 방어 전략을 세우고, 그 예측을 토대로 새로운 공격 방식을 모색하는 것과 유사하다. 즉, 적을 제거의 대상으로만 보는 것이 아니라, 적의 인식과 정서를 분석의 대상으로 삼는 정치다.

이 역지사지형 성찰성 위에서, 나는 또 하나의 인식틀을 제안한다. 바로 '3-7 인식틀'이다. 정치적 쟁점을 바라볼 때, 우리는 흔히 100%의 확신으로 상대를 부정하려 한다. 그러나 70%의 확신으로 싸우되, 나머지 30%는 성찰의 공간으로 남겨두자고 말하고 싶다.

이 30%는 양보나 투항의 영역이 아니다. '저들에게도 일정한 합리성과 진실의 파편이 존재할 수 있다'는 가설을 잠정적으로 설정해 보는 인식의 여지다. 특히 '적'의 주장 속 그 30%에는, 우리가 품지 못한 대중의 어떤 요구가 스며 있다는 자각이다. 정치는 이미 전투가 되었지만, 그러기에 오히려 100%의 확신은 위험해진다. 나는 이 시점을 이렇게 표현하고 싶다. '지금은 100%의 확신으로 싸우는 시대가 아니라, 70%의 확신으로 싸워야 하는 시대다'.

이렇게 30%의 성찰성을 남겨두는 사회는, 곧 분노와 대립을 30% 절제하는 사회이기도 하다. 그 절제 속에서 우리는 민주진보의 시선만으로는 포착하지 못했던 다른 현실의 결을 발견하게 된다. 만약 보수 진영에서도 이와 유사한 성찰이 이루어진다면 최소한 30%의 공통분모, 다시 말해 공동체를 지탱하는 최소한의 기반을 회복할 가능성도 열릴 수 있다.

우리는 매일 아침, 신문과 뉴스를 통해 '정치적 적'에 대한 비난과 공격을 접한다. 진보적 성향의 독자는 보수의 문제에 고개를 끄덕이고, 보수적 성향의 독자는 진보의 문제에 고개를 끄덕인다. 각자의 정보 환경은 스스로의 확신을 강화하지만, 그 확신이 겹쳐질 공간은 점점 사라진다.

나는 지금의 한국 사회를 '복합성의 시대'에 진입한 사회로 본다. 민주주의와 인권 측면에서 후진적 국면을 벗어나 다양한 가치와 이해관계가 중첩되는 단계에 도달했다. 그러나 우리는 여전히 독재와 싸우던 과거의 인식론(선악 이분법에 기초한 사고)으로 현재를 재단하려 하고 있다. 그 결과, 현실과 인식 사이의 미스매치가 발생하고 적대적 갈등은 더욱 증폭된다. 공동체는 방향 감각을 잃은 채 '배가 산으로 가는' 위험에 노출된다. 나는 우리의 가치와 전략, 투쟁의 정당성에 대해 70%의 확신을 분명히 유지하자고 말했다. 다만 나머지 30%에서는 적의 합리성과 정서, 그리고 그들이 처한 조건을 분석하고 흡수함으로써 우리 자신의 전략을 확장하고 풍부히 하자는 것이다.

보수 대 진보, 여야, 적과 동지의 관계에서 3-7제의 인식 즉 반대자의 30%를 인정하는 사고는, 필연적으로 우리 편, 우리 진영과 같은 단체 내부의 다원성을 폭넓게 인정하는 방향으로 이어진다. 외부의 반대자에게 합리성을 부여한다면, 내부의 차이와 다양성을 배제할 이유는 더욱 약해지기 때문이다.

1980년대 변혁적 고양기를 되돌아보면, 진보 진영 내부에서는 '순수주의'적 열정이 강하게 불타올랐다. 이념과 태도, 전략에 이르기까지 완전히 순수한 결사체가 되기를 소망했고, 그 결과 조직은 단일대오를 지향하게 되었다. 그러나 이러한 순수성의 추구는 종종 조직의 역사를 연대의 역사라기보다 '분열'의 역사로 남기곤 했다.

긴 민주화의 시간을 지나 현실의 조건이 근본적으로 변화한 지금, '진보 내부의 다원성'에 대해서도 우리는 더 이상 외면할 수 없다. 이제 필요한 것은 과거의 순수주의를 반복하는 것이 아니라, 달라진 시대에 걸맞은 새로운 사고와 공존의 원칙을 모색하는 일이다.

적의 내면의 슬픔과 고통
외재적 비판에서 내재적 응시로

이러한 인식의 전환은, 적대의 두꺼운 벽에 작은 문 하나를 만드는 작업이라고 할 수 있다. 우리가 광화문에서, 혹은 각종 집회와 온라인 공간에서 마주하는 보수와 극우의 대중을 떠올려 보자. 민주진보의 인식 속에서 그들은 종종 '비이성적 존재', 혹은 '비정상'으로 간주된다. 때로는 '제거'하거나 '퇴출'해야 할 대상으로까지 상정된다.

그러나 이러한 규정만으로 그들의 생성과 확대를 설명할 수 있는지 묻고 싶다. 여기서 나는 미국의 시인 헨리 롱펠로(Henry Longfellow)의 말을 떠올린다. "만약 우리가 적의 내면사를 알 수 있다면, 그의 삶에는 적대감을 무장해제하고도 남을 만큼의 슬픔과 고통이 숨어 있음을 발견하게 될 것이다." 이 문장은 단순한 감상적 동정의 호소가 아니다. 그것은 적을 이해함으로써 적대의 구조를 해체할 수 있다는 정치적 통찰에 가깝다.

극우와 보수 대중을 악마화하거나 조롱의 대상으로만 인식하는 한, 우리는 그들을 외재적으로 비판할 수는 있어도, 그 결집의 근거를 약화시키지는 못한다. 오히려 그러한 외재적 비판은 그들 내부의 피해의식과 도덕적 결속을 강화하는 역할을 한다. 적대의 언어는 언제나 적대를 재생산한다.

물론 이러한 3-7제 인식을 적용하는 데 있어, 사회적 위계의 변방에 놓인 주체일수록 그 필요성은 상대적으로 덜 절박할 수 있다. 오히려 공동체의 중심부에 가까이 위치한 주체일수록 이러한 성찰을 더 무겁게 요구받는다.

그럼에도 통상 민주진보를 자처하는 정당의 지지자와 구성원들은 자신을 일관되게 '약자'로 인식하는 경향이 강하다. 권력을 가진 강자에 맞서 투쟁하는 것이 곧 진보를 성취하는 길이라고 믿어온 것이다.

그러나 나는 이제, 이러한 일면적인 약자의식에서 한 걸음 더 나아가야 할 시점에 이르렀다고 생각한다. 예컨대 386세대, 특히 386 정치인들의 경우를 보자. 그들은 사회경제적 권력의 총량 분포라는 관점에서는 여전히 약자일 수 있다. 그러나 동시에 의회 권력이라는 분명한 제도적 권력을 행사하는 위치에 서 있다. 그럼에도 스스로를 여전히 '약자'로만 규정한다면, 우리는 영원히 그 인식에서 벗어날 수 없을 것이다. 자본주의가 존속하는 한, 민주진보는 언제나 사회경제적으로는 약자일 수밖에 없기 때문이다.

사실 모든 차원에서 완전히 약자인 개인이나 집단은 존재하지 않는다. 누구나 어떤 지점에서는 다수자이기도 하고 때로는 강자의 위치에 서 있다. 그렇다면 이제 민주진보는 자신을 단지 저항하는 약자로만 상정하기보다 공동체(국가, 정치, 학교, 시민사회)의 한 축을 책임지는 리더로 자임할 필요가 있다. 바로 그 지점에서, 민주진보는 '투쟁의 주체'를 넘어 '공화적 이니셔티브의 주체'로 자신을 재정의할 수 있을 것이다.

이러한 인식의 전환은 정치가 본질적으로 권력 투쟁의 성격을 지닌다는 사실을 정면으로 인정하는 데서 출발한다. 권력이란 공적 자원의 배분 권한을 의미하며, 그것은 곧 누구나 갖고자 하는 이익과 이권의 분배를 둘러싼 문제이기도 하다.

민주진보 진영은 오랫동안 독재와의 투쟁 속에서 성장해 왔다. 그 경험 때문에 권력을, 민주화운동의 연장선에서 가치를 실현하기 위한 도구로 이해하는 경향이 강했다. 그 결과, 여야 간 갈등의 핵심에 놓여 있는 '권력 그 자체'의 문제성을 상대적으로 간과해 온 측면이 있다.

물론 보수와 진보, 여야와 좌우 사이에는 권력을 바라보는 관점의 차이가 존재한다. 그러나 그것을 본질적인 차이로 절대화해서는 안 된다. 그렇게 될 때, 정치를 권력 투쟁으로서 성찰하는 시야는 닫히고 만다. 권력 투쟁의 현실을 외면한 도덕적 자기 확신은, 오히려 정치적 대응력을 약화시킨다.

정치를 권력 투쟁으로 인식하되, 그 투쟁을 어떻게 공화적 방식으로 전환할 것인지, 바로 여기에 이 책을 가로지르는 핵심 질문이 놓여 있다.

이 제안은 한국 민주진보만을 향한 것이 아니다. 지구적 차원에서 새로운 위기가 전개되는 지금, 지구촌 정치와 사회운동, 실천의 전략 역시 이분법을 넘어서는 새로운 인식의 틀을 요구받고 있다. 역지사지형 성찰성과 3-7 인식틀은 이 시대를 관통하는 하나의 보편적인 제안이기도 하다.

▌ 극우 결집의 도덕적·인지적 요인

나는 극우가 결집하는 데는 도덕적 요인과 인지적 요인이 동시에 작동한다고 본다. 도덕적 요인은 앞서 살펴본 '내로남불' 논란, 즉 민주진보의 도덕적 우위가 균열되는 과정에서 발생한다. 민주진보가 스스로를 예외적 존재로 설정할수록, 그 예외성은 상대에게 공격의 명분을 제공한다.

인지적 요인은 지난 40여 년간 민주화 과정에서 형성된 민주진보의 인식 틀이, 변화한 현실을 충분히 설명하지 못하면서 발생한 미스매치에서 비롯된다. 세계는 급속도로 변해왔지만, 민주진보의 언어와 설명은 그 속도를 따라가지 못한 측면이 있다. 보수 내부의 극우들은 바로 이 틈새를 파고 들어 자신들만의 해석과 서사를 구축해 왔다. 이 과정에서 극우는 점차 하나의 '인지적 공동체'로 변모했다. 그들은 단순히 기존 보수의 연장이 아니라, 민주진보 인식틀의 공백을 비판하며 스스로의 세계관을 정교화해 왔다. 뉴라이트의 역사 해석과 같은 흐름도 그 한 사례다. 문제는 이러한 결집에 대해 우리가 주로 외재적 비판에 머물렀다는 점이다. 그 결집의 내부 논리와 정서에 대해 성찰적으로 응시하려는 노력은 상대적으로 부족했다.

나는 여기서 분명히 말하고 싶다. 현재와 같은 일면적 투쟁 전략을, 역지사지형 성찰성에 기초한 복합 전략으로 전환하지 않는다면, 한국 사회 역시 극우 집권의 길로 접어들 가능성을 배제할 수 없다. 그것은 K-민주주의의 거대한 퇴행이다. 과거와 같이 권위주의 정권에 의해 동원되는 극우가 아니라 자발적으로 대중운동화해 가는 극우는 민주화의 실패가 아니라 민주화의 성공이 낳은 그림자이다. 나는 사실 과거 1950~1960년대 반공냉전적 보수는 극우에 가까웠다. 지금보다 더 극우적이었다고 말할 수도 있다. 그런데 그 극우는 민주화의 국민적 진행 속에서 변방화되어 갔다. 그런데 이제 민주화의 그늘 속에서 자발적 주체로 보수 내부에서 중심화되어 가고 있는 것이다. 바로 이 점을 직시해야 한다. 정의를 향한 투쟁이라는 가치를 포기할 필요는 없다. 그러나 그 정의의 실천이 의도하지 않게 극우 결집을 강화하는 결과로 이어지지 않도록 하기 위해서는 새로운 응시가 필요하다. 외부에서 손가락질하는 방식만으로는 부족하다. 내부에서 들여다보고 스스로를 비추는 시선이 필요하다.

지금 한국 정치에서 가장 시급한 과제는 보수와 진보 사이에 고착된 경계를 해동(解凍, unfreezing)하는 일이다. 2025년 6·3 대선을 떠올려 보자. 이 경계가 풀리지 않는 한, 비상계엄이라는 중대한 헌정 파괴 행위가 있었음에도 불구하고 극우 성향의 후보가 여전히 40%의 지지를 얻은 것처럼, 범여와 범야가 5 대 5로 갈라져 교착 상태에 놓인 정치 지형에 머물 수밖에 없다. 정치는 본질적으로 '우리 진영'과 '다른 진영'의 대립 속에서 전개되는데, 문제는 어느 진영이든 거대한 인적 집합체일 수밖에 없다는 점이다. 그 안에는 필연적으로 다양한 이해관계와 균열, 그리고 부패 사건이나 도덕적 일탈 같은 우연적 요인들이 개재된다. 최근 김병기나 강선우 의원의 사례를 떠올려 보자. 특정 인물의 문제나 개별 사건은 언제든 발생할 수 있고, 그것이 곧바로 진영 전체의 정당성을 훼손하는 계기로 작동한다. 이처럼 진영 간 경계가 굳어지고 정치가 적대적 동원 논리에 포획된 상황에서는 우연적 요인이 승패를 좌우할 가능성이 상존하며, 그런 점에서 극우 집권의 시대가 도래한다는 전망 역시 결코 과장이나 가상이 아니다. 오히려 그것은 언제든 현실이 될 수 있는 가능성으로 우리 앞에 놓여 있다. 이러한 현실은 단순히 '유권자의 무지'나 '선동의 결과'만으로는 설명되지 않는다. 바로 이 지점에서, 내가 강조하는 경계를 해동하는 역발상적 전략이 필요하다.

극우 결집의 도덕적·인지적 요인이 민주진보의 한계와 그늘에 대한 반사적 행위라는 점을 직시해야 한다. 이러한 자기 객관화 위에서 고정된 경계를 허물고, 그 경계를 가로지르는 심리적·인식적 다리를 놓을 수 있다.

그런데 지난 40년 동안은 독재의 유산과 망령이 강고하게 존재하고 있었기 때문에, 민주(투쟁)성은 치열하게 천착했지만, 정작 공화성은 진지하게 천착하지 못했다. 바로 여기에서 민주투쟁적 전략에 더해 공화적 전략, 혹은 공화적 이니셔티브가 필요해진다. 나는 이것을 민주투쟁적 이니셔티브와 공화적 이니셔티브를 결합한 유연한 하이브리드 전략이라고 부르고 싶다. '대한민국헌법' 제1조가 선언한 "민주공화국"이라는 말은 바로 이 결합을 요구하고 있다. 공화적 이니셔티브란 진보가 보수와 대등한 위치에서 경쟁하는 하나의 대립 세력에 머무는 것을 넘어서는 시도다. 그것은 대한민국이라는 공동체 전체를 바라보며, 문제를 진단하고 대안을 제시하는 '공동체의 리더'로서의 시선을 회복하는 일이다.

현재 많은 국민은 정치적 대립이 극단화하는 것을 우려하고 있다. 그런데 그 원인에 대해서는 '적'이나 반대자의 문제로 돌린다. 나는 이런 상황에서 민주진보 세력이 오히려 적대 완화를 위한 이니셔티브를 발휘해야 한다고 생각한다. 솔직히 말해, 민주진보는 오랫동안 이러한 초월적 상상력을 충분히 발휘하지 못했다. 보수와의 대립 속에서 투쟁의 에너지는 유지해 왔지만, 그 대립을 넘어 공동체를 설득하고 이끌 수 있는 공화적 영감은 점차 고갈되어 왔다. 이 책에서 제안하는 공화는 바로 그 고갈된 상상력을 다시 불러내기 위한 하나의 사유 실험이자 정치적 요청이다.

▌ '적'을 비판하는 방법론을 우리에게 적용한다는 것

내가 말하는 역지사지형 성찰성이란, 단순히 상대를 이해해 보자는 온건한 도덕적 권유가 아니다. 그것은 오히려 우리가 익숙하게 사용해 온 '적을 비판하는 방법론'을 우리 자신에게 되돌려 적용해 보는 급진적 사유의 전환에 가깝다. 그렇게 할 때만 우리는 우리 진영, 우리 편을 '본질적으로 선하다'고 이상화해 온 관성을 넘어 보다 현실적이고 복합적인 인식에 도달할 수 있다.

나는 앞서 이렇게 말한 바 있다. 20세기는 사회주의 혁명으로 막이 올랐지만, 사회주의 체제의 붕괴로 막을 내렸다. 이것은 20세기 역사 전체를 관통하는 가장 큰 미스터리이자, 아직 충분히 해명되지 않은 과제다. 지금도 이 문제는 모호한 평가와 감정적 비평 속에서 유예되어 있다.

그러나 나는 이 글의 맥락에서 이렇게 말해보고 싶다. 만약 자본주의 체제를 비판하던 그 치열한 분석의 방법론을 사회주의 체제 분석에 단 30%만이라도 적용했더라면, 역사는 전혀 다른 경로를 밟았을 가능성이 크다. 그랬다면 우리는 사회주의에 대해 맹목적인 환상을 품지 않았을 것이다. 1980년대 변혁적 진보의 흐름 속에서 사회주의는 거의 유일한 유토피아적 미래로 상정되었다. 그 강렬한 열망은 이해할 수 있지만, 바로 그 점에서 성찰의 빈자리는 너무 컸다.

만약 소련 사회주의 체제를 주도했던 집단이 역지사지형 성찰성에 입각해, 체제 초기에 나타난 '성공의 위기', 장기화 과정에서 드러난 헤게모니의 균열, 그에 기반한 이반과 저항, 내부의 균열, 즉 이상으로서의 사회주의를 현실 체제로 만들었을 때 나타나는 '그늘'을 외면하지 않고 정면으로 응시했더라면 어떠했을까. 그리고 그 응시에 기초해 보완적 전략을 채택했더라면 역사는 전혀 다른 궤적을 그렸을지도 모른다. 이런 의미에서 보면, 페레스트로이카와 같은 개혁이 필요했지만 나의 시각에서는 너무 늦었고, 그 실행 과정에서도 전술적 오류가 누적되며 실패로 귀결되었다.

어떤 가치나 이념이 절대화되면 그늘을 드리운다. 나는 인간의 집단적 운동에는 최대이익주의와 최대가치주의적 관성이 존재하며, 이는 동시에 그늘을 수반한다고 생각한다. 근대 이후 모든 구성원에게 권리가 보장됨에 따라, 한 집단이 최대이익을 추구하거나 옳다고 믿는 가치의 최대 실현을 도모하는 것은 권리의 일부가 되었다. 전근대 사회에서는 중세 종교재판이나 십자군 전쟁처럼, 절대화된 기독교적 가치의 최대주의적 실현으로 칭송받으며 전쟁과 폭력이 자행되었다. 근대 사회에서도 옳은 가치를 저항권이든 집회·결사의 자유든 권리로 추구하고, 이를 최대주의적으로 실현하는 것이 일상이 되었다. 또한 근대 사회의 큰 특징은 모든 개인과 집단의 이익 추구를 권리로 보장하는 것이다. 이제 그 권리로 추구되는 이익 대 이익의 충돌도 발생한다.

인간은 불완전한 존재이고 그런 불완전한 존재가 모여서 이루는 사회는 불완전성의 특징을 보이지 않을 수 없다. 우리는 자본주의의 모순만 응시하지만, 사회주의에도 그늘이 있다. '반혁명'만 모순과 그늘이 있는 것이 아니라, 혁명도 모순과 그늘이 있다. '캐더헌'의 명(明)이 있다면, '기생충'의 암(暗)도 있다. 당연히 산업화의 모순과 그늘이 있다면, 민주화의 모순과 그늘도 있다. 우리가 응시하지 않았을 뿐이다.

나는 가끔 스탈린 시대를 살았던 서방의 실존주의자들은 어떤 고민을 했을까 생각해 본다. 당시 많은 프랑스 실존주의 철학자들은 사회주의·공산주의 이념에 깊이 공감했다. 자본주의를 넘어서는 미래 이데올로기로서 사회주의가 지닌 호소력은 강렬했다. 그럼에도 그들은 사회주의 혁명 이후 초기 개혁 과정에서 드러난 비인간성, 체제의 경직성, 서구의 윤리적·정치적 기준으로는 정당화하기 어려운 문제들 앞에서 우려하고 회의하면서도 여전히 우호적인 태도를 유지했다.

그것은 사회주의의 붕괴라는 현실을 아직 마주하지 않았던 시대였기 때문이다. 사회주의는 여전히 '운동으로서의 이상'을 강하게 유지하고 있었다. 메를로퐁티의 저 문장 역시, 바로 그 양면성 속에서의 고뇌의 언어였다고 나는 생각한다. 만약 모든 체제의 공통적 속성(권력의 집중, 자기 정당화, 비판의 억압)을 30%만이라도 인정하고 접근했더라면, 전혀 다른 결론이 가능했을지도 모른다. 그러나 비판의 공간이 사라진 100% 절대화의 인식 속에서, 사회주의는 결국 붕괴했다.

이제 우리는 운동으로서의 사회주의가 아니라, 붕괴라는 현실을 통과한 이후의 지점에서 사고해야 한다. 그럼에도 여전히 진보적 체제를 '적의 시선으로 해부하는 작업'은 미답의 과제로 남아 있다.

■ 햇볕정치와 그 다섯 가지 유형

논의가 관념의 차원에 머무르지 않도록 하기 위해, 하나의 실천적 정치 전략으로서 나는 '햇볕정치(sunshine politics)'를 제안한다. 이는 역지사지형 성찰성과 3-7제 인식을 토대로 구성된, 새로운 공화적 정치 전략이다. 햇볕정치는 김대중 전 대통령의 햇볕정책을 하나의 정치적 은유로 삼고 있다. 적대적 대립 구도를 전제로 하되, 그 대립을 해소하는 방식에서 역발상을 취하는 전략이다. 햇볕정치는 제압을 넘어 '해동'의 정치를 지향한다. 즉, 적대의 구조를 단번에 무너뜨리려 하기보다, 그 강퍅함이 형성된 도덕적·인지적 계기를 하나씩 녹여내는 전략이다. 극우를 단지 극단성이나 과격한 언어가 아니라, '정서-운동-정치의 연쇄'로 포착하고 그 연쇄를 끊는 조건을 제시하고자 하는 것이며, 그 대안적 정치 전략이 햇볕정치이다. 나는 이것을 극우의 부상에 대응하는 정치 양식의 전환이자 확장이라고 의미 부여하고 싶다. 이때의 정치는 당연히 협의의 정치에 한정되지 않고, 제도정치적 실천, 시민사회적 실천, 교육 실천을 포함하는 것이다.

그럼에도 독자는 이렇게 느낄 수 있다. 이 '햇볕정치' 역시 여전히 추상적인 개념이 아니냐고, 도대체 구체적으로 무엇을 하자는 이야기냐고 묻고 싶을 것이다. 그런 질문은 정당하다. 그래서 나는 이 책에서 햇볕정치를 하나의 선언이나 슬로건으로 남겨두지 않기 위해, 예시로서 다섯 가지 실천 유형으로 나누어 제시하고자 한다. 그것은 ① 음지의 의제를 양지로 끌어올리는 햇볕정치, ② 직접 민주주의형 햇볕정치, ③ '내로남불'에 대응해 일반적 규칙을 정립하는 협치형 햇볕정치, ④ 자기희생형 햇볕정치, ⑤ 이른바 PC 햇볕정치이다.

■ '약자'에 머무르지 않는 진보, 공동체의 리더로서의 진보

이런 새로운 접근의 근저에는 민주진보가 여전히 경제권력의 측면에서 약자라고 인식하는 경향이 강하지만, 이제는 그 한계를 넘어 공동체의 리더로서 새로운 역할을 모색해야 한다는 주장이 자리하고 있다. 여기서 나는 안토니오 그람시(Antonio Gramsci)의 말을 다시 떠올리게 된다. 노동자 계급은 단지 지배계급이 되는 것을 넘어, 지도적 계급이 되어야 한다는 그의 통찰 말이다. 군사적 제압이나 힘의 우위를 통해 지배적 위치에 오르는 것만으로는 사회를 이끌 수 없다. 지도적 계급이란, 동일한 대립 구도 속에서 싸우는 존재가 아니라, 보수와 진보, 여야와 좌우를 넘어 공동체 전체의 리더로서 사안을 바라보는 주체다.

이런 점에서 우리는 민주화의 투쟁적 확장만이 아니라, 민주화가 남긴 그늘 역시 직시해야 한다. 그리고 그 위에서 새로운 공화적 민주주의의 지평을 넓혀가야 한다. 40여 년에 이르는 치열한 민주화 과정 속에서 만개한 (아시아 어느 나라와도 비교하기 어려운) 민주적 전투성을, 어떻게 민주'공화'적 에너지로 전환할 것인가. 이 책은 바로 그 질문에서 출발했다.

물론 민주적 전투성은 민주적 다원성으로, 민주적 공동체성으로 전환될 수도 있다. 그런 가능성을 열어두는 것이 바로 공화의 사유다. 이 책은 그동안 민주진보 담론의 '외부'로 밀려나 있던 공존, 공화, 공동체의 원리를 다시 내부로 불러들여, 그것을 진보주의와 결합시키려는 하나의 시도이기도 하다.

▮ 공화적 민주시민교육으로의 확장

교육은 민주주의의 중요한 교육적 인프라에 해당된다. 지난 10여 년간 교육 혁신의 핵심 화두는 민주시민교육이었다. 이는 권위주의에 맞서 자유와 권리를 지켜내는 당당한 시민, 다시 말해 민주적 전투성을 지닌 시민을 길러내는 데 중요한 역할을 해왔다. 그러나 민주화가 일정 수준 이상 진전된 지금, 나는 민주시민교육 또한 새로운 확장을 요구받고 있다고 생각한다. 그것은 곧 공화적 민주시민교육으로의 전환이다.

공화적 민주시민교육은 자유와 권리를 지키는 시민을 넘어서 함께 살아갈 줄 아는 시민을 길러내는 교육이다. 과거의 민주시민교육이 외적 억압에 맞서는 '대자적 역량'을 중심으로 했다면, 이제는 민주적 성취를 전제로 하여 민주적 공동체성을 실천하는 역량으로 나아가야 한다. 이는 기존의 민주시민교육을 부정하는 것이 아니라, 그 성과 위에 공화의 미덕을 덧붙이는 일이다.

민주주의의 원리는 주권, 자유, 권리, 자율에 있다. 반면 공화의 원리는 공동체성, 공공선, 참여, 권리를 넘어서는 책임에 있다. 민주적 전투성과 공화적 공동체성이 결합될 때, 민주주의는 비로소 장기적으로 지속 가능한 체제가 된다. 나는 오늘의 한국 사회가 바로 이 결합의 문턱 앞에 서 있다고 본다.

공화적 민주시민교육은 다양한 차원의 공존을 지향한다. 배움의 속도가 다른 존재들과의 공존, 정치적 신념과 세계관이 다른 이들과의 공존, 사회경제적 지위가 다른 집단들과의 공존이 그 출발점이다. 더 나아가 자연과의 공존, 국가와 민족을 넘어선 인간들 간의 공존, AI 시대에 기술과 함께 살아가는 방식에 대한 성찰까지도 포함한다.

빛의 혁명이 보여준 가능성은 바로 여기에 있다. 2차 탄핵을 이끌어낸 '빛의 혁명'은 과거로의 퇴행을 막아낸 집단적 힘이었을 뿐 아니라, 더 평등하고 더 포용적인 사회로 나아갈 수 있는 희망의 씨앗을 품고 있었다. 이제 그 씨앗을 키우기 위해서는 승리의 기억에 머무르기보다, 빛의 혁명 이후의 사회를 어떻게 설계할 것인지에 대한 교육적·정치적 상상력이 필요하다.

공화적 민주시민교육은 그 상상력의 중요한 토대가 될 수 있다. 그것은 갈등을 제거하는 교육이 아니라, 갈등 속에서도 공동체를 유지하는 능력을 기르는 교육이다. 민주적 전투성을 지닌 시민이면서 동시에 공화적 절제를 아는 시민, 확신을 가지되 30%의 여백을 남겨두는 시민을 길러내는 일, 그것이 바로 우리가 다음 단계에서 마주해야 할 교육의 과제다.

■ 선택은 언제나 다양하게 열려 있고 주관적이다

앞서 언급한 남영동의 그 장면을 '악의 평범성'으로 해석할 수도 있지만, 나는 그 의미를 더 확장해 보고 싶다. 내가 주목하는 것은 우리가 반대자를 대하는 인식에 따라 상대가 악마에서 천사까지 달라진다는 점이다. 대상을, 그리고 나와 대상의 관계를 얼마나 적대적으로 규정하느냐에 따라 접근 방식이 달라진다. 이근안이 상대를 '친북 빨갱이'로 인식했고, 그래서 고문을 국가를 위한 책무로 여겼을 가능성을 떠올려 볼 수 있다. 홀로코스트의 피해 경험을 지닌 이스라엘이 역으로 팔레스타인을 봉쇄와 기아로 몰아넣는 역설은, 대상에 대한 규정이 접근법을 바꿀 수 있음을 잔혹하게 보여준다.

대한민국이라는 공동체 안의 정치적 갈등도 마찬가지다. 각축하는 주체들이 경쟁 집단을 어떻게 인식하느냐에 따라, 그 대응 방식은 달라질 수 있다. 해방 공간의 암살 사건들을 역사적으로 떠올릴 수도 있고, 최근 현대사에서 박근혜의 피습과 이재명의 피습을 함께 생각해 볼 수도 있다. 나는 우리의 인식과 적을 대하는 방식 사이의 상관성, 그리고 그 상대성에 대해 말하고자 한다. 한 시공간의 갈등과 적대의 순간에도 적을 대하는 선택지는 하나가 아니라는 뜻이다. 14장의 [보론 2]에서 다루는 손흥민과 이강인 갈등, 대표팀 선수 선발을 둘러싼 논란이 바로 이런 선택지의 존재를 보여주는 사례다.

나는 현재의 정치적 투쟁이 국면의 성격에 의해 좌우된다는 것을 잘 안다. 지금 우리는 '내란' 시도를 극복하고 민주주의를 제자리에 돌려놓는 어러운 각축의 과정에 있다. 그러나 나는 그 국면 자체보다도, 오히려 정상으로 돌아온 이후를 묻고자 한다. 이 책은 1980년대 이후의 긴 민주화 시대에 우리에게 익숙한 민주진보적 인식틀을 확장하려는 책이다. 세상은 변했고, 국가·정치·시민사회·대중의 관계도 변했으며, 그 경제적 기초 또한 달라졌다. 그런데 민주진보의 인식틀은 상대적으로 고정되어 있었다. 변화된 상황을 전제로 그것을 어떻게 혁신할 것인지, 이 책은 그 질문에 대한 이야기다. 또한 민주진보의 대척점에 있는 보수에 대한 비판을 넘어서, 우리 사회의 발전을 위한 대안적 전략을 고민하고 단상을 제시하고자 한다. "분노와 혐오를 부추기는 극우 포퓰리즘이 세계를 휩쓸고 있다"라는 진단에 100% 동의한다. 그러나 나는 여기서 한 걸음 더 나아가고 싶다. '그것이 구조적·사후적 규정이라면 그 흐름 자체를 역전시키는 주체적 전략은 없을까', 이 고민을 놓지 않으려 한다. 내가 10년 동안 행정과 '통치'의 경험 속에서 사건이 터질 때마다 그것을 어떻게 대응하고 확산을 막을 것인지를 매일 고민해 왔기 때문에, 이 질문은 더 절실해졌다.

▌전진이 남기는 그늘을 누군가는 응시해야 한다

민주진보의 에너지는 언제나 '전진'에 집중되어 왔다. 개인과 집단이 각개약진 하며 더 평등하고 자유로운 세상을 향해 나아가는 것은 민주진보의 본령이기도 하다. 그러나 그 전진의 과정에서 자연스레 생겨나는 그늘에 대해, 그것이 사회 전체의 형상 속에서 어떤 부담과 균열로 나타나는지에 대해, 깊이 성찰하려는 노력은 상대적으로 부족했다. 민주주의가 원래 그러한 성격을 갖고 있다는 이유로, 그 고민을 스스로의 의무로 받아들이지 않은 측면도 있다. 그사이 보수와 극우는 바로 그 그늘을 자양분 삼아 성장하고 자신을 재생산해 왔다. 과거 산업화가 남긴 그늘에 민주진보가 저항하며 발전해 왔다면, 이제는 민주화가 남긴 그늘을 직시하고 이를 풀어내야 한다는 과제가 우리 앞에 놓여 있다.

그 그늘은 앞서 말한 것처럼 다양하지만, 특히 중요한 하나는 민주화가 발전시켜 온 개인의 자유와 권리의 신장, 그리고 그것을 침해하는 권력에 맞서 싸워온 전투적 시민성의 유산이 갖는 양면성이다. 내가 '민주적 전투성'이라고 부른 이 미덕은, 오늘날 어떤 지점에서는 '최대이익주의적 전투성', 권리와 권리의 충돌을 가속화하는 동력, 옳은 가치를 최대로 실현하려는 과정에서 생겨나는 최대가치주의의 그늘로 표출되기도 한다.

사실 최대이익주의적 경향이나 최대가치주의적 지향은 근대 민주주의 아래에서 그 자체로 부정적인 것은 아니다. 그러나 최대이익주의가 극단으로 치닫거나, 최대가치주의가 일면적으로 추구되어 다른 가치들을 배제하는 획일성으로 굳어질 때 문제가 발생한다. 물론 그러한 현상 또한 사회에서 반복적으로 나타나는 일반적 경향이라고 할 수 있다. 내가 주목하는 것은 바로 이 지점이다. 이러한 경향이 보수적·극우적 에너지가 확충되는 중요한 동력으로 작동한다는 사실이다. 따라서 우리에게 제기되는 과제는 이러한 흐름을 외면하거나 단순히 규탄하는 데 머무르는 것이 아니라, 그것을 정면으로 응시하는 성찰적 시선을 가지고 어떻게 전진할 것인지를 모색하는 데 있다.

바로 이 지점에서, 민주화의 긍정적 성과인 자유와 권리, 민주적 전투성을 지켜내면서도 그것을 민주적 공동체성과 결합하는 새로운 노력이 필요하다. 개인의 자유와 책임이 어긋나는 지점, 개인·집단의 이해와 공동체 전체의 이해가 충돌하는 지점, 정의로운 가치의 실천이 극단으로 치닫는 지점을 성찰하면서 보수와 극우가 지향하듯 과거의 권위주의로 회귀하거나 비민주적 경로로 퇴행하는 것이 아니라, 한국 민주주의의 건강성을 지켜내고 강화하는 길을 모색해야 한다. 그것이 바로 '대한민국헌법' 제1조가 선언한 민주성 위에서 공화성을 실현하는 과제일 것이다.

'빛의 혁명'이라 불린 시민의 고투 끝에 2차 탄핵까지 성공했다. 이제 우리는 다시 묻지 않을 수 없다. 두 번째 '탄핵 국면의 패배자'를 어떻게 다룰 것인가. 이것은 한국 민주진보가 자신의 인식틀을 확장해야 한다는 하나의 제언이기도 하다. 비상계엄 이후 뒤틀린 사회는 조금씩 자리를 잡아가고 있지만, 자발적 극우의 부상을 부른 사회(심리)적 토대와 조건은 아직 바뀌지 않았다. 이런 토대와 조건에서 지형을 바꿔내지 않으면 극우가 다시 집권하는 일이 현실화할 가능성을 공상으로만 치부할 수는 없다. 전 세계적으로 극우가 확산되는 흐름 속에서 이는 한국만의 문제가 아니라, 오늘날 전 세계의 민주파와 진보 세력 전체가 직면한 과제이기도 하다. 우리는 근본적이고 급진적인 가치 위에서 단죄와 규정을 통해 상대를 밀어내려 하지만, 역설적으로 현실은 오히려 반대로 흘러가고 있다. 반난민 정서, 이슬람 포비아, 심지어 반여성적 정동(情動)까지 결합한 극우는 대중적 기반을 넓혀가고 있다.

당연히 우리는 우리가 믿는 진보적 가치로 무장하고 그 참호를 지켜내야 한다. 그러나 동시에 그들이 흡수해 가고 있는 대중의 정동을 응시하고, 그 정동이 극우화되는 것을 막기 위한 '역발상적 노력' 또한 필요하다. 이것이 민주화 이후의 시대, 민주화의 그늘까지 책임지는 민주진보가 걸어가야 할 또 하나의 공화적 이니셔티브일 것이다.

미지의 도전에 직면한 한국 사회와 정치, 교육의 대안적 길을 우리는 어떻게든 만들어가야 한다. 아무도 무엇이 최선인지 단정할 수 없다. 이런 때일수록 경계선적인 감수성이 필요하다. 신영복 선생의 표현으로는 "떨고 있는 지남철"의 감수성이다. 북극성을 가리키며 우리가 옳다고 믿는 진보적 가치를 끝까지 지향하되, 우리가 가리키는 방향이 정말 옳은지 보완해야 할 것은 없는지 부단히 떨리는 감수성을 잃지 않은 채 전진하는 것, 나는 그것이 지금 우리에게 가장 절실하다고 생각한다.

■ 후백제 멸망을 통해 본 '나의 승리, 우리의 파멸'

역사적 사건들에 유난히 둔감한 내 기억 속에서도 이상하리만큼 오래 붙들고 놓지 않는 장면이 하나 있다. 바로 후백제의 군주 견훤이 아들의 손에 밀려나 유폐되고, 그 과정 자체가 후백제 멸망의 서막이 되어버린 순간이다. 900년 후백제를 세운 견훤은 노년에 이르러 장남 신검이 아닌 늦둥이 아들 금강을 후계자로 삼으려 한다. 이 작은 균열에서 균열의 정치는 시작된다. 장성한 아들들, 특히 장자 신검의 반발이 거세게 일어나 마침내 935년 신검을 중심으로 한 쿠데타가 발생한다. 아들은 아버지를 금산사로 유배 보내고 스스로 왕위에 오른다. 왕자의 난이자, 후백제 내부 분열의 극적 표상이었다. 견훤 정권의 정통성과 결속력은 이 반역의 순간에 이미 치명상을 입었다. 935년, 유폐 중이던 견훤은 탈출에 성공해 고려 태조 왕건에게 몸을 의탁한다. 그리고 936년, 고려군과 견훤의 연합군은 후백제를 향해 창끝을 돌린다. 일리천 전투에서 신검이 이끄는 후백제군은 처참한 패배를 당하고, 신검은 결국 항복한다. 그렇게 후백제는 막을 내린다. 아버지를 밀어내고 쟁취한 왕위가 곧 자기 세계의 붕괴를 재촉하는 장치였음을, 우리는 이 비극적 역설 속에서 뚜렷이 본다.

물론 그런 역사적 상황과 현재는 다르다. 그러나 그런 역사적 상상과 연관해서라도 우리의 현실에 대한 다른 응시를 해보기 위함이다. 공동체 구성원 간의 적대가 극단화되면 그리고 그것이 대중의 정서가 되면 그 공동체의 향방은 아무도 통제할 수 없는 상황이 된다. 이미 2006년 박근혜 전 대표의 피습이 있었다. 진보에서는 '선거용 자작극'일 수 있다고 생각했고, 선거 압승의 계기가 되자 '충분히 역보상을 받았다'고 생각하는 이들도 있었다. 2024년 초 이재명 전 대표의 피습이 있었다. 보수에서는 '부산홀대론', '부산대 병원홀대론' 등 지역주의 정서에 기대어 비판했다. 그 사건의 심각성보다는 그 사건의 정치적 파장을 더 고려하기 때문이다. 우리는 언제나 어떤 시공간 및 인식과 정서 속에서 나름 최선이라 믿는 선택을 한다. 그러나 그 선택이 반드시 '더 나은 내일'을 보장하지는 않는다. 신검은 자신의 생존과 권력을 위해 아버지를 유폐시키고 왕위에 올랐지만, 그 결정은 곧 자신과 자신의 세계를 멸망으로 이끄는 선택이었다. 그리고 그 과정에서의 다양한 군상들의 다양한 모습이 그런 선택을 재촉했다.

　한 나라의 위기는 단지 그 나라 내부의 사정만으로 결정되지 않는다. 내부의 극단적 상황이 외부의 요인과 맞물리고, 거기에 우연한 사건들이 불쏘시개처럼 끼어들면, 사태는 순식간에 걷잡을 수 없는 방향으로 치닫는다. 바이마르 공화국 말기의 독일을 떠올려 보자. 내부의 정치적 혼란이 세계 정세와 얽히며, 결국 인간 역사의 거대한 파국인 제2차 세계대전으로 이어졌다. 이왕 후백제 같은 극단적 사례를 언급했으니, 지금의 한국 상황에 비춰보는 것도 무리는 아닐 것이다. 만약 현 단계에서 극우 정권이 등장한다면 어떨까. 그것이 일본의 극우 세력과 시너지를 일으키고 중·일 갈등의 우연적 변수와 맞물린다면, 동북아 전체가 전쟁 위기 속으로 빠져들 수도 있다. 미국의 사례를 보자. 트럼프 정부 이후의 변화를 떠올려 보면, 내부의 정치·사회적 퇴행도 문제지만 바깥으로는 베네수엘라 침공 시도, 이란 사태 개입 가능성, 그린란드 병합 시도 등, 극우 정권 특유의 돌출 행동이 이어졌다. 초강대국의 위압적 개입 속에 그나마 '동중정(動中靜)'의 균형이 유지되고는 있지만, 이런 움직임이 각국의 국내 사정이나 권역별 긴장과 맞물린다면, 세계 정서 역시 쉽게 전쟁 쪽으로 기울 수 있다. 나는 이란의 폭정, 광주 학살에 준하는 학살적 통치에 대해 비판적이지만, 이는 미국의 군사 개입과 맞물려 중동 전체를 다시 화약고로 돌변시킬 수 있다. 한국은 이미 세계 8위의 무기 수출국이다. 이런 나라에 극우 정권이 들어선다면, 그 여파는 국내를 넘어 동북아와 세계 질서 전반의 퇴행으로 번질 수 있다. 과도한 우려다. 단지 내가 이 책에서 제기하는 것은 극우정권의 등장과 같은 퇴행을 비판하는 것은 쉽지만, 그 등장의 대중적 잠재력들을 응시하고 그 잠재력이 우리에게서도 발원한다는 점도 시야에 넣으면서 그것을 극복하는 새로운 확장 전략과 실천이 필요하다는 것이다. 나는 한국의 이른바 K-민주주의가 이 격변하는 세계, 편만한 퇴행의 시기에 건강하게 성장을 하고 한국을 넘어 균형추 역할을 하면 좋겠다는 소망을 가지고 있다.

보수에게도 건네는 요청

이 책은 진보를 향한, 동시에 보수에게도 건네는 요청이다. 변화된 정세, 그리고 '극우집권시대'가 현실이 될 수 있다는 위기의식 속에서, 민주진보가 먼저 변화를 향해 이니셔티브를 쥐어야 한다는 호소다. 그러나 이 위기의식은 진보만의 것이어서는 안 된다. 극우 집권시대가 열리게 되면 보수는 '우리 시대가 왔다'고 환호할지 모른다. 그러나 지금 미국의 트럼프 시대는 내부적으로 공화당의 집권에 안도할지 모르지만, 대외적으로는 미국의 위상이 급격히 추락하고 있으며, 제2차 세계대전 이후 미국이 구가해 온 팍스 아메리카나(Pax Americana)가 저물어가며 대통령이 세계적인 희화(戲畫)화의 대상으로 전락하는 딜레마를 생생히 보여준다. 자당의 집권에만 몰입한 끝에, 정작 그 당이 속한 공동체 전체가 '산으로 가버리는' 역설을 우리는 이미 목도하고 있는 것이다. 그나마 트럼프 이후 미국의 자국 우선주의와 반난민 정책은 거대한 시장과 자원을 가진 미국이 '혼자 잘살기'를 선언한 셈인데, 그들은 거대한 내부 시장을 가지고 있기 때문에 그나마 일정한 지속 가능성이 있을 수도 있다. 그러나 수출 지향적 개방경제를 기반으로, 천연자원보다 '인적 자원'에 의존하는 한국에 그러한 고립은 치명적이다. BTS를 포함한 문화적 한류에는 그래도 한국 민주주의의 건강성, 그리고 그 속에서 비서구적이지만 이른바 '서구적 보편성'의 기준에도 결코 뒤지지 않는 개방성이 내포되어 있었기 때문이라고 생각한다. 아마도 정치적 퇴행은 문화적 퇴행으로 연결될 수도 있다. 이런 역설이 현실이 되지 않으려면, 보수 내부에서도 극우가 아니라 합리적 보수가 든든하게 주류적 위치를 견지해야 한다.

지금 우리가 서 있는 곳은 장기 민주화 시대에 형성된 정치·사회적 지형(terrain) 위이다. 이 지형이 변하면, 그 위에서 움직이던 다양한 정치·사회적 주체들의 행위 양식 또한 달라질 수밖에 없다. 장기 민주화 시대의 지형은 이른바 'PC'라 불리는 일련의 올바른 가치 지향에 대해 대체로 동의하는 가운데 작동해 왔다. 예를 들어 다문화 구성원에 대한 환대를 보자. 필리핀 출신인 이자스민 의원이 국회에 처음 입성한 것도 2012년 민주당이 아니라 보수 정당인 새누리당을 통해서였다. 장애인을 비롯한 다양한 소수자에 대한 배려, 역차별 방지를 위한 제도와 정책에 당시의 보수 정당은 일정 부분 동조했다. 난민 문제에서도, 비록 '중국 혐오'와 같은 예외적 현상이 존재하더라도, 전체적으로는 환대의 기조 위에 서 있었다. 우리는 2022년 3월 21일, 노옥희 당시 울산교육감이 아프가니스탄 '특별기여자' 자녀들의 손을 잡고 함께 등교하던 모습을 기억한다. 코로나 시기, 내가 서울교육감으로 재직하던 때에도 비슷한 사례가 있었다. 학생 지원금을 지급하는 과정에서 '외국 국적 학생을 포함할 것인가'라는 논란이 일었지만, 나는 주저 없이 "모두에게 지급하자"라고 결정했다. 이런 판단들, 이런 정책들은 모두 장기 민주화 시대라는 민주진보적 지형 속에서 가능했던 것이었다. 그러나 만일 극우 집권의 시대가 도래한다면 상황은 달라질 것이다. 합리적 보수조차 그동안 '옳다'고 믿어왔던 가치와 행위를 거슬러야 하는 압박을 받을 것이며, 실제로 그 방향으로 전환될 수도 있다. 2026년 현재, 영국에서는 극우 개혁당의 집권 가능성이 높아지자 일부 보수당 의원들이 이탈해 난민정책 등에서 더욱 극우적인 노선을 취하는 현상이 나타나고 있다. 트럼프가 집권한 후 DEI [다양성(Diversity), 형평성(Equity), 포용성(Inclusion)] 정책을 폐기하고, 그 결과로 각종 '역차별 정책(affirmative action)'이 약화되거나 사라지는 현실 역시 같은 맥락이다. 지금 보수와 진보 간에 존재하는 큰 차이는 그런 지형 속에서는 미세한 것이 될 수도 있다.

우리도 예외일 수 없다. 거대한 격변의 소용돌이 속에서 각자가 자신의 최대이익과 가치의 극대화를 좇는 사이, 우리 공동체(학교라는 교육공동체이건, 정치공동체이건, 국가공동체이건)는 후백제처럼 더 깊은 위기를 잉태할 수도 있을지 모른다. 견훤과 신검 부자의 비극은, 결국 '나의 승리'가 '우리의 파멸'로 돌아올 수 있다는 사실을 경고하는 오래된 은유다.

나는 이 책 전체를 통해 대한민국의 미래를 위해, 극우의 등장을 단지 '그들 내부의 문제'로만 치부해서는 안 되며, 우리가 약자의식에 머물지 않고 공동체의 리더임을 자각하면서 이 지형을 건강하게 유지시킬 수 있는 복합적 시각을 가져야 한다고 제안한다. 이 책이 지향하는 바는, 바로 이 지점에서의 전향적 만남이다. 극우의 시대를 막기 위해 민주진보 내부에서의 자기 성찰과 변신의 노력이, 그리고 보수 내부에서의 합리적 보수의 분투가 서로를 향해 다가가기를 바란다. 서로의 진영을 절멸의 대상으로만 바라보는 대신, 공동체를 지키기 위해 경쟁하면서도 절벽 아래로 함께 떨어지지는 않겠다는 최소한의 합의를 만들어내는 것, 그것이 견훤과 신검의 역사를 반복하지 않는 길이며, 이 책이 담고자 하는 간절한 소망이다.

▌ 책의 구성

먼저 1장에서는 1970~1980년대 이후 지속되어 온, 40년에 이르는 '장기 민주화 시대'의 궤적을 따라간다. 민주화가 단계적으로 어떤 경로를 밟아 전개되었는지 서술하고 그 연장선에서 최근 한국 민주주의의 위기 양상을 함께 짚어본다.

2장에서는 민주화의 긴 여정을 전기와 후기로 나누어, 사회·경제 구조의 변화, 계급·계층의 태도 변화, 여야 간 정권 교체의 반복 속에서 형성된 도덕적·정치적 지형의 변화, 그리고 시민사회의 성격 변화를 설명한다. 이는 민주화의 '성공'이 낳은 또 하나의 역설, 곧 '성공의 위기'라는 현상을 해부하는 작업이기도 하다.

3장에서는 장기 민주화 시대의 그늘을 87년 체제의 분열, 조국 사건, 이명박 정부의 수입 쇠고기 반대 투쟁을 '적'의 시선으로 분석해 본다. 이런 사건들에서 나타나는 그늘이 장기 민주화 시대의 이면에서 성장해 온 극우의 도덕적·인지적 계기가 된다는 점을 서술한다.

4장에서는 한국 사회의 정치적·사회적 갈등과 맞물려 전개되는 현 단계 지구촌 민주주의의 위기와 도전을 극우가 주도하는 '적대적 진영정치'라는 개념으로 설명한다. 그리고 그 적대가 단지 문화전쟁의 산물이 아니라, 지구화의 진전에 따른 사회경제적 양극화와 깊이 연동되어 있음을 밝힌다.

5~6장에서는 87년 체제를 떠받쳐 온 구조와 주체가 크게 변했음에도 불구하고 민주진보 진영의 인식틀은 여전히 반독재 투쟁 시대의 프레임에 머물러 있다는 점을 지적한다. '단순성의 시대'에서 '복합성의 시대'로 이동한 상황 변화에 맞추어 사유 전환이 절실하며, 그 핵심은 역지사지형 성찰성과 이를 토대로 한 '3-7제 민주주의'이다. 민주화 시대의 전형적인 선악 이분법이 관성적으로 지속되고, 권리 추구의 자유가 최대이익주의적 극단성을 부추기기도 하며, 좋은 가치를 최대치로 실현하려는 노력 속에 '일면적인 가치주의'적 경향이 겹치면서 (의도하지 않게) 오히려 극우의 토양이 확대되기도 했다. 복합성 시대에 걸맞은 인식과 전략의 혁신 없이는 이 악순환을 끊기 어렵다는 문제의식을 서술한다.

7장에서는 민주진보의 공화적 확장에 대한 이론적 논의를 전개한다. 기존의 '공화주의'를 참조하면서도 그것을 넘어서서 내 나름의 '공화' 개념을 규정한다. 1970년대 이후 민주진보의 프레임 변화 과정을 되짚으며, 그 속에서 공화적 진보의 차원이 새롭게 개척될 필요가 있음을 적시한다. 이러한 확장이 현실 속에서 어떻게 구현될 수 있는지가 문제다. 8~13장에서는 그 구현의 한 경로로서 '햇볕정치'를 새로운 프레임으로 설정하고, 이를 다섯 가지 실천 유형으로 나누어 사례를 들어 서술한다. 앞서 다섯 가지 햇볕정치의 내용을 간단히 소개했듯, 이 책에서 햇볕정치는 단지 온건함의 수사가 아니라 정치혁신의 제안이다.

다음으로 앞서 서술해 온 바와 같이 우리의 민주정을 민주'공화'정으로 전환하기 위해서는, 정치나 사회운동의 영역에서 (민주)투쟁적 이니셔티브를 공화적 이니셔티브와 결합시키려는 노력으로 나타나야 하지만, 궁극적으로 교육에서 공화적 시민성이 길러지고 공존이 가능한 교육이 이루어져야 한다. 이 점에서 14장에서는 '공화적 민주시민교육'이라는 화두로 서술을 한다. 즉 지난 10년 동안의 민주시민교육을, 앞선 논의의 연장선에서 공화적 민주시민교육으로 업그레이드해야 함을 구체적 예시와 함께 제시한다. 민주진보적 지향에서의 공화적 민주시민교육은 다차원적인 '평등한 공존'을 지향한다. 배움의 속도, 신념과 정치적 견해, 사회경제적 지위가 다른 존재들과의 공존(기존 국민국가적 지형 안에서 인간과 인간의 공존)을 넘어, 자연과의 공존, 국가·민족·인종·종교를 달리하는 인간들 간의 공존, AI 시대의 기술과의 공존까지 확장해 서술한다. 보론에서는 적대적 갈등으로 치닫기 쉬운 상황에서도 공화적인 정치적 선택, 인간으로서의 포용적 선택이 가능하다는 점을 드러내기 위해 내가 좋아하는 축구 사례를 들어 논의를 전개했다. 2024년 2월 아시안컵 4강 탈락 즈음의 손흥민-이강인 갈등, 이어 3월 중순 태국과의 북중미 월드컵 아시아 2차 예선을 준비하며 벌어진 선수 선발의 긴장 등을 사례로 서술했다. 이러한 공화적 민주시민교육은 단지 미래세대인 학생에게만 적용되는 것은 아니다. 평생교육, 일반 시민교육, 직업교육 등의 전 영역에서 추구되어야 한다고 생각한다.

이어지는 보론에서는 최근 정치적 극우에 기독교 보수가 핵심 주축이 되는 현상에 주목하면서, 교회의 정치화를 분석하면서 교회가 관용과 다원성의 공간이 되어야 함을 서술한다.

▌ 정치혁신만으로는 완결되지 않지만

다만 햇볕'정치'가 하나의 정치 혁신이자 정치 양식의 전환이라면, 그 정치가 서 있는 경제라는 하부구조적 기반을 외면할 수는 없다. 오늘날 지구촌에 편만한 적대적 진영정치의 근저에는 디지털·AI 기술혁명과 결합된 지구화가 초래한, 심각한 사회경제적 양극화, 그리고 그로부터 누적되어 온 대중의 좌절과 분노가 자리하고 있다. 이러한 조건을 전제할 때, 정치 양식의 전환이나 확장만으로는 문제의 근원에 다가설 수 없다.

햇볕정치는 궁극적으로 사회경제적 양극화를 완화하고 극복하기 위한 실질적인 사회경제적 개혁이 수반되지 않는 한, 그 정치적 효과를 온전히 발휘할 수 없다. 오히려 이 지점에서 우리는 기존의 개혁 수준을 넘어서는 더 높은 차원의 사회경제적 전환을 요구받고 있다.

서구의 경험은 이를 잘 보여준다. 1960~1970년대에는 소련 사회주의가 자본주의에 대한 외부적 위협으로 존재하면서, 서구 내부에서 사회민주주의적 개혁을 압박하는 구조가 작동했다. 그러나 사회주의 체제의 붕괴 이후 '대안은 없다(TINA)'는 인식이 확산되면서, 자본주의 정당 체계 내부의 진보·좌파적 발전 가능성은 구조적으로 봉쇄되었다. 한국 역시 예외는 아니다. 1987년 6월 민주항쟁 이후 성립한 이른바 '87년 민주헌정 체제'는 권위주의 독재의 퇴조라는 정치적 성취를 이루었지만, 1997년 외환위기를 기점으로 신자유주의적 경제 기조가 전면화되면서, 민주주의는 시장경제로 인한 불평등을 완화하기보다는 오히려 민주주의 자체가 사회경제적으로 형해화되는 역설적 결과로 이어졌다. 더 나아가 현 단계의 지구화가 동반한 사회경제적 양극화와 그로 인한 대중의 좌절과 분노는 더 이상 기성 정당 체제로 수렴되지 못하고 있다. 그 에너지는 점점 극우 정치의 자양분으로 전환되며 민주주의의 토대를 잠식하고 있다.

단지, 디지털·AI 기술혁명은 젊은 세대들이 틱톡, 인스타그램, 유튜브 등 뉴미디어 영상 매체를 끼고 살면서, 이를 개인 간, 집단 간 소통의 일상적 통로로 활용하는 새로운 현실을 촉진하고 있다. 그러다 보니 네팔과 인도네시아의 사례에서 보듯이, 하나의 SNS 영상이 부패와 특권에 대한 분노를 집결시키고, 대규모 반정부 시위를 촉발하며, 나아가 정권 교체의 계기로까지 작동하는 등, 사회변화의 결정적 계기로 나타날 가능성도 내포하고 있다.

이러한 조건 속에서 민주주의의 퇴행을 막기 위해 필요한 것은 단지 정치 양식의 복합화에 그치지 않는다. 우리는 '87년 체제'가 남긴 사회경제적 형해화를 넘어서는 새로운 사회경제적 개혁의 지평으로 나아가야 한다(초고에서는 상당한 분량으로 이 문제를 '완충국가'와 '기본소득형 신복지 체제'라는 개념을 중심으로 집필했으나, 책 전체의 분량이 과도하여, 이 책에서는 본격적으로 다룰 수 없었음을 말씀드린다).

▮ 서술상의 특징

이 책의 부제에 '햇볕정치'를 붙였다고 해서, 이 책을 '정치만' 다루는 책으로 오해하지 않기를 바란다. 여기서의 정치는 제도정치, 시민사회운동, 교육 실천을 포함하는 광의의 개념이지만, 책 속에서 내가 든 예시 가운데 많은 부분은 '교육'에서 길어 올린 것이다. 지난 10년간 교육행정 속에서 마주한 교육 현실을, 내 논지를 살리는 사례로 자주 호출했다. 나는 사회학자이므로, 교육을 사회(학)적 관점에서 바라본다. 학교는 사실 '작은 사회'다. 우리의 정치와 사회에서 벌어지는 현상들의 원리와 긴장을 학교는 축소판처럼 재현하고 드러낸다. 동시에 교육은 그 자체로 국가·정치·사회의 문제를 구성하는 중요한 소재이기도 하다. '공화적 민주시민교육'이라는 부제는 정치를 향한 제언인 동시에, 학교라는 공간이 변화해 가야 하는지에 대한 제언이기도 하다.

　나는 그동안 글과 칼럼을 통해 생각을 부분적으로 표현해 왔는데, 이 책은 그 글들의 일부를 새로운 사유의 틀 속에서 재배열하고 재구성하며, 다시 써 내려간 것이기도 하다. 이 책은 때로 학술적 문체로, 때로 수필과도 같은 문체로 서술했다. 나는 이를 일종의 '확장형 글쓰기'라고 부르고 싶다. 일관된 핵심 주제가 분명히 존재하지만, 한 점을 깊이 파고드는 '심화형' 글쓰기라기보다, 핵심 주제를 중심으로 다양한 연관 주제들을 따라가며 자유롭게 견해를 펼치는 방식이기 때문이다. 그 결과 학술적으로 엄밀하지 못한 지점이 적지 않음을, 그리고 독자와 후배 학자들의 검토를 더 필요로 하는 대목이 있음을 솔직히 인정한다. 때로는 가벼운 상상력의 언어로, 때로는 '연관의 터치'에 가까운 방식으로 확장해 서술한 부분도 많다. 주(註)도 최소한으로 달았다. 인용과 출처 역시 엄밀하지 못한 지점이 있음을 밝힌다.

나는 이 책을 자유인 조희연의 시각으로 썼다. 교육감이나 학자·지식인으로부터 한 걸음 떨어진 자리에서 우리 사회와 시대를 향해 하고 싶은 말을 정교함이 다소 부족하면 부족한 채 적어 내려갔다. 그리고 자유롭게 썼기에 이 책의 주장이 반드시 옳다고 믿을 필요도 없다. 적의 30% 합리성을 인정하자는 견지에서 본다면 '민주진보 내부의 다원성' 또한 더 폭넓게 존중되어야 한다. 민주주의 제도는 다수자의 전일적 지배를 차단하고 소수자와 경쟁할 공간을 열어 지속성을 확보해 왔다. 자본주의 역시 민주주의와 결합하면서 시장의 폭정이 일정 부분 제한되고 순치되면서 지속가능성이 확대되어 왔다. 이제 진보 내부에서도 의견 차이와 대립이 존중받고 그 경합의 긴장이 민주진보의 역동성을 살리는 힘이 되리라 나는 믿는다.

1980년대, 젊은 영혼들이 혁명을 꿈꾸던 시절에는 사회구성체 논쟁처럼 인식과 전략의 차이가 '사활'적 성격을 띠었다. 그러나 '장기 민주화 시대'를 지나온 지금은 오히려 진보 내부의 차이를 인정하고, 그 차이가 역동성의 근거가 될 수 있도록 공존의 규칙과 형태를 찾아야 할 때라고 생각한다. 그러니 이 책의 주장 역시 선악으로 재단하기보다, 미증유의 퇴행을 겪는 시대에 암중모색하듯 미래의 길을 찾기 위한 토론의 소재로 받아들여 주기를 바란다.

또한 지난 10년 동안 내가 고민하고 부분적으로 써왔던 글들을 포함해 작성했기에, 서술의 중복이 눈에 띄는 부분도 있다. 그런 점을 감안해 정독해 주시는 분들께 미리 양해를 구하고 싶다. 논지는 유사하면서도 다른 예와 서술로 반복되거나 표현이 다른 방식으로 서술되는 경우를 발견하더라도, 너그러이 혜량해 주시길 바란다.

마지막으로, 이 책에 서술한 많은 교육적 사안과 소재들을 해결하기 위해 2014년부터 2024년까지 10년 동안 서울교육청에서 나를 도와 함께 고투해 온 교육 가족들에게 깊이 감사드린다. 함께 서울 교육을 만들어온 학교 현장의 선생님들, 교직원들, 학부모들에게도 감사의 인사를 전한다. 나는 10년 동안의 서울 교육의 정책과 행정의 족적을 정리한 또 한 권의 교육 관련 책도 준비하고 있으나, 이 책이 먼저 준비되어 세상에 내놓게 되었다. 서울 교육과 대한민국 교육에 대한 나의 경험과 분석을 담은 책을 별도로 펴내겠다는 약속도 함께 남겨둔다.

아울러, 5·18연구소와 5·18학회에도 감사를 전해야겠다. 이 책의 기본 아이디어는 '햇볕정치'라는 이름으로 전남대 5·18연구소에서 주최한 5·18학회 창립총회(2025년 5월 22일, 전남대)에 기조발표자로 초청되어 이를 준비하는 과정에서 정립할 수 있었다. 이 발표에 이어 경남대 K-민주주의연구소에서 주최한 워크숍에서 기조강연 요청이 있어 같은 주제로 발표하면서 피드백을 받을 수 있었다. 그때 참여하신 모든 분들께 감사의 인사를 전하고 싶다.

서론이 다소 길었다. 이 책 전체의 논지와 문제의식을 좀 더 자세히 설명하고 싶었기 때문이다. 동시에 그것은 독자를 위한 편의이기도 하다. 수많은 지식과 정보가 범람하는 시대에, 전체를 읽을 시간과 여유가 부족한 독자들께 간명한 길잡이를 제공하는 일 또한 하나의 서비스가 될 수 있다고 생각했기 때문이다. 내 책을 손에 들어준 독자들께 진심으로 감사드린다.

1부

아주 긴 민주화,
세상은 어떻게 변해왔을까?

| '장기 민주화 시대'의 국내적·국제적 변화 |

1장

세상이 바뀌면 문제가 사라질까?
민주화의 단계'적' 변화와 민주주의의 새로운 위기

1961년 5·16 군사쿠데타로 시작된 권위주의 시대는 1987년 6월 민주항쟁을 계기로 민주화 시대로 전환되었다. 이후 한국 사회는 민주주의를 실질화하기 위한 지난한 여정을 시작했다. 그 과정에서 2024년 12·3 비상계엄이라는 극적인 사건도 있었다. 그러나 민주주의의 최대 위기 앞에서 시민들이 참여한 '빛의 혁명'은 민주주의의 회복력을 다시 확인시켜 주었고, 그 결과 2025년 4·4 헌법재판소의 탄핵 인용과 6·3 대선으로 이어졌다. 우리는 지금 '내란 척결' 이후의 또 다른 전환점으로 가고 있다.

이 경험은 민주주의가 단순히 앞으로만 나아가는 직선적인 길이 아님을 보여준다. 민주주의는 외부의 압력뿐 아니라 내부의 도전에도 끊임없이 맞닥뜨리며, 그 도전을 어떻게 극복하느냐에 따라 새로운 민주주의가 구성된다. 그래서 우리는 민주주의가 어떤 방식으로 흔들리고 어떻게 다시 회복하며, 앞으로 어떤 민주주의를 만들어갈 것인지 질문하지 않을 수 없다. 이 책이 강조하는 것은 단순히 '민주주의가 위기다'라는 진단이 아니다. 우리가 어떤 민주주의를 꿈꾸었고 무엇이 그 꿈을 흔들었으며, 어떻게 다시 공동체의 민주주의를 재구성할 수 있을지를 묻는 것이다. 이는 단순한 정치적 전략의 문제가 아니라, 적대와 대립의 민주주의 위에서 공화적 균형과 공동체성을 중시하는 민주주의로 나아가야 한다는 더 큰 과제이기도 하다.

▋ 권위주의와 민주주의의 다양한 스펙트럼

이런 문제의식을 가지고 1960년대 이후 민주주의 변화 과정을 다시 일별해 보고자 한다. 1961년 쿠데타를 기점으로 보면 60여 년, 1987년을 기준으로 보면 40년에 조금 못 미치는 시간, 그리고 1975년 긴급조치 9호[1]를 기준으로 하면 50년에 이르는 기간 동안 우리는 다양한 형태의 권위주의, 다양한 민주정부, 다양한 민주항쟁을 경험해 왔다. 박정희 시대 이전의 식민지·해방·전쟁·분단의 격변을 지나, 박정희 정권과 전두환 정권을 거쳐 1987년 6월 민주항쟁으로 민주화의 길에 들어서기까지, 한국 현대정치는 극적인 긴장과 전환의 연속이었다.

박정희 시대 이전의 한국 현대사의 격변은 일제 식민지, 해방, 전쟁과 분단, 그리고 1950년대 이승만 정부의 붕괴로 이어졌다. 이후 긴 박정희 시대를 거쳐 박정희를 계승한 전두환 시기를 통과했고, 이를 극복하는 1987년 6월 민주항쟁을 전환점으로 민주화의 시기로 이행했다. 1961년 이후의 권위주의 시대에 한정하면 네 개의 소시기로 나눌 수 있는데, 1961년 군사쿠데타 이후의 시기, 1972년 10월 유신 이후의 시기, 1975년부터 1979년까지의 '긴급조치 9호' 시기, 1980년 이후 전두환 신군부 정권 시기가 그것이다.[2]

이 시기들을 더욱더 일반론적으로 바라보기 위해, 권위주의와 민주주의 체제를 하나의 단선적 선(linear) 위에 정태적으로 올려놓는 방식이 아니라 다양한 형태와 단계의 스펙트럼으로 이해할 필요가 있다. 권위주의의 극단에는 파시즘이 있고, 그다음에는 태국이나 미얀마 군부정권과 같은 군부 경성(硬性) 권위주의가 위치한다. 군부 통치 역시 선거 여부, 의회 존치 여부 등에 따라 여러 유형으로 나뉜다. 정치학에서 연성 권위주의(soft authoritarianism)

라고 말할 때는 민주주의의 외양을 가지고 있지만, 실질적으로는 한 정당이 오랫동안 단일하게 집권하는 패권적 체제를 의미한다. 싱가포르를 권위주의라고 단정하기는 조심스럽지만, 학자에 따라 연성 권위주의라는 표현을 사용한다. 여기에 '패권적 선거 민주주의'를 하나의 특별한 유형으로 설정할 수 있다. 예컨대 일본의 전후 자민당 집권 체제처럼, 한 정당이 (비록 연립정부를 구성하기도 하지만) 거의 예외 없이 수십 년 동안 집권 정당으로 존재하는 경우이다. 권위주의가 선거가 아닌 억압적 방식으로 한 세력의 지속적인 권력 장악을 의미한다고 할 때 이런 경우를 권위주의라고 말하기는 어렵지만, 어떤 의미에서는 더욱 정교한(sophisticated) 방식으로 한 세력이 지속적으로 권력을 보유하는 유형이라고 할 수 있다.

이러한 다양성을 전제로 할 때, 민주주의의 최소 제도 요건은 주기적인 선거라고 할 것이다. 이때 자유로운 선거가 가능하려면 표현의 자유, 정치 활동의 자유, 결사의 자유 등 기본적인 시민적·정치적 권리가 보장되어야 한다. 설령 그것들이 실질적으로 제약되더라도, 형식적 권리로서 최소한 보장되어야 한다. 선거가 주기적으로 이루어진다면 일단 민주주의의 최소치는 충족된 경우라고 할 수 있다. 민주주의의 핵심 원리는 주권재민, 즉 권력이 국민으로부터 나온다는 것이다. 바로 그 근대적인 제도적 구현이 의회였고, 선거였다. 우리의 경우도 그러한 상태가 1987년 이후 대통령 직선제로 구현되었다. 이런 선거 민주주의가 공고화(consolidation)된 이후에는 다양한 차원에서 다원성이 실현되고, 정치적 자유를 넘어 다양한 수준의 자율성과 다양성이 확장되어야 한다. 이를 리버럴(liberal)의 의미를 차용해 '다원적 민주주의'라고 표현할 수 있다.[3]

그런데 민주주의는 여기에만 머물지 않는다. 민주주의 개념은 '최소 요건의 충족'에서 멈추지 않고 최대치를 향한 확장 가능성을 열어둔다. 최소 제도만 실현되면 형식적 민주주의가 되지만, 국민이 권력의 주인이라는 핵심 원리를 확장하면 경제·사회적 차별의 영역으로까지 적용되어 무한한 확장

가능성을 갖는다. 경제민주주의, 사회민주주의 등이 그 예이다.[4]

1980년대 권위주의에서 민주주의로 이행하던 격렬한 전환기에 민주주의에 대한 '혁명적' 열정이 확산되었고, 이때 '완전한 민주주의'에 대한 다양한 상상들이 존재했다. 서구의 사회민주주의, 인민민주주의, 사회주의적 민주주의 등 급진적 모델들이 논의되었고, 당시에는 서구 사회민주주의조차 '개량적'으로 치부되기도 했다. 당시 우익적 극단에 파시즘이 있었다면, 좌익적 극단에는 사회주의적 민주주의가 있었다고 할 수 있다. 지금은 주변화되었지만, '완전한 민주주의'를 향한 인류의 여정은 여전히 진행 중이다.

문제는 민주주의의 최소 요건이 충족되고 선거가 반복되더라도 민주주의가 새로운 위기에 직면한다는 점이다. 최근 세계적으로 등장한 민주주의의 '퇴행' 혹은 '부식' 현상은 민주주의의 외형을 유지하면서 내용이 약화되는 양상을 보여준다. 한국 민주주의 역시 이러한 흐름 속에서 성취와 위기, 진전과 후퇴가 교차하는 복합적 현실을 경험해 왔다. 2024년 12·3 비상계엄은 이를 극적으로 보여주었다.

이와 같이 한국 민주주의는 권위주의를 넘어 민주화에 이르기까지 단계적 변화를 거치면서도, 동시에 민주주의 내부에서 새로운 유형의 위기를 마주하고 있다. 이 책에서 말하고자 하는 것은 바로 이 지점, 민주주의의 성취가 생성해 낸 새로운 위기를 어떻게 분석하고, 어떤 방향으로 넘어설 것인가 하는 질문이다.

최근 지구촌에서 민주주의 퇴행 현상은 더욱 두드러지고 있다. 민주주의의 틀 내에서, 민주주의 헌법이 보장하는 제도들을 이용해 권위주의적 국가 운영을 하는 사례들이다. 퇴행(backsliding), 결함(flawed), 결손(deficit), 부식(erosion), 후퇴(retreat), 위임적(delegative), 비자유주의적(illiberal) 등의 관형사가 민주주의 앞에 붙는 현상이 새롭게 부상하고 있다. 이는 과거 권위주의 체제의 특성과 닿아 있으면서도, 민주화 이후 민주주의 체제의 형식을 유지한 채 정치 체제와 통치 체제가 내용적·질적 측면에서 퇴행 양상을 보

인다는 점에서 과거와는 다른 성격을 띤다.

민주화 이후 정권 교체의 성격

1987년을 전환점으로 본격화된 민주화와 그 이후 한국 사회의 변화 역시 격변의 연속이었다. 돌이켜 보면, 직선 군부 정부(노태우 정부), 군부 집권당과 결합해 야당 지도자가 직선 대통령이 되는 혼종형 민선 민간정부(김영삼 정부), 정부 수립 50년 만에 이룬 반독재 야당 정부(김대중 정부), 탄핵을 경험할 정도로 격렬한 갈등을 겪은 두 번째 야당 정부(노무현 정부), 과기 권위주의 시대를 계승하는 친기업·성장지향적인 '신보수' 정부(이명박 정부), 박정희의 딸이 대통령으로 취임했으나 2016~2017년 '촛불시민혁명'을 계기로 탄핵되어 물러난 신권위주의 정부(박근혜 정부), 과거 청산을 기치로 개혁을 진행한 세 번째 야당 정부(문재인 정부), 검찰총장 출신 대통령이 '여소야대 국회' 상황에서 12·3 비상계엄을 시도해 정적을 제거하려 했으나 탄핵으로 물러난 이른바 '검찰통치정부'(윤석열 정부)를 경험해 왔다. 정말 민주화 이후 다양한 정치 변동을 겪어온 셈이다.

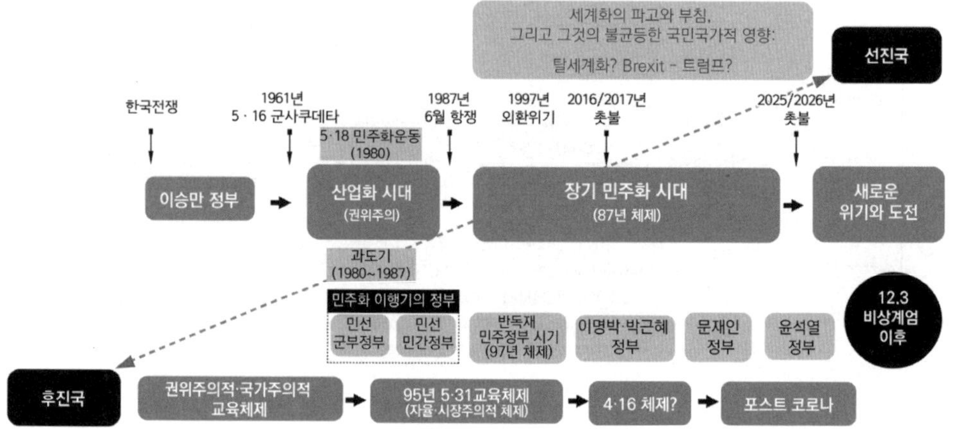

▌보수5)의 다양한 성격과 보수 정부의 지배적 성격 변화

돌이켜 보면, 한국 권위주의 체제의 원형을 형성하는 박정희 정권은 현재의 보수가 드러내는 다양한 성격을 이미 내장하고 있었다. ① 군부 세력이 권력을 장악한 '군부 정부', ② 통치 방식에 있어서의 권위주의적 정부, ③ 영남 보수의 지지에 기반한 영남 지역 기반 정부, ④ 분단 상황에서의 반공 보수, ⑤ 이념적으로 보수 혹은 극보수, 좌우 개념에 기초하면 우파 혹은 극우파, ⑥ 친기업적이고 성장 지향적인 친시장 보수의 성격을 동시에 지니고 있었다. 박정희 정부는 전쟁과 분단을 겪으며 형성된 한국 보수의 성격을 계승하면서, 또 다른 보수의 DNA를 형성했다. 한국의 보수는 이렇게 복합적인 성격을 갖는다고 할 수 있다.

이에 대항하는 민주진보 정부 역시 복합적 성격을 띠고 있다. 하나로 획일화할 수는 없지만, 앞서 언급한 보수의 다양한 성격을 비판하는 양상을 보이며, 그 지역적·이념적 기반 역시 다양하다. 민주진보 정부는 호남의 진보적 지지를 최소 기반으로 하지만, 그것만으로는 왜소화되어 집권할 수 없는 이중성을 가지고 있었다. 반독재 민주화운동이 급진 진보, 진보, 중도 자유주의, 합리적 보수의 연합운동이었던 만큼, 민주진보 역시 다양한 이념적 스펙트럼을 가지고 있었다.

한국의 보수 정부는 1961년부터 1987년까지는 권력 엘리트의 핵심이 군부 세력인 군부 권위주의 정부라는 성격이 지배적이었다고 할 수 있다. 그런데 1987년을 전환점으로 민주화가 진행된 국면에서의 정부 교체를 분석해 보면, 각 시기마다 보수 정부의 지배적 성격이 변화해 왔음을 알 수 있다. 예컨대 이명박 정부는 과거 박정희 정권 시기에 형성된 보수의 다양한 성격 가운데 친기업적·성장지향적인 친시장 보수 정부라는 성격이 지배적이었다. 박근혜 정부는 영남 보수 정부의 성격이 강화되었으며, 일종의 신권위주의적 보수 정부라고 할 수 있었다.

민주화 초기에 나타난 노태우 정부는 기본적으로 전두환과 동일한 군부 출신 대통령 시기였지만, 직선 정부라는 차이가 있었다. 또한 북방정책과 같이 사회주의 붕괴 이후 변화된 세계정세를 반영해, 오히려 공산 국가들과의 수교를 적극적으로 추구하는 전향적 북방정책 등을 실시했다는 점에서 전두환 정권과 차이를 드러냈다. 김영삼 정부는 권위주의 대 민주주의라는 등식에서 보면 혼종형 정부라고 할 수 있었다. 1990년 1월 전두환·노태우가 주도하는 군부 집권당과 반독재 민주화운동을 주도한 김영삼 야당 지도자, 군부 집권당으로부터 이탈해 충남 기반의 제3정당을 이끌던 김종필이 연합한 '3당 합당'을 통해 정부를 수립했다. 이 김영삼 정부는 반독재 야당 지도자가 직접선거를 통해 대통령이 되었다는 비군부 민선 민간정부라는 성격과 함께, 군부 집권당을 과거 독재의 멍에로부터 분리시켜 비군부 보수 정당으로 전환시킨 정부라는 성격을 동시에 가졌다고 할 수 있다.

이렇게 보면, 권위주의에서 선거 민주주의로 전환하는 민주화의 과정은 급진적 이행이라기보다 타협적·점진적 이행의 유형이었다. 그런데 국민의 높은 민주적 열망과 투쟁이 존재했기 때문에, 그러한 아래로부터의 전투적인 민주주의 투쟁에 힘입어 일본처럼 '패권적 선거 민주주의'나 '연성 권위주의'라고 평가되는 싱가포르의 정치 체제와 달리, 권위주의 유산의 부활을 전투적 민주주의 역량을 부단히 발휘해 극복해 내면서 민주주의의 퇴행을 저지하고 점진적으로 한 단계 높은 민주주의를 실현해 왔다.

친대기업적이고 성장 지향적인 보수의 가치를 극단화한 이명박 정부에 대항했으며, 이어지는 박근혜 정부에 대항해 다시금 1987년 6월 민주항쟁에 버금가는 2016~2017년 '촛불시민혁명'을 만들어냈고, 이를 통해 다시 민주진보 정부를 구성해 냈다. 이것이 바로 한국 민주주의의 역동성이며, 국민들의 높은 민주적 열망이자 전투적인 민주주의 역량이라고 할 수 있겠다.

▍윤석열 정부와 12·3 비상계엄의 의미

2022년에 성립한 윤석열 정부는 세 번째 민주진보 정부에 대한 보수의 대반격으로 탄생한 정부라고 할 수 있었다. 이명박의 경우와 마찬가지로, 국민적 불신을 받는 기성 정당 체제의 외부에서 오염되지 않은 '신성한(?) 이방인'6)이 정치적 메시아로 초대되었다고 할 수 있었다. 윤석열은 문재인 정부의 검찰총장 출신으로서 영남 보수를 포함한 보수의 대결집을 통해 집권했는데, 그는 1987년 이후 선거 민주주의의 새로운 양상이라고 할 수 있는, 여소야대 국회라는 '민주화 이후 민주주의'의 일상적인 양상에 과거형 권위주의의 마인드로 접근했다.

윤석열은 이를 "야당이 다수 의석을 차지한 국회의 이례적인 탄핵소추 추진, 일방적인 입법권 행사 및 예산 삭감 시도 등의 전횡"이라고 규정하고, 이를 말살하기 위해 과거 권위주의 시대의 유산으로 간주되던 비상계엄을 발동했다. 그것이 12·3 비상계엄이었다. 윤석열 정부의 12·3 비상계엄 시도는 민주화 이후 한국 민주주의가 맞닥뜨린 또 하나의 극적인 위기였다.

그러나 이는 동시에, 한국 민주주의가 얼마나 높은 수준의 시민의식과 제도적 회복력을 갖추고 있는지를 확인시켜 준 사건이기도 했다. 국민들은 강한 문제의식을 갖고 대응했고, 헌법재판소의 판단이 이어지면서 위기는 새로운 국면으로 전환되었다. 그것이 바로 '빛의 혁명'이었다. 이는 1987년, 2016~2017년에 이은 세 번째 시민혁명적 전환이었다. 이러한 경험은 한국 민주주의가 여전히 위기를 겪을 수 있지만, 동시에 그 위기를 스스로 극복하고 다시 제자리를 찾아가는 힘을 갖고 있음을 보여준다.

이 과정은 어떤 의미에서 '비현실적(surreal)'이라고 표현될 만큼 이례적인 장면으로 남았다. 윤석열의 입장에서는 정교하게 구상한 비상계엄이었겠지만, 지금의 디지털·AI 시대, 높은 정치의식을 지닌 국민, 민주주의 제도에 대한 확고한 감수성, 5·18을 둘러싼 과거 청산으로 인해 국민 계몽이 높은 수준으로 이루어진 나라, 집권 세력 내부에서의 공감이 부재한 '돌출성'이 두드러진 쿠데타 시도였다는 점 등을 고려할 때, '비현실적'이라는 말을 사용할 수 있다고 생각한다. 그만큼 한국 민주주의는 민주주의라는 그릇 안에 많은 모순과 문제, 불만과 좌절, 그로 인한 유동성을 안고 있지만, 그 그릇을 깨는 시도 자체가 '비현실적'으로 여겨질 정도로 민주주의에 대한 국민의 귀속감과 회복력은 세계적인 수준이라고 생각한다. 그런 점에서 12·3은 한국 현대사에서 돌출적인 사건이라고 하겠다.

돌이켜 보면, 이렇게 1987년 이후 점진적 이행의 경로에서 퇴행과 역행에 맞서는 민주적 역동성 속에서 한국의 민주주의는 진화를 거듭해 왔다고 할 수 있다. 문제는 민주주의의 최소 제도가 충족되고 선거가 반복되더라도 민주주의는 새로운 위기에 직면한다는 점이다. 최근 세계적으로 확산된 민주주의의 '퇴행', '부식', '후퇴', '결함' 등의 진단은 민주주의 제도는 유지되지만 내용이 약화되는 현상을 가리킨다. 한국 역시 예외가 아니며, 민주주의는 성취와 함께 새로운 도전에 직면하고 있다.

▓ 아시아의 '만성적 갈등 유형'의 경로를 벗어나

2025년 4·4 탄핵 인용은 위기에 처한 한국의 민주주의가 '만성적 갈등'의 회로에 진입하지 않았음을 보여주었다. 나는 과거 '아시아의 민주화 과정을 비교 연구'[7]하면서 태국과 미얀마를 만성적 갈등 유형으로 분류한 바 있다. 이들 국가에서는 특정 시기마다 정치적 역류 현상이 반복되었다. 예컨대 태국은 1970년대 군사쿠데타 외에도 1991년, 2006년, 2014년에 쿠데타가 발생했으며, 미얀마 역시 2020년 11월 총선에서 압승한 아웅산 수치 정부가 2021년 군부 쿠데타로 전복된 바 있다. 이 쿠데타는 세계적으로 비판적 주목을 받았다.

반면 한국은 그동안 아시아에서 민주주의를 대표하는 나라로, 많은 아시아의 민주화 활동가들이 한국의 민주화를 학습 모델이자 선망의 대상으로 여겨왔다. 내가 성공회대에 재직하던 시절, '아시아 NGO 대학원 과정(MAINS)'에 매년 10~15명의 아시아 활동가들을 전액 장학금으로 선발해 대학원 과정을 이수하도록 하는 상징적인 지원 프로그램이 운영되었는데, 한국 민주주의의 역동성에 대한 큰 관심이 그 과정에 참여하게 된 중요한 동기였다. 선거 민주주의가 잘 작동하는 아시아 국가 중에서도 한국은 모범 사례로 인식되었다. 예컨대 일본의 민주주의를 '수동적 안정' 유형이라고 한다면, 한국은 일종의 '역동적 안정' 유형으로 평가되었다. 이는 한 정당의 장기 집권보다 정권 교체가 비교적 잦으면서도 높은 수준의 안정성과 평화적 갈등 해결 역량을 보여주었다는 의미다.

물론 이런 일반화는 언제나 위험을 수반한다. 하지만 적어도 민주화 이후 한국 사회는 만성적 갈등 유형에 빠지기보다, 격렬한 민주화 투쟁이 상시적으로 일어나면서도 헌정 체제와 사법 체제, 정치 체제의 안정성을 유지해 온 점을 세계가 높이 평가해 왔다.

원래 선거 민주주의란 국민이 일정 기간 국가를 이끌 지도자를 선출해 국가의 방향을 결정하는 절차다. 이때 승자는 정파의 대표에서 국가 지도자로 자리를 옮기고, 패자는 결과를 수용한다. 승자 또한 국가를 대표한다는 인식 아래 국익을 위해 일해야 한다. 그러나 12·3 비상계엄에 대한 탄핵 인용을 통해, 한국 민주주의는 지금까지 걸어온 길과 전혀 다른 궤적을 그릴 뻔했던 위기 국면에서 벗어나, 그 위기를 극복하고 새로운 경로로 들어섰다.

12·3 비상계엄은 '윤석열의 전광훈화'라고 평가할 수 있는 사건으로서, 대통령이 의회의 다수당인 야당 전체와 여당 내 반대 분파를 '반국가 세력'으로 규정해 구금 또는 처단하려 시도한 사건이다. 이 시도가 실패하고 대통령이 탄핵될 위기에 몰리자, 대통령 측은 헌법상의 비상대권을 내세워 "경고성 계엄이었다"라고 주장했다.

원래 비상계엄은 국가적 위기 상황에서 통상적인 제도정치를 일시 중지하고 군사 통치를 허용하는 예외적 조치다. 만일 헌법재판소에서 대통령 측의 논리를 받아들여 탄핵을 기각했다면, 이후에는 어느 대통령이든 비상계엄을 발동할 수 있게 되어 비상계엄에 성공하면 군사적 통치를 펼칠 수 있고, 실패하면 '경고성'이었다는 논리로 계엄을 정당화하는 사례가 반복되었을 것이다. 이것은 정확히, 만성적 갈등 유형의 길로 한국 민주주의가 진입하게 될 수 있음을 의미했다.

다행히 한국은 이와 같은 민주주의의 퇴행적 도전을 뒤로하고, 민주주의의 회복력을 보여준 사례가 되었다. 그 회복력 속에는 향후 어떤 퇴행적인 국가 지도자가 비정상적 비상계엄을 '명령'하는 상황에서도, 군인·경찰·검찰 등 이른바 위계적인 국가기구의 하부 실행자들이 이를 거부하는 방향으로 작용하게 만드는 잠재력도 포함되어 있음을 알 수 있다. 2024년 12월 3일부터 2025년 4월 4일까지 한국 국민이 보여준 역동적 역량과 헌법재판소의 전향적 판결은, 이제 그런 위기를 뒤로하고 한국 사회가 새로운 전진을 하게 만들었다.

▉ 광화문 탄핵 반대 집회에 참가한 극우의 지향

이러한 도전들 가운데 간과할 수 없는 것은 극우, 즉 보수 극단주의가 보수 내부에서 강화되었다는 점이다. 이른바 '극우의 주류화' 가능성이 확대된 것이다. 12·3 비상계엄의 실패로 보수가 거의 '궤멸에 가까운' 위기에 직면한 상황에서, 그에 대항하는 퇴행적 투쟁을 보수 극단주의적 그룹이 주도하게 되었고, 그 전투력으로 인해 이후 보수 내부, 혹은 보수 정당 내부에서 그들이 강화될 수 있는 가능성이 커졌다.

12·3 비상계엄 이후 탄핵을 반대하기 위해 거리에 결집한 극우의 모습을 일별해 보자. 12·3 비상계엄으로 윤석열이 탄핵 위기에 처한 상황에서 광화문에서는 매주 수만 명에서 수십만 명 규모의 탄핵 반대 집회가 열렸다. 앞서 언급했듯, 극우 정권이 탄생한다는 것은 우리가 아스팔트 위에서 본 극우의 모습이 지배적인 것이 되는 상황을 의미한다. 전광훈 목사 그룹이 주도하는 광화문 탄핵 반대 집회에서는 다양한 극우적 목소리가 소리 높여 외쳐졌다. 집회는 아예 개신교의 예배 형식으로 진행되었다.

그곳에서는 "김대중, 문재인은 빨갱이이고 김정은의 사주를 받는 반국가 세력"이라는 비판이 노골적으로 제기된다. 반대로 이승만은 국부로 추앙받으며 신격화된다. 부산의 탄핵 반대 집회에서는 '이승만학교'를 만들어 새로운 역사 인식으로 무장해야 한다는 주장이 나온다. 또한 교회의 정치 집회에서는 태극기와 함께 성조기를 흔드는 모습이 일상화되어 있다. 그만큼 한·미 '혈맹'을 강조하는 정치적 입장이 견지되고 있는 것이다.

집회에서 판매된 『그람시의 공산주의 혁명』이라는 책자에서는 전교조가 불온한 의식화 혁명을 시도했다는 비판과 함께, 새롭게 부상하는 교사노조연맹조차도 "젊은 교사와 비정규직을 대거 확보해 마을로 침투한다"라고 묘사했다. 광화문 보수 집회 현장에서는 탄핵에 찬성하는 국민의힘 국회의원들의 이름이 '밟고 지나가도록' 하는 퍼포먼스가 진행될 정도였다.

최근 한국에서의 극우의 부상을 살펴보면, 정치적 보수주의의 핵심 동력으로 기독교 보수주의가 자리 잡고 있다는 점을 발견하게 된다. 광화문의 전광훈을 떠올려 보면 이해하기 쉽다. 물론 그가 '이단'처럼 취급되기도 하고, 정치적 측면에서 과잉 대표되는 면도 있지만, 그가 표방하는 기독교 이미지가 많은 젊은 세대와 국민에게 일정한 영향을 주고 있는 것은 부인할 수 없다. 1970~1980년대에는 기독교(특히 한국기독교장로회)가 민주화운동의 친구로 자리매김하면서, 민주화운동 진영이 도덕적 우위에 서고 그 정신이 대한민국의 방향을 선도했다. 그러나 지난 40여 년의 민주화 시기를 지나 보수적 퇴행기로 접어들면서, 기독교 보수주의가 정치적 보수주의를 떠받치는 보루가 된 것이다.

이런 변화로 인해 2025년 8월, 그런 보수 극단주의의 지지를 받는 장동혁 의원이 국민의힘 당대표가 될 수 있었다. 만일 이런 극우적 흐름이 대중 사이에서 지지 기반을 넓혀가고, 이를 배경으로 보수 정당 내부에서 극우적 경향이 더욱 강화되거나 극우적 리더 주도 체제가 정착하게 되면, 유럽·미국·일본에서처럼 주류화된 극우가 주도하는 보수 정당이 집권당이 되는 시대가 열릴 수도 있다.

■ 극우의 규정

여기서 극우에 대한 규정을 하고 가야겠다. 현재 한국에서는 통상적인 보수-진보 구도 속에서, 보수의 극단적인 경향이나 그러한 경향을 담지한 개인 및 집단을 가리켜 '극우'라고 부른다. 특히 광화문에 운집한 이른바 태극기 부대나 이와 유사한 지향을 드러내는 개인이나 집단이 주로 떠오를 것이다. 대체로 이러한 인식 위에서 극우라는 표현을 사용하는 것은 무리가 없을 것이다.

좀 더 일반적으로는 극우를 서구 파시즘의 계보에 놓고 이해하는 경향도 있다. 극우에 대한 정의는 다양하지만, 카스 뮈더(Cas Mudde)가 제시한 현대 극우(정확히는 포퓰리스트 급진 우파)에 대한 정의를 원용해 볼 수 있다. 그는 극우의 핵심 이념을 ① 외국인·이민자·소수자를 배제하는 배타적 민족(토착)주의(nativism), ② 강한 지도자를 선호하는 권위주의(authoritarianism), ③ '순수한 국민 대 타락한 엘리트'라는 도식을 내세우는 포퓰리즘(populism)으로 제시한다.[8]

　　최영준 교수 연구팀은 한국 사회의 극우적 경향을 판별하기 위해 조작적 정의를 마련한 바 있다. 이 연구에서 극우는 '극(far, extreme, populism)'과 '우(right, conservative)'의 속성을 모두 지닌 집단으로 규정된다. '극'의 속성으로는 권위주의(강력한 지도자 필요), 급진주의(기존 체제의 과감한 타파 필요), 반엘리트주의(기득권층 불신, 포퓰리즘)가 포함되며, '우'의 속성에는 토착주의(반이민주의), 보수주의(전통 가족·도덕 중시), 반공주의, 사회다원주의(능력주의·불평등 정당화)가 포함된다. 이 일곱 개 항목에 모두 동의한 응답자를 극우 성향으로 분류한 것이다.[9]

　　한국의 정치학자들이 '극우'라는 표현을 사용할 때 포함하는 개념적 내용은 대체로 다음과 같이 정리할 수 있다. 소수자 권리와 권력 분립 등 자유민주주의의 기본 원리를 부정하는 반(反)자유민주주의, 권위주의, 중국 혐오 등으로 표현되는 배타적 민족주의, 음모론적 세계관, 그리고 상황에 따라 폭력을 정당화하는 태도 등이다.

　　결국 극우란 단순한 보수주의가 아니라, 자유민주주의의 기본 원리(다원주의, 권력분립, 소수자 권리)를 부정하거나 형해화하면서, 배타적 민족주의와 권위주의적 국가관에 기초해 '국가의 재생'을 추구하는 정치적 흐름이라고 규정할 수 있다. 한국적 맥락에서 극우는 특히 냉전적 반공주의, 권위주의 체제에 대한 향수, 선거 민주주의에 대한 불신, 음모론적 정치 인식이 결합된 형태로 나타나며, 민주주의 내부의 경쟁자를 정당한 정치적 경쟁자가 아니라 제거되어야 할 '적'으로 규정하는 특징을 보인다. 자신의 정치적 신념에 반하는 대상에 대해서는 공격적 성향을 쉽게 드러낸다는 점도 중요한 특징이다. 극우는 (자유)민주주의의 제도와 형식은 활용하지만, 그 정신과 규범은 거부한다는 점에서 역설적인 존재라 할 수 있다. 물론 뮈더를 따라 민주주의 자체를 부정하는 '극단우익(extreme right)'과, 민주주의는 인정하되 소수자 권리를 부정하는 '급진우익(radical right)'을 구분할 수 있지만, 현재 한국의 극우는 후자인 급진우익에 가깝다고 보는 편이 타당할 것이다.

▌ 공격적 배타성이라는 핵심 특성

극우의 여러 특성 가운데 내가 가장 핵심적으로 주목하고자 하는 것은, 민족·인종·종교적 차원의 '외부의 이방인'과 '내부의 소수자'에 대한 **공격적** 배타성이다. 예를 들어 중국인에 대한 혐오 정서를 견지하며 배타적인 심리를 보이는 것 자체는, 바람직하지 않더라도 일차적으로는 개인의 자유 영역에 속한다고 볼 수 있다. 문제는 그 배타성이 공격적 태도와 언행으로 발현되는 지점이다. 이는 뮈더가 말하는 배타적 민족(토착)주의와 밀접하게 연결된다. 중국 혐오를 드러내기 위해 영등포 중국인 밀집 지역이나 명동에서 중국인 관광객을 향해 벌이는 혐오 시위는 그 대표적인 사례라고 할 수 있다. 장애인·여성·난민을 향한 혐오와 배제 역시 같은 범주에 속한다.

이러한 태도는 우리가 문제 삼는 협의의 극우적 태도로 볼 수 있다. 그것은 헌법과 현대 민주주의가 보장하는 자유와 권리, 시민권, 민주주의의 기본 규범을 부정한다는 점에서, 법적 처벌과 도덕적 비난의 경계선에 위치한 태도이다. 이와 같은 태도가 실제 물리적 가해와 공격 행위로 이어질 경우, 곧바로 형사법적 문제로 비화한다. 정치적 반대 집단에 대해 배타성을 보일 수는 있지만, 그 태도가 극단화되어 공격적 배타성으로 표출된 사건이 이른바 '서부지법 사태'라고 할 수 있다. 이러한 태도와 지향은 (겉으로는 자유주의와 민주주의를 표방함에도 불구하고) '주류화된 반자유주의'이자, 민주주의 내부의 반민주주의라고 부를 수 있다.

이러한 태도의 출현은 아주 최근에 등장한 현상이 아니다. 오히려 역사적 시기마다 다양한 형태로 재현되어 왔다고 보는 편이 타당하다. 오늘날 그들의 투표 성향이 대체로 보수적으로 나타나고, 이준석과 같은 '반페미니스트적' 정치인에 대한 지지가 높은 것도 사실이지만, 이것만으로 그들이 곧 극우라고 선제적으로 과잉 규정할 필요는 없다. 서구의 폭력적 극우는 난민 등을 향해 노골적인 공격성과 배타성을 행사하는 경우가 많지만, 20·30 남성 일반이 서부지원을 집단적으로 난입한 것도 아니고, 극우적 폭력성을 보였다고 말하기도 어렵다. 그런 점에서 20·30 남성 일반을 극우로 규정하는 것은 경험적·규범적 차원 모두에서 타당하지 않다.

▌민주주의 내부의 극우와 '재중심화' 문제

최근에 두드러지는 '민주주의 내부의' 극우 현상은, 기존 정치 분석의 범주로 포착되던 것과는 다른 새로운 국면을 가리킨다. 즉, 극우가 정치의 주변부나 변방에 머무는 것이 아니라, 주류 정치의 중심으로 진입하고 있다는 점이 특징이다. 사실 1950~1980년대 많은 보수 집단의 태도는 지금의 기준에서 보면 상당 부분 극우적이었다고 평가할 수 있다. 이와 같은 성향은 과거 권위주의 체제하에서도 강하게 존재했지만, 이민이 많지 않았던 시대였기에 이민자를 직접 겨냥한 배타성의 형태로 표출되지는 않았다.

예컨대 1991년 당시 박홍 서강대 총장이 민주화 시기 분신 정국을 두고 "죽음을 선동하는 어둠의 세력"이 있다는 식으로 발언하고, 학원가에 '주사파'가 깊숙이 침투해 있다고 주장하며 김정일을 배후로 지목했던 인식은, 오늘날 기준에서 볼 때 매우 전형적인 음모론적 극우 인식에 가깝다. 반면 장기간의 민주화 과정을 거치면서, 과거의 '빨갱이' 담론과 민주화운동을 동일시하며 공격하던 인식은 상당 부분 변방화되었다고 볼 수 있다.

문제는 지금 새롭게 등장한 극우적 인식과 태도가, 단순히 권력층의 통치 담론 차원이 아니라, 온라인 커뮤니티와 정당, 유튜브 채널 등을 매개로 시민들 사이에서 '자발적'으로 확산되며 재중심화할 조짐을 보이고 있다는 점이다. 윤석열 전 대통령이 비상계엄을 선포하면서 "자유민주주의 내에서 암약하는 반국가 세력"을 언급한 것은 통치자 차원의 극단적 인식을 보여준 사례이지만, 정작 우리가 주목해야 할 지점은 그러한 인식과 정동이 일상적인 시민들의 언어와 실천 속에서 하나의 새로운 '도덕적 모멘텀'으로 부상하고 있다는 사실이다. 민주화운동의 성공이 낳은 역설, 즉 그 그늘 속에서 과거 변방화되었던 극우가 새로운 도덕적 동력을 획득하며 재등장하는 현상에 주의 깊게 접근할 필요가 있다.

■ 전 지구적 민주주의 퇴행과 극우의 주류화

전 지구적인 민주주의 퇴행과 극우 정당의 부상은 어제오늘의 일이 아니다. 민주주의의 '선진국'으로 알려진 유럽에서 이 흐름은 특히 두드러졌다. 독일과 프랑스에서 극우정당의 약진은 이미 오래전부터 관찰됐고, 미국 트럼프의 재선은 이를 분기점으로 극우를 전 지구적으로 확산시키는 계기가 되었다. 극우 정부 시대의 현실 가능성을 전 지구적으로 각인시킨 사건이었기 때문이다.

트럼프는 즉흥적이고 논란에 찬 모습을 보이며, 극우 세력이 취할 수 있는 거의 모든 정책적 가능성을 우리에게 보여주었다. 인사와 관련해서만 보더라도, 예컨대 2025년 7월 이른바 '알파 남성(Alpha Male)' 인플루언서를 말레이시아 대사로 지명했다. 마초적 정체성과 이슬람 혐오 발언으로 논란을 빚어 온 인물을 이슬람을 국교로 하는 국가에 보낸 것인데, 우리나라의 현상에 빗대어 표현하자면 남성 중심 극우 온라인 커뮤니티의 유명 인플루언서를 외교 현장에 내세운 셈이다. 이런 풍경은 오늘날 극우 정치가 어떤 방식으로 기존 통치 관행을 전복할 수 있는지를 단적으로 보여준다. 또한 이른바 DEI[다양성(Diversity), 형평성(Equity), 포용성(Inclusion)] 정책을 근본적으로 전복시키는 트럼프를 보게 되면, 그동안 민주주의가 이룬 성취들이 극우에 의해 어디까지 파괴될 수 있는지를 잘 보여준다.

전 지구적인 민주주의의 퇴행과 극우 정당의 부상은 유럽 곳곳에서 새로운 단계로 접어들었다. 독일 총선에서는 중도 우파와 중도 좌파가 약화되고, 극우정당 '독일을 위한 대안(AfD)'과 급진 좌파 정당이 동시에 약진하는 양극화가 나타났다. 중도 보수 정당인 기민·기사 연합의 영향력이 줄어드는 대신, AfD가 제2당 지위를 위협하는 수준까지 성장했다. 이는 전통적 중도 경쟁 구도에서, 극우와 급진 좌파가 양 끝단에서 공간을 넓혀가는 경향을 보여준다. 캐나다와 영국, 폴란드 등에서도 극우 또는 강경 우파 정당의 집권 가능성이 현실적인 수준으로 부상했다. 영국에서는 반난민 정서를 전면에 내세운 신생 정당이 기존의 보수·노동 양당 구도를 위협하고 있고, 폴란드에서는 '프라하의 트럼프'라고 불리는 극우 지도자가 총선 압승을 통해 정권을 잡았다. 또한 2025년 10월 극우적 성향을 가진 사나에 다카이치가 일본 총리가 된 데 이어, 일본의 집권당인 자민당이 2026년 2월 8일 치러진 중의원 선거(총선)에서 316석을 얻으며, 창당 이래 역대 최다 의석수를 확보해 역사적 대승을 거뒀다. 3분의 2 이상의 의석으로 개헌 선까지 넘었다.[10] '평화헌법'의 개헌 등을 통해 '전쟁 가능 국가'로 갈 가능성도 농후해졌다. 일본의 극우집권시대가 완성된 셈이다.

우리가 '극우 시대'를 말한다면, 앞서 서문에서도 언급했듯이 세 차원으로 구분할 수 있다. 첫째, 극우적 대중의 출현과 확산, 둘째, 극우의 주류화, 셋째, 극우화된 보수 정당의 집권이다. 지난 40년에 이르는 민주화 시대에는 1960~1970년대 보수 극단주의가 반독재 민주주의라는 시대정신 아래에서 공격받고 수세에 몰리는 형국이었다. 그런데 이제 대중 수준에서 과거와는 다른 보수 극단주의에 대한 수용 가능성이 확대될 수 있다. 나아가 그 영향으로 보수 정당 내에서 극우적 흐름이 강화될 수 있다.

비상계엄에서 탄핵에 이르는 보수 위기 상황 속에, 보수 극단주의가 전투력을 과시하면서 보수 정당 내부에서 영향력을 확대할 수 있는 공간 역시 확대되었다. 신진욱 교수는 이런 변화를 "극우의 주류화, 주류의 극우화"[11]라고 표현한 바 있다.

아직 한국에서 집권 경험이 있는 보수 정당은 극우정당과 분명한 거리를 두고 있지만, 12·3 비상계엄부터 4·4 탄핵까지의 시기를 되돌아보면 탄핵 반대 투쟁의 주도권을 극우 '아스팔트 저항' 세력이 쥐고 있었다고 볼 수 있다. 만일 탄핵 반대가 일정 부분 성공을 거두었다면, 한국의 정당 질서도 독일과 유사한 양극화의 길을 밟았을 가능성이 높다.

현재까지 앞서 말한 세 가지 경향이 완전히 일체화되어 현실화된 것은 아니다. 대중적 수준에서 극우는 여전히 변방에 머물러 있다. 다만 탄핵 반대라는 치열한 전투 국면에서 중심부로 떠오른 것뿐이다. 다음으로 보수 정당내에서 2025년 중반 극우적 후보라고 평가받는 후보가 극우 세력의 지원을받아 당대표가 되었지만, 보수 정당의 극우화에 대해서는 여전히 강한 경계심이 존재한다. 셋째 경향, 즉 극우화된 보수 정당의 집권은 아직 실현된 것이 아니다. 오히려 윤석열의 '극우적' 비상계엄 시도를 '빛의 혁명'으로 막아내고 민주진보 정부가 수립되었다. 여전히 희망이 존재한다. 나는 이런 복합적 상황 속에서 우리가 자부심으로 내세우는 K-민주주의를 통해, 전 지구적인 민주주의의 퇴행과 극우 정부의 확산 속에서 한국이 정반대의 희망을만들어내야 한다고 생각한다.

민주화의 단계적 변화를 보수의 지배적 성격 변화(대통령의 지향을 중심으로 볼 때)라는 견지에서 보면, 보수는 다양한 얼굴로 집권을 위해 변신 혹은자기 혁신을 시도하며 민주화의 단계적 변화에 대응해 왔다고 할 수 있다.윤석열의 파탄은 이런 보수의 변신과 혁신의 한 파탄을 의미한다고도 해석할 수 있다. 그리고 그러한 파탄의 폐허 위에서 보수 안의 극우가 확산할 가능성이 있다. 보수에 내재한 여러 성격 가운데 미래 지향적 성격을 전면화하면서 정치적 이니셔티브를 쥐려 했던 노력이 파탄 난 지점에서, 극단적 보수가 그 자리를 대체하게 될 가능성에 한국 사회와 한국의 민주진보가 직면하고 있다고 할 수 있다.

이런 점에서, 극우가 자발적 대중운동으로 확장되는 것, 나아가 극우가주류화되고 집권당이 되는 것을 막고, 민주주의의 역동성을 유지하는 '선진적' 민주주의의 길을 개척해 가는 것이 현 단계 한국 민주주의가 직면한 새로운 도전 과제라고 나는 생각한다(너무 많이 회자되고 있지만, 우리가 굳이 K-민주주의를 이야기한다면 이런 의미에서여야 할 것이다). 민주진보는 이를 비판하는것을 넘어서서, 그러한 세 가지 차원의 변화를 예방하는 전략적 노력 또한기울여야 한다. 이 글은 바로 그에 기여하고자 하는 문제의식을 담아 썼다.

2장

적이 있는 민주주의와 적이 없는 민주주의, 성공의 역설
민주화 이후 구조 및 주체의 변모와 성공의 역설[1]

한국 현대사는 앞서 언급했듯 해방과 전쟁을 거쳐 전후 분단 체제가 출현·정착하는 1950년대, 1960~1980년대 초반의 권위주의(독재) 및 산업화 시기, 1987년 6월 민주항쟁을 전환점으로 하는 민주화 시기로 나눌 수 있다. 민주화 시대는 기본적으로 그 이전 권위주의·산업화 시대에 고착된 구조와 왜곡된 유산을 극복하는 것을 주요 과제로 삼는다. 이 민주화 시대는 제6공화국을 관통하며 지난 40년 동안 이어져 왔고, 그런 의미에서 '장기 민주화 시대'라고 부를 수 있다.

이 장에서는 이 장기 민주화 시대를 전기와 후기로 나누어 보고자 한다. 민주화 시대 전기는 독재(그리고 그것과 결합된 산업화 시대의 모순)에 대한 명확한 기억이 국민 사이에 존재하고, 독재의 유산(그리고 그것과 결합된 산업화의 모순) 극복에 다수의 국민이 공감한 시기이다. 상대적으로 명확히 가시화된 "'적'이 있는 민주주의"였다. 반면 민주화 시대 후기는 이런 과제가 여전히 존재하지만, 새로운 모순과 딜레마적 상황에 직면하면서, 독재에 대한 명확한 기억을 지닌 기성세대와 달리 젊은 세대를 중심으로 새로운 감수성이 출현하고, 그 속에서 민주화 '이후' 시대(포스트 민주화 시대)적 양상이 나타나는 시기라고 할 수 있다.

현행 9차 개정 '헌법'은 1987년 6월 항쟁의 산물이다. 헌정 체제가 크게 바뀔 때마다 새로운 공화국이 출범했다는 표현을 쓰는데, 1987년 이후 줄곧 제6공화국 체제다. 1987년 민주화 헌법이 제정되었기 때문에, 이를 87년 헌정 체제 혹은 87년 체제라고 부른다. 6월 항쟁 당시 초등학교에 입학한 이들이 이제 40대가 되었고, 글자를 익힌 뒤로는 군사독재를 경험한 적이 없는 세대가 이미 사회의 중추 역할을 하고 있다. 1945년 해방 이후 80여 년의 역사 가운데 6월 항쟁 이후 시기가 차지하는 비율은 48%에 이른다. 민주화 시대의 부침도 바로 이러한 세대 변화를 기초로 하고 있다고 볼 수 있다. 일제 강점에서 벗어난 이후의 역사 가운데 절반 가까이가 제6공화국 시대였고, 그 6공화국은 지금도 이어지고 있다.

■ 당당한 전투적 시민의 등장

주지하다시피 1987년을 전환점으로 하는 민주화 시대에 우리 사회에서는 큰 변화가 일어났다. 민주화 직후에는 한국 사회의 여러 문제가 일제 식민지 통치와 전쟁, 군사독재에서 비롯됐다고 여겨졌다. 그러나 1987년 6월 항쟁을 계기로 출범한 제6공화국 시기가 대한민국 정부 수립 이후 역사의 절반에 달하는 지금은 그동안 일어난 변화들 자체에 주목할 필요가 있다.

무엇보다 큰 변화는 권위주의 시대의 억압 속에서 주눅 들고 '군기 잡혀' 있던 국민이 권리의식으로 무장한 시민으로 거듭났다는 점이다. 권위주의 시기에는 관(官)이 두려움의 대상이었다면, 민주화 이후에는 관에 대한 두려움이 크게 줄어들었다. 경찰서와 동사무소 앞을 지나가며 뭔가 주눅 들어 하던 국민이 이제는 조금만 불친절해도 "민중의 지팡이가 왜 그러냐"라고 항의할 정도로 당당해지고 '주체화'된 전투적 시민이 되었다. 자신의 권리와 이해관계가 국가에 의해 침해되는 것에(모든 시민이 그런 것은 아니지만) 분노하고 당당하게 말하며 싸운다는 의미의 '중산층 행동주의'라는 표현이 있다. 『근대의 가을』²⁾의 저자 장석준이 사용한 이 표현에는 민주화 시대의 한 특징이 잘 집약되어 있다. 민주화 이전 시기에는 죽기를 각오하거나 투옥·제적 등 각종 고초를 감수하는 소수 전투적 국민만이 '행동적'일 수 있었다. 그러나 1987년을 전환점으로 중산층도 행동적이 되었다.

1970년대까지의 반독재 운동에서 주체로 호명된 것은 '민중'이었다. 여기서 민중은 노동자, 농민, 도시빈민 등 사회경제적으로 소외된 계급·계층을 가리켰다. 고도성장기에 경제적 혜택을 주로 중산층이 누렸기 때문에, 이 중산층은 1970~1980년대 초까지 친정부적 태도를 지닌 집단으로 인식되었다. 그러나 1987년 6월 민주항쟁으로 향하는 고양기와 그 항쟁을 전환점으로 한 정치적 변화 속에서 중산층의 태도 역시 바뀌기 시작했다.

제6공화국 출범으로 민주화 시대가 열린 1980년대 후반은 이른바 3저(低) 호황 시기였다. 석유를 포함한 원자재 가격과 금리가 낮았고, 미국 달러 대비 원화 가치의 절상 폭이 일본 엔화 등에 비해 낮았다. 이처럼 유리한 대외 환경 속에서 국제 수지는 사상 첫 흑자를 기록했다. 당시 언론은 "단군 이래 최대 호황"이라고 보도했다. 반독재 민주화운동이 정점을 향해 가던 1980년대는 역설적으로 경제적 호황 시대이기도 했다.

▌ 경제적 호황, 민주노조운동, 중산층·시민운동의 부상

1987년은 6월 항쟁으로 대통령 직선제가 도입된 해이자 7, 8, 9월 노동자 대투쟁이 벌어진 해였다. "노동자도 사람이다"라는 구호는 정치적 민주화 이후 민주노조운동이 비약적으로 성장하던 당시 한국 사회의 풍경을 생생히 보여준다. 기층 민중의 대표적 존재인 노동자들이 노동조합을 결성하고 기존 어용노조에 도전하며 '민주'노동조합의 깃발 아래 모여든 것은 민주화 이후 시대의 변화를 잘 드러낸다.

1987년 6·29 선언 이후 국가권력의 노동조합 탄압이 이완되자, 7월부터

9월까지 3개월 동안 7, 8, 9월 노동자 대투쟁 시기에만 3341건의 쟁의가 폭발적으로 발생했다. 이는 1986년 하루 평균 0.76건과 비교하면 58배에 달하는 수준이다. 노동조합 수도 1986년 말 2675개였던 것이, 대투쟁을 거치며 1987년 말에는 4103개로 1361개(49.6%) 증가했다. 고도성장기에 불이 붙은 노동조합운동은 임금 상승으로 이어졌고, 생산직 노동자도 중산층에 진입하는 시대로 접어들었다.

아울러 사무직 역시 확대되었다. 성장 가도를 달리던 수출 대기업은 대졸 신입사원 채용을 크게 늘렸고, 민주노조운동과 함께 생산직 임금이 오르면서 사무직 소득도 함께 상승했다. 1980년대 대학을 다닌 세대는 학점이나 요즘과 같은 스펙 여부와 관계없이 비교적 쉽게 대기업에 취업할 수 있었다. 종신고용 문화가 견고하던 시절이므로, 일단 취업만 하면 오래 다닐 수 있었다. 그렇게 월급을 모으면 부모 도움 없이도 아파트와 자동차를 장만하고 자녀 학비를 감당할 수 있었다. 가난한 청년도 중산층으로 진입하는 길이 열린 것이다. 민주화 시대 전기에는 중산층의 경제적 향상과 그 지속이 민주화운동의 긍정적 영향과 결합되면서, 중산층의 진보적 정치 지향으로 나타났다.

이처럼 민주화 시대는 중산층 확대와 함께 시작되었다. 제6공화국 출범 직후인 1989년 갤럽 조사에 따르면, 응답자의 약 75%가 스스로를 중산층이라고 밝혔다. 중산층의 행동 양태가 제6공화국 체제를 설명하는 핵심 요소인 이유다.

민주화 시대의 또 다른 특징은 활기를 띤 시민운동이다. 경제정의실천시민연합(경실련), 참여연대, 환경운동연합 등 오늘날 한국을 대표하는 시민운동 단체들이 등장하거나 두드러진 활동을 시작한 시기가 1980년대 말~1990년대 초중반이다. 1987년 6월 민주항쟁을 전환점으로 민주화가 본격화되면서, 과거 권위주의 아래서 억압되었던 민주적 공간이 확대된 데 따른 결과였다.

권위주의 체제가 해체되자, 사회 변혁을 다루는 거대 담론은 상대적으로 쇠퇴하고 중산층이 확대되면서 시민운동이 활발해졌다. 그 결과 권리의식에 예민한 시민이 탄생했다. 정치 참여 방식은 이전보다 훨씬 다양해졌고 불합리한 행정에 이의를 제기하는 비율 역시 크게 높아졌다. 시민운동은 이른바 '중산층 행동주의'를 배경으로 다양한 삶의 영역으로 확장되어, 다양한 시민적 의제를 다루었다.

1989년 9월 출범한 경실련, 1994년 9월 출범한 참여연대 등은 당시 대표적 시민운동체였다.[3] 이들은 1991년 말 소련 해체로 시작된 현실 사회주의 붕괴의 영향을 받으면서, 이전 민중운동이 지녔던 체제 변혁적 성격보다는, 체제 내의 법과 제도를 활용한 체제 개혁적 운동으로 나아갔다. 과거 민중운동이 독재 타도와 같은 투쟁적 기조를 전면에 내세웠다면, 이 시민운동들은 민주화로 확장된 합법적 활동 공간을 십분 활용하고, 레거시 미디어의 도움을 받으며 민주화 이후 국가개혁, 경제개혁, 기업개혁을 선도했다.

독재 체제는 권위주의적 국가권력이 대기업의 성장을 지원하는 구조였고, 그 과정에서 권력과 기업의 유착 관계가 자연스럽게 확대되었다. 시민운동은 투명성과 반부패, 민주적 합리성 등의 가치를 추구하면서, 국가권력과 경제권력의 정상화·합리화를 촉진하는 방식으로 운동을 전개했다.

이와 함께 소비자 권리의식도 강화되었다. 해외여행 자유화와 경제 개방으로 소비자의 눈높이가 높아졌고, 공급자 우위였던 내수 시장에서 경쟁이 치열해지면서, 기술과 자본 부족 탓에 품질이 낮은 제품을 내놓아도 팔리던 시대는 저물었다. 다양한 취향을 겨냥한 상품이 경쟁하면서 소비자가 '갑'의 위치에 서게 되었고 식품 안전성 등에 대한 요구도 커졌다. 권리의식이 강한 시민의 출현은 곧 소비자로서도 주체화된 시민의 출현이었다.

문화 영역에서도 금기가 풀리고 다양한 창작 활동이 벌어졌다. 표현의 자유가 보편적 기본권이라는 공감대가 확대된 덕분이다. 1990년대 초부터 음악과 영화 분야에 재능 있는 청년들이 대거 뛰어들면서 다양한 시도가 이루어졌다. BTS의 음악, 봉준호 감독의 영화 등 한국 문화예술인의 성취가 세계 시민의 사랑을 받게 된 토대 역시 민주화 이후 시기에 형성되었다.

정부 수립 50년 만에 탄생한 야당 정부인 김대중 정부 시기에는 문화예술 활동에 대한 분단 시대적 금기가 완화되고 일본 대중문화가 개방되면서, 현재의 K-컬처 시대를 여는 중요한 전기가 마련되었다는 평가도 있다. 전자는 그동안 잃어버린 '반쪽'의 문화예술적 상상력을 되찾게 함으로써, 이후 세계가 주목하는 한국 영화산업의 역동성을 만들어내는 계기가 되었고, 후자는 강한 반일 민족주의와 '일본 문화 종속'에 대한 위기의식 속에서 한국 문화산업의 경쟁력을 자극하는 요인이 되었다.

요컨대 민주화 이후 시대에는 정치·사회뿐 아니라 문화와 경제 영역에서도 시민의 권리의식이 크게 높아졌다. 자기 권리와 취향에 예민한 중산층 시민이 다양한 문제에 대해 적극적으로 목소리를 내고 행동하는 사회('중산층 행동주의')가 민주화 시대의 기본적인 특징이었다고 요약할 수 있다.

■ 민주화 시대의 전기와 다른 후기의 변화들

그렇게 민주화 시대의 전기가 전개됐다. 그러나 민주화 시대 후기는 여전히 과거의 유산에 대한 기억이 존재하기는 하지만, 민주화 시대의 딜레마와 새로운 모순이 전개되는 시기였다.

전기는 확연히 '적이 존재하는 민주주의'였다고 하면, 후기는 이른바 '적이 사라진 민주주의'였다. 후기에 나타나는 새로운 모순과 도전 중에서 세 가지 측면에 주목할 필요가 있다. 첫째는 고도성장기를 뒤로하고 국내적 차원에서 맞이한 1997년 IMF 재정위기와, 글로벌한 차원에서 직면한 2008년 금융위기로 상징되는 새로운 사회경제적 변화이다. 이른바 신자유주의적·사회경제적 정책 기조가 확산된 '97년 체제'[4)의 출현에 따른 변화이다. 둘째는 정부 수립 50년 만에 정권을 잡은 야당 정부인 김대중 정부와 그 뒤를 잇는 노무현 정부의 출현이다. 10년 동안 이어진, 반독재 민주화운동을 배경으로 하는 여당의 출현은 과거 독재 '여당' 대 반독재 민주화 '야당'의 대립 구도하에서의 정치적·도덕적 관계를 변화시켰다. 셋째는 김대중·노무현 정부로 이어지는 '긴 진보 정부 시대'를 뒤로하고, 이명박·박근혜 정부의 '긴 보수 정부 시대'가 출현함으로써 새로운 정치적 갈등이 치열하게 전개되었다는 것이다. 주지하다시피, 박근혜 정부와 그에 대항하는 촛불시민혁명과 이어지는 문재인 정부를 경과하면서 나타난 정치적 양상의 변화이다.

먼저 민주화 이후 시대, 즉 1987년 6월 항쟁을 계기로 탄생한 제6공화국 체제의 빛과 그림자를 균형 있게 살펴볼 때가 됐다. 주지하다시피, 1997년 한국은 IMF에서 구제금융을 받아야만 하는 경제적 위기에 직면했다. IMF의 구제금융을 받아 재정적 위기라는 급한 불을 끄게 되면서, IMF 요구(IMF가 부여한 conditionality)에 따라 산업·금융 구조조정을 거칠게 해야 했다. 이 과정에서 수많은 한계기업이 도산했고, 수백만 명의 해고자가 발생했다. 고도성장의 기억만을 갖고 있던 국민들은 실직과 해고, 경제적 긴축 등 새로운 시련을 일상생활에서 경험해야 했다. 이 시기에 실직한 가장을 둔 학생 및 청소년 세대들은 IMF 세대라고 불릴 정도로 이전에는 상상할 수 없었던 경제적 시련을 경험해야 했으며, 대학을 졸업하고 직장에 뛰어들어야 했던 세대들은 과거 반독재 민주화 세대가 누렸던 호황의 혜택은 고사하고, 높은 스펙에도 불구하고 긴 취업 준비의 고통을 겪거나 새롭게 확산되기 시작한 비정규직의 처지를 감내해야 했다.

■ 체감 중산층의 상황 변화와 하락

이러한 민주화 후기의 변화를 중산층의 시각에서 직시할 필요가 있다. 앞서 언급한 것처럼, 제6공화국 체제가 안정적으로 지속됐던 이유로 탄탄한 중산층을 빼놓고는 말할 수 없다. 1989년에는 성인 가운데 75%가 스스로를 중산층이라고 여겼다. 그렇다면 이들이 정말 중산층이었을까. 실제로는 복잡한 질문이다. 중산층은 정의하기에 매우 까다로운 개념인 탓이다. 실제로 사회과학자들도 정의하는 방식이 제각각이다. 한국 통계청은 중위소득의

50%에서 150% 사이에 속하는 사람들을 중산층이라고 규정한다. 사회 구성원의 소득을 한 줄로 세웠을 때 중간에 있는 값이 중위소득이다. 통계청 발표에 따르면, 2020년 임금 근로 일자리 중위소득은 월 242만 원이다. 보건복지부에서 급여별 선정 기준 등에 활용하기 위해 발표하는 월 중위소득은 2022년 4인 가구 기준 512만 1080원, 3인 가구 기준 419만 4701원이다. 2022년 기준으로 중산층은 가구의 세전 종합소득이 이 값의 절반부터 1.5배 사이인 집단이다. 물론 이는 행정적인 정의일 뿐이며, 개인이 스스로 중산층이라 여기는지 아닌지와는 관련이 없다. 구해근 교수의 『특권 중산층』(창비, 2022)에는 "체감 중산층"이라는 표현이 나온다. 학문적 혹은 행정적 정의와는 별도로 스스로 중산층이라 여기면 체감 중산층이다. 앞서 소개한 1989년 갤럽 조사에서 스스로 중산층이라 응답했던 75%는 체감 중산층인 셈이다. 체감 중산층 역시 중요한 지표다. 사회의 안정성은 체감 중산층 비율과도 관계가 깊다.

문제는 체감 중산층 비율이 민주화 시대가 열린 뒤부터 지금까지 꾸준히 줄어들었다는 점이다. 당연히 IMF 위기 이후 이런 비율은 더욱 줄어들었다. 앞서 언급한 것처럼, 1987년 6월 항쟁과 7, 8, 9월 노동자 대투쟁을 계기로 권위주의가 해체되고 제6공화국이 시작됐다. 당시 항쟁의 주역은 크게 세 부류였다. 학생운동에 참여한 대학생, 당시 '넥타이부대'라고 불렸던 사무직 노동자와 재야 지식인, 그리고 민주노조운동을 했던 대공장 노동자였다. 이들 가운데 다수가 1980년대 말 호황 시기에 중산층에 진입했다.

하지만 1990년대 중반과 IMF 구조조정 이후에는 상황이 바뀌었다. 김영삼 정부 시절인 1995년 5·31 교육개혁 이후 대학 설립이 쉬워지면서 교수 수가 늘었고, 재야 지식인 가운데 많은 수가 제도권에 자리 잡았다. 그런데 대학생 수 역시 크게 늘었으나 중산층 진입을 보장하는 괜찮은 일자리는 그만큼 늘지 않았다.

김영삼 정부의 1994년 세계화 선언 이후 수출 대기업의 성장세가 가팔라졌다. 그 대신 중소기업과 대기업의 격차는 빠르게 확대됐다. 이 같은 양극화는 중소기업의 몰락보다는 대기업의 성장에서 비롯된 면이 더 크다. 최병천은 이를 "좋은 불평등"이라고 평가하기도 했다.5) 약자가 더 약해진 탓이라면 '나쁜 불평등'이겠으나, 강자가 더 강해져서 생긴 현상이므로 '좋은 불평등'이라는 설명이다. 하지만 사회경제적 불평등은 그 자체로 사회 안정성을 해치는 면이 있다. 한국 국민의 높은 평등주의적 기대 수준은 불평등 그 자체에 대한 거대한 잠재적 불만과 분노를 항상적으로 만들어내고 있다. 또 경제 성장의 혜택이 정의롭게 분배되지 않는다면, 성장 과정에서 희생됐던 이들의 불만은 계속 고조될 수밖에 없었다.

그리고 1997년에는 IMF 외환위기가 닥쳤다. 기업의 종신고용에 대한 믿음이 깨지고 비정규직이 크게 늘어났다. 이 같은 과정을 거친 결과가 체감 중산층 비율의 꾸준한 감소다. 물론 행정적·학문적으로 정의한 중산층 역시 계속 감소했다. 하지만 체감 중산층 감소폭이 더 컸다.『특권 중산층』6)에 따르면, 1980년대 말 75%에 달하던 체감 중산층은 2010년대 말 40% 수준으로 줄어들었다.

광범위한 체감 중산층은 1987년을 기점으로 열린 민주화 시대가 배경이 되었다. 하지만 이제는 상황이 달라졌다. 행정적인 기준으로는 분명히 중산층에 속하는데 스스로 가난하다고 여기는 이들이 크게 늘었다. 혹은 행정적인 기준으로는 명백히 상위 계층인데 스스로 중산층이라고 여기는 경우도 흔해졌다. 상대적으로 수가 적은 상위 계층이 중산층을 자처하고, 그보다 수가 많은 중위 계층은 스스로 서민이라고 여긴 결과가 체감 중산층의 감소다. 중산층에 대한 객관적 조건이 변화한 이유도 있지만, 고도성장기 중산층과, 금융위기 및 경제의 부침이 만성화된 시기의 중산층은 자기 인식을 달리한다고 보는 게 좋을 것이다.7)

더 큰 틀에서는 이른바 87년 체제가 1997년 IMF 이후 신자유주의적 기조의 전면화와 맞물리면서(이른바 '97년 체제'의 출현), 이전과 달리 사회경제적 양극화가 확대되는 방향으로 나아가게 되었다. 어떤 의미에서 정치적으로는 새로운 정치 질서가 출현했지만, 사회경제적으로는 격차가 더욱 확대되고 계급·계층적 균열이 더욱 커지는 방향으로 나아갔음을 의미한다.

이처럼 민주화 이후의 시대, 40여 년 동안 누적된 변화와 새로운 현실의 출현으로 인해 민주화 이후 시대의 비전만으로 우리 사회를 이끌기가 어려운 조건이 출현하고 있다. 이제 6공화국을 넘는 새로운 비전, 우리가 그것을 '7공화국'이라고 가칭해 본다면 그런 수준의 새로운 비전을 만들어낼 필요가 있다.

■ 당당한 시민들의 상호 충돌

'중산층 행동주의'를 보자. 앞서 당당해지고 주체화된 시민에 대해서 언급했다. 권위주의 시기에는 시민들의 권리가 전면적으로 억압되었으며, 개개인의 이해는 국가적 목표나 국가가 설정하는 당위성에 의해 쉽게 무시되었다고 한다면, 민주화 시기에는 개인의 권리와 이해를 당당하게 주장하고, 그것이 침해되었을 때는 분노하고 투쟁하는 전투적 시민들이 나타났다. 그러나 민주화 시대의 후기에는 그러한 당당한 개인들이 상호 충돌하는 상황도 나타났다. 예컨대 내가 관할하고 있었던 서울의 학교라는 공간에서도 모든 집단적인 교육 주체들의 이해가 상호 충돌하는 상황이 나타나고 있다. 혹자는 학교가 '만인의 만인에 대한 투쟁'의 모습을 보이는 때도 많다고 말한다. 그 만인들이 단지 개인이 아니라 노동조합과 같은 집단적 주체가 될 경우, 그것은 집단 간의 상호 이익 갈등이 되는 경우가 많다. 나는 사실 이것이 민주화의 '실패의 위기'가 아니라, 오히려 '성공의 위기'라고 본다. 주눅 든 국민이 당당한 시민으로 변화하는 과정이 성공적으로 진행된 것이다. 이제 당당한 시민들의 상호 충돌 양상이 새롭게 추가되었다.

당당한 시민들의 상호 충돌에 대한 예를 좀 더 들어보자. 장기 민주화 시대의 성취가 야기한 그늘 중 교육 영역에서의 사례는 다음과 같다. 한 초등

학교에서는 교사들 모두가 신학기 5학년 담임을 모두 기피하는 상황이었다. 왜냐하면 어느 4학년 학부모가 아이의 성장과 학습에 관련한 '민원'을 계속 내면서 교사에게 항의하는 등 어려움을 주었기 때문이다. 교장이 나서고, 교육지원청 담당자가 학부모와 소통하면서 문제 해결에 상당히 다가선 듯 보였지만, 다시 민원을 내기 시작했다는 것이다. 학부모에게는 나름대로 민원을 제기할 만한 타당한 이유가 있을 수도 있다. 그러나 이러한 일이 빈발하면서, 교직 사회에서는 이를 반복적으로 나타나는 현상으로 인식하고, 그 결과 점차 방어적인 교육 활동으로 기울고 있다.

원래 권위주의 시대에는 '관'의 고답적인 자세가 언제나 문제였다. 그래서 관의 고압성을 완화하고 주민의 요구에 적극 부응하는 열린 행정을 만들기 위해 민원 시스템을 확충했다. 또한 '공공기관의 정보공개에 관한 법률(정보공개법)'을 만들어서 관이 정보를 은폐하지 않고 투명한 행정을 하도록 독려했다. 이것은 행정 민주화의 한 좋은 예라고 할 수 있다. 그런데 이런 제도를 '금쪽이' 같은 내 새끼를 위해 악용하고, 교사를 괴롭히는 일이 벌어지는 것이다. 이 사안에서 교사와 학부모, 학생의 관계에 대해 진실을 단정할 수는 없을 것이다. 그러나 이러한 사례가 거의 모든 학교에서 빈발함에 따라 교사는 학생들 교육에 집중하기 어렵고, 민원 응대가 가장 힘든 일이 되었다. 이것이 예외적이면 문제가 없는데, 이 예를 학교 교사 사이에 이야기하면 90% 이상이 큰 공감 속에서 동의하는 사례이다. 바로 이러한 것들도 그늘이라고 할 수 있다.

중산층의 지향 변화

앞서 중산층에 대해서 언급했다. 이 중산층들의 정치적 지향은 민주화 이후 시기에 있어 진보 지향이 지배적이었다. 그들의 현실에 대한 비판의식이나 현재의 조건을 뛰어넘고자 하는 상향 욕구는 현 체제를 비판하면서 변화시키고자 하는 개혁 정당이나 진보 정당에 대한 지지로 표현되었다. 중산층 아파트가 늘어나면 중도개혁 정당이나 진보 정당에 대한 지지가 늘어나는 현상도 있었다. 그러나 이제 서울의 신흥 중산층 지역인 '마·용·성'(서울의 전통적인 중산층 지역인 강남만이 아니라, 새롭게 중산층 아파트 지역으로 변화되어 가고 있는 마포구, 용산구, 성동구)은 점점 더 보수 정당을 지지하고 있다. 중산 층 아파트 지역이 늘어나면 이제 보수적 투표 양상이 강화되는 것이다. '강 남 좌파'라는 표현은 중산층을 넘어, 중상층에서 진보적 지향이 광범위하게 존재했음을 의미한다. 그러나 최근에는 강남 좌파는 축소되고, 이른바 강남 으로 상징되는 중상층의 정치적 보수 및 계급적 보수로서의 지향이 강화되 고 있다고 하겠다. 이것이 현저한 변화이다.

■ 이른바 MZ 세대의 태도 변화

잘 알다시피, MZ 세대는 1981년생부터 2009년까지 밀레니얼 세대와 Z 세 대를 통칭하는 개념이다. 그중 밀레니얼 세대는 '1980년대 초반부터 2000년 대 초반에 출생한 세대'이다. 그들은 정보기술(IT)에 능통하며 대학 진학률 이 높고, 동시에 2008년 글로벌 금융위기 이후 사회에 진출해 고용 감소, 일 자리 질 저하 등의 어려움을 겪은 세대라고 한다. 앞서 언급했듯이 민주화 시대의 전기에는 독재와 산업화 시대의 모순에 대한 기억이 선명하다. 그러 나 MZ 세대는 전혀 그러하지 않다. 오히려 독재와 산업화 이후의 새로운 모 순에 직면하고 그것에 의해 자신들의 삶이 규정된 세대이다. 그런 점에서 이들의 정치적 지향이 이전 세대와 다른 것은 어떤 의미에서 당연한 이치이 다. 지금도 한국 정치에서 40~50대 다수의 정치적 지향은 개혁진보 정당을 향한 반면에, 20~30대의 정치적 지향은 그것과 거리가 있게 나타나고 있다.

여기서는 단지 정부의 변화보다는 '장기 민주화' 시대의 거대한 변화라는 차원에서 서술하고 있다. 중산층의 정치적 태도 변화, MZ 세대의 변화 등에 는 민주화 시대의 후기에 나타난 변화가 상징적으로 드러난다고 하겠다. 앞 서 언급한 것처럼, 중산층의 확대를 가능케 하는 민주화 시대의 경제적 기초가, 세계화를 배경으로 하는 사회·경제적 양극화를 특징으로 하는 시대로 이행했다. 그 결과 고도성장기의 안정적인 고용시장 조건과 달리, 젊은 세대는 취업과 고용의 불안정성을 특징으로 하는 새로운 조건을 마주하고 있다.

■ 민주화 시대 후기의 새로운 양상들

민주화 시대의 후기에 나타난 변화들은 이미 전기와는 다른 양상들이다. 이런 양상들이 누적되고 새로운 현실이 더해지면서, 이제 민주화 이후 시대 혹은 포스트 민주화라고 표현할 수 있는 현실을 구성하는 방향으로 나아가고 있다.

중산층과 MZ 세대의 사회·경제적 조건 변화와 그 지향의 변화를 민주화 시기와는 다른 새로운 정치적 지향으로 역전시킨 데에는, 역설적으로 박근혜 정부 탄핵 이후에 출현한 문재인 정부 시기의 새로운 경험 때문이었다. 다양한 경험이 있겠지만, 문재인 정부 시기에 나타난 두 가지 경험을 부각시키고자 한다. 먼저 부동산 정책이다. 젊은 세대의 정치적 지향에 결정적 영향을 미친 것이 바로 부동산 가격의 급등일 것이다. 문재인 정부 시기의 부동산 가격 급등은, 지난 민주화 40여 년의 시기에 젊은 세대의 전제적 인식, 즉 젊은 시절의 고생의 성과로 주택 소유자, 혹은 아파트 소유자가 될 수 있다는 인식을 결정적으로 파괴했다. 문제는 이것이 민주진보 개혁 정부의 '정책 실패'로 야기되었다는 것이다. 진보도 정책적으로 유능하지 않을 수 있다는 것을 체감케 한 것이었다. 이는 중산층에게도 마찬가지였다. 민주진보 정부에 대한 정책적 기대의 '역전'이 발생한 사건이라고 할 수 있었다.

사실 민주화 시기 진보 개혁 세력의 부동산 정책은 주로 부동산 투기를 다양한 정책 수단으로 '규제'하는 것이 특징이었다. 주택 대출 규제, 분양가 상한제 규제, 종합부동산세, 보유세 등의 세금 중과를 통한 규제, 부동산 투기 과열지구 지정을 통한 규제 등이 예가 될 것이다. 그러나 문재인 정부에서 실시한 26번이나 되는 다양한 '선한' 규제들로도 부동산 급등을 막을 수 없었다. 선한 규제를 지향해 온 진보적 부동산 정책의 패러다임이 사실상 한계에 도달했음을 시사한다.

이에 대해서는 다양한 평가가 가능하겠지만, 여기서는 그러한 변화가 중산층 및 젊은 세대의 정치적 태도에 미친 부정적 영향에 초점을 맞추고자 한다. 민주화 시대 전기에 민주화 세력이 집권하면 그 민주정부의 '이상적' 정책을 시행한 결과, 중산층이나 중하층민들이 살기 좋은 평등한 사회가 도래할 것이라고 기대했다. 그러나 그런 기대를 배반하는 현실에 직면하게 되었던 것이다.

▌집권 세력이 된 민주화 세력의 딜레마
도덕적 우위 구도의 균열

다른 정치·사회심리적 변화를 보자. 50년 동안 만년 야당이었던 반독재 민주화운동 세력은 1998년에 이르러 여당이 되었다. 반독재 민주화운동 세력의 '집권 세력'화는 많은 변화를 동반했다. 일종의 정치적 공수(攻守) 관계가 변화한 것이다. 과거 독재 세력이 집권했을 때 비판받았던 많은 점에서, 반독재 민주화 집권 세력이 비판을 받고 방어를 해야 하는 상황에 놓이게 되었고, 이는 이전 시기에 존재했던 도덕적 구도에도 변화를 동반했다.

장기 민주화 시대 전기에는, 과거 권위주의 유산으로부터 자유로울 수 없는 보수에 대해 민주진보·개혁·진보 세력(정당 등)의 도덕적 우위 구도가 지속되었다. 예컨대 반독재 민주화운동을 배경으로 하는 386세대 정치인들은, 그들이 과거 엄혹했던 시기에 제적·투옥되면서 행했던 민주화운동이 내포하는 도덕성을 배경으로, 독재 전력이 있는 보수 정당에 대항해 일종의 '정의의 전쟁'을 치를 수 있었다. 대체로 보수를 악으로, 반독재 세력을 선으로 상정한 뒤 산업화의 모순을 '적폐'라는 이름으로 극복하려 했던 것이 민주화 시대의 도덕적 구도였다. 그러나 민주화 시기에 누적된 상황들은 이런 도덕적 우위 구도의 변화를 동반했다.

이런 흐름 속에서 조국 사건은 하나의 전환적 사건이 되었다. 독재 시기,

그리고 장기 민주화 시대 전기에 반독재 민주화운동 세력 대 독재 세력은 '악마 대 천사'의 대립 구도처럼 대중에게 인식된 것이다. 조국 사건이 나던 2019년에 나는 "정치는 천사와 악마의 싸움이 아니다"라는 글을 쓰고 있었다.[8] "조국처럼 털면 남아날 사람이 없다. 검찰 권력의 과잉이다"라는 비판이 한편에 엄연히 존재했지만, 오랫동안 "부도덕하다"라고 비판받아 오던 독재·보수 세력의 입장에서는 민주화운동 세력에 대해 "내로남불", "뻔뻔한 이중 기준 옹호자"라고 역공할 수 있는 상황이 출현한 것이다. 당시 시민들은 서초동과 광화문에 군집해 진영을 나눠 대립을 했고, 조국을 둘러싼 찬반의 균열은 모든 시민사회 조직 내부에도 파생되었다.

나는 후술하겠지만, 이러한 딜레마적 상황의 출현을 민주화의 실패로 보지 않으며, 오히려 '성공의 위기' 또는 성공적 진전에 따라 새롭게 주어진 도전이라고 생각한다. 문제는 이것이 보수 입장에서는 '내로남불'이라는 비판을 징검다리로 해, 보수 내부와 극우집단이 진보에 대항하는 도덕적 결집의 근거가 된다는 것이다. 진보의 외재적 시각에서 보면, 그 사안 자체가 극히 주변적인 '일부' 사안이라고 생각할 수 있지만, 그 주변적인 일부 사안의 '존재' 자체가 보수의 극우적 결집의 소재가 되는 것이다. 성찰적으로 본다면, 진보 역시 보수 정부하의 다양한 문제점에 대해서 총체적으로 판단하지는 않는다. '일부는 옳았는데, 일부는 틀렸다'는 식으로 판단하지 않는다. 어느 하나의 중요한 도덕적 문제 상황은 '본래 보수를 비판하는 진보적 신념을 강화하는' 계기로 작용한다.[9] 작은 사안일지 모르지만, '본질적으로' 문제가 있는 개인이나 집단의 문제가 빙산의 일각으로 표출된 것이라고 보면서, 자신의 정치적 신념을 정당화하고 강화한다. 반대 집단에서도 마찬가지이다.[10]

이런 조건은 민주화 이후 시대 개혁을 선도했던 시민단체에게까지도 적용되는 경우가 나온다. 많은 부분 보수 언론의 작위적 부각도 큰 몫을 하지만, 개혁진보 정부하에서 급성장한 일부 시민단체에 공격받을 만한 요소들이 존재한 것도 사실이다. '가랑잎에 옷 젖는다'는 식으로, 일부 시민단체의 과잉과 일탈(예컨대 회계 비리 문제 등의 노출 사례 등)에 대한 보수 언론의 대대적인 집중 보도와 공격은 민주화 이후 시대의 시민단체의 도덕적 위상에도 변화를 가져왔다. 많은 부분이 보수 언론과 보수 정부의 작위적 공격에 해당했지만, 그러한 공격을 가능케 하는 일부 일탈이나 부족한 점이 있었던 것도 사실이다. 보수 세력에 가했던 공격의 도덕적 기준을 우리에게 적용했을 때 나타나는 것이기도 하다.

시민사회 내의 새로운 경향

1987년 6월 민주항쟁을 전환점으로 민주화가 본격화되면서, 과거 권위주의 하에서 억압되었던 민주적 공간이 확대되었는데, 장기 민주화 시대 후기를 거치면서 시민사회 내에 새로운 경향도 나타났다. 민주화를 거치면서 생성된 시민사회 내 여러 조직의 이익단체적 성격이 강화되었으며, 개인 및 집단의 최대이익주의적 경향이 강화되었다. 그 상징적인 사건을 교원 노동조합 영역에서도 찾을 수 있다.

전국교직원노동조합(전교조)은 민주화운동을 배경으로 하는 교육 민주화 운동이자 정치·사회적인 개혁운동의 성격을 지니고 있었다. 그리고 이것은 권위주의 국가와 친화적인 관계를 맺어왔던 한국교원단체총연합회(교총)와 대립하는 성격을 띠었다. 이러한 '교총 대 전교조'의 경쟁 구도에서 교사노조연맹이 출현했다. 이는 정치·사회적 개혁운동으로서의 면모를 지닌 진보적 교원단체의 성격과 함께, 학교 현장에서의 교원들의 직무와 처우 개선을 요구하는 이른바 '이익단체'로서의 성격이 새롭게 부상했다는 것을 의미한다. 과거 정치·사회적 대립을 기본으로 하는 교원단체의 2원 구조가 3원 구조로 변화한 것은 민주화 시대 후기의 한 상징적인 변화라고 할 수 있을 것이다.

민주화로 인해 개인과 집단이 자신의 자유와 권리를 위해 전투적인 태도와 행동을 취하는 것을 나는 '민주적 전투성(democratic militancy)'이라고 표현해 보고 싶다. 민주화의 성과로 과거의 억압과 통제가 약화되면서, 자신의 자유와 권리에 대한 민감하고 당당하며 투쟁적인 방향으로 요구가 변화한 것을 의미한다. 이 민주적 전투성은 하나의 정치·사회적 에너지라고 할 수 있다. 이것이 권위주의에 의한 억압 시기에는 투쟁의 꽃을 피움으로써 긍정적으로 작동했다. 그러나 그것이 민주화 시대 후기에는 최대이익주의적인 방향으로 표현되기도 하는 것이다.

사실 '권리' 보장에는 개인의 이익 추구적 권리 보장도 포함된다. 1960년대 경부고속도로를 건설할 때만 해도 '조국 근대화'를 위한 토목 건설 사업에 많은 사유지가 수용되어도 크게 저항하지 않았다. 그러나 지금 어떤 대규모 공공사업을 위해 사유지를 수용할 때는 거대한 저항과 갈등, 조정 과정을 거쳐야만 소기의 목적지에 도달할 수 있다는 점을 상기해 보자. 또한 이러한 민주적 전투성이 일정 국면에서는 적대적 진영정치 구도 속에 편입·동원되면서, 적에 대한 전투적인 악마화 행동으로 표현되기도 하고, 적에 대항하는 전투적인 에너지로 나타나기도 한다. 특별히 오프라인 공간이 아니라 소셜 미디어 공간에서 적을 희화화하고 악마화하기 위한 다양한 전투적 언술이 넘쳐나게 되는 에너지로 작동하기도 한다.

또한 민주화가 진전되자, 권위주의하에서 억압받던 다양한 운동이 활성화되었다. 이와 같은 변화 과정에서 이른바 PC(political correctness, 정치적 올바름)가 긍정적인 것으로 존중받았다. 각종 시민운동이 표방한 올바른 가치들이 민주화의 확산 과정에서 존중받으며 확대되었고, 그런 가치들에 기초한 변화와 개혁이 제도권으로 확대되었다. 어떤 의미에서 시민사회운동은 다양한 올바른 가치들을 최대치로 추구하며, 그것이 실현되는 사회를 추구하는 운동의 성격을 띤다고 할 수 있다.

이 과정에서 이른바 PC를 절대적인 것으로 간주하고, 그것을 최대주의적으로 추구하는 운동도 출현했다. 여성주의에서의 워마드(WOMAD) 같은 흐름을 예로 들 수 있을 것이다. 민주화 후기에는 바로 이러한 이른바 PC 대 PC의 충돌로도 나타났다. 예컨대 숙대 사건으로 표현된 레디컬 페미니스트

(radical feminist) 대 성소수자의 대립 같은 것이다. 또한 여성주의적 가치의 확대와 그런 방향에서의 제도적 개혁이 이루어지면서, 그에 저항하는 백래시도 출현했다. 이른바 20·30 남성들의 반페미니즘적 경향, 이준석 같은 청년 정치 지도자에 의한 반페미니즘적 정치 동원도 이런 예가 될 것이다. 민주화 시대 전기에는 독재하에서 모든 올바른 가치들의 추구와 실현이 억압되었기 때문에, 척박한 조건에서 각종 좋은 가치를 중심으로 하는 개혁이 대중적 지지를 받으면서 빠른 속도로 전개되었으나, 민주화 후기에 들어서면서 그에 저항하는, 혹은 그런 변화의 과정에 반감을 갖는 보수적 경향성도 출현했다.

■ 젊은 세대와 기성세대의 사회경제적 지위의 변화

12·3 비상계엄 이후 탄핵에 반대하는 극우 주도 집회에 과잠(학과 잠바, 과 점퍼)을 입은 20대 대학생들이 다수 참여했다. 이 역시 진보 정부의 그늘과 연관이 된다. 민주화 이후 40여 년의 시기를 거치면서, 과거 권위주의와 싸우던 386세대는 이제 586세대가 되어 개혁진보 정부의 마지막 세대적 보루가 되고 있지만, 젊은 세대에게는 기득권을 가진 기성세대로 인식되는 역설적 상황이 나타났다.

돌이켜 보면 반독재 민주화 세대인 386세대, 즉 지금의 586세대는 이중의 의미에서 혜택을 본 세대였다. 이 세대들은 고도성장과 산업 팽창기에 직장을 갖게 되었고, 그 결과 대졸자의 경우 두세 개 직장 중에서 '선택의 고통(?)'을 겪어야 했다. 1990년대 말 IMF 금융위기 이후 이러한 조건은 변화를 겪었다. 이 시기에 가속화된 공장 자동화는 이른바 생력화(省力化)의 과정을 동반했고, 젊은 세대의 입장에서는 직장을 잡을 기회조차 적었다. IMF 위기를 계기로 기업이 비정규직 인력 채용 방식을 채택하거나 임금 삭감이나 기존의 연공서열이 아닌 연봉제 방식을 도입하는 등 기업에 유리한 채용 전략을 취하고자 할 때, 그것을 노동조합으로 무장해 투쟁하는 기성세대가 아닌 젊은 세대에게 강요했다. 이런 결과로 신규 진입을 시도하는 젊은 세대의 경우 고용의 어려움뿐만 아니라 열악한 고용 조건을 강요당하게 되었다.

　고도성장기를 마감하고 생력화 과정이 진행되면서 노동시장은 이전에 비해 현저히 축소되고, 이러한 이중적인 불이익은 젊은 세대에게 전가되었다. 일부 대기업에서는 자식 세대의 취업의 어려움을 타개하기 위해, 자신들의 강력한 노동조합의 힘으로 단체협약을 통해 '고용 세습'을 기업에 강제하는 일탈적 모습까지도 보여주었다. 이렇듯 지금의 586세대는 이중의 혜택을 누린 세대로 젊은 세대에게 투영되었다.

　고도성장과 산업팽창기에 좋은 조건의 직장을 선택할 수 있는 혜택을 누렸으며, IMF 위기로 '자본의 대대적 역공세'가 전개된 시기에는 노동조합의 조직력으로 호조건을 방어할 수 있는 혜택을 누릴 수 있었던 것이다. 어떤 의미에서는 민주화 시대의 대표 조직인 노조가 열심히 투쟁해서 성과를 내면 낼수록 기업 자본의 응전을 매개로 젊은 세대와의 간극이 벌어지는 역설적인 상황이 출현한 것이다. 그리고 이러한 불이익은 주변적 노동자층인 비정규직 등에게 강요된다. 이에 따라 노동시장의 이중구조 및 다층 구조가 심화되고, 젊은 세대는 이런 위험에 더 많이 노출되었다. 권위주의에 대항하는 반독재 민주화에서 정치적 정당성을 갖는 세대가, 경제적 측면에서는 젊은 세대와 구별되는 기득권 세대로 인식되는 상황이 이런 이유로 출현한 것이다.

　앞서 언급한 대로, 문재인 정부의 주택 정책 실패는 기성세대와 젊은 세대의 인식 차이를 더욱 확대했다. 즉, 산업화 시기와 민주화 이후 시기의 젊은 세대들은 부모 세대에 비해서 계층 상승의 가능성이 컸고, 다양한 방식의 부를 축적할 수 있는 가능성이 있었다. 중산층의 경우 자가 주택 소유자가 되는 것은 크게 어려운 문제가 아니었다. 그런데 역설적으로 문재인 정부 시기를 거치면서 급등한 주택 가격은, 부모로부터 받은 재산이 없는 평범한 젊은 세대가 주택을 소유할 가능성을 철저히 차단했다. MZ 세대로 상징되는 민주화 이후의 젊은 세대들은 주택과 부동산을 둘러싼 좌절감이 이전 세대에 비해 말할 수 없이 큰 세대가 되었다.

중산층의 정치적 보수화 경향과는 별개로, 개혁진보 정부를 자처하는 문재인 정부하에서의 주택 가격 상승과 그로 인한 하우스 푸어(house-poor)로의 전락은 이 세대의 사회·경제적 좌절감을 높였다. 이 세대들이 집착하는 공정은 실제로는 이와 같은 증발(蒸發)한 사회·경제적 평등으로부터 유래한 결과적 좌절감의 표현이라고 해야 할지 모르겠다. 이른바 1980년대식 '유물론'적 시각에서 보면, 젊은 세대의 탈정치화와 보수적 정치화는 어떤 의미에서 구조적 필연성이 있다고도 할 수 있다. 20·30 젊은 세대의 사회·경제적 지위 변화는 이들의 정치적 성향 변화로도 연결된다. 앞서 「서문」에서 '극우의 주류화' 위험성에 대해 서술했듯이, 20·30 남성의 보수화는 최근 경향적으로 충분히 드러나고 있다.

3장

장기 민주화 시대의 그늘
'적'의 시선으로 우리를 바라보기

후반부에서 더 자세히 논하겠지만, 나는 3-7제 인식을 제안한다. '적'이나 반대자의 30%를 옳다고 생각하고, 그것에 비추어 세상을 보고 자신의 실천을 확장해 가자는 것이다. 이런 견지에서 장기 민주화 시대를 거치면서, 민주진보적 운동에 대한 보수적 '반대자'의 입장에서 보면 자신들의 보수적 정체성을 유지하고 자기 진영을 집단적으로 확산하는 도덕적·인지적 계기가 있었다고 생각한다. 그런 의미에서 1980년대 이후의 정치·사회적인 전환적 사건을 '반대자의 시선'으로 살펴보자.

첫 번째, 1987년 대선에서의 분열이다. 이는 1987년 이전에 지고의 천사처럼 보였던 반독재 민주화운동 야당 지도자들의 정치적 이기심이 표면화되는 단초로 보수적 반대자들은 인식할 수 있었다.

1987년의 4자 필승론과 김대중

1987년 상황을 다시 서술해 보겠다. 특별히 반독재 민주화운동과 독재 간에 존재했던 도덕적 구도의 전환과 그것이 동반하는 정치적 파장과 관련해서

다. 1987년 이전에 억압적 독재 권력이 악으로서 한편에 존재하고, 반대편
에는 대의를 위해 자신을 희생하면서 투쟁하는 반독재 민주화 운동가라는
선이 존재했다. 이렇게 강력하게 존재했던 선악의 구도는 민주화 세력이 '파
쇼적' 독재 권력에 대한 탄압자에서 제도정치적 공간의 '경쟁자'로 전환하면
서 변화했다(이후 반독재 민주화운동 세력이 집권하면서 경험한 도덕적 역전 현상의
단초가 나타난 셈이다). 우리는 여기서 시민사회운동과 정당운동의 차이를 보
게 된다. 반독재 민주화 '운동' 과정에서는 독재에 저항하는 희생 어린 투쟁
속에서 반독재 운동과 반독재 정당이 일체화되어 있었다. 후자를 재야(在野)
라고도 불렀다.

반독재 민주화운동은 여러 층위에서 복합적 운동이었다.

① 반독재 민주화 '운동'과 (제도정치로부터 배제된) 정당정치 세력의 연합
  이다. 즉, 운동과 정당의 연합이었다.
② 지역연합이다. 지역적으로는 대구·경북에 기반을 둔 독재 세력에 대
  항하는 호남과 부산·경남(영남 남부)의 연합이었다. 1960년대에는 '조
  국 근대화'라는 시대적 명분을 가지고 전국적인 정권으로서의 성격이
  있었으나, 그 전국적 지배력이 약화되면서 김대중이라는 상징적인 야
  당 지도자를 필두로 한 호남 지역과 김영삼이라는 상징적인 야당 지도
  자를 필두로 한 부산·경남의 반독재 저항 연합이 형성되었다.
③ 계급·계층 연합이다. 즉, 세력적 관점에서는 노·농·빈(노동자·농민·빈
  민)으로 구성되는 민중 세력과 자유민주적 지향을 갖는 중산층 연합이
  었다.
④ 가치 연합이다. 즉, 급진적 지향을 갖는 진보와 다종다양한 자유주의
  세력의 연합이었다.

민주화 시대 이전에는 이들 모두가 피해자들의 연합, 또는 약자 연합의

성격을 띠고 있었다. 그러나 민주화가 본격화되고 제도적 공간들이 열리게 되면서, 이렇게 연합되어 있던 부분들이 상이한 입장을 드러내거나 분리되고, 때로는 각 구성 집단이 자신들의 이익을 둘러싸고 갈등하는 양상이 나타났다. 그 대표적인 균열이 1987년 12월 대선을 둘러싼 정치 세력들의 균열이었다. 주지하다시피, 1987년 6월 민주항쟁으로 인해 독재 체제의 유지가 불가능해지면서, 군부독재 세력은 6·29 선언을 통해 직선제를 수용했고, 이로써 헌법 개정을 거쳐 대통령을 직접선거로 뽑을 수 있는 선거 민주주의 공간이 열리게 되었다. 이는 정당정치 세력으로서는 만년 야당에서 집권 세력이 될 수 있는 기회의 공간이 열린 셈이었다.

즉, 12월에 직선제 대통령 선거가 열리면서, 반독재 민주화운동에 함께했던 정당정치 세력들의 분열과 대립이 나타났다. 군부 세력을 대표하는 노태우에 대항해, 호남을 대표하는 김대중과 부산·경남을 대표하는 김영삼이 반독재 민주화운동 과정에서 지역 연합을 하고 있었는데, 대선 과정에서 정치적 이해를 둘러싸고 분열한 것이다. 여기에 더해 민중 진영을 대표해 급진 민주주의적 진보 후보로서 백기완이 출마했다. 이렇게 반독재 야당 정치 지도자와 정치 세력의 분열이 본격화되면서, 반독재 민주화 '운동' 진영에서는 그 운동의 정신을 계승해 야당 지도자의 연합을 추구했다. 이른바 '후보 단일화'론이었다. 이에 대항해, 김대중은 '4자 필승론'으로 맞서면서 선거를 완주했다. 이 과정에서 반독재 민주화 '운동' 세력 역시도 친(親)김대중, 친(親)김영삼 진영으로 분열되게 되었다.

이런 분열 속에서, 주지하다시피 군부 후보인 노태우가 당선되었다. "호랑이 굴에 들어가도 정신만 차리면 산다"라는 말은 1987년의 치열한 각축 국면에서 역설적으로 독재 진영에 적용되는 말이 되었다. 이 대선 결과가 반독재 민주화운동 진영과 그에 공감했던 많은 중간지대 사람들, 심지어 보수 진영에 준 충격, 그중에서도 특별히 도덕적 충격은 컸다.

나는 1987년 12월 대선도 중요하지만, 1988년 4월 총선 결과와 결합되면서 민주진보 진영의 지역적 구도에 큰 변화가 나타난 데 주목하게 된다. 4월 총선에서는 김대중의 평화민주당이 제1 야당이 되고, 김영삼의 통일민주당이 제2 야당이 되는 결과가 나타났다. '돌아와 거울 앞에 서게 되니' 지금은, 1987년 12월 대선에서 김대중과 김영삼이 연합 후보를 냈어야 했고, 이 점에서 두 후보 모두 비판받아야 하며, 바로 이런 위기 상황에서는 '더 진보적인' 인사가 더욱 자기희생적인 도덕적 선택을 통해서 진보의 헤게모니를 유지하는 전략을 선택했어야 한다고 생각한다.

그러나 4자 필승론으로 무장하고 분열하면서 대선에 패배하게 되고, 1988년 총선에서 더 진보적인 평화민주당이 제1 야당이 되는 것까지는 긍정적이었는데, 그 의도하지 않은 결과로, 제2 야당의 리더가 된 김영삼이 1990년 1·22 3당 합당[1]을 통해 군부 세력이 주도하는 여당에 합류하기에 이른다. 중요한 것은 반독재 민주화운동에 내재한 지역 연합이 해체되고, 김영삼 당수가 여권으로 전향하게 됨으로써 현재 우리가 겪고 있는 부산·마산 지역의 거대한 보수화를 만들어내는 결정적 계기가 되었다는 점이다.

반독재 민주화운동 과정에서도 지역적 균열의 잠재력은 존재했다. 그런데 더 진보적인 김대중 후보가 '탐욕'적인 선택을 했다는 명분하에서, 부산·경남의 중도 내지는 보수가 김대중의 '탐욕'을 지적하며 보수로 전향해 갈 수 있었다. 이는 장기 민주화 시대 '후기'에 나타난 2019년 조국 사건에서처럼, 독재로부터 이반되어 민주진보 진영을 지지하며 '기득권적' 지위를 가진 '강남 좌파'적 대중이 보수로 변모하는 계기를 갖게 된 것과 유사하다. 진보가 '울고 싶은데 뺨 때려주는' 식으로 자신들이 보수와 '똑같은 놈'으로 치부되게끔 도덕적 빌미를 제공하게 되면, 그것이 의도하지 않게 거대한 보수화를 촉진하는 결과를 낳는다고 생각한다(이 책에서는 바로 이런 점을 성찰적으로 보면서, 전환의 전략을 병행하자는 취지의 제안을 한다).

그 후 과정도 돌이켜 보자. 김대중이 이후 '위선자, 거짓말쟁이, 이중인격자, 약속 안 지키는 사람' 등과 같은, 보수 진영에서 악마화한 이미지로 인해 고통받게 된 계기도 바로 그것이었다(호남 차별에 대한 역사적 요인은 별도로 하고). 이는 김대중으로서는 객관적으로 억울한 점이 있다. 분열에 대한 도덕적 비판이라면 김영삼과 김대중이 모두 받아야 하지만, 보수로 전향한 김영삼은 비판하지 않고, 분열에 대한 모든 책임을 김대중에게 돌려 악마화하고 배제하려는 보수의 전략이 작동했을 때, 그것을 효과적으로 작동하게 하는 매개가 되기도 했다.

지금 돌이켜 보면, 대단히 암울한 상황이었다. 도덕적 우위를 가지고 정의의 사도로 인정받았던 반독재 민주화운동 진영이 도덕적으로 폄하되는 상황이 나타났기 때문이다. 다행스럽게도 이후 이 암울한 상황은 두 개의 새로운 전환적 노력을 통해 극복될 수 있었다. 그 하나는 김대중에 대한 악마화된 프레이밍에 대한 강준만 교수의 비판이다. 그는 '지역주의 악마화 프레임'에 내재된 본질과 성격을 비판했다.[2] 다음으로는, 그와 같은 다양한 악마화 공격에도 불구하고 김대중이 '뉴 디제이 플랜' 등 다양한 집권 혁신 전략을 구사하고, 궁극적으로는 DJP 연합이라는 새로운 대항 지역 연합을 만들어낸 것이었다. 그 시절 나는 많은 진보 지식인이 그랬듯 DJP 연합에 대해 비판했다. 그러나 이것은 돌이켜 보면 대단한 전환적 선택이었다.

이로써 정부 수립 50년 만에 야당 정권이 어렵사리 성립할 수 있었으며, 1987년 분열의 멍에와 그로 인한 왜곡된 도덕적 비판으로부터 벗어날 수 있었다. 또한 김대중은 가장 존경받는 대통령 반열에 오르게 되었다.

내가 굳이 1987년 이후의 정치 과정에서 아픈 기억을 꺼낸 이유는, 1987년 이후의 일련의 정치적 선택 과정을 성찰적으로 보자는 것이다. 그래야 향후 새로운 전략적 선택이 가능하기 때문이다. 민주진보가 '적'에 대한 군사적 제압 노선으로, 그리고 급진적인 공격만으로 보수를 제압하는 것이 갖는 한계를 지적하는 것이다. 그리고 보수, 최근에는 극우의 등장은 성찰적으로 보면 우리 안의 이러한 문제점에서도 연유한다는 점이다.

두 번째, 조국 사건이다. 이 사건은 독재 대 반독재에 대한 악마 대 천사의 이미지를 역전시키는 중요한 계기 중 하나였다. 이를 자세히 살펴보자. 2019년 조국의 법무부 장관 임명을 둘러싸고 논란이 시작되었고, 이 수사를 당시 윤석열 검찰총장이 주도했으며, 이로 인해 기소되어 재판을 받았다. 딸의 대학 입시 관련 특혜, 연구 실적 위조, 가족의 사모펀드 등이 쟁점이었다. 법무부 장관에 임명된 이후 35일 만에 사임했고 재판을 받았으며, 윤석열 정부가 들어선 이후 2024년 총선에서 조국혁신당을 창당해 그 대표로서 활동했다.[3]

조국 사건은 아마도 장기 민주화 시대의 가장 상징적인 사건이 될 것이다. 독재 대 반독재, 민주개혁 대 반개혁의 치열한 갈등 국면에서, 우리 사회가 이미 계급·계층적으로는 새롭게 위계화된 사회로 구조화되어 있음을 보여준 사건이었다. 주지하다시피, 조국은 분명히 1987년 이후 '민주개혁 대 반개혁'의 입장에서 보면 민주개혁의 선도적이고 상징적인 인물이다. 그는 '강남 좌파'의 상징적인 인물이었다. 강남 좌파라는 지향과 정체성은, 이미 전 국민적인 운동이 된 반독재 민주화운동에 대해서 계급적으로는 강남에 속하는 상층이지만, 민주화의 도도한 흐름 및 그것과 연관된 각종 개혁에 지지를 보낸다는 의미를 담고 있었다.

강남 좌파는 그 자체로 양면적인 존재이다. 강남 좌파라고 할 때의 강남성(性) 혹은 강남적 성격은 현존하는 질서 내에서도 일정한 '혜택을 받은 집단'이나 '기득권적 지위'를 갖는다는 의미이다. 조국의 강남성은 그가 서울대 교수라는 점과 '사학 오너'의 자녀라는 점에서 기인했을 것이다. 그러나 그 두 가지는 강북이나 지방의 좌파와 달리 기존의 질서 내에서 동원할 수 있는 네트워크 역량이 현저하게 다르다. 이 강남 좌파적 인물들은 자신들의 계급적 한계를 넘어섰다는 점에서, 또한 민주개혁운동의 저변이 넓어지는 데 기여했다는 점에서, 도덕적으로 많은 국민으로부터 인정을 받았다. 강남 좌파의 등장은 반독재 민주개혁운동의 성공적 확대를 상징하는 것이기도 했다.

더구나 그가 장관 청문회에서의 무수한 공격 속에서 '사회주의'라는 젊은 시절의 가치를 쉽게 내던지지 않았던 의연함은, 그의 급진적인 민주적 개혁성의 순수함을 가장 상징적으로 보여준다고 생각한다. 그는 "사노맹(남한사회주의노동자동맹)에서 이제는 사상 전향을 했느냐"라는 질의에 "(저는) 그때나 지금이나 자유주의자인 동시에 사회주의자"라고 답변했다. 나아가 "우리 사회주의 사상과 정책이 우리 대한민국헌법의 틀하에서 필요하다는 점 말씀드린다"라고 답변했다.[4] 이는 그가 사회주의 신념을 견지하고 있다는 의미보다는, 민주화된 대한민국에서 신념과 양심의 자유라고 하는 민주주의의 가치를 선명하게 옹호하는 주장이었다고 할 수 있다. 그런 만큼 개혁 대 반개혁의 상징성을 충분히 드러내고 있었다고 할 수 있었다.

조국 사건을 통해 우리 사회의 또 다른 측면이 드러났고, 그것은 반독재 민주화운동 속에 내포되어 있던 불평등과 계급·계층적 차이를 투명하게 드러내는 것이었다. 역설적으로 '조국 사태'를 통해, 부모의 사회·경제적 위치에 따라 동원할 수 있는 교육 자원의 격차, 교육 영역을 통해 드러나는 불평등 문제가 투명하게 드러났다(서민들의 자녀와 조국의 자녀들이 어떻게 다른 '생애의 기회'를 갖는지도 드러났다). 동일한 입시 제도하에서(특별히 이명박 정부 초기 입학사정관제라는 구멍이 숭숭 뚫린 입시제도의 허점이 존재하는 속에서) 사회적 위치의 차이가 어떻게 상이하게 작동하는지를 잘 보여주었다.

당시에 명문대생들은 명문대생대로 불공정을 성토했다. 이들은 자신들이 피땀으로 이룬 성취를 조국과 같은 기득권의 자녀들이 부모의 인적·물적 네트워크라는 지름길을 이용해 손상했다고 주장했다. '구의역 김 군'과 함께 일했던 동료들은 "우리와 엘리트 인생 사이에 어찌 출발선이 같다고 얘기할 수 있을까"라고 토로하기도 했다. 민주개혁에 대한 동조자인 '강남 좌파'와 '구의역 김 군' 사이에는 구조적으로 심대한 불평등 접근권의 격차가 존재한다는 것을 각인했다.

　그런 점에서 조국 사건은 독재라는 거대한 악마에 대항하는 거대한 민주 연합운동이 전개되었고, 그를 통해 대한민국이 권위주의 체제에서 민주주의 체제로 전환되어 왔지만, 그 민주주의 체제는 사회·경제적 불평등과 계급·계층적 차이, 사회적 기득권의 차이를 갖는 복합적 체제라는 것을 드러내 주었다는 데 주목하게 된다. 그것이 '87년 체제의 사회·경제적 한계'이기도 하고, 민주개혁이라는 정치개혁에도 불구하고 사회·경제적인 구조적 개혁은 별개의 과제로 존재한다는 것을 확인해 주는 계기이기도 했다.

　주지하다시피, 조국 사건은 정치적으로 조국을 옹호하는 서초동 진영 대 반대하는 광화문 진영으로 나뉘어, 대한민국이 양분화된 대결을 하는 계기가 되었다. 사실 통상적인 장관 청문회를 통해 개인의 일탈이나 비리가 나타나면 이를 '꼬리 자르기'식으로 처리하고 지나가는 것이 상례였지만, 조국은 그 상징성이 컸던 만큼, 한편에서는 "조국처럼 털면 남아날 사람이 누가 있는가, 이는 검찰권 남용이자 정치적 표적 수사이다"라는 논리로 조국을 옹호했으며, 다른 한편에서는 "공정, 정의, 특권 해소를 강조했던 사람이 가족 차원에서는 내로남불을 했다, 위선의 극치이다"라는 식으로 비판을 했다(주지하다시피, 조국 수사를 윤석열이 주도했고, 윤석열이 대통령이 되고 몰락한 반면 조국은 조국혁신당으로 재기하는 상황이 나타났다).

　당시 '조국 사태'를 계기로 해서 중산층의 인식에도 변화가 나타났다. 많은 논쟁이 있었지만, 도덕적 우위의 개혁진보 세력 대 부패와 부도덕성으로 점철된 보수 세력의 대립 구도가 이전처럼 명확히 존재하지 않게 되었다(12·3 비상계엄 같은 퇴행은 역으로 이런 구도의 재부상을 가져오기도 했다). 개혁진보 세력의 입장에서 보수 세력에 가한 높은 수준의 도덕적 비판은 이제 부메랑이 되어 개혁진보 세력의 '내로남불'적 성격을 비판하는 논거가 되었다. 이 자체를 비판할 수도 있겠지만, 최소한 보수 세력이 반독재 민주화운동을 주도한 개혁진보 세력에 대해서 '쌤쌤'이나 '내로남불' 혹은 '이중적'이라고 비판할 수 있는 일정한 근거가 생겼다는 것을 의미한다. 장기 민주화 이후 시대에 존재했던 도덕적 구도에 균열이 생긴 것이다.

사실 이런 논란은 나 자신에게도 있었다. 예컨대 나는 교육 불평등을 극복하기 위해, 고교 체제상의 상위 학교인 자사고와 외고를 일반고로 전환하기 위한 정책을 강력히 추진했다. 문재인 정부하에서는 이것이 국가 정책이 되었다(물론 윤석열 정부하에서 이것은 다시 역전되었다). 그런데 나를 비판하는 사람들은 내가 이런 '급진적' 정책을 추진하면서도 "자식을 외고에 보냈다"라며 '내로남불'이라고 비판했다. 나는 물론 이에 항변할 내용이 많다. 통상적인 변론에 따르면, "자사고·외고 폐지 정책을 물타기하려고 아들 문제를 끄집어냈다. 우리 애들은 자사고 정책이 전면화되기 전에 외고를 나온 것뿐이다. 견강부회이다"라고 항변할 수 있다.

그러나 전환을 반대하는 세력이 나에 대해 내로남불이라고 비판할 소재가 최소한으로는 존재하게 된 것이다. 3의 비중으로, '없는 약점도 소설 쓰듯이 들추어내어 공격하는데, 우리 애가 외고 나온 것은 맞고, 내가 자사고·외고를 폐지하려는 것도 맞으니, 이를 연결시켜 공격한다'는 점을 인정해야 할 수밖에 없다. 우리 편도 그렇게 공격한다. 사실 민주화 시기에도 불완전하고 허물 많은 존재로서의 반독재 세력이 독재 세력을 비판하고 극복하기 위한 투쟁을 주도했던 것이다.

그러나 독재에 대한 기억이 선명하고 국민적 합의가 있었기 때문에, 반독재 세력의 허물은 문제되지 않았다. 앞서 언급했지만, 한양대와 동양공전에서는 학생들이 독재정권의 프락치라고 해서 일반인을 구타해서 죽게 한 사건도 있었다. 이런 사건조차도 독재의 유산을 척결하는 시대적 분위기 속에 묻혔다. 민주화 전기에는 새로운 변화들이 누적되고 있었지만, 독재에 대한 선명한 기억들이 그러한 변화의 영향을 부차화했다고 하는 것이 정확할 것이다.

이것은 사실 '집권의 딜레마'이기도 하다. 집권은 시민사회운동의 개혁

의제를 정치와 통치를 통해 실현하는 효과를 갖지만, 반대로 국가권력이 내재적으로 갖는 관료성, 억압성, 그리고 권력과 권한의 사용 과정에서의 일탈 가능성 등을 동반하는 역효과도 갖는다. 집권하게 되면 다종다양한 인사들이 정부에 참여하게 되고, 그들 중 일부라도 비리에 연루되면 전체가 그 부정적 영향권에 들게 된다. 집권한다는 것 자체가 이런 딜레마에 노출되고 방어적이 되며, 반대 세력이 이를 공격의 소재로 삼을 수 있게 되며, 그러한 영역이 광범위하게 확대된다는 것이다.

또한 기존의 도덕적 기준으로 본다면, 보수에서 나타나는 많은 비판점들이 민주진보 세력에서도 나타남으로써, 도덕적 우위 구도의 희석화와 그것을 계기로 한 보수의 도덕적 재결집을 초래했다. 가까운 2025년 대선에서도 이런 딜레마적 상황이 나타났다. 이준석이 대선 TV 토론에서 여성 혐오 발언을 간접화법으로 말함으로써 질타를 받던 그 시기에, 민주화운동에서 상징성을 갖는 유시민이 설난영 여사에 대한 '학벌주의적 비난' 발언을 했다(그에 대한 유시민의 항변과 객관적 판단은 차치하더라도). 이런 것이 바로 20·30 세대에게는 기성 정당과 민주진보 세대의 '이중성'을 드러내 주는 계기가 된다(객관적 사실의 올바름을 지적하고자 하는 것이 아니라, 보수의 눈에서 진보의 어떤 측면은 자신의 보수적 신념을 강화하는 계기가 된다는 말이다). 바로 이런 것이 교차하면서 20·30의 보수화는 완성되는 것이다.

일반적으로 "보수는 분열로 망한다"라는 논리가 상식처럼 존재한다. 그러나 이 말은 보수를 가리키는 말일 뿐만 아니라, 진보를 가리키는 말로도 사용되는 경우가 나타나게 되었다. 예컨대 교육 영역에서도 교육감 선출을 둘러싸고 다양한 균열이 존재했다. 그러나 2022년 교육감 선거를 보면, 보수의 분열 못지않게 진보의 분열도 상수가 되고 있다. 우리가 보수에 대해 가했던 비판을 우리에게도 고스란히 반성적으로 되돌려야 하는 지점에 도달했다고 말할 수 있다.

앞서 언급한 대로, 조국 사건은 1987년 김대중의 선택과도 유사한 후과를 낳았던 것이다. 김대중이 이후 일련의 노력을 통해 그 후과로 인한 어려운 조건을 타개해 갔듯이, 조국도 그것을 타개해 나갔다고 할 수 있다. 2024년 총선에서 조국의 정당은 민주진보적 지향 시민의 정치적 지지를 끌어내는 데 일정하게 성공해 원내 3당으로 부상했다. 이 배후에는 비록 조국 개인의 여러 문제와 한계가 존재한다는 점을 인정하더라도, 지난 정권과 검찰의 대응이 과도했다는 인정이 놓여 있다.

나는 여기서 보수의 시선으로 진보의 문제를 드러내고 있으며, 그것은 향후 민주진보의 전략적 선택의 지평을 확장하고자 하는 것이다. 특히 극우의 대중적 확산 위기 앞에서 민주진보로서 어떤 선택을 할 것인가 하는 문제이다. 내가 속한 집단의 정치적 이해를 4자 필승론 같은 논리로 무장하면서 대응을 할 것인가, 아니면 다른 선택을 할 것인가. 1987년에 그랬던 것처럼, 민주진보의 올바르지 못한 선택은 거대한 후과를 낳음으로써 이후의 민주진보의 전진에 왜곡을 초래하게 되었고, 지금까지도 한국의 정치 지형을 규정하는 부산·경남의 보수화라는 후과를 낳는 것이다. 우리는 지금도 이런 성찰 위에서 바라보아야 한다.

세 번째, 이명박 정부 초기의 수입 쇠고기 반대운동이다. 나는 그때 이를 반대하기 위해, 심지어 당시의 민주진보 진영의 대표단으로 자비로 워싱턴에까지 가서 '3보 1배' 시위까지 한 적도 있었다.[5] 당시의 수입 쇠고기 반대 투쟁은 한·미 FTA 반대 투쟁의 일환이었다.[6] 내가 여기서 지적하는 것처럼, 반대자의 시선으로 세상(그중에 정치도 있다)을 보게 되면, 민주진보적 실천의 합리성과 도덕성이 100%로 보장되는 것은 아니라는 점이다. 당시에는 일체의 수입 쇠고기를 거의 '발암물질' 수준으로 악마화했다고 보수에서는 인식한다. 현재 수입 쇠고기가 일상적으로 소비되고 있고, 그런 수준의 악성물질이 아니라고 일반 국민들이 생각하고 있다. 돌이켜 보면, 쇠고기 수입 반대 투쟁 과정에서 후술할 '일면 가치 최대주의'적 경향과 과잉성이 존재했던 것이 사실이다. 내가 여기서 쇠고기 반대 투쟁이 잘못되었다고 반성하려는 것은 아니다.

반대자, 보수 진영의 시각에서 보면, 민주진보의 반독재 민주화운동을 바라보던 시선과 1987년 이후 민주화 과정에서의 시선이 달라졌다는 것이다. 핵심적으로는 자신이 보수적이라고 생각하거나 리버럴한 중간지대에 있는 사람들의 경우, 전두환과 같은 악마를 지지할 수는 없어서 반독재 민주화운동에 우호적인 존재로 자신의 정체성을 자리매김했지만, 이후 과정에서는 이런 거시적 사건들이 불거지면서 (또 그것이 보수 진영을 동원하는 계기로 활용되면서) 보수적 결집, 혹은 파죽지세로 밀리던 보수의 도덕적·정치적·인지적 방어막이 수립되는 양상으로 나아갔다는 것이다. 지금 극우 대중의 출현에도 이런 배경이 있다. 보수 내부에서는 수입 쇠고기의 위험성에 대한 진보의 과잉 공격을 비판하면서 인지적 결집을 할 수 있는 근거를 마련했다.[7]

2008년 광우병 쇠고기 수입 반대 투쟁은 물론 투쟁의 계기였을 뿐, 시위의 본질은 아니었다고 해야 할 것이다. 그 본질은 어떤 의미에서 국민의 삶에 광범위하게 영향을 미치는 국가 정책을 돌진적으로 밀어붙이는 과정에서 드러난 국민 의사와 권력의지 사이의 괴리였다고 할 수 있다. 이런 점은 지금도 여전히 유효하다.

다만 내가 지적하고자 하는 것은, 민주진보 진영의 투쟁 과정에서 사용되는 담론이나 구호가 객관적 사실과의 괴리가 크면 클수록, 바로 그 괴리를 명분 삼아 보수 내지 극우의 인지적·도덕적 결집을 이루게 하는 계기들이 제공된다는 점이다. 사실 투쟁 과정에서 자연스럽게 나타나는 슬로건의 '과잉성'을 통제하기란 쉽지 않고, 그것이 문제의 본질이 아닌 경우도 많다. 그러나 어쨌든 그러한 과잉을 계기로 자발적인 보수 및 극우의 공간이 생겨나는 것이다.

후술하겠지만, 우리 안의 비합리성이 존재하는 것이다. 그런데 이를 본질주의적으로 단정하면 안 된다. 이것은 개인으로서의 인간과 인간 집단 모두의 보편적인 내재적 성격이다. 단지 누가 이런 인식을 하고 자기 실천을 보완하는가 하는 것이다. 그런데 반독재 민주화운동 과정에서는 악마적 적과 싸우면서 이런 인식을 할 필요가 없었다. 좌고우면하지 않고 전투적으로 싸우는 것이 미덕이었다.

그러나 장기 민주화 시대의 '성공의 위기'로 이런 점을 고려하지 않고 돌진적 전투주의를 발휘하게 되면, '적'이 강화되고 적 내부에서 비합리적인 전투적 극우가 강화되는 역설적 상황이 출현하게 되었다는 것이다. 바로 이 점이 이 책에서 내가 핵심적으로 지적하고자 하는 점이다.

▌ 민주화 시대의 그늘이 퇴행의 잠재력을 만든다

현 단계 우리에게는 두 개의 과제가 있다. 하나는 한국 민주주의의 퇴행을 막는 과제와, 다른 하나는 한국 민주주의를 선진국에게도 영감을 주는 민주주의 국가로 전진시켜 내는 과제이다. 나는 윤석열의 12·3 비상계엄은 앞으로 빈발할 수 있는 한국 사회의 퇴행적 현상의 한 극단적 예라고 생각한다. 이런 예가 아닌 다른 형태의 퇴행 현상도 가능하다고 본다. 이러한 현상은 그동안 40년에 이르는 '장기 민주화 시대'를 통해서 성취한 민주진보적 성과를 역행하려는 시도들이라고 할 수 있다.

이러한 퇴행은 대통령의 행태로 표현되기도 하지만, 정치적·사회적·교육적 영역에서 다양하게 나타나고 있다. 예컨대 학생인권조례 폐지 같은 것도 하나의 예가 될 것이다. 나는 이러한 퇴행을 단지 그 사건으로만 보면 안 된다고 생각한다. 더 근원적인 원인들이 있고, 그런 원인에 기초해 표출되는 다양한 현상이라고 본다. 그렇다면 그 원인은 무엇인가. 아주 심층 구조적 차원에서 보면 한국 사회에서 위협받는 기득권적 구조를 지키려는 행위로 볼 수 있는데, 그런 심층 구조적인 차원을 차지하더라도, 과거 산업화의 그늘이 있듯이 장기 민주화의 그늘에서 촉진된 현상으로 보인다.

청소년이 즐겨 하는 '두더지 게임'이 있다. 두더지가 게임판에서 땅으로 솟아오르듯 나오면 망치로 치고, 다른 데서 나오면 다시 치고, 그렇게 끝없는 게임이 이루어진다. 우리의 과업이 극우의 '준동'을 두더지 게임처럼 사고해서, 솟아오를 때마다 때려내거나 제압해 내는 데만 한정되어서는 안 된다. 어떤 의미에서 그것은 필요조건이라고 해도 좋다. 그러나 충분조건은 아니다. 그 두더지를 솟아 나오게 하는 근원을 해결해 가는 노력이 병행되어야 한다는 것이다.

이런 점에서 그동안의 민주진보적 성취를 안착·공고화하고, 그 바탕 위에서 전진을 도모해야 한다. 장기 민주화 시대의 그늘을 보지 못하고 전진만을 보고 진행한다면, 역으로 퇴행의 빈발, 퇴행의 지배화, 즉 극우 집권 시대로까지 나아갈 수 있다고 생각한다. 이런 전제 위에서 볼 때, 퇴행을 막기 위해서는 장기 민주화 시대를 통해 나타난 변화의 복합성을 응시할 필요가 있다. 민주진보 민주화 세대가 산업화·권위주의의 빛만 보지 않고 그늘을 응시하면서 민주화 시대를 열었듯이 말이다.

여기서 나는 1987년 대선을 둘러싼 분열, 조국 사건, FTA 반대 과정에서의 쇠고기 수입 반대 투쟁을 예로 해 그 그늘을 예시적으로 드러내고 있다. 이는 향후 서술할 다양한 현상과 함께 장기 민주화 시대의 그늘로 존재하며, 이것이 보수 내부의 극우의 확산으로 이어졌던 것이다. 이런 현상에는, 후술하겠지만, 민주화 시대를 통해 보장된 권리가 최대이익추구형 권리 투쟁으로 나타나는 현상, 민주화가 보장한 자유와 권리가 상호 충돌하는 현상, 그 자유와 권리를 개인과 집단의 자유와 권리 확대로만 일면화해 추구하고 개인 및 집단의 이해와 공동체의 이해의 괴리가 출현하고 있음을 인식하지 못한 점, 민주진보 세력의 집권에 따르는 '내로남불'적 현상들의 출현, 그로 인한 도덕적 우위 구도의 균열, 좋은 가치의 최대주의적 추구 과정을 극단성으로 인식하는 보수 내부 인식의 확산 등 다양한 요인이 있다.

이러한 장기 민주화 시대 성과의 이면에서 퇴행의 잠재력이 누적되었고, 더구나 민주진보 세력은 전진만을 생각하는 과정에서 이러한 그늘을 응시하고 그에 대응하는 보완적 노력이 부족했기 때문에, 퇴행 현상이 대중적으로 현상화하게 되는 것이다. 이런 퇴행의 잠재력을 해소하고 해동하려는 노력이 없이, 장기 민주화 시대처럼 전진의 추동력에만 의존하는 것으로는 역으로 퇴행의 잠재력을 확충하게 되고, 그것은 궁극적으로 극우 집권 시대로도 이어질 수 있다. 이런 점에서 한편으로는 그동안의 민주화 시대 성과의 이면에서 생겨난 그늘(우리 안의 관성)을 응시하고 이를 보완함으로써, 민주화 시대의 성과를 안착·공고화하고, 그와 함께 전진을 도모하는 노력이 병행되어야 한다고 나는 주장한다.

4장

트럼프식 정치는 왜 저런 모습일까?
서구의 '적대적 진영정치'와 지구화

이상은 한국 현대사의 맥락을 염두에 두고 서술한 것이다. 그런데 이러한 민족사적 변화는 세계사적 변화와 결합되어 진행된다. 이 장에서는 현 시기 진행되고 있는 '지구화'의 새로운 성격과 그 모순, 그리고 그 과정에서 나타나는 적대적 진영정치의 양상에 대해 서술한다.

나는 최근 지구촌 정치의 새로운 위기 양상을 극우가 주도하는 '적대적 진영정치'로 개념화한다. 적대적 진영정치는 투쟁과 협치의 두 얼굴을 가지고 있는 정치를 적대적인 진영 대립으로 일면화하고, 반대 진영을 악마화하며 그것을 자기 진영을 단결하는 계기로 활용하는 최근의 극단적 정치 양상을 말하는 것이다. 미국에서의 트럼프 정치나 유럽에서의 극우 정치 세력 및 정당을 연상하면 될 것이다. 극우 정당의 약진은 독일, 프랑스 등 유럽에서 확산되고, 미국 트럼프의 재선을 분기점으로 전 지구적으로 확산되고 있다.

이 부분을 집필하던 중인 2025년 10월 3~4일 치러진 폴란드 총선에서도 극우 정당이 압승해 극우 정부 시대가 열리게 되었다. 남미에서도 이른바 '블루 타이드'가 확대되고 있으며, 영국에서는 개혁당이 집권을 눈앞에 두고

있다. 2025년 7월 20일 일본의 참의원 선거에서 미국의 MAGA처럼 '일본인 퍼스트'를 내세우는 군소 극우 정당인 참정당이 14석을 얻으며 총 15석을 확보한 정당으로 도약한 바 있다.[1] 게다가 2025년 10월에는 극우 다카이치 사나에 자민당 총재가 일본 총리가 되었다. 일본에서는 '참정당'과 같은 소수 정당의 부상이라는 수준을 넘어, 집권당인 자민당 내부에서 이미 '극우의 주류화'가 진행되었다고 할 수 있겠다. 트럼프의 자국 우선주의 및 MAGA와 같은 경향이 이들에게서는 '일본인 퍼스트(日本人ファースト)'라는 구호로도 나타나는데, 심지어 '대동아 전쟁'이라는 명칭을 사용하며 위안부가 허구라고 주장하고 난징 대학살도 부정하는 입장이다. 이는 독일에서의 극우 정당의 약진, 미국의 트럼프 집권이라는 극우적 흐름이 동아시아에도 상륙한 것이라고 생각한다. 이것이 한국에도 파급되고 그것이 지배화할 것인가 하는 것이 쟁점이다. 유럽의 정당들은 대체로 난민과 이슬람에 대한 혐오를 공통의 특징으로 가지고 있다. 한국에서 '중국 혐오' 등의 경향이 드러나는 것도 이런 세계적 흐름의 일부라고 볼 수 있다.

우리는 통상 서구의 1960~1970년대 사민주의적 복지국가 체제, 그리고 미국의 전후 공화당 대 민주당의 경쟁 구도를 서구의 일반적인 정치 경쟁 모델로 생각한다. 그러나 이제 그러한 모델이 위협받으면서, 제2차 세계대전 이후 '극단적' 정치 세력이라고 평가되었던 세력들이 정치의 중심에 부상하고 있다. 이미 서구에서는 '극우의 주류화'가 진전되었고, 이는 극우 세력이나 정당이 집권 정당이 되는 것에서 나타났다. 제2차 세계대전 이후 서구 민주주의의 안정성이 근저에서부터 흔들리면서, 정치의 극단화가 출현하게 된 것을 의미한다.

〈표〉는 전 세계적으로 '극우(극단적 우익)'로 분류되는 대표 정당들의 현황을 정리한 것이다.

민주주의는 기본적으로 여러 주체들의 갈등 속 공존을 선거를 통해 가능하게 하는 체제이다. 구체적으로는 '1인 1표'에 기반해, 경제적·사회적으로

〈세계 각국에서 부상하는 극우정당의 예〉

국가	정당 이름	이념/성격	집권 여부	의석/득표율 등 주요 수치 (최근 선거 기준)
독일	독일 대안당 (Alternative for Germany, AfD)	극우, 우익 포퓰리즘, 민족주의	제2 야당 (연립정부 참여 아님)	연방하원 21% 득표, 2위(152석)
오스트리아	자유당 (Freedom Party of Austria, FPÖ)	극우, 포퓰리즘, 민족주의, 반유럽연합 (유로스켑티시즘)	제1당 (국회 최다 의석 보유)	하원 183석 중 57석, 득표율 약 28.8%
프랑스	국민연합 (National Rally , RN)	극우, 포퓰리즘, 민족주의	과반은 아님, 제3 정당 수준	유럽의회 31.4% 득표, 프랑스 하원 142석 확보
이탈리아	이탈리아형제들 (Brothers of Italy, FdI)	극우에 가까운 우익, 포퓰리즘	집권 여당 (총리: 멜로니)	집권
네덜란드	자유당 (Party for Freedom, PVV)	우익 포퓰리즘, 반이슬람 정책	연정 참여 (사실상 집권 연합 포함)	하원 150석 중 37석 확보, 제1당
일본	참정당 (參政黨, Sanseitō)	극우, 민족주의, 반이민, 음모론 성향[일본인 퍼스트(日本人ファースト), 대동아 전쟁명칭 사용, 위안부 허구설, 난징 대학살 부정	집권 아님 (소수 야당)	중의원 세 명, 참의원 15석 (2025년 참의원 선거에서 14석으로 돌풍을 일으킴). 2025년 10월 극우 정치인 다카이치 사나에가 자민당의 당수가 됨.

분열된 개인들이 최소한의 공동체적 정치와 사회를 유지하는 근대적 제도이자 체제라고 할 수 있다. 근대 민주주의에는 이해관계와 생각의 적대적 차이가 발생했을 때 폭력을 통하지 않고 선거를 통해 문제를 해결한다는 제도의 핵심 정신이 내재되어 있다.

이런 점에서 민주주의는(한국에서는 반독재 민주화의 과정에서 민주주의가 '투쟁'적 의미와 연결되어 있지만) 근본적으로 사회를 유지하는 보수적 성격을 갖는다고 나는 본다. 이해관계와 생각에서 적대적인 차이를 보이는 집단이 총을 들고 싸우는 내전적 상황에 돌입하는 전쟁정치를 넘어서서, 투표용지를 가지고 싸우는 정치로 대체되었다. 그래서 아담 쉐보르스키는 선거라는 공간에서 '투표용지라는 짱돌(paper stone, 종이 돌)'을 통해 대결하는 제도라고 민주주의를 표현했다.[2]

그러나 이제 총을 안 들었을 뿐이지, 적대성은 민주주의를 위협하는 수준에 이르렀다. 극우가 주도하는 적대적 진영정치는 민주주의의 형식은 유지되고 있지만, 기존 선거 민주주의의 규범과 가치로부터 이탈한 비민주 정치 세력이 부상하게 됨으로써, 민주주의 선거 정치가 임계점에 이르렀음을 의미한다. 적대성이 극단화되면서 정치의 극단성을 낳고, 이는 '비민주주의적 민주주의'라는 새로운 시대적 조건을 만들어내고 있다는 점에서 민주주의의 새로운 위기인 것이다(나는 이 책에서 세계사적인 이 조류를 넘어서는, 그 적대성 자체를 낮추는 정치사회 인식과 전략을 논의하는 것이다).

이런 의미에서 민주진보 세력은 1987년 이전의 '내전'적 상황에서 어떤 의미에서의 '내전의 (민주주의) 정치화'를 성공시켰다고 할 수 있다. 그런데 현 단계는 민주주의 정치가 적대적 진영정치로 위기에 처하면서 어떤 의미에서 '정치의 내전화'로 갈 위기가 고조되고 있는 상황이라고 할 수 있다. 이 지점에서 민주진보가 정치의 내전화를 방지하면서 정치의 심화를 도모할 수 있는가라는 과제에 직면하고 있다고 하겠다.

■ 적대적 진영정치의 작동 구조

앞서 언급한 바와 같이, 이는 민주주의 내부에서 나타나는 퇴행적 현상들이자 위기 양상이다. 민주주의의 기본인 선거 민주주의의 경쟁 구도 속에서 집권해, 국가와 사회의 극우적 운영을 촉진한다는 점에서 제2차 세계대전 이전의 파시즘적 경향과는 구별된다. 앞서 언급한 바와 같이, 퇴행(backsliding), 결함(flaw), 결손(deficit), 부식(erosion), 후퇴(retreat), 위임적(delegative), 비민주적(illiberal)이라는 관형사로 표현되는 민주주의 내부에서의 퇴행 현상이 이제 민주주의자에게 최대의 도전이 되고 있다.

다양한 전 지구적 정치에서 나타나는 적대적 진영정치에서 극우 세력은 〈그림〉에서 보는 것처럼 '적'에 대한 공포와 증오, 적에 대한 (과잉) 악마화, 음모론, 자기 진영의 단결 명분으로서의 애국주의, 이민자와 같은 '외부의적'의 구성, 그리고 지난 수십 년간 확산되어 온 각종 PC에 대한 반발 등의 특징을 선명하게 드러내고 있다. 현대 세계에서는 트럼프, 보우소나루, 오르반, 살비니, 르펜 같은 정치 지도자가 이러한 적대적 진영정치를 구성한 극우적 정치 지도자들이라고 할 수 있다.[3]

적대적 진영정치의 특성으로는 음모론이라는 언술 양식과 포퓰리즘적 경향, 나아가 이른바 PC적 입장에 대한 반감을 들 수 있다. 먼저, 이러한 극우 적대적 진영정치는 참여자들을 동원하는 인식적 도구로서 '음모론'을 적극 활용한다. 자기 지지자들을 인지적 공동체로 전환하는 데 있어 음모론을 도구화한다.[4]

이 적대적 진영정치는 이른바 '포퓰리즘'적 경향을 드러낸다. 21세기 포퓰리즘은 반(反)엘리트주의와 반다원주의의 얼굴을 가지고 있다.[5] 우익이 주도하는 정치적 진영정치에서는 기성 정당들을 엘리트 정당이라고 비판하며, 반대 세력의 일체의 합리성을 거부하면서 타도해야 할 세력이 된다. 당연히 정당정치 일반에 대한 혐오와 거부의 태도를 견지하며, 반대 정치 세력 일반의 악마화 인식을 공유하게 된다.

사실 '반기성 체제(anti-establishment)', 그 일부로서의 기성 정당에 대한 비판적 시각은 사회·경제적 불평등에 대한 대중의 불만과 좌절을 반영하는 것이다. 토마 피케티(Thomas Piketty)가 사회경제적 불평등의 심화에도 불구하고 기성 체제를 떠받치는 진보적인 '브라만 좌파(Brahmin left)'와 보수적인 '상인 우파(merchant right)' 정당의 한계를 지적하는 것도 이런 맥락이다. 기성 정당들 간의 갈등은 상위 20% 안의 진영 갈등으로 협애화되고 있을 뿐이며, '브라만 좌파'가 사회 구조 전체를 아우르지 못하고 '상인 우파'와의 상징적 대립을 통해서만 존재 조건을 마련하는 구조에서는 '브라만 좌파'와 '상인 우파' 정당마저 도전받는 형국이 나타나게 되는 것이다.[6] 여기서 우파 기성 정당을 대체하는 극우 정당의 공간이 확대되는데, 이 극우 정당은 기존의 합리적 정치를 왜곡해 일종의 '악마화의 정치'를 하는 것이다. 예컨대 극우 정치 세력은 포퓰리즘적 방식으로 사회적 약자들을 '공공의 적'으로 지목해 희생양으로 삼는다. 이렇게 해서 대중의 불만을 배경으로 난민, 사회적 약자를 타게팅하는 극우의 주류화가 진전되게 된다.

현존하는 동시에 기존하는 체제(establishment)에서 주류적 정당(정치 세력)이 지구화에 따른 사회경제적 양극화와 삶의 불안정에 대응해 대안적인 해결의 정치를 하지 못하는 상황에서, 당연히 반기성 정치적인 대중의 정서가 확산된다. 역설적으로 극우의 부상에는 기성 정치에 대한 대중의 희망의 소멸이 내재되어 있다. 기성 엘리트에 대한 불신이 생겨나고, 그 엘리트에 반독재 민주화 정치 엘리트, 예컨대 386 정치인도 포함된다. 여타 나라에서는 기성 정당들에 대한 불신이 팽배한 데 반해서, 한국에서는 그래도 민주진보 정당과 세력에 대한 희망이 존재하는 상황이다. 이런 상황 속에서 더욱 근본적 해결책을 강구하는 가운데 대중의 불만과 좌절을 체제 내에서 해결하고 수렴하는 노력이 필요하다.

나아가 적대적 진영정치하에서 극우는 기존의 진보적 정치와 시민사회 운동이 보여온 이른바 PC에 대한 반발을 공식·비공식적으로 내장하고 있다. 사실 정치적 올바름은 하나의 기성 체제하에서 소외받아 온 약자와 소수자를 정의의 관점에서 평등하게, 나아가 역차별(affirmative action)적으로 우대하고 포용하는 정책이다. 미국에서의 이른바 DEI 정책이 대표적이다. 미국 내에서 백인을 제외한 소수 인종에 대한 대학 입학 등에서의 우대 정책 등이 가장 상징적인 예가 될 것이다.

한국에서도 급속도로 확대된 여성주의 운동도 양성평등이나 성평등, 다양한 소수자들의 평등을 지향하는 이른바 PC적 가치의 중요한 운동이 될 것이다. 한국에서는 민주화의 도도한 흐름 속에서, 이러한 다양한 소수자들을 정당하게 우대하는 것에 대해 정의의 관점에서 옹호하는 것이 일반적 흐름이었다. 그러나 민주화 시대 후기에 들어서면서, 이런 흐름에 대한 반발이 처음에는 음성적인 침묵 속 반발에서 공개적인 집단적 반발로 표현되었고, 그것이 극우의 확장 흐름과도 연결되어 갔다.

이러한 극우가 주도하는 적대적 진영정치를 '파시즘적'이라고 규정할 수 있는지는 쟁점이 될 수 있다. 파시즘의 특징을 어떻게 규정하느냐에 따라 다르겠지만, 파시즘이 '인종차별적이고, 극우적이고, 여러 타자화된 존재에 대한 폭력적 자세'를 내포한다고 하면, 현대의 극우는 '파시즘적 경향'을 띤다고 말할 수 있다. 제2차 세계대전 이전의 파시즘이 '게르만 순혈주의나 유대인 혐오, 그에 대한 폭력적 양상'으로 현상화되었다면, 지금은 '이주민, 무슬림, 공산주의, 난민 등에 대한 폭력적 공격 정서'로 나타나고 있고, 그것을 동원하면서 여러 극우 지도자가 권력을 확대하고 있다고 말할 수 있다.[7] 그런데 겉으로 드러나는 양상은 많은 경우 동일하기도 하지만, 제2차 세계대전 이후 하나의 '체제'로서의 파시즘과 지금의 극우 파시즘적 경향을 동일시할 수는 없다. 즉, 서로 다른 시대적 배경과 구조적 근거, 질적 성격을 가지고 있다고 나는 판단한다. 트럼프식의 극우정치는 감정적이고 즉흥적이며 체계적 사상은 빈약한 반면에, 알렉스 카프, 피터 틸 같은 기술엘리트론 같은 논리가 뒷받침되면, 훨씬 더 파장이 커질 수 있다고 보는 학자들도 있다. 실제 이들은 미국의 극우를 태동시키는 여러 흐름 중 가장 세련된 흐름으로 생각되는데, 이들은 "민주주의는 원래 비효율적이다", "기술과 엘리트가 사회를 관리해야 한다", "자유주의적 규범은 시대에 뒤떨어졌다", "국가안보, 정보통제, 질서 유지를 기술로 강화해야 한다"라는 등의 논리를 통해 극우적 정치가 대중화할 수 있는 정당화 논리를 제공할 수 있다.[8]

그런데 일단 적대적 진영정치의 구도가 미국처럼 구조화되어 지속되면 이것은 확대 재생산될 가능성이 높다. 적대적 진영정치의 구도 내에서는 '편한 정치'가 작동하기 때문이다. 즉, 상대방에 대한 적대·증오·혐오를 최대한 부추기고, 그것을 통해 자기 진영을 정당화하고 단결시키고자 하는데, 이는 관성적으로 진보 혹은 좌파 역시 그러한 극단적인 보수와 우파에 대해서 악마적 인식을 갖기 때문이다. 그 결과 지구적 차원에서 또는 국내적 차원에서 적대적 인식과 태도가 편만한 경우, 적의 악마화에 기초한 편한 적대적 진영정치의 재생산 회로가 만들어질 수 있다.

이 과정에서 진실은 중요하지 않다. 악마화된 적대 진영이 '나쁘면 된다'. 극단적 인식의 정점에는 앞서 언급한 음모론이 있다. 예컨대 '부정선거 음모론'이 대표적일 것이다. 심지어 서부지법 난입 사건에 참여한 사람들의 단톡방에서 "부정선거의 배후에는 중국이 있다"라는 음모론도 있었다. 이 공간에서는 극단성이 지배한다. 그래서 한동훈도 '좌파'가 되며, 전광훈적 인식이 판단의 기준이 된다. 물론 보수의 음모론만 있는 것이 아니라 진보의 음모론도 있다. 예컨대 2016년 선거 이후 음모론이 제기되었음을 상기해 보자. 이렇게 해서 이른바 '탈진실의 시대(post-truth era)'가 열리게 된 것이다. 그러나 세상은 사실 '천사와 악마'로만 구분되지 않는다.

▌지구화에 따른 사회경제적 양극화, 극단적 정치의 기초

이처럼 극우가 주도하는 적대적 진영정치의 근저에는 디지털-AI기술혁명 그 자체의 진전과 그와 결합되어 가속도로 진행되는 지구화의 심화에 따른 사회경제적 양극화와 그로 인한 좌절과 분노가 있다는 점에 주목할 필요가 있다. 서구의 경우 1960~1970년대에 이른바 포디즘과 그에 기반한 복지국가라는 상대적인 안정기가 존재했다. 그러나 그러한 안정기가 소멸되었다. 이러한 상대적인 안정기는 서구 경제의 위기와 그에 대응하는 1980년대 이후 신보수주의 정부의 등장, 1980년대 말 사회주의 붕괴에 의해 전면화된 시장만능주의적 신자유주의 정책의 부상 등으로 인해 종지부를 찍었다. 최근 디지털·AI기술혁명과 결합되면서 전 지구적 연결성이 강화되고, 인적·물적 차원에서 탈국경화와 국경을 초월한 이동이 가속화되었다. 인터넷, 모바일 인터넷, 뉴미디어 등 디지털 인프라를 기반으로 '시공간적 압축' 현상이 심화되며, 그 결과 전 지구적 (초)연결성이 한층 강화되었다. 이로써 과거와는 비교할 수 없을 정도의 깊이와 범위를 지닌 지구화가 진전되었다. 그러나 문제는, 현 단계의 지구화가 자산과 소득의 불평등 심화, 즉 사회경제적 양극화를 동반하고 있다는 점이다. 모바일 인터넷을 기반으로 통합된 전 지구적 금융시장에서 금융자본은 빠르게 회전하며 자기 증식을 이룬다. 이는 자본 순환 속도의 가속화를 뜻한다. 그 결과, 이러한 기술 기반 위에서 활동하는 기업과 그렇지 못한 기업 간의 격차가 극단적으로 확대되고, 양극화는 필연적으로 심화된다. 자본주의의 고질적 구조 문제인 '생산과잉'은 전 지구적 순환의 가속화에도 불구하고 사회경제적 양극화와 결합되며 새로운 형태의 구조적 위기로 나타난다. 경제 침체, 저성장, 빈부격차 확대로 특징지어지는 후기 자본주의의 위기는 사회성과 공동체성의 붕괴, 그리고 대중의 박탈감, 좌절, 분노를 동반하면서 결국 정치적 위기로 이어진다.

이런 의미에서 미켈 볼트 라스무센의 말은 적확하다. 그는 "제2차 세계대전 이후 사민주의의 기반인 포드주의식 계급 타협의 경제적 기반이 사라졌을 때 파시즘이 북반구로 되돌아왔다"[9]라고 말한다. 그는 2000년대 이후 서구에서의 극우의 등장은 "제2차 세계대전 이후의 사회국가가 오랫동안 서서히 신자유주의적으로 해체됨에 대한 저항이거나, 그 시대 세계에 대한 어떤 관념이다. … 실업과 세계화, 가부장적 질서의 자연스러움을 위협하는 새로운 정치적 주체들의 등장 이전의 더 나았던 시대라는 이미지"라고 표현한다. 그런 점에서 파시즘적 경향은 하나의 '저항'이라고 볼 수 있다. 전후 서구의 정치에서 극우 정치의 등장, 그로 인한 적대적 진영정치의 촉진은 사실 극우의 본질적 성격에 의해서만 나타나는 것이 아니라, 위기에 처한 자본주의 위에서 재생산된다고 보아야 한다. 서구에서 부상하는 극우는 신자유주의적 지구화의 '루저'들이 과거형 정체성 정치와 결합되어 나타난 현상이라고 볼 수 있다는 것이다.[10] 이런 지구적 보편 현상은 한국 정치에서 보수와 보수적 대중의 극우화, 그리고 그에 기반한 적대적 진영정치를 촉진하는 외적 환경으로도 작용할 수 있다.

2부

변화의 시대, 생각의 지도를 다시 그리다

| 국내적·국제적 변화에 대응하는 인식틀의 혁신과 확장 |

5장

우리의 좋은 실천이 갖는 그림자를 돌아보자
복합성의 시대에 대응하는 민주진보 인식틀의 확장

40년에 이르는 장기 민주화 시대를 경과하면서 우리 사회의 사회경제적·정치사회적 문제들은 단순 방정식이 아니라 복합 방정식이 되어가고 있다. 민주화 시대, 특히 민주화 전기의 관성적 태도만으로는 전진할 수 없는 복합적 상황에 우리가 직면하고 있음을 말해준다. '성공의 위기' 현상이라는 점은 앞에서도 언급했다.

이 장에서는 이런 국내적·국제적 변화를 전제로 할 때, 우리의 인식적 응전이 어떻게 변화·발전해야 하는지를 다룬다. 2장과 3장에서 서술한 국내적 변화들은 기본적으로 87년 체제를 떠받치는 구조와 주체성이 2장에 서술한 현상을 배경으로 하여 달라졌음을 의미한다. 그런데 이러한 변화에도 불구하고 민주진보적 인식틀은 87년 체제를 형성한 반독재 투쟁의 인식 프레임을 크게 벗어나지 못하고 있고, 여기서 변화와 인식틀 사이의 괴리가 커지고 있다고 하겠다.

1980년대 우리에게 익숙한 말을 떠올린다. "세상은 변화·발전하는 것이다." 바로 그 변화·발전하는 세상으로 인해, 한 국면에서 가지게 된 인식틀,

사회관, 세계관은 시간이 흐를수록 변화된 세상과의 미스매치가 확대된다. 따라서 세상의 변화·발전에 부응하는 인식틀, 사회관, 세계관의 변화·발전이 다시 필요하게 된다.

앞서 서술한 민주화의 단계적 변화에 따라 나타나는 변화를 '단순성의 시대에서 복합성의 시대로'의 변화로 개념화하고자 한다. 새로운 복합성은 민주화운동을 통해 우리 사회 개혁이 성공한 결과로 동반되는 새로운 위기이자 도전이라고 표현해야 할 것이다. 지난 40년에 이르는 역동적인 민주화의 경로(비록 지그재그식으로 전개되었지만)를 감안할 때, 이는 앞서 언급한 것처럼 실패의 위기가 아니라 성공의 위기이다. 자유와 권리의 억압 시대를 지나 이제는 권리와 권리의 충돌, 권리가 이익추구형 권리로 행사되면서 나타나는 최대이익주의적 경향과 이익 대 이익의 충돌, 각종 규범과 제도 전환의 관점에서 척박했던 후진국적 상황이 극복되고 일부에서나마 이른바 PC적 올바름의 최대주의적 추구 과정에서의 그늘, 그리고 이에 저항하는 백래시의 출현과 그것의 정치화 등이 그런 변화의 현상이 될 것이다.

이런 변화와 함께 객관적 현실 속에서도 다양한 양상의 복합성이 출현했다. 예컨대 민중의 내용과 구성, 지위에서도 큰 변화가 있었다. 1980년대 사회구성체 논쟁을 할 당시의 민중은 거대한 단일 변혁 주체로 상정되었다. 그러나 그 민중의 일부는 성조기를 흔들고, 선거에서는 보수 정당에 투표하기도 한다. 트럼프 시기의 미국에서 기층 노동자의 투표 경향 변화는 익히 알려진 바다. 노동의 구성도 달라졌다. 노동조합은 변혁의 주체였지만, 이젠 그런 지위도 변화했다. 대기업 노동자와 5인 미만 영세기업 노동자, 비정규직, 플랫폼 노동자의 분화는 더 극심해졌다. 이중 노동시장의 이중성은 더욱 심화되었다. 민중의 분화와 노동의 분화, 그 변화가 우리 앞에 있다. 노동의 단결 방식도 달라져 있다. 또한 민주화로 인해 단결의 자유가 확대되면서, 각 직역은 자기 직역의 이해에 따라 '분열'하게 되고 '좁은 단결'을 선택한다.

독재의 클라이맥스 시기의 선악 구도, 보수·진보의 도덕적 구도도 앞서 서술한 바와 같이 달라졌다. 진보가 집권한 시기에는 과거 보수가 집권한 시기와 동일한 통치상의 문제들을 드러냈다. 국제 정세 차원의 복합성 출현은 이미 주지의 사실이다. 시야를 넓혀보면, 대한민국을 둘러싼 동아시아, 글로벌 체제의 변화·발전 등 대한민국에 제기되는 도전도 복합적이다. 트럼프 2기가 불러온 약육강식의 무한 대결 세계 질서, AI 기반 초과학기술 문명의 도전이 우리 앞에 있다.

이처럼 '단순성의 시대에서 복합성의 시대로의 이행'은 그에 상응하는 복합적 인식과 복합적 전략을 요구한다. 그런데 민주화 시대의 전기에 우리에게 공유된 인식틀의 개방적 확장이 이루어지지 않고 관성처럼 유지됨으로써, 이런 현실의 복합성과 민주진보 인식틀 간의 괴리와 부조화가 확대되었다.

이런 괴리와 관련해 두 가지를 지적할 수 있다. 첫째는 선악 이분법적 인식틀의 관성적 지속으로 인해 현실 복합성과의 괴리와 부조화가 커지게 되었다는 점이다. 독재가 전두환과 같은 '악마'로 출현하던 시기(장기 민주화 시대의 전기), 그에 대응한 반독재 민주화 투쟁의 클라이맥스 시기에는 앞서 서술한 것과 같은 '선악 이분법' 인식틀이 일반화되었고 지배적이었다. 그런데 우리가 세상과 사회적 관계의 새로운 복합성에 대면하고 있음에도, 전통적인 이분법적 프레임을 계속 사용하거나, 토착왜구론과 같은 '과도한' 이분법적 프레임을 사용할 경우 미스매치가 확대된다.[1]

■ 선악 이분법의 시각을 넘어가야 한다

주지하다시피, 우리 사회는 1987년을 전환점으로 권위주의 사회에서 민주주의 사회로 이행했다. 권위주의 말기에 우리는 '타는 목마름으로 민주주의가 아니면 당장 죽어도 좋다'는 심정으로 싸웠다. 정권 담당자와 민중의 관계도 그러했고, 여야 관계도 그러했다. 당시에는 어떤 의미에서 군부독재라는 '악마'와 그에 대항해 싸우는 민중이라는 '천사'가 존재했다. 싸움은 선과

악의 십자군 전쟁처럼 간주되었다.[2]

민주화운동에 참여하는 개인이나 집단은 자기희생적인 존재로서 절대적인 도덕적 우위가 주어지는 것이 일반적이었다. 최소한 일반 대중도 그렇게 인식했다. 그래서 그 '천사'가 '악마' 같은 행위를 해도 큰 흐름 속에서 묻혔고, 국민은 이를 관용했다.

민주화 초기에는 선악 이분법에 기초한 도덕적 지형 인식이 제도정치에도 투영되었다. 즉, 개혁·진보 정당 세력들이 보수 정당 세력에 대해 도덕적 우위를 갖는 구도가 지속되었다. 예컨대 반독재 민주화운동이라는 배경을 가진 386세대 정치인들은 과거 엄혹한 시기에 제적·투옥을 감수하며 수행한 민주화운동의 도덕성을 배경으로, 독재 전력을 가진 보수 정당에 맞서 일종의 '정의의 정치 전쟁'을 수행할 수 있었다.

도덕적·정치적 프리미엄이 거대하게 존재했던 것이다. 그러나 이제는 이전과 많이 달라졌다. 민주화운동 이력을 배경으로 정부나 집권당에 들어간 정치인들 중 일부는 비리로 구속되기도 하고, 야당 시절과 여당 시절의 입장이 달라지면서 '내로남불'이라는 비판의 대상이 되는 사건도 많았다. 부동산 정책 등 특정 정책에서 실패를 드러낸 경우도 적지 않았다.[3] 그 결과 더 이상 선악 이분법으로 정치 현실을 볼 수 없는 상황에 도달한 것이다.

또한 독재와 싸우던 이런 인식틀의 연속으로 인해, 반독재 민주화운동을 배경으로 한 '(제도)정치'를 반독재 민주화'운동'과 동일시하는 것이 일반적이었다. 물론 반독재 민주화운동의 정신을 계승해 장기 민주화 시대를 거치며 국가와 정치, 경제의 민주적 개혁을 추진하는 것은 운동의 연장이라는 성격을 지닌다. 그러나 운동과는 다른 정치의 권력 논리가 작동한다는 점을 간과하는 경우가 많았다.

■ 선악 이분법이 담아내지 못하는 현실의 복합성들

이런 선악 이분법적 사고와 친화적인 것이 이분법적 진영 인식이다. 1980년 대에 '아방타방(我方他方)'이라는 말이 유행했다. 아방(我方)은 우리 편, 우리 진영을 의미하고, 타방(他方)은 반대편, 반대 진영을 의미한다. 당시 전두환 독재정권은 붕괴를 향해 가고 있었고, 그에 대응하는 투쟁은 고양되고 있었다. '적'의 진영에 대응해 아방의 역량을 어떻게 강화할 것인지에 대한 문제 의식이 강했다. 혁명적 고양 국면이었기에, 이는 곧 '혁명 대 개량 진영'으로 등치되기도 했다. 최근의 적대적 진영정치라는 프리즘은 이런 중간지대를 포착하지 못한다. 반대 진영의 악마화와 그 행태에 대한 분노, 증오, 혐오를 증폭시키는 방식으로 자기 진영을 단결시키는 것이다.

이 방식은 자기 진영을 단결시키는 데는 도움이 되지만, 적을 설득하거나 중간지대를 획득하는 데에는 역효과를 낳는다.[4] 민주화 이후 선거 민주주의가 일상화된 조건에서는 광범위한 중간지대가 존재함에도 이를 적절히 포착하지 못하는 한계를 드러낸다. 보수 대 진보, 여야, 좌우 간의 고착된 경계를 넘어, 국민들의 정치적 지지 경향의 이동도 크게 일어나지 않는다. 비상계엄과 같은 비정상적·반헌법적 사건이 일어나도 심지어 그렇다.

이렇게 되면 적대적 진영 구조 내에서 불확실성만이 존재하게 된다. 우연적 요인, 특히 자기 진영의 실책에 따라 적대적 대립의 결과가 달라진다. 우연성이 크게 지배하게 되는 것이다. 1987년 6월 민주항쟁 국면에서의 민주진보의 '압도성', 박근혜 탄핵 국면에서의 압도성을 지금은 보기 어렵다. 경계가 허물어지지 않는 적대적 진영 구도 안에서 유동성과 불확실성만 존재하는 것이다. 이 점이 여기서 강조하고자 하는 바이다.

대한민국이 후진국에서 선진국으로 진입했다고 하는 것은(여전히 선진국적 정합성은 부재하지만) 다른 의미에서 '일도양단(一刀兩斷)'의 선택으로 좋은 사회와 좋은 정치를 이룰 수 있는 단계를 넘어섰음을 의미한다. 그만큼 사회가 복잡해졌고, 사회 문제의 해법도 더 이상 일도양단식일 수 없게 되었다. 문재인 정부의 최대 패착이라고 하는 부동산 문제만 해도 그렇다. 보수는 공급 확대 정책을, 진보는 투기 규제에 초점을 맞추지만, 양자의 단순 대립만으로 문제를 해결할 수 없을 정도로 우리 사회의 시장과 경제는 복잡해져 있다.

마찬가지로 우리 사회의 많은 문제가 이러한 조건에 놓여 있다. 바로 여기서 복합적 배합 전략이 필요하다. 복합성의 시대에 대응하는 복합적 인식을 전제하고, 그에 기초한 배합 전략을 구사하는 것이 필요하다.

일면적 최대주의
최대이익주의적 극단성과 좋은 가치의 최대주의적 실현 과정에서의 긴장

민주화 시대 후기에 나타나는 또 다른 딜레마 현상은, 여기서 '일면적 최대주의'라고 부르는 현상이 확대되고 있다는 점이다. 이제 우리는 민주주의의 위협 요인을 과거 권위주의의 잔재에서만 찾지 않는다. 오히려 민주화의 '성공'이 만들어낸 새로운 구조적 조건 속에서 나타나는 긴장, 즉 민주주의의 '성공의 위기'가 만들어내는 '그늘'을 마주하게 되었다.

앞서 언급한 바와 같이 민주화 시대에 꽃피운 민주적 전투성은 '일면적 최대주의'의 그늘을 갖게 되었다고 생각한다. 일면적 최대주의란 개인 혹은 특정 이해집단의 권리·이익·정체성·가치라는 '한 요소'를 최대화하려는 경향을 의미한다. 정당한 가치와 이익을 강조하지만, 동시에 타 집단 및 공동체적 고려는 상대적으로 약해질 수 있으며, 정치 갈등의 대립 논리와 결합해 쉽게 증폭된다.

일면적 최대주의는 다양한 양상을 띠지만, 여기서는 두 가지 양상을 논의한다. 하나는 일면적 최대이익주의, 다른 하나는 일면적 가치 최대주의이다. 최대이익주의는 '이익의 최대 실현을 목표로 하는 행동 원리'를 의미하고, 최대가치주의는 자신이 옳다고 믿는 '가치의 최대 실현을 목표로 하는 행동 원리'를 의미하며, 그 최대주의의 일면성은 현실의 복합성을 도외시하

고 배타적인 경향으로 표현되는 것이라고 할 수 있다. 이런 일면적 최대주의는 권위주의형과 민주형이 있을 수 있다.

과거 권위주의 시대의 일면적 최대주의는 조국·민족·국가·안보 등의 거대 공동체 가치를 '절대적 가치'로 상정하고, 그것을 최대화의 기준으로 삼아 개인의 권리·정체성·자율성을 종속시키거나 억압하는 경향을 띠었다. "국가를 위해", "민족을 위해", "공동체를 위해"라는 구호가 수시로 등장했다. 개인이나 집단의 권리·이익·정체성·가치의 확대는 '방해 요소' 혹은 '불순'으로 규정되었다. 이는 정치적 권위주의와 도덕적 절대주의가 결합하는 방식이었다. 민주화 과정에서 이러한 권위주의 시대의 일면적 최대주의는 극복되어 왔다.

그런데 반대로 새로운 그늘이 생겨났다. 민주화 이후 자유·권리 확장 속에서 등장하는 새로운 형태의, 민주화 시대의 일면적 최대주의가 그것이다. 민주진보의 인식틀 속에서 이러한 긴장에 대한 인식은 충분히 자리 잡지 못했다. 다양한 권리, 가치, 정체성, 이익 추구가 인정되는 민주화 시대에 특정 가치(권리, 정체성, 정의, 도덕)를 최대주의적으로 실현하는 과정에서 백래시가 출현하게 된 것이다. 일종의 그늘이다. 물론 자유, 평등, 권리라는 민주적 가치조차 단선적 최대화 논리 속에 갇히기도 한다. 문제는 이 그늘이 보수와 극우의 도덕적 에너지로 작동한다는 점이고, 이 지점을 응시하며 보완하는 전략적 인식이 필요하다는 점이다.

■ 일면적 최대이익주의

민주화 과정을 거치며 대중은 민주주의적 권리에 민감한 전투적 시민으로 변화했다. 과거 권리가 억압되던 시대에서 이제 권리가 존중되는 사회로 전환되었다. 그러나 민주주의가 보장하는 권리에는 이익추구형 권리도 포함된다. 그래서 시민은 권리가 침해되었을 때 저항할 뿐 아니라, 자신의 이익을 '최대치'로 실현하기 위해서도 전투적 에너지를 동원하게 된다.

독재 이후 등장한 노동조합 역시 점차 '조합주의(corporatism)'적 성격이 강화되었고, 과거 체제 변혁적 성격보다 이익 극대화 경향이 강조되었다. 우리가 간간이 마주하듯, "집값 떨어진다"라는 우려로 특수학교 설립을 반대하는 모습도 본다. 과거에는 용기 있는 사람, 투옥을 각오한 강심장을 가진 사람이 결사와 투쟁의 자유를 향유할 수 있었으나, 이제는 사회 내 모든 집단이 자신의 이익추구형 권리를 보다 폭넓게 향유하는 것이 자연스러운 결과가 되었다. 교육 영역에서 나타나는 이른바 '내 새끼 지상주의' 역시 이러한 사회적 조건 속에서 형성된 현상이다. 이것이 바로 일면적 최대이익주의의 전형적인 표현이다. 그리고 그러한 권리 기반 이익 추구는 이제 서로 다른 권리 주체들 간 상호 충돌로도 확장된다.

1960년대 경부고속도로 건설 당시 토지 강제 수용을 떠올려 보자. 지금과 같았다면 사유재산을 지킬 권리가 훨씬 강력하게 행사되었을 것이고, 가능한 법적·제도적 수단을 총동원해 투쟁하는 것이 일상이 되었을 것이다. 이는 정당한 권리다. 그러나 그것이 최대주의적 방식으로만 표출되면, 우리의 일상 공간은 점차 '만인의 만인에 대한 투쟁' 상태와 닮아가게 된다. 정치 영역뿐 아니라 사회 곳곳이 그런 긴장의 영역으로 변화할 위험을 품는다.

우리는 권리와 이익을 지키기 위해 투쟁해야 한다. 그러나 동시에 그러한 일면적 최대이익주의가 가져올 새로운 딜레마를 어떻게 넘어설 것인지 고민해야 하는 국면에 도달했다.[5]

■ 강자의 민주적 전투성과 약자의 민주적 전투성

민주화 시대의 '성공의 위기'는 시민들이 갖게 된 '민주적 전투성'을 강자들도 자신들의 이익 확대를 위해 고스란히 발휘한다는 데 있다. 사회학적 시각으로 볼 때, 모든 사회적 존재는 사회 내에서의 구조적 위치가 다르고 그 결과 행위의 사회적 의미도 달라진다. 예컨대 노동조합의 경우를 보더라도 고용마저 불안정한 최변방의 비정규직 노동자와 대기업 노조의 조직 노동자는 구조적 위치가 다르다. 학부모와 교사의 관계에서도 구조적 위치가 다른 경우가 많다. 강자가 발휘하는 민주적 전투성과 약자가 발휘하는 민주적 전투성은 다르다.

그런데 민주화 성공의 그늘이라는 측면에서 보면, 강자도 민주화가 보장하는 자유와 권리에 매우 민감하다. 그리고 그 자유와 권리를 자신의 강자로서의 요구를 실현하는 데 전투적으로 활용한다. 특별히 사유재산에 대한 권리 투쟁은 즉각적으로 최대주의화한다. 여기에는 자신의 경제력을 기반으로 한 소송전도 포함된다. 과거 시위를 보면 친정부적 행위에 대해서는 관대했지만, 반정부적 저항 행위에 대해서는 탄압했다. 이제 시위와 저항 행동은 헌법이 보장한 자유와 권리가 되었고, 이를 100% 활용한다.

성동구의 한 학부모가 자신의 자녀가 학생회 부회장 선거에 출마했다가 부정선거 시비로 당선이 취소되자, 학교에 항의하는 행위를 조직한 사례가 있다. 교장·교감을 아동학대 혐의로 신고하는 등, 약 6개월 동안 총 일곱 건의 고소·고발과 여덟 건의 행정심판, 24건의 국민신문고 민원을 남발했다. 29회에 걸쳐 정보공개청구를 해 총 300건 이상의 자료를 요청하는 등, 학교의 행정 업무를 사실상 마비시키는 수준의 이른바 '민원 폭탄'을 제기했다.[6]

이런 제도들은 민주화의 성과로, 국민의 알권리와 권리 보장을 위해 만들어진 것이었다. 그러나 이를 악용한 것이다. 관의 행정행위 불투명성을 제한하기 위해 도입된 '정보공개청구권'을 정보공개 민원이라는 형태로 학교를 압박하는 수단으로 삼고, 학교에 과도한 응답 부담을 지우는 방식이었다. 심지어 동일 민원이 반복되면 회신을 하지 않아도 된다는 조항까지 인지한 상태에서, 민원 청구 표현을 조금씩 달리하는 '독창성'까지 발휘했다.

2023년 7월 발생한 서이초 사건은, 우리 시대 학부모와 교사의 관계 속에서 모든 시민에게 부여된 민주적 전투성이 타인에 대한 위압적 행위로 작동할 수 있음을 보여준 사건이었다.

▋ 합리적 의도를 가진 행위의 비합리적 결과

이런 현상은 민주화의 '그늘'이라고 표현할 수 있을 것이다. 권리와 권리의 충돌뿐 아니라, 자유와 권리에 민감한 전투적 시민들이 각자의 입장에서 최대한 '합리적' 사고를 동원해 행하는 행동이, 돌고 돌아 비합리적 결과를 낳는 상황이다. 교실에서 자녀의 일거수일투족에 대한 교사의 행위에 전투적으로 민원을 제기하는 학부모의 행동은, 본래 자신의 자녀가 학습과 성장에서 더 좋은 대우를 받기를 바라는 합리적 동기에서 출발했지만, 교사의 '소극적' 행위를 낳고 교사의 교육 활동을 '직업화'하는 비합리적 결과를 촉진한다.

이런 악순환이 우리 사회에 만연해 가고 있다. 각자의 이익과 좋은 삶을 위한 합리적 행위들이 의도하지 않은 역효과를 동반하면서 비합리적 결과를 낳는 악순환 구조를 형성한 것이다.

예컨대 최근 초중등 각급 학교에서 야외 체험학습과 수학여행이 급속히 축소되고 있다. 이는 우리 사회의 안전에 대한 긍정적 감수성이 높아진 결과이며, 안전사고가 발생하면 최고의 경각심과 분노로 관련 당사자들에 대한 처벌을 요구하고, 이를 강제하는 법과 제도가 만들어지는 과정과도 맞물려 있다. 그 결과 공무원은 최대한 소극 행정으로 일관하게 된다(이와 관련하여 나는 최근 교직 사회에서 확대되고 있는 직업적 최소주의에 대해서도 우려한다).

여기서 제기하고자 하는 것은, 바로 민주화 시대의 성공의 그늘을 인식하면서 새로운 균형을 만들어내는 것이 중요하다는 점이다. 민주적 전투성을 타인과 권력을 향한 전투성으로만 표현한다고 해서 모든 문제가 해결되는 것은 아니다. 나쁜 권력과의 싸움만으로 좋은 사회가 만들어지지 않는다는 인식을 가져야 한다.

학교의 문제를 예로 들면, 교사의 교육 활동에 대한 현재의 과도한 처벌(비록 그것이 안전에 대한 우리 사회의 높은 경각심을 배경으로 하고 있더라도)을 조정하고, 그런 환경 속에서 교사의 새로운 교육 열정을 회복해 더 좋은 교육 활동의 본보기가 만들어지도록 하는 것이 중요하다. 과거에는 교사의 열정과 좋은 교육을 향한 노력을 제약하는 나쁜 권위주의적 권력이 존재했고, 그것을 비판하고 극복하기 위한 노력이 경주되었다. 그런 과정을 거치며 일정하게 그 나쁜 권력은 개혁되었지만, 또 다른 복합적 상황이 우리 앞에 와 있다는 것이다.

▌의대 정원 확대에 저항하는 의사들의 투쟁

개인이나 집단의 최대이익주의적 극단성의 대표적인 사례로 의사 파업을 들 수 있을 것이다. 2024년 초부터 2025년 7월경까지 의대 정원 확대 문제를 둘러싸고 정부와 의료계는 큰 갈등을 겪었다. 윤석열 정부는 의사 수를 연 2000명씩 총 1만 명 정도 확대하겠다는 정책을 추진했고, 초기에는 국민의 지지를 배경으로 의료계의 반대에도 불구하고 강하게 밀어붙였다.

이 의료정책은 의사들의 진료 거부로 다양한 의료 위기 상황을 초래했고, 이를 빌미로 의료계는 정부 정책의 완전 철회를 요구했다. 의대생, 전공의, 전문의, 개업의, 의대 교수까지 나서 사활을 건 투쟁을 벌였다. 이 과정에서 일부 의대 교수들이 투쟁의 이익 중심적 과도함을 비판하기도 했지만, 의료계는 전반적으로 집단의 이해를 위해 강경하게 움직였다.

한편에서는 의대 정원 확대를 밀어붙이는 윤석열 정부 정책의 사실적 근거가 무엇인지, 추진 방식과 전략이 얼마나 유능했는지 등 정부 측 문제를 제기할 수 있다. 그러나 다른 한편으로 의료계 집단의 투쟁은 우리 사회 극단성의 한 전형적 모습을 보여준다. 민주화 과정에서 허용된 개인의 자유와 권리, 집단의 결사의 자유와 권리가 개인·집단의 최대이익주의와 결합되면서 극단적인 형태로 표출된 사례인 것이다. 의대 정원을 둘러싼 의사들의 파업은 의사 집단의 강한 결속력과 그 최대이익주의적 집요함을 상징적으로 보여주었는데, 그 속에서 우리가 비극적으로 보는 것은 공동체 내의 한 집단의 조직화된 강력한 최대이익주의가 국가와 정부를 압도했다는 점이다.

의사들은 "내 이익이 심각하게 침해되는데 존경이니, 페스탈로치 정신이니가 무슨 의미가 있느냐"라는 태도로 일사불란하게 투쟁했다. 민주화의 도도한 성과로 모든 개인에게 자유와 권리가 보장되고, 이를 향유하는 과정에서 민주적 전투성이 일면적 최대주의적 경향, 그리고 극단성으로 드러나는 이유를 여기서 볼 수 있다.[7]

더 나아가 '4세 고시반, 7세 고시반'이라는 표현으로 상징되는 아동학대형 사교육 열풍의 정점에 의대 진학과 의사 직업이 놓여 있다는 점도 중요하다. 한국 사회의 사회경제적 구조에서 최상위에 있는 의사 집단마저도, 노블레스 오블리주라는 말이 사치처럼 느껴질 정도로 극단적인 형태의 최대이익주의적 전투성을 가장 극명히 드러낸다는 점이 현재 우리 사회의 상징적 단면이라는 것이다. 최대이익주의적 극단성이 사회 여러 층위에서 나타나지만, 사회 최상층인 전문직 집단에서 그것이 가장 선명하게 드러나는 것은 현재 한국 사회가 마주한 중요한 위기의 징후라고 할 수 있다.

일면적 가치 최대주의
좋은 가치의 최대주의적 추구 과정에서의 그늘과 백래시

다음으로 문제가 되는 것은 좋은 가치를 최대주의적으로 실현하는 과정에서 나타나는 긴장과 백래시, 그와 관련된 사회적 긴장의 고조이다. 이 좋은 가치는 일반적으로 '정치적 올바름(PC)'으로 인식된다. 민주화 이후 시민사회운동은 인권, 평등, 정의, 다양성과 같은 소중한 가치를 한국 사회에 정착시키는 데 결정적으로 기여했다. 이는 민주화 시대의 가장 빛나는 성과 중 하나이다.

그러나 민주화 후기로 접어들면서, 이러한 좋은 가치들이 종종 "가능한 최대치로 실현되어야 한다"라는 지향 속에서 추진되며, 그 과정에서 가치가 절대화되고 실천이 경직되며, 사회적 대화의 공간이 좁아지는 현상이 나타나기 시작했다. 일부는 일종의 비타협적 근본주의 경향도 드러냈다. 이것이 좋은 가치 실현 과정에서의 일면적 가치 최대주의라고 할 수 있다.

시민사회운동은 기본적으로 좋은 가치를 추구하고 실현하려는 운동이다. 후진국에서 선진국으로 이행한 과정은 어떤 의미에서 이러한 노력의 결과라고 할 수 있다. 이는 단지 경제적으로 선진국 수준에 도달했다는 것이아니라, 시민적·정치적 자유와 권리의 측면에서도 여전히 과제가 남아 있기는 하지만, 상당한 성취에 이르렀음을 의미한다. 그런 점에서 과거처럼 여러 좋은 가치의 측면에서 극도로 척박한 사회라고만 보기는 어렵다.

그 결과 한편에서는 좋은 가치를 최대주의적으로 추구하는 과정에서 일종의 일면성이 생겨났고, 다른 한편에서는 좋은 가치를 최대주의적으로 추구하는 운동과 운동 간의 긴장도 형성되었다. 하나의 좋은 가치와 다른 좋은 가치 간의 갈등도 생겨났다. 교육계에서는 학부모의 권리와 교사의 교육권 간의 긴장도 생겨났다. 가정에서의 아동학대를 방지하고자 하는 '아동복지법'의 "정서적 학대" 조항이 교사의 훈육권을 범죄화한다는 취지로 수십만의 교사들이 '아동복지법'의 개정을 요구한다. 아동인권단체, 아동복지단체는 반대한다. 하나의 좋은 가치를 최대주의적으로 실현하고자 헌신하는 것은 미덕임이 분명하다. 그러나 그 과정에서 비타협적·근본주의적 경향이 나타나기도 했다. 엄혹한 시기에는 이러한 비타협적 근본주의가 극단으로 보이지 않을 수 있지만, 민주화가 진전될수록 비타협성은 경직성으로 인식되기도 한다.

이런 경향, 그리고 그 과정에서 나타나는 가치 추구의 과잉 가속은 때로 보수적 반동과 극우적 재결집을 자극하는 도덕적 자원으로 작동한다. 일부 비타협적 근본주의 경향과 과잉 가속이 왜곡된 방식으로 쟁점화되면서, 극우의 확산과 자기 정당화의 근거로 활용되는 것이다. 오늘날 동원의 대상이 아니라 자발적 대중운동으로서의 극우의 등장은 이런 배경을 갖고 있다.

이는 좋은 가치를 비난하기 위한 논의가 아니다. 오히려 좋은 가치를 더 넓고 깊게 확장하기 위해, 그 가치의 실현 방식·속도·언어가 만들어내는 사회적 파장과 그늘에까지 우리의 시선이 가야 한다는 취지이다. 여기서 주목해야 할 것은 '그들'의 극단성만이 아니라, 우리 안의 일면적 최대주의가 그들의 극단성을 강화하는 방향으로 작동할 수 있다는 점이다. 이것은 자기 부정이 아니라, 민주주의를 더 성숙하게 만들기 위한 자기성찰이다.

■ 일면적 최대주의의 극단성 판단의 상대성과 시대성

일면적 최대주의의 다양한 현실 모습들에 대해 '극단성'이라는 판단이 자주 내려진다. 그런데 여기에 절대 불변의 기준이 있는 것은 아니라고 본다. 정치적 갈등이 극적으로 폭발하는 장면들(암살, 폭력 사태, 정치적 테러 등)은 대체로 극단으로 인식된다. 해방 공간에서의 정치인 암살, 더 가깝게는 박근혜와 이재명 피습과 같은 행위, 비상계엄 이후의 서부지법 난입 사건 등은 분명 극단적인 행위로 볼 수 있다.

한편, 민주진보의 입장에서는 좋은 가치의 최대 확장형 실현이지만, 그것이 보수, 특히 극우의 시각에서는 극단적이라고 인식·판단되기도 한다. 이런 의미에서 (보수와 극우에 의해) 인식되는 바의 '극단성'이라고 할 수 있을 것이다. 특정 운동이나 가치 실천 방식이 극단적인지 아닌지에 대한 판단은 시대적 맥락에 따라 달라진다. 민주화 후기라는 지금의 조건 속에서 우리는 이미 일면적 최대주의가 갖는 그늘에 대한 감수성을 가져야 할 시점에 도달했다는 점을 지적하고자 한다.[8]

이 논의가 대단히 어려운 주제라는 점에서, 다음과 같은 예를 들어보자. 1980년대 광주 학살 이후 등장한 전두환 독재정권과 싸우던 시기에 학생들은 화염병을 들고 싸웠고, 물론 '짱돌'도 던졌다. 과연 이것을 극단적이라고만 할 수 있는가. 완전한 비폭력주의 입장에서는 다르게 볼 수 있겠지만, 당시 보수 언론은 학생들의 과격성과 극단성을 문제 삼았다. 그러나 국민 다수가 그 투쟁 방식 자체에 온전히 동의하지는 않았을지라도, 그것을 단순히 극단이라고만 보지는 않았다. 오히려 학생운동 현장에서는 거의 일상적인 투쟁 방식으로 받아들여졌다.

또 다른 사례를 보자. 독재와 싸우는 과정에서 한양대와 동양공전에서 학생들이 시민을 프락치로 오인해 구타했고, 그 과정에서 시민이 사망하는 사건도 있었다. 민주화가 상당히 진전된 오늘, 만약 다시 화염병과 돌을 드는 투쟁이 벌어진다면 그 평가는 분명 달라질 것이다.

여성주의 운동의 경우에도 워마드와 같은 흐름이 있었고, 지금도 존재한다. 워마드는 극단적인가. 여성운동의 고양기에는 워마드가 일종의 급진적 해방운동으로, 말콤 엑스(Malcolm X)나 급진적 흑인 해방운동에 비견되기도 했다. 그러나 시간이 흐르고 여러 논쟁을 거치며, 지금은 이전과는 다른 평가를 받는다. 여성운동의 급진적 흐름들 역시 어떤 시기에는 해방의 동력으로, 다른 시기에는 문제적 요소로 평가받는다는 것이다.

결국 극단성은 객관적 절대 판단이 아니라, 시대적 조건과 사회적 인식의 분포 속에서 구성되는 상대적 판단이다. 그렇기에 이를 함부로 정죄하는 언어로 사용할 때, 그 자체가 또 다른 폭력이 될 수 있다.

사실 인류 역사에서 모든 거시적·미시적 운동에는 늘 급진파와 온건파가 공존해 왔다. 급진파는 특정 시대 조건 속에서 급진적이거나 극단적인 집단으로 평가되기 마련이다. 예컨대 1960~1970년대 미국 흑인 민권운동에서 말콤 엑스, 캐슬린 클리버, 앤절라 데이비스와 같은 인물들, 그리고 흑표범당과 같은 급진적 조직들을 떠올릴 수 있다. 로먼 크르즈나릭이 『내일을 위한 역사』[9]에서 제시하듯, 근대 초기 영국 지배하 식민지에서 노예제에 기반해 운영되던 체제를 폐지하기 위한 투쟁은 때로 매우 급진적인 형태로 폭발했다. 백인 지주의 농가에 불을 지르는 행동과 같은 급진적 투쟁은, 총체적 박탈을 우려한 지주들로 하여금 결국 양보하도록 만들었고, 노예제 폐지라는 결정적 결과를 이끌어내는 데 중요한 역할을 했다.

다시 말해, '인간의 기본권과 사회정의를 위해 투쟁한 역사상 매우 성공적인 시위운동들은 하나같이 급진적인 조직이나 세력이 주도할 때 훨씬 더 효과적이었다. 급진파는 온건파보다 훨씬 더 강경한 입장을 취함으로써, 온

건파의 요구를 권력자들에게 더욱 합리적이고 현실적인 것으로 보이게 만든다'는 것이다.

▌백래시의 최소화를 위한 성찰성

여기서 강조하고자 하는 것은, 극단성을 절대적 기준으로 고정하지 않으면서도, 특정 시대·사회 조건 속에서 반대 진영이 극단성으로 인식하는 일면적 최대주의의 경향성은 언제든 출현할 수 있다는 점이다. 그리고 그것이 단순히 한 공동체의 '성장통'에 그치지 않고, 때로는 '배가 산으로 가듯' 공동체를 무한한 균열로 이끌 수도 있다는 사실을 함께 응시하면서, 백래시를 최소화하는 복합 전략을 고민해 보자는 것이다.

좋은 가치를 실현하고자 헌신하는 모든 노력은 존중받아야 한다. 다만 어느 지점에서는 목표의 '최대주의'가 아니라 공동체 전체의 지속가능성과 조화라는 관점에서 다시 돌아보는 성찰이 필요하다. 이것이 민주화의 '후기'가 우리에게 요구하는 과제이며, 한국 민주주의가 더 성숙한 공화국으로 나아가기 위해 반드시 짚어야 할 지점이라고 할 수 있다.

▌커크를 애도할 수 있는가?
암살과 살육이라는 극단성, 그 역효과

일면적 최대주의가 극단적 행동으로 이어지는 경우들이 있다. 그리고 그런 극단성은 적을 약화하기보다는 오히려 강화하는 역효과를 낳는다. 암살과 같은 '극단적' 사례에서 이를 가장 선명하게 확인할 수 있다. 전 지구적으로 적대적 진영정치가 강화되면서 암살 사건도 빈발하고 있다. 2025년 9월 12일 벌어진 찰리 커크(Charlie Kirk) 암살 사건이 대표적이다. 한국에서도 앞서 언급한 것처럼 박근혜, 이재명 전 대표들의 피습 사건이 있었다. 많은 이들이 암살 사건이라고 하면 김구, 장덕수, 조봉암과 같은, 권력에 의한 암살을 먼저 떠올릴 것이다.

"커크를 애도할 수 있는가"라는 물음이 유럽과 미국에서 쟁점이 되었다. 이것이 바로 우리 시대의 풍경이다. '적'의 생명을 빼앗는 방식으로까지 비화된 적대적 갈등은 도덕적으로나 정치적으로 바람직하지 않으며, 허용되어서도 안 된다는 입장을 분명히 해야 한다. 그것은 민주주의에 대한 경고의 신호로 받아들여져야 한다. 공동체의 최소 기반마저 적대적 대립의 양 진영에서 사라져 가는 상황이 된다면, 근본적인 재성찰이 필요하다. 특히 비폭력주의는 중요한 민주진보적 흐름 가운데 하나다.

이런 점에서 진정한 민주주의자라면 근대 민주주의가 갖는 의미를 되새길 필요가 있다. 앞서 언급했듯이 근대 민주주의는 과거처럼 삼족을 멸하는 적대적 대립을, '종이 짱돌(paper stone)'로 한시적 승자를 정하고 승자도 패자를 존중해야 하는 제도로 전환시킨 것이다. 정치적·사회적 대립의 '문명적' 전환이었던 셈이다.

돌아와 거울 앞에 서보듯 성찰해 보면, 혁명적 정세가 되어 치열함이 극한으로 치달을 때(특히 자신이 지향하는 것이 결코 포기할 수 없는 가치라고 신념화될 때) 그에 반대하는 사람을 '죽이는 것'까지도 사고하게 되는 위험이 드러난다. 1980년대 혁명론 논쟁이 한창일 때 개량주의를 향한 적대감을 떠올려 보라. 일본 좌익 내부, 공산당 내부에서 벌어진 '우치게바(내부 폭력)'도 그런 예다.

커크에 대해 "애도할 수 있다"라고 말하는 것은 바로 이런 맥락에서다. 볼테르의 말을 변용하자면, 설령 커크의 가치에 동의하지 못하더라도, 나의 가치에 정면으로 반하는 사람이라 하더라도, 그의 가치에 동조하는 이들이 진심으로 애도하는 행위에는 존중을 표할 수 있다. 애도할 수 있는 공간을 허용해야 한다. 동시에 미국의 적대적 갈등이 암살에까지 이르게 된 현실을 두고 탄식할 수 있다.

더구나 커크의 아내는 장례 추모식과 추도 집회에서 "범인을 용서한다"라고 말했다.[10] 이는 "보수는 부패하고 진보는 도덕적"이라는 익숙한 도식마저 뒤흔드는 발언일 수 있다. 도덕적 구도가 예전과 같지 않다는 점을 드러내는, 한국 민주화운동 과정에서 반독재 운동가들이 도덕의 화신, 천사처럼 상징되던 풍경과는 전혀 다른 장면이었다. 이런 극단적 행동은 좌우·보수 간 도덕적 구도 자체를 전도시키고, 심지어 극우 확산을 촉진하는 계기가 되기도 한다.

커크 암살은, 암살자가 커크의 극단적 발언과 행동에 대한 비판적 의식에서 출발했을지 모르지만, 결과적으로 커크가 추구해 온 극우적 사상의 영웅화를 촉진하고 그 확산을 가속화하는 정반대의 효과를 낳는다. 그의 죽음 이후 그가 전 세계 극우 세력의 상징이 되어가는 모습은 우리 시대를 보여주는 상징적 풍경이다. 커크의 죽음 이후 일부 지역에서 기독교 신앙이 되살아나고, 젊은 세대가 보수적 교회로 회귀하는 역효과가 나타났다는 보고도 있다.11)

갈등과 적대의 극단성은 피해자에 대한 정당한 애도마저도 최소화하려는 정치적 동기와 결합한다. 피습의 음모적 성격을 부각시키거나, 피습을 둘러싼 상황 속 작은 사실을 자신에게 유리한 방향으로 증폭하는 행위가 이어진다. 20세기 해방정국 말고도, 21세기에 박근혜, 이재명 전 대표에 대한 피습도 있었다. 결국 생명마저 적대적 대립의 소재로 삼을 정도로 극단화되면 공동체적 최소 기반은 붕괴된다. 그러면 '우리 모두가 함께 선 공동체가 차라리 망하더라도, 저 사람만은 안 된다거나 사라지는 것이 낫다'는 인식으로까지 나아갈 수 있다. 나는 비판적 지식인으로 장기 민주화 시기 40년을 살아오면서 수많은 논쟁을 목도했다. 1980년대 '레닌'을 자처하던 많은 이들이 1990년대에는 모두 사라졌다. "그 많던 레닌은 어디로 갔는가"라는 말을 남긴 이유이기도 하다.

전 지구적 퇴행의 시기에, 국내외를 막론하고 민주진보 세력의 전략적 사고 전환이 필요하다. 커크 암살은 현 시기 정세를 전혀 고려하지 않은 채, 앞서 언급한 좋은 가치를 구현하려는 극단적 시도로 이해할 수 있다(암살범이 그런 신념에서 행동했다기보다, 미국의 맥락에서 극우 퇴행을 바라보는 일반적 사고가 반영된 측면이 있다고 보아야 할 것이다). 68혁명 이후 '체 게바라'가 새로운 문화혁명의 상징이 되었던 것을 떠올려 보자. 지금 커크는 전 지구적 극우 퇴행의 한 작은 상징이 될 수도 있다. 이러한 정세의 전도(顚倒)에 주목할 필요가 있다.

이와 같은 상황에서 민주진보 세력이 어떻게 응전할 것인가. 여기서 필요한 것은 단지 이러한 반동에 대해, 좋은 가치라는 기준을 근거로 또 다른 극단을 향해 역공격을 하는 것이 아니다. 오히려 그들의 극단성의 근거를 해체하는 데 노력을 기울이고, 그 극단성과 결을 달리하는 양심적 세력, 자유주의 세력, 세계 파괴성에 분노하는 합리적 세력들과 광범위한 연대를 구축해 대중적 힘으로 극우화를 저지해야 한다. 이런 전략의 한국적 버전이 바로 후술할 '햇볕정치'라고 할 수 있다. 각자 특수한 맥락이 있음에도 단지 진보적 가치 기준만을 고수하고, 그 기준으로 우익적 퇴행을 단죄한 뒤 소임을 다한 듯 책임에서 벗어나 뒷짐을 지고 있어서는 안 된다.

■ 개인의 상황 인식에서의 주관적 극단성

복합성의 시대에 선악 이분법을 넘어서고, 최대이익주의적 극단성에 대해 내적 성찰성을 갖거나, 좋은 가치를 실현하는 과정에서 나타나는 일면적 최대주의를 경계하는 태도는 진보의 보수화를 의미하지 않는다. 앞서 언급했듯, 민주진보적 실천의 각개약진과 그 과정에서 생겨난 그늘이 극우 강화로 이어지는 의도하지 않은 결과를 최소화하기 위한 보완적 전략을 모색하자는 문제의식이다.

가끔 1960~1970년대 박정희와 박현채의 인식론적 대립 구도를 떠올리게 된다. 박정희는 여러 구조적 요인에 의해 규정되었지만 개방형 수출 전략을 지향했고, 박현채는 자립적 민족경제를 지향했다. 나는 1970년대 종속이론에 심취해, 거의 언제나 '임박한 자본주의의 파국적 위기'를 상정하며 사고

하곤 했다. 지금 돌아보면, 대한민국이 박현채의 길로 갔다면 이른바 남미형 경로에 들어섰을 것이라는 생각도 든다. 오늘날에는 지구화라는 시대적 조건이 훨씬 더 분명해졌고, 지구적 통합 흐름 속에서 개방형 수출경제로서 한국 경제가 작동하고 있다. 그럼에도 여전히 박현채의 비판적 문제의식(민족경제·민중경제)에 서 있다. 다만 그 비판 정신으로 변화·발전한 조건에 응전하고자 하는 것이다.

치열한 현실 대결 국면에서는 '적'에 대해 부정적인 인식을 갖기 쉽다. '적이 잘되면 안 되기 때문'이다. 1970~1980년대 종속이론에 깊이 빠져 있었던 것도, '적'에 대한 정서적 저항감이 크고, 그것이 인식론에도 반영되었기 때문일 수 있다. 1980년대 사회구성체 논쟁 과정에서 남한의 사회구성적 성격을 '식민지 반봉건사회'로 규정하는 논의가 유행한 적이 있다. 미제(美帝)의 경제적 수탈과 정치적 지배 아래 있는 남한이 경제성장과 고도 자본주의로 변화해 가는 현실을 인식적으로 수용하기 어려웠던 점이 크게 작용했다. 식민지라는 정치적 규정이 경제적 정체성을 상징하는 반봉건이라는 사회구성 규정과 결합된 셈이다.

이제 돌아와 거울 앞에 서서 이런 경험들을 반추하며 '과거와 현재의 대화'를 통해 단절이 아니라 인식의 연속적 변화를 만들어야 한다고 생각한다. 역설적으로 북한은 남한과의 냉전적 대립 속에서 체제가 경직되어 가면서, 오히려 전근대적, 혹은 반봉건적 정치 체제의 성격을 강하게 띠게 되었다. 1980년대 남한의 반봉건 규정과, 오늘날 북한 정치의 '반봉건적' 성격이 빚는 미묘한 대조를 생각하지 않을 수 없다. 여기서 강조하려는 것은 적에 대한 정치적 저항감 때문에 현실과 대상을 선악 이분법으로만 바라보며 복합성을 간과해서는 안 된다는 점이다. 하나의 정치적 저항감이 인식의 정체를 낳을 수 있다는 반면교사로 제시하는 것이다.

■ 서울이 뉴욕과 도쿄에 비해 세 배나 불공정할까?

2024년 서울대 아시아연구소는 서울·뉴욕·도쿄의 '도시 공정성'에 대한 조사를 진행했다.[12] 자신이 사는 도시가 공정한지에 대한 주관적 인식을 묻는 조사였는데, 서울은 63%, 뉴욕과 도쿄는 20% 후반대였다. 객관적으로 서울의 공정성이 뉴욕과 도쿄보다 세 배 높다고 보기는 어렵다. 오히려 주관적 치열함이 세 배 높다고 해석할 수 있다. 이를 '높은 평등주의적 기대'라고 부르고 싶다. 해방과 전쟁의 경험 속에서 출발선상의 '절대평등'을 어느 정도 체감했던 한국 사회의 기억, 그리고 4·19 혁명 및 1987년 6월 민주항쟁 등의 '성공'의 경험은, 현실 문제에 대한 높은 비판 감수성을 낳았다.

이처럼 주관적으로 높은 눈높이와 기대치는 민주적 전투성을 강화하는 요인이기도 했다. 그 전투성이 단기간의 경제적 역동성, 복지 확대, 정치 발전의 동력으로 작용한 측면도 크다. 그러나 이러한 긍정성에도 그늘이 있으며, 이제는 그 그늘을 응시해야 할 때다. 바로 상황에 대한 주관적·극단적 인식이 나타나는 지점이다. 반독재 민주화 투쟁 시기에는 독재에 대한 더욱 치열한 의식이 헌신의 동력이었고 미덕이었다. 지금도 변방의 소외된 개인 및 집단에는 여전히 미덕일 수 있다. 그러나 중심에 가까워질수록 동일한 방식으로 보아서는 곤란하다.

여전히 보수·진보의 각축은 계속되고 있지만, 그 내용과 맥락은 크게 달라졌다. 사회주의 붕괴 이후에도 '사회주의적' 정신으로 싸우는 것은 누군가에게는 미덕일 수 있다. 그러나 일상적으로 '임박한 자본주의 붕괴'를 전제로 싸우는 것은 또 다른 문제다.

6장

70%의 확신과 30%의 성찰로 민주주의를 지키다
역지사지형 성찰성에 기반한 '3-7제 민주주의'

우리가 지향해야 할 대안적 인식틀의 기본 요소는 무엇인가? 복합성의 시대에 조응해, 그리고 민주화에 따른 변화로 인해 창출된 새로운 현실에 조응해 우리가 어떤 시각을 견지하는 것이 타당할 것인가? 나는 '역지사지형 성찰성'[1]이라는 시각이 이 질문에 응답하기 위한 기본 전제라고 생각한다.

역지사지는 내가 아닌 타인의 입장에서 사물과 세상을 바라보는 것을 의미한다. "putting ourselves in others' shoes"라는 영어 표현이 더 간명하게 역지사지를 설명해 준다. 이 고사성어는 『맹자』의 이루(離婁) 편에서 유래한 "역지즉개연(易地則皆然)"에서 비롯되었다고 하며, '처지를 바꾸어 생각한다'는 의미를 담고 있다. 단순화하면, 역지사지형 성찰성은 우리의 실천과 전략에 대한 자기 성찰적 인식을 의미한다. 사회과학에서 이야기하는 이른바 '성찰성(reflexiveness)'을 갖는 것이다. 사실 전투가 된 최근의 정치 현실에서 승리하기 위해서도 역으로 이런 시각이 필요하다.

이를 바둑 용어에서는 공피고아(攻彼顧我)라는 말로 표현하기도 한다. 상대를 공격하기 전에 먼저 자신을 돌아보고 승리의 방법을 찾는 지혜를 발휘해야 한다는 것이다. 너무도 유명한 "적을 알고 나를 알면 백 번 싸워도 위태롭지 않다"(『손자병법』 제3편, 「모공」)라는 손자의 말이 있다. 적을 아는 것이 내가 규정한 '적'이 아니라 적의 내면(그 속에서 나오는 전략)을 총체적으로 보면서 '적'에 대응하려는 노력이 필요하다는 것이다. 우리가 규정한 바와 같은 '적'의 이미지와 내면세계를 전제로 한 전투성의 극대화가 상책은 아니며, 오히려 '적'의 시선으로 투쟁을 새롭게 전개할 필요가 있다는 의미이기도 하다.

■ 적대적 진영정치의 해체를 위해서도 필요

이처럼 역지사지형 성찰성이 필요한 이유는, 앞서 언급한 것처럼 전 지구적으로 편만한 '적대적 진영정치'가 한국에 상륙하거나 착근하는 것(서구처럼 '극우의 주류화, 주류의 극우화', 심지어는 극우의 집권 세력화)을 막기 위해서도 필요하다고 생각되기 때문이다. 이 책에서 제안하는 인식과 전략은 동시에 적대적 진영정치와 씨름하고 있는 전 지구의 민주파, 진보파, 좌파에게 새로운 전략적 인식을 제안하는 것이기도 하다. 김동춘 교수는 보수 세력에 의한 '전쟁정치'가 일상화되고 있음을 지적한 바 있다. 김동춘의 전쟁정치는 한국 사회의 보수적 지배 세력이 전쟁과 안보 논리를 영구적 상태로 상정하면서 정치적 반대나 시민사회조차 적대적 대상으로 만드는 구조를 비판적으로 포착한 개념이다.[2] 그런 점에서 국가폭력, 정치적 적대, 통제를 구조화한 정치 메커니즘이 일상적으로 작동하는 것이다. 정확한 포착이다. 단지 나는 여기서 이러한 전쟁정치의 회로를 민주진보 세력이 '초월'해 가야 한다고 생각한다. 최근의 적대적 진영 경향은 민주진보가 전쟁정치적 양상을 일부나마 담지하게 되는 현상이 나타나고 있다는 점에서도 그러하다.

■ 강준만이 제기하는 부족주의적 양상

강준만 교수는 『부족국가 대한민국: 부족주의의 노예가 된 정치』(인물과사상사, 2021)에서 이런 적대적 진영정치의 모습이 이미 한국 정치의 모습이 되었다고 보고 있다. 심지어 그는 "집단에 대한 소속감이 강할수록 폭력적이고 적대적이다"라고 보고 있다. 다르게 생각하는 사람을 투쟁의 대상으로 상정하는 모습도 나타나고 있다고 보고 있다. 적에게서 발견하는 '독선과 아집'이 우리의 특성이기도 하다는 점을 인정해야 한다고 말한다. 그 "잘못을 인정하지 않는 것이 잘못이다"라고 말한다.

나는 현재 서구에서 정형화되고 있는 적대적 진영정치가 고스란히 우리에게 구현된 것은 아니라고 본다. 현재 진보의 입장에서 보면, 그것은 작위적으로 만들어진(manufactured) 성격이 더 지배적이다라고 생각한다. 즉, 그동안 윤석열 정부의 실정과 비정상성에 대응하는 진보의 투쟁에 대해서, 이재명의 사법 리스크를 부각시키면서(일종의 '악마화') 보수 진영을 단결시키고, 현재의 투쟁과 전투를 두 악마의 투쟁 관계인 것처럼 양비론적으로 구조화한 것이었다. 심지어 적대적 진영정치의 연장선상에서, 반헌법적인 내란적 계엄 행위에 대한 탄핵 요구와 내란죄로 처벌하고자 하는 투쟁을 '이재명 살리기'로 프레이밍하는 식으로, 12·3 이후 보수는 '내란 옹호'에 나서기도 했다. 이런 점으로 볼 때 윤 정부 검찰통치하에서 이것이 심화되었다고 평가할 수 있다.

문제는 그것이 진보의 입장에서는 작위적으로 만들어진 것이라고 판단할 수 있지만, 실재로서 우리를 규정하고 있다는 것이다. 그리고 향후 민주진보가 어떻게 응전하는지에 따라서, 그리고 이재명의 민주당이 어떻게 응전하는지에 따라서, 적대적 진영정치의 구조화가 진전될 수도 있다(나는 개인적으로 탄핵 인용과 대선에서의 민주당의 승리 이후에 '불안한 승리'를 나름대로 잘 관리하고는 있으나, 윤석열에 의해 만들어진 이 작위적인 적대적 정치 프레임을 깨지 못한 채, 그 구도 위에서 그것을 강화하는 식으로 응전하고 있다는 생각을 하고 있다).

■ 적에 대한 성악설적 비판과 동지에 대한 성선설적 옹호

내가 역지사지형 성찰성이 필요하다고 제기하는 핵심적인 이유는, 서구의 적대적 진영정치의 원리적 양상이 이미 우리 정치의 일반적 양상이 되어가고 있기 때문이다. 즉, 반대 진영에 대해서는 최고 수준의 윤리적·정치적 기준을 설정해 비판하고, 자기 진영에 대해서는 최소 수준의 윤리적·정치적 기준을 설정해 옹호하는 것이다. 반대 진영에 대해서는 성악설(性惡說)적 시각에서 비판하고, 자기 진영에 대해서는 성선설(性善說)적인 옹호를 한다고 표현하고 싶다.

여기서 "'본질적으로 나쁜 놈인데'라는 성악설적 시각을 전제로, 그 본질이 표출되었다고 비판하는 것이다. 반면에 성선설적 시각이라고 하는 것은 "본질적으로 선하고 잘못이 없는데 '적'이 침소봉대해서 공격한다"라고 보는 것이다. 전자에서는 '적'이 빙산의 일각만 드러난 나쁜 가해자로 등장하며, 후자에서는 우리(us)가 일반적인 허물 정도만 있는 피해자로 등장한다.

정당들의 경우 여당과 야당의 위치가 바뀔 때마다 이러한 양상은 더 극명하게 드러난다. 이런 과정에서 음모론이 자연스럽게 동원되기도 한다. 자기 진영에 대한 비판 속에 내재되어 있는 '음모론'적 본질을 거론하면서 자기편과 자기 진영을 옹호한다. 그런데 그 '묻지마 최대주의적 공격'과 '묻지마 최소주의적 옹호'의 미스매치는 부메랑이 되어 돌아온다. 왜냐하면 적에 대한 최대주의적 공격과 그에 따른 정치적 공방의 정치적·윤리적 기준을 크게 높이기 때문이다. 나는 여기서 예수처럼 "너희 중에 죄 없는 자가 돌을 들어 치라"라는 말을 거론하고자 하는 것이 아니다. 그 이중 기준의 편차만큼 상대방이 '내로남불'이라고 역공할 수 있는 공간이 확대된다는 것이다.

■ 내집단·외집단 인식의 간극과 중간층 소구력

또한 역지사지형 성찰성은 내집단과 외집단의 인식의 간극을 줄이기 위해서도 필요하다. 이전의 선악 구도와는 다른 현실 그 자체가 존재하는데, 관성적으로 선악 이분법으로 접근하게 되면, 그에 동의하는 내집단과 그에 동의하지 않는 외집단의 인식의 간극이 커진다. 그 결과, 자기 집단 내부에서의 적에 대한 이미지, 각종 현안에 대한 인식과 외부 집단에서의 그것 사이에는 접점을 찾을 수 없는 큰 간격이 존재한다. 그리고 그 인식의 간극만큼, 반대 진영은 자기 인식을 정당화하고 절대화할 수 있다. 우리 편의 주장 중 진실에 부합하지 않는다고 느껴지는 사실이 존재할 때, 적대 진영에 속한 사람들은 그만큼 자기 인식에 더 높은 정당성을 가질 수 있다. 이것이 앞서 이야기한, 보수의 도덕적·인지적 결집의 계기로 작동한다.

특별히 적과 동지에 대한 비판 기준의 미스매치와 내로남불적 적용은, 중도층으로 하여금 양비론에 빠지게 만든다. 전략적으로 보더라도, 적대적 진영 정치를 초월해 내지 않는 한 각 진영이 설파하고자 하는 언어와 담론의 국민적 설득과 확산 효과는 제한된다. 때로는 진실과도 무관한 '묻지마 최대주의적 공격'은 부메랑이 되어 돌아오면서, 적과 동지에 확연히 속하지 않은 중간지대 대중의 유보적 태도를 촉진한다. 이런 악순환의 흐름을 이해하면서 민주진보적 이니셔티브를 발휘하기 위해서도 역지사지형 성찰성이 필요하다고 나는 생각한다. 이런 열린 시선으로 극우적 대중을 도덕적으로 고무하지 않는, 극우 정치 세력과 중도층을 분리하는 새로운 전략이 필요한 것이다.3)

70%의 확신으로 싸우자
역지사지형 성찰성에 기반한 '3-7제 민주주의'

그렇다면 역지사지형 성찰성은 어떤 대안적인 전략적 지향으로 구현할 수 있을 것인가. 이와 관련해 나는 3-7제 인식에 기초한 '3-7제 민주주의'를 제시하고자 한다. 전체 10을 가정할 때, 우리 편의 주장이 70% 옳고, 상대방의 주장에서도 30%쯤은 긍정 검토할 점이 있다고 하는 식의 인식이다. 또 그런 역지사지형 성찰성에 기초해 작동하는 3-7제 민주주의를 지향해 보자는 것이다.4) 적대적 프레임은 우리 편과 적대 진영을 선악으로, 100% 옳고 100%

틀린 것으로 규정하지만, 현실은 꼭 그렇지만은 않기 때문이기도 하다. '적'과의 대결에서 7은 여전히 새로운 정의로 채워야 하지만, 여야 간의 권력 교대에 따르는 기득권화와 내로남불적 상황 등을 고려할 때 3은 역지사지의 관점에서 바라보아야 한다.5) 독재와 싸울 때는 100%의 확신으로 싸웠지만, 이제는 70%의 확신으로 싸우자고 말하고 싶다. 지금은 이른바 '내란 극복'의 격정적 국면이다. 이 국면에 이런 사고를 적용하자는 것이 아니다. 오히려 '내란 극복' 이후 국면에, 우리가 대한민국의 민주주의를 어떻게 만들어 갈 것인지를 고민해서 제기하는 것이다. 나는 현재와 같은 악순환의 회로가 깨지지 않으면 지구적 수준의 적대적 진영정치 양상과 결합되어, 동일한 패턴의 공방과 교대를 반복하다가 한국에서도 극우집권시대가 열리게 될 수도 있다는 점을 우려한다.

여기서 나는 헨리 롱펠로(Henry Longfellow)의 말을 떠올린다. 그는 이렇게 말했다. "만약 우리가 적의 내면사를 알 수 있다면, 그의 삶에서 적대감을 무장해제하고도 남을 만큼의 슬픔과 고통이 있음을 발견하게 될 것이다."6) 악마, 또라이, 허위의식에 찌든 존재로만 (극)보수 대중, 그리고 탄핵 찬성 대중을 보는 것이 아니라, 그들 내면의 복합성을 고려하면서 무장해제의 방법을 찾는 것은 더욱 성숙한 정치가 될 것이다. 이것은 적에 대해 '외재적' 시선만이 아니라, '내재적 시선'을 가지려는 노력 위에서 가능하다. 옳고 그름, 즉 선악 이분을 중시하는 가치적 입장에 서더라도, 옳고 그름의 이분법으로만 인간과 세상을 볼 필요가 없다. 적의 내면을 응시하는 시선으로 바라보는 역량을 가지고 전투할 수 있다.

■ 대중심리의 비합리성? 합리성?

빌헬름 라이히는 『파시즘의 대중심리』에서 히틀러의 나치즘이 독일 사회에서 성공할 수 있었던 과정을 추적하며, "대중은 왜 그것이 마치 자신을 위한 것인 양, 스스로에 대한 억압을 욕망하는가?"라는 질문을 파고든다. 그는 그 핵심 요인으로 '지도자의 성격구조와 대중의 성격구조 사이의 상동성(相同性)'을 강조한다. 히틀러와 동일한 성격구조를 공유하고 있었기에, 대중은 기꺼이 히틀러에게 속았다는 것이다. 요컨대 파시즘은 대중의 '비합리적' 성격구조가 집단적으로 표출된 현상이라는 것이다. 나는 이 책과는 조금 다른 시각에서 대중의 '합리적' 성격구조를 응시해 분석하고, 그에 기초한 전략적 사유를 시도해 보자는 것이다.

3-7제 사고는 적대의 '두꺼운 벽'에 숨은 문 하나를 만드는 것이라고 표현하고 싶다. 사실 이미 보수가 강조하는 '안보 의제' 안에는 진보도 수긍할 수밖에 없는 시민 보호와 공공외교 강화라는 요소가 존재한다. 또한 진보가 강조하는 '복지 확대' 안에는 보수 역시 고민하는 저출산·노령 인구 대응책이 있다. 이런 30%의 인정은 '자기 진영' 내부에서도 성찰이 가능해진다. '우리가 다 옳지 않을 수도 있다'는 겸허가 생길 때, 내부 부패와 독선에 대한 면역도 얻을 수 있다. 치열한 투쟁 과정이라고 하더라도 상대에 대한 '과잉' 악마화의 이미지만을 전략으로 구사한다면 승리는 담보할 수 없다. 치열한 투쟁의 과정에서는 무조건적으로 최대주의적으로 상대방을 악마화하는 것이 자기편의 단결을 위해 효과적일 수도 있다. 그런데 전쟁 중에도 아군 내부의 문제점, 취약 지점, 적에 의한 대민 심리전이 먹혀드는 지점들을 살펴서 보완하는 것이 일반적이다. 그런 점에서 우리 편 천사의 악마성이 있는지 들여다보는 시선도 필요하며, 반대편 악마의 천사성이 있는지 들여다보는 것이 필요하다. 그것이 내가 이야기하는 역지사지형 성찰성이다. 때로는 '적'의 시선으로 세상을 바라보고, 우리 편의 '과유불급'도 염두에 두면서 전략을 다변화하고, 그러한 시각을 통해 새로운 언어와 프레임을 만들 때 상대 진영의 완고한 태도를 허물고 중간지대의 획득도 가능할 수 있다.

여기서 3-7제라고 할 때, 한편에서는 30%의 적의 합리성을 인정하고 그것을 자신의 실천 속에서 융해한다는 것을 의미한다. 그런데 다른 한편에서는 '영역'이라고 보아도 좋다. 즉, 7은 자기가 속한 진영의 가치에 비추어 옳다고 생각하는 영역이고, 나머지 3은 반대 진영의 가치에 비추어 옳다고 생각하는 영역이라고 생각할 수도 있다. 자신의 실천의 일부에 적의 합리성을 인정하고 포용하는 것으로도 나타날 수 있고, 수많은 영역 중 일부 영역에서는 적의 합리성을 인정하고 수용하는 것이 될 수도 있다. 어떤 경우든지, 자신의 인식과 실천을 절대화하지 말고, 30%의 '좌고우면(左顧右眄)'의 여유 혹은 인식적 여유를 갖자는 것이다. 또한 3-7제라고 하는 것은 자신의 실천, 7을 향한 실천에, 자기 객관화를 통해 얻은 지혜를 융합해 자신을 더욱 풍부화하자는 것이다.

이와 같은 3-7제 인식의 전환은 정치가 기본적으로 '권력 투쟁'의 성격을 가지고 있다는 점을 인정하는 것이다. 권력은 공적 자원에 대한 배분의 권한을 갖는 것이고, 그 자체가 이익 투쟁의 성격이 있다. 그런데 민주진보 진영에서는, 독재와 싸우면서 반독재 민주화운동의 연장선상에서 권력을 바라보기 때문에, 권력을 운동 의제나 정의로운 가치를 추구하는 과정으로 이해하게 됨으로써, 여야 간의 갈등의 기저에 다른 의미에서 '권력' 투쟁이 있다는 점을 간과하기 쉽다. 민주진보의 권력 인식의 전환이 필요하다. 물론 보수·진보, 여야, 좌우 간에는 권력을 바라보는 시각의 차이가 있고, 후자에 있어 권력은 정의 실현의 도구로 인식되고 실제 그런 면이 있기 때문에(앞서 언급한 바와 같이 일종의 권력도구적 인식), 차이를 둘 수 있으나, 그것을 '본질'의 차이로 인식해서는 안 된다. 그러지 않을 때 권력 투쟁으로서의 정치에 대한 성찰적 인식이 차단된다. 박정희 정권에 대한 반독재 민주화투쟁은 바로 모두가 가지고자 하는 그 '권력'을 1인이 '독점'하는 데 대한 투쟁이었다.

장기 민주화 시대의 전기와 달리, 지금은 대중의 시선에서 보면, 정치투쟁의 50%의 성격은 누구나 갖고 싶어 하는 권력을 쟁취하고자 하는 두 개의 정치가 각축하는 것이다. 반독재 민주화운동 당시의 정치는 과거 대 미래의 대결이었다. 독재 대 민주주의 대결이 바로 그것이었다. 많은 희생 위에 전개되는 민주화 정치는 당연히 독재 정치를 아무런 정당성이 없는 반시대적인 '폭력' 그 자체로 몰아붙일 수 있었다. 거짓 대 진실의 대결로도 비친다. 이것은 선악 정치의 대결이었고 국민들이 그렇게 인식했다. 전혀 수평적이지 않았다. 한쪽은 악이고 다른 쪽은 선이었고, 한쪽은 거짓으로 무장하고 다른 쪽은 진실로 무장한 것이었다. 그러나 (나는 여전히 민주진보정치는 정의를 향한 것이고, 정의의 전쟁으로서의 성격이 있다고 생각하지만) 지금은 현실의 정치에서는 두 개의 '수평적' 정치 간의 대립이라는 점을 인식해야 한다. 그리고 그때의 정치 성격 중 50%는 권력 투쟁이라는 생각을 해야 한다. 누구나 갖고 싶어 하는 권한을 갖기 위한 투쟁이라는 것이다. 그런데 이를 과거와 같은 식으로 사고하고 접근하면 '시대착오적 행위'가 된다. 그리고 자신의 권력 투쟁을 과잉 정당화하는 것이고, 50%의 권력적 성격을 성찰하면서 그 권력 행사에서 발생하는 것들을 보완하려는 적극적인 실천을 방기하는 것이다. 그러다 보니 개혁을 위해서는 권력을 지속적으로 장악해야 하는 식으로 나아가게 되는 것이다.

그런 의미에서 3-7제 인식과 3-7제 민주주의는 적당한 타협을 의미하는 것이 아니다. 오히려 민주화 이후 시대의 변화된 상황에 대응하는 민주진보의 풍부화라고 말할 수 있다. 3-7제 인식을 통해 자기 진영의 실천이 더욱더 대중적 호소력을 갖도록 하는 노력이라고 할 수 있다. 왜냐하면 적이 가지고 있는 3의 합리성을 나의 7의 실천과 전략 속에서 융해해 나를 풍부화할 수 있기 때문이다. 어떤 의미에서 나와 우리 집단의 헤게모니적 확장이다. 우리는 매번 전술적·전략적 선택에 직면한다. 두 개의 선택지 앞에서 선택할 수밖에 없다.

혁명적 고양 국면이 도래하면, 평화로운 시기나 일상 국면에서 나타나는 개인의 태도와 인식은 급격히 달라진다고 볼 수 있다. 1980년 광주 학살 이후의 상황과 1985년 초 박종철 고문치사 사건을 거쳐 1987년 6월 민주항쟁에 이르는 시기 동안 대중의 태도와 인식 변화는 과거와 비교할 수 없을 정도로 급진적이었다. 나 역시 우리가 살았던 유신 체제나 전두환 체제하에서의 모습과 오늘날 일상 속 우리의 모습을 때때로 비교해 보곤 한다. 비근한 예로, 2024년 12월 3일 비상계엄 선포 이후 2025년 4월 4일 탄핵에 이르는 기간에 보여준 시민들의 전투적 모습을 떠올려 보자. 여기서 말하고자 하는 바는, 오늘날과 같은 극우 확장의 시대에 굳이 고양 국면의 태도를 의식적으로 유지하려 하지 않더라도, 정세가 변화되면 결국 대중은 변화된 정체성을 보여준다는 점을 기억할 필요가 있다는 것이다. 다시 말해 구조적 위기와 정치적 긴장의 고조는 개인의 인식과 감정, 실천 수준을 재구성한다는 것이다. 그렇기 때문이라도 과잉 인식으로 모든 정세에 대응할 필요는 없다.

■ 3-7제적 역지사지형 성찰성을 다양한 운동에 적용할 수 있다

나는 역지사지형 성찰성과 3-7제 인식은 일차적으로 제도정치를 대상으로 하지만, 다양한 시민사회'운동'에도 적용할 수 있다고 생각한다. 예컨대 전교조는 출범 당시에 '노동조합'운동으로 할 것인가, 교육운동으로 할 것인가를 놓고 치열한 내부 논의가 있었다. 그래서 전자로의 역사적 선택이 이루어졌다. 그리고 온갖 어려움에도 불구하고 1989년 이후 오랫동안 정치사회적 개혁의 견인차 역할까지 해왔다. 그러나 지금 이런 인식틀에서 보면, 가지 않은 선택지의 정신을 되살리면서 보완해 갈 수도 있다. 적의 합리성에 대해 30%의 열린 자세를 취하는 공간에서는 민주진보 내부에서의 다른 입장에 대해 더욱 열린 자세를 가지고 대면할 수 있을 것이다. 그리고 30여 년의 노동조합운동을 돌아보면, 교육운동의 문제의식을 다시 상기할 필요도 제기되기 때문이다.

왜냐하면 좌파의 전통에서 보면 노동조합은 '조합주의'적 경향을 띨 수밖에 없다. 어떤 운동이 노동'조합'의 형태를 띠게 되면, 근대 민주주의에서 노동조합이 갖는 모든 법적 권리를 향유한다는 장점이 있지만, 그것은 조합주의의 또 다른 한계가 부여되는 것이기 때문이다. 모든 조합은 구성원의 '직무 최소화와 보상 최대화'를 지향하지 않을 수 없다. 현재 학교에서 나타나는 직업화의 경향과 업무의 최소주의적 경향은(나쁜 반교육 환경의 결과이기도 하지만) 조합주의 운동이 갖는 보편적 특징의 발현이기도 하다. 갈수록 조합주의적 투쟁이 강화되고 학교 현장의 '즉자적' 요구 투쟁에 좌우될 수밖에 없다. 교육운동의 관점에서 보면, 나쁜 교육 권력과의 싸움으로만 좋은 교육이 이루어질 수는 없다. 교육자로서의 특별함, 학생의 개별적 처지와 역량에 부응하는 지적·인격적 성장을 위한 열정과 헌신이 교육자로서의 무한한 책임일 수밖에 없다. 그런데 현재는 참교육의 초기 열정과 헌신보다는 외적인 나쁜 교육 권력의 개혁과 민주화가 강조되는 분위기가 지배적이다. 민주화의 결과로 성공적 진전이 있었고, 또한 정치운동의 고유한 발전으로 인해 정치사회적 개혁운동의 성격은 축소될 수밖에 없다. 여기서 역지사지형 성찰성을 가지고 교육 과제에 천착하려는 역할이 더욱 막중해질 수밖에 없다. 외적 권력과의 투쟁의 근저에는 제자와 학생에 대한 열정과 헌신이 있어야 한다. 제자와 학생에 대한 헌신을 왜곡하는 나쁜 권력과 싸움을 하면서(그 싸움은 100년이 지나도 지속되어야 한다), 학생 한 명 한 명은 교사와의 관계 속에서 성장해 간다. 존경받는 선생님이 되기 위한 또 다른 치열함은 지속되어야 하고, 그것이 교원노동조합이 다른 노동조합과 다른 지점이며, 그런 정신이 보다 빛나야 한다.

■ 현실적 복합성의 단순한 과잉 규정을 넘어

3-7제 인식을 고양하려면 자신의 입장을 관철하기 위해 과잉 규정에 의존하려는 경향에서 벗어나고자 노력해야 한다. 3-7제 인식은 더 나아가서도 적용될 수 있다. 적대적인 사회적·정치적 갈등 과정에서는 자신이나 자기가 속한 집단의 입장을 관철하기 위해 현실의 복합적인 측면 중에서 자신에게 유리한 것을 부각시키는 것이 일반적이다. 인간사에서 자연스러운 현상이기도 하다.

2025년 의대 정원 증원을 둘러싼 의사 파업이 일단락된 뒤, 이재명 정부 출범 이후 의사 단체와 정부는 새로운 논의 테이블을 꾸렸다. 그런데 의사들이 포함된 보건의료정책심의위원회는 "2040년에는 5704명에서 최대 1만 1136명까지 의사가 부족할 것"이라고 추산했다. 이에 반발해 의사협회는 자체 분석 결과를 내놓았는데, "2040년에는 오히려 의사가 최대 1만 8000명 가까이 과잉될 것"[7]이라는 내용이었다.

이런 식의 엇갈린 전망은 각 진영이 자기 입장을 뒷받침하기 위해 현실을 과도하게 규정하는 대표적인 예다. 보건의료정책심의위원회의 추계와 의사협회의 추계 간에 약 2만 4000~2만 9000명이나 차이가 나는 것은, 우리 사회의 정치적·사회적 갈등이 통계와 과학적 판단에 얼마나 쉽게 영향을 미칠 수 있는지를 보여준다. 이렇게 되면 결국 '과학적 추계'의 의미 자체가 흔들리게 된다.

교육 현장의 또 다른 예를 들어보자. 얼마 전 '학생맞춤 통합지원'이라는, 윤석열에 이어 이재명 정부로 이어지는 교육정책에 대해서 다음과 같은 보도가 있었다. "'학맞통'의 방향에는 동의하면서도, 교사에게 책임을 전가할 수 있다는 점에서 불안이 커지고 있고, 그러면서 '학생 집 화장실 수리, 고기 굽기, 대출 안내까지 …. 이러한 것까지 교사가 감당하게 하는 것은 학교 현장을 모르는 조치'이며, 현재 설계로는 '교사가 복지 담당·행정 담당 역할까지' 하게 함으로써 교사의 소진을 촉진한다는 것이다."[8] 사실 교육정책이 새롭게 학교 현장에 도입될 때에는 그것이 동반하는 새로운 업무 때문에 긴장과 갈등이 생겨나게 되는 것이 사실이다. 더구나 현장 인력, 전문성, 업무 분장의 불충분 등의 요인으로 인해, 교사의 교실 수업 이외의 부담을 증가시킴으로써 교사 소진(burnout)을 촉진시킨다는 것은 물론 당연히 가능한 문제 제기이다.[9]

그러나 문제는 학맞통 유예라고 하는 자신의 주장을 강화하기 위해 "학생 집 화장실 수리, 고기 굽기, 대출 안내까지" 교사가 하도록 하는 것이 마치 학맞통의 정책 취지인 것처럼 규정하는 것은 사실 과도하게 본인의 주장을 강화하기 위해 현실의 복합성 중 특정 측면만을 부각시킨 것이라고 나는 생각한다. 학맞통 정책이 교사에게 그런 것을 하도록 하는 것은 아니다. 더구나 이 기사에서 예시로 든 사례는 특정 학교에서 교사들의 헌신적 역할을 강조하는 과정에서 미덕으로 이야기한 행위인데, 이를 행정적 의무인 것처럼 부각시킨 것이다. 사실 교육 현장에서는 특정 정책을 반대하는 과정에서 반대 논리를 정당화하기 위해 복합적 현실의 일정 측면을 과도하게 부각하는 경우가 있다.

나는 적대적인 사회적·정치적 갈등에서 자신이 중시하는 현실의 한 측면을 부각시키고 강조하는 것은 일반적이라고 본다. 단지 나는 그 측면으로 일면화하는 것에 대한 경계심이 필요하다는 것이다. 앞서 단순성의 시대에서 복합성의 시대로의 전환을 이야기하면서, 과거와 같은 선악 이분법의 인식틀을 유연화해야 한다는 것을 주장했다. 이것이 가장 핵심적으로 적용되어야 할 것은, 바로 자신의 입장을 강화하기 위해 현실의 복합성을 일면적으로 과잉 규정하지 않는 것이다.

■ 박정희에게도 3-7제 적용이 가능한가?

7 대 3의 원리는 거시 역사적 해석에도 적용될 수 있을 것이다. 사실 김대중은 박정희는 물론이고 전두환까지 '포용하는 정치'를 펼쳤다. 김대중 대통령은 전두환과 노태우를 사면했다. 과거에는 그 자체도 어려운 일이었지만, 2025년 4월 이재명은 더불어민주당 대통령 후보로 확정된 후 첫 일정으로, 서울 동작구 국립서울현충원을 방문해 박정희, 김영삼, 김대중, 이승만 전 대통령 묘소를 참배했다. 참배와 평가는 다르지만, 반대 진영에 대한 비판에 초점을 맞춰서 그렇지, 이미 진보 진영 내부에서 박정희 시대의 공으로 인정하는 것이 세 가지가 있다. 그것은 의료보험 제도의 도입, 그린벨트 설치, 중고교 평준화이다. 박정희 정부는 1972년 현재의 건강보험에 해당하는 의료보험제도를 도입했다. 공무원과 군인 등을 대상으로 한 연금제도도 도

입했다. 나아가 전국에 그린벨트를 설치해 지금까지도 이어지고 있다. 오히려 현재의 정부들이 주택 공급상의 필요를 내세워 그린벨트를 해지하고 있는 형국이다.

다음으로 경기중학교의 '무즙' 시험 정답 파동 등에서도 볼 수 있듯이 망국적인 중고교 입시 과열 양상이 표출되자 1969년 중학교 평준화, 1972년 고교 평준화를 시작했다. 이는 지금의 진보적 관점에서 보더라도 분명히 긍정적인 정책이다. 쟁점이 되는 이승만 정권에서도, 보수에서 자부심을 갖는 농지개혁이야말로 이승만 정부의 정책 중 진보에서 인정할 수 있는 부분이다.[10] 물론 진보 내에서 농지개혁을 인정하는 경우에도, 당시 초대 농림부 장관이던 조봉암의 이니셔티브, 그리고 북한에서 '무상몰수-무상분배'라는 철저한 농지개혁을 실시하게 됨에 따른 농민들의 불만의 고조, 그에 따라 남한의 지주 계급의 이해까지를 고려한 '유상몰수-유상분배' 방침을 정했다는 설명이 따른다. 그럼에도 불구하고 최고의 철저한 농지개혁은 아니었지만, 대만 등과 더불어 아시아 및 세계적으로도 높은 수준의 농지개혁이었다.

안희정이 자신의 책에서 노무현 대통령을 평가하면서 '공(功) 7 과(過) 3'이라는 표현을 사용했다. 과도 솔직히 인정하면서이다. 그런데 이를 박정희에게도 적용했다. 박정희에 대해서 보수가 '공 7 과 3'으로 인정해야 한다고 주장하는 견해도 있지만,[11] 진보의 인식틀에서는 그런 견해를 타당하다고 생각하지 않는다. 그런 점에서 나는 반대로 '공 3 과 7'이라고 평가하고 싶다. 나의 인식틀에서 3을 진보의 입장에서 인정하더라도, 이 책의 논지와도 일맥상통하는 것이다. 3의 공통의 기반이 존재한다. 그리고 이것은 진보의 확장이라는 점을 이 책에서 누누이 이야기하고 있다.

노무현 정부 시기에 대해서도 나는 '과 3'의 측면에서 본다면, 재임 전 기간이 지속적인 '통치의 위기' 상황이었다는 것이다.[12] 개별 정책에서 긍정적인 것은 많지만, 통치의 측면에서는 위기의 정부라는 점이 '과'라고 할 수 있다. 그의 비극적 죽음으로 그의 진정성의 정치 등이 긍정적으로 평가되기도 하지만, 그 시기의 그늘도 있다.

이 책에서 전개해 온 나의 논지의 연장선에서 보자면, 진보의 인식은 스스로의 확장 속에서 보수가 '공(功)'이라 말하는 지점까지도 포괄해 내는, 더욱 확장적인 접근으로 나아갈 필요가 있다. 모든 인간과 체제, 정부의 행위에는 언제나 공과(功過)가 공존한다. 이를 성현(聖賢)처럼 전제하거나, 반대로 전면 부정의 대상으로만 설정할 필요는 없다.

오히려 이러한 접근이 인간사와 정치 현실의 복합성에 더 부합하며, 결과적으로는 설득력을 높인다. 예컨대 이승만을 영웅화하는 보수와 극우의 인지적 결집 또한, 어떤 의미에서는 그의 전 생애에 내재한 복합성과 시기별 부침을 악마적 변주(變奏)로 단순화해 온 진보 진영의 서술과 맞물려 형성된 측면이 있음을 인식할 필요가 있다. 박정희의 경우 역시 크게 다르지 않다.

공과를 함께 지닌 인간이나 체제에 대한 판단을 '본질주의'적으로 악마화할수록, 그 서술과 부합하지 않는 사실들은 오히려 반대 진영의 인지적 결집을 강화하는 계기가 될 가능성이 커진다. 역설적이게도 도덕적 단죄의 언어가 상대의 신화를 더욱 공고히 만드는 지점이 바로 여기에 있다. 단선적이고 적대적으로 마주하는 적을 '일괴암적(monolithic)' 실체로 단순화하는 방식이 지닌 문제는, 민주화 이후 진보 학계가 오랫동안 성찰하고 재구성해 왔으며, 동시에 지속적으로 도전받아 온 지점이기도 하다. 이제는 이러한 성찰을 시민적·민중적 공화(주의)적 지평의 강화를 위해 민주정치적 실천으로 확장하는 정치-윤리와 그 실천 형식이 필요하다. 더 나아가 공화국은 과거와 완전히 단절된 공간이 아니라, 과거와 함께하며 과거를 견디면서 미래로 나아가는 혼종적인 구성체라는 점, 그리고 그 혼종성을 더 나은 민주적 실천과 어떻게 연결할 것인지를 모색해야 할 시점이라는 점 역시 인식할 필요가 있다. 진영의 시각에서 출발하더라도, 그것을 초월하여 공동체적 상식의 관점에서 공과를 파악해 평가하면 중도층, 더 나아가 상대 진영 지지층의 일부와도 공감대를 형성하는 확장력을 갖출 수 있다. 이것은 상대의 한계를 넘어서는 방식일 수 있지만, 우리의 한계를 넘어 확장하는 방법일 수 있다.

■ 적의 합리성 인정은 우리 내부의 '다원성' 인정으로

돌이켜 보면 1980년대 이후 운동의 고양기마다 진보 진영 내부에서는 전략 논쟁과 노선 투쟁이 늘 치열하게 전개되었다. 당시의 논쟁은 말 그대로 '죽고 사는' 문제처럼 절박했고, 그만큼 첨예했다. 그러나 시간이 흐른 지금에서 돌아보면, 그보다 더 오래 남는 질문은 따로 있다. 그것은 곧 '우리' 내부의 차이와 다양성, 곧 다원성을 어디까지 인정하며 공존할 수 있는가 하는 문제이다.

보수와 진보, 여야, 적과 동지의 관계에서 3-7의 인식, 즉 반대자의 30%를 인정해야 한다는 사고는, 필연적으로 우리 편, 우리 진영, 같은 조직 내부의 다원성을 더욱 폭넓게 인정하는 방향으로 나아갈 수밖에 없다. 외부의 적에게 합리성을 부여한다면, 내부의 차이를 배제할 명분은 더욱 약해지기 때문이다.

그러나 운동의 고양기라는 시대적 맥락 속에서, 가장 치열하게 살고자 했던 순간마다 진보 진영은 내부의 '순수주의적 열정'이 불타는 '단일대오'의 결사체가 되기를 갈망해 왔다. 1980년대에 회자되던 '민주집중제' 또한 엄혹한 조건 속에서 철의 규율로 무장해 '적'과 효율적으로 싸우기 위한 선택이었다. 그런 조건 아래에서는 순수한 결사체가 일정한 효율성을 지녔던 것도 사실이다.

그러나 조직 내부의 다원성 인정은 언제나 그 조직이 놓인 시대적 조건의 문제였고, 과도한 순수주의는 결국 조직의 역사를 '분열'의 역사로 남기곤 했다. 이 책의 논지는 바로 그 지점에서 출발한다. 긴 민주화의 시간을 지나 현실의 조건이 근본적으로 달라진 지금, '진보 내부의 다원성'에 대해서도 우리는 새로운 사유의 지평을 열어야 한다는 것이다.

■ '적'을 비판하는 방법론을 우리에게 적용한다는 것

'적'이라는 말을 사용하는 것을 양해 바란다. 어떤 의미에서 이 책은 그런 '대적' 개념을 넘어서자는 것이지만, 전투가 되어버린 정치와 사회 갈등에서 '적'이라고 하는 인식이 있는 것이 현실이므로, 이를 감안해 주기를 바란다. 그래서 '적'으로 따옴표를 붙여서 사용한다. 여기서 '역지사지형 성찰성'을 이야기한다. 그것은 단순히 상대를 이해해 보자는 온건한 도덕적 권유가 아니다. 그것은 오히려 우리가 익숙하게 사용해 온 '적을 비판하는 방법론'을 우리 자신에게 되돌려 적용해 보는 급진적 사유의 전환에 가깝다. 그렇게 할 때에만 우리는 우리 진영, 우리 편을 '본질적으로 선하다'고 이상화해 온 관성을 넘어, 좀 더 현실적이고 복합적인 인식에 도달할 수 있다.

나는 앞서 이렇게 말한 바 있다. 20세기는 사회주의 혁명으로 막이 올랐지만, 사회주의 혁명 체제의 붕괴로 막을 내렸다. 이것은 20세기 역사 전체를 관통하는 가장 큰 미스터리이자, 아직 충분히 해명되지 않은 과제다. 지금도 이 문제는 모호한 평가와 감정적 비평 속에서 유예되어 있다.

그러나 나는 이 글의 맥락에서 이렇게 말해보고 싶다. 만약 자본주의 체제를 비판하던 그 치열한 분석의 방법론을, 사회주의 체제를 분석하는 데 단 30%만이라도 적용했더라면, 역사는 전혀 다른 경로를 밟았을 가능성이 크다. 그랬다면 우리는 사회주의에 대해 맹목적인 환상을 품지 않았을 것이다. 1980년대 변혁적 진보의 흐름 속에서 사회주의는 거의 유일한 유토피아적 미래로 상정되었다. 그 강렬한 열망은 이해할 수 있지만, 바로 그 점에서 성찰의 빈자리는 너무 컸다.

만약 소련 사회주의 체제를 주도했던 집단이 역지사지형 성찰성에 입각해, 체제 초기에 나타난 '성공의 위기', 장기화 과정에서 드러난 헤게모니의 균열, 그에 기반한 이반과 저항, 내부의 균열들, 즉 이상으로서의 사회주의를 현실 체제로 만들었을 때 나타나는 '그늘'을 외면하지 않고 정면으로 응시했더라면 어떠했을까. 그리고 그 응시에 기초해 보완적 전략을 채택했더라면, 역사는 전혀 다른 궤적을 그렸을지도 모른다. 이런 의미에서 보면 페레스트로이카와 같은 개혁은 필요했지만, 나의 견해로는 그것이 너무 늦었고, 그 실행 과정에서도 전술적 오류가 누적되어 실패로 귀결되었다.

인간은 불완전한 존재이고, 그런 불완전한 존재가 모여서 이루는 사회는 더더구나 불완전성과 불안정성을 특징으로 하지 않을 수 없다. 우리는 자본주의의 모순만을 응시하지만, 사회주의에도 그늘이 있다. '반혁명'만 모순과 그늘이 있는 것이 아니라, 혁명도 모순과 그늘이 있다. 당연히 산업화의 모순과 그늘이 있다면, 민주화의 모순과 그늘도 있다. 우리가 응시하지 않았을 뿐이다. 혁명은 운동일 때 진실하지만, 체제가 될 때 스스로를 시험받는다.

자주 인용되는, 프랑스 철학자 메를로퐁티(Maurice Merleau-Ponty)의 말이 있다. "혁명은 운동일 때는 진실하지만, 체제가 되는 순간 허위가 된다." 이 문장은 다양하게 해석할 수 있다. 그러나 나는 이 말을 이렇게 읽는다. 혁명이 국가가 되고 체제가 되는 순간, 운동으로서 지녔던 해방의 에너지는 고착될 위험에 직면한다. 그리고 그 고착은 종종 스스로를 배반하는 방향으로 전개된다.

나는 가끔 스탈린 시대를 살았던 서방의 실존주의자들은 어떤 고민을 했을지 생각해 본다. 당시 많은 프랑스의 실존주의 철학자들은 사회주의·공산주의 이념에 깊이 공감했다. 자본주의를 넘어서는 미래 이데올로기로서 사회주의가 지닌 호소력은 강렬했다. 그럼에도 그들은 사회주의 혁명 이후 초기 개혁 과정에서 드러난 비인간성, 체제의 경직성, 서구의 윤리적·정치적 기준으로는 정당화하기 어려운 문제들에 대해 우려하고 회의적이었으나 여전히 우호적인 태도를 유지했다.

그것은 사회주의의 붕괴라는 현실을 아직 마주하지 않았던 시대였기 때문이다. 사회주의는 여전히 '운동으로서의 이상'을 강하게 유지하고 있었다. 메를로퐁티의 저 문장 역시, 바로 그 양면성 속에서 고뇌한 언어였다고 나는 생각한다. 만약 모든 '체제'가 갖는 공통적 속성(권력의 집중, 자기 정당화,

비판의 억압)을 30%만이라도 인정하고 접근했더라면, 전혀 다른 결론이 가능했을지도 모른다. 그러나 비판의 공간이 사라진 100% 절대화의 인식 속에서 사회주의는 결국 붕괴했다.

이제 우리는 운동으로서의 사회주의가 아니라, 붕괴라는 현실을 통과한 이후의 지점에서 사고해야 한다. 그럼에도 여전히, 진보적 체제를 '적의 시선으로 해부하는 작업'은 미답의 과제로 남아 있다.

■ 20·30 남성의 보수화에 대한 역지사지형 성찰

이런 관점에서 보면, 20·30 남성의 보수화에 대한 민주진보의 인식 역시 확장될 필요가 있다. 교육감으로 재직하던 시절, 나는 중고등학생들에게 이런 말을 하곤 했다. "여러분은 기성세대가 만든 세상에서 공부하고 살아갑니다. 하지만 기성세대는 여러분이 성인이 되어 만들어갈 세상에서 노후를 살아가게 됩니다. 그러니 더 나은 세상, 모두가 인간답게 사는 세상을 만들어주십시오. 그래야 우리의 노후도 편안할 수 있습니다." 그러나 이 글을 쓰며, 나는 정반대의 생각에 이르렀다. 오늘날 우리가 "보수화되었다"라고 말하는 20·30 남성들은, 바로 우리가 만들어놓은 세상에서 고통스럽게 살아가고 있는 존재들이라는 생각이다. 그들은 참혹한 입시 경쟁의 터널을 통과하며 이전 세대보다 더 많은 스펙을 쌓았지만, 안정적인 일자리를 얻기 어렵다. 부모 세대는 집이라는 축적 수단을 가졌지만, 그들은 상속이라는 특권이 없이는 접근조차 하기 어려운 자산 격차 앞에 서 있다.

■ 20·30 보수화 현상에 내재한 '합리적' 측면에 대한 고민

20·30세대가 "가슴속 분노와 원한 때문에 극우가 된다"라는 김현수의 표현처럼, 보수적 투표 경향에서 드러나는 그들의 보수화가 그들의 가슴속 분노와 원한 때문에 나타날 수 있다는 점을 인정하고 열린 마음으로 접근할 필요가 있다고 생각한다. 20·30 청년들 스스로의 환경과 사회적 심리가 결합된

'합리적' 결과라는 점을 직시할 필요가 있다는 것이다. 13)

사실 이 글에서도 주목하는 것이지만, 젊은 세대의 보수화, 심지어 극우화로 규정하고 비판하는 것은 이미 기성세대의 시선의 올바름을 전제하고 있다. 그렇게 '외재적' 단정을 하게 되면, 내재적으로 그것을 풀어낼 지점에 대한 인식이 간과될 수 있다. 그들의 투표와 경향이 그들 나름의 '합리적' 선택이라는 점, 즉 "모든 20대가 멍청해서도 아니고 세뇌당해서도 아니고 자기가 살아온 대로 판단하고 지지한 것이다"라는 인정이 필요하다.

여기서 진보적 시각에서 주목하는 구조적 차원에 우리의 시선이 갈 수밖에 없다. 한마디로, 그들의 분노와 원한을 만들어낸 것은 이전 세대와 구별할 수 없는 "새로운 사회적 격차"14)이다. 김정희원의 분석을 빌리면, "경제위기 및 불평등은 가부장제 자본주의 사회에서 (아직 경제적으로 자리 잡지 않은) 청년 남성들의 불만 및 박탈감을 강화시키고 있고"15), 이것이 청년 남성들이 '억울함'이라는 실재하는 감정의 구조적 조건을 이룬다. 이런 점에서 20·30세대의 보수화는 우리 세대의 실패의 결과이다. 그들은 우리 기성세대가 만든 세상의 고통 속에서, 기성세대에게 작은 투표 행위를 통해 비판적 정동(情動)을 표현하고 있다고 평가할 수도 있다. 그럼에도 불구하고, 20·30세대 남성의 정치적 보수화 경향은 분명하며, 우리의 주목 대상이다. 다만 그 결과만 보는 것이 아니라, 그 결과를 낳은 구조에 대한 기성세대의 성찰적 인식이 전제되어야 한다.

더군다나, 경제적 좌절감에 더해 그들의 역량 강화를 위한 노력과 그들의 현실적 조건 사이에는 기성세대보다 더 큰 간극이 생겼다. 한마디로 더 많은 스펙을 쌓아 높은 역량을 가지고 있음에도 노동시장에서의 지위는 열악하다. 1998년 이후 신자유주의적 기조가 전면화된 이후, 노동조합의 지원을 받는 기성세대에게 불이익을 강요하기보다는 신규 직원에게 더욱 열악한 조건을 수용하게 함으로써 세대 간 격차를 더욱 키웠다. 앞서 언급한 것처럼, 진보 정부로 간주되던 문재인 정부에서 부동산 가격이 급등함으로써(이것이 전적으로 그 정부의 책임만은 아니라 하더라도) 기성세대와 달리 젊은 세대가 자력으로 집을 살 수 있는 가능성이 현저히 축소되었다. 상속을 받는 젊은 세대와 그렇지 않은 세대의 격차는 더욱 확대되었고, 이러한 사회경제적 좌절은 정치적 선택의 배경이 되었다. 결국 서민층을 위한다고 말하지만 서민들은 점점 박탈감을 느끼고, 진보 정부 담론에 환멸을 느끼게 되었으며, 조국 사태가 그 감정에 방점을 찍었다는 해석이다.

그런데 20·30세대의 정치적 경향을 단지 사회경제적 구조로만 설명하는 것은 환원론적이다. 더구나 신진욱이 지적하듯, 세대 내부의 계급·계층적 균열이 커서 하나의 세대로 일체화할 수 없기 때문에, '대립의 담론'이 지워 버린 현실의 삶들에 주목할 필요가 있다.[16]

한 세대의 정치적 지향, 특히 투표 경향에서 드러나는 정치적 성향은 사회경제적 조건에 기반하면서도 여러 요인에 의해 복합적으로 형성된다. 먼저 세대 자체가 공유하는 역사적 경험의 영향을 들 수 있다. 20·30세대는 기성 민주화 세대처럼 독재라는 거대한 적에 맞서 싸우며 정치적 진보성을 형성할 기회를 갖지 못했을 뿐 아니라, 장기 민주화의 흐름 속에서 젠더 불평등 제도의 급격한 해체를 포함한 사회문화적 격변을 경험했다. 이러한 경험 속에서 이들은, 젠더 불평등의 혜택을 누린 기성세대와 달리, 젠더 평등화 과정에서 일종의 '소외감'을 느끼게 되었다.

이처럼 구조적으로 주어진 사회경제적 양극화와 좌절 위에 정치적 경험과 사회문화적 특성이 결합되면서, 20·30세대의 보수적 잠재성은 커져갔다고 볼 수 있다. 여기서 특히, 이 책에서 줄곧 서술해 온 민주화의 그늘에 대한 성찰이 요구된다. 20·30 남성의 보수화에는 민주당을 포함한 민주·진보 세력의 도덕적 우위 구도에 균열이 갔다는 점, 그럼에도 불구하고 진보적 가치를 이른바 정치적 올바름으로 규정해 '훈계'하면서 정작 도덕적·생활적 차원에서 내로남불과 이중성을 드러내는 기성세대에 대한 위화감이 중요한 계기로 작용했다.

이처럼 보수화로 기울 수 있는 잠재력이 구조적·정치적·사회문화적으로 주어진 조건 속에서 정치적 동원이 작동했다. 그 결과 변화에 대한 열정보다는 무력감과 체념, 어찌할 수 없는 좌절이 세대를 지배하게 되었고, 바로 그 지점에서 이준석 등으로 상징되는 정치인들의 반여성주의적 동원이 성공적으로 작동하게 된 것이다. 트럼프의 등장이 미국 민주당의 기성 정당화로 인해 가능해졌듯, 한국에서도 20·30세대의 보수화와 투표 경향의 우경화를 민주·진보 진영의 '실패'라는 결과로 접근해 보는 시각이 필요할지 모른다.

그렇다면 20·30 남성들은 우리가 만든 세상의 고통 속에서, 작은 보수적 투표 행위라는 방식으로 기성세대에 항변하고 있는 것인지도 모른다. 이 불편한 가설을 직시하지 않는 한, 우리는 같은 질문을 끝없이 반복하게 될 것이다.

이렇게 보면 20·30 남성의 투표 경향도 '적극적인' 보수적 투표라고만 단정하기 어렵고, 오히려 민주당으로 상징되는 과거 반독재 민주진보의 전통, 이른바 'PC 정치를 선도'한 정당에 대한 친화성이 약화되었다고 표현하는 편이 더 정확할 수 있다. 동일한 기조에서 신진욱 교수는 "극우화냐 보수화냐"라는 단순 프레임으로 환원하는 것을 경계해야 한다고 말한다. 그의 견해에 따르면, 이들의 정치적 정동은 비극적 현실 구조와 감정적 사회화의 결과이며, 전통적 의미의 '보수화'라기보다 감정적 탈주선과 분열의 표현이다.[17] 즉, 이들은 고전적 의미에서 '기득권 수호'를 지지한다기보다, 자신들이 느끼는 배제와 불신에 반응하는 방식으로 보수적 선택을 하고 있다는 것이다. 따라서 민주당과 진보정치는 이들을 낙인찍기보다는 감정의 지형과 분열을 이해하고 포섭하는 전략을 개발해야 한다.

이런 점에서 극우화라는 일반론 속에 20·30세대를 통칭해 버리고, 그에 대한 성찰적 응전 전략을 포기하기보다는, 이들의 복합적 정동을 그 자체로 주목하면서 이를 견인하고 극복하려는 노력이 필요하다. "극우를 이해한다는 것은 곧, 우리 사회에서 소외된 감정과 누적된 불안, 그리고 부조리를 들여다보는 일"18)이라는 말처럼, 그 이해 과정은 곧 대안적 해결책을 모색하는 과정이어야 한다. 이렇게 본다면, 한편에서는 20·30세대의 경제적 좌절감에 대한 더욱 적극적이고 포용적인 구조적 대책이 필요하고, 다른 한편에서는 이러한 20·30세대의 정서와 정동을 세밀하게 관찰하고 존중하는 정치적·문화적 대응이 필요하다.

■ 3-7제 인식은 체제의 중심부와 주변부의 존재 간에 다르다

손호철은 프리다 칼로의 미술 세계와 삶에 대한 르포를 적으면서,19) 그가 "소수자의 소수자의 소수자의 소수자의 소수자", "주변부의 주변부의 주변부의 주변부의 주변부"라는 점에 주목했다. "멕시코라는 주변부(소수자) 출신이다. 게다가 여자이니 '소수자의 소수자', '주변부의 주변부'다. 백인 아버지와 원주민 어머니 사이에서 태어난 '유색인종'이니 인종적으로도 '주변부(주변부의 주변부의 주변부)'다. 어디 그뿐인가? 그는 어려서 소아마비를 앓았고 대학 시절 대형 사고로 인해 장애인이 됐으니, '소수자의 소수자의 소수자의 소수자'였다. 하나 더 있다. 그는 동성애·양성애자였다는 점에서 '성적 소수자'였다. '소수자의 소수자의 소수자의 소수자의 소수자'라는 '5중의 소수자'였다는 것이다."

사회는 동질적인 개인으로 존재하는 것이 아니다. 모든 개인은 경제적·사회적·계급적으로 위계화된 구조의 특성을 갖는 존재이며, 그 특성이 중첩되어 나타나기도 한다. 내가 여기서 3-7제 인식틀을 이야기할 때, 중심적 존재(계급·계층)로부터 변방의 존재, 다수자적 존재로부터 소수자적 존재로 갈수록 이런 사회적 자기 성찰성을 필수적으로 요구받는 것은 아니다. 중심적 존재일수록 이런 인식을 해야 한다고 생각한다.

이런 역지사지형 성찰성을 담지하는 주체에는 시민사회도 있을 수 있고, 제도정당도 있을 수 있다. 나는 당연히 정치와 정당의 응전에서 이것이 더 중요하고 더 강력히 요구되어야 한다고 생각한다. 시민사회의 투쟁 현장에서 역지사지형 성찰성이 갖는 필요는 상대적으로 제한된다. 예컨대 남태령, 광화문, 헌법재판소 앞 등에서 탄핵에 반대하는 국민들의 거대한 투쟁이 전개될 때, 거리에서 어렵게 이루어지는 탄핵 촉구 투쟁과 같은 현장에서 상대적으로 '역지사지형 성찰성'을 논할 필요는 없다(물론 중간지대 국민들의 시각으로 투쟁하는 것은 그 자체로 의미가 있다). 이런 투쟁은 일종의 사회 진보의 필요조건이라고 할 수 있다. 그런데 이것이 충분조건이 되는 데는 제도정당들의 역할이 중요하다. 그런 점에서 이런 역지사지형 성찰성과 3-7제 민주주의의 접근은 정치에서 특별히 잘 발휘되어야 한다. 돌진적 전투 정치만으로는 전투에서 승리할 수 있지만, 전쟁에서 승리할 수는 없다. 많은 경우 시민사회 현장에서의 투쟁은 제도정당의 올바르지 못한 대응으로 유실되는 경우가 많았다. 시민사회가 제도정당에 대해 품는 불만도 거기에 있다.

그래서 정당들의 경우 집권 권력에 가까워질수록 이런 성찰성이 더욱 필요하다. 시민사회운동은 권력 투쟁을 하는 정당에 비하면 이런 자기 성찰성에 대한 요구를 덜 받을 수도 있다. 나아가 비정규직·플랫폼 노동자들의 경우는 권력이 박탈된 존재이므로 이런 자기 성찰성을 굳이 요구받지도 않는다. 권력을 갖게 될수록 이런 자기 성찰성을 가져야 한다는 것으로 이야기할 수 있다. 그리고 시대가 변화함에 따라서 하나의 집단(예컨대 386세대)이 과거 반독재 운동에 헌신하던 때와 달리, 독재를 극복하고 오히려 반독재 민주화운동이 '훈장'처럼 여겨지는 시대에는 이런 자기 성찰성을 새롭게 가져야 한다. 그러나 후자의 시기에 전자의 인식으로 자기 정당화를 하는 것에는 한계가 있어야 한다.

양시론-양비론이 회복되어야
중간지대로서의 언론과 지식인의 붕괴

3-7제 인식은 나로서는 오랫동안 가지고 있던 생각이다. 과거로 돌아가 보

자. 한때 '안티조선운동'이 벌어졌었다. 민주화운동이 고양되면서 한때는 '조선일보가 폐간되어야 진정한 민주주의가 이루어진다'는 논리가 이를 뒷받침했다. 그런데 나는 이른바 안면이 있는 조중동의 기자들을 만나서 이야기할 기회가 있으면 이렇게 말하곤 했다. "신문사가 가지고 있는 정치적·사회적 입장만을 일색화하지 말고, 30%는 반대 진영이 '등장'할 수 있도록 해야 한다. 그 대신에 자신의 입장에서 공세적 질문을 해라. 그 자체로 보도하면 좋겠다. 반대 진영이 등장했을 때 그의 입장을 신문사의 입장에 부응하는 방향으로 왜곡해 싣지 말고 그대로 드러내 주면 좋겠다." 이렇게 하면 '적대적'이지만 서로 다른 입장을 전제하면서도 30%의 공존의 기반이 유지된다. 그러나 언제나 현실은 그렇지 않았다. 그러다 보면 그 적대성이 고착화되고 신념이 된다. 그것은 역으로 그 신문사에도 적대적 타자가 존재한다는 의미이므로, 결과적으로 좋지 않은 결과를 낳는다. 나는 진보 언론사의 지인 기자들을 만날 때는 정반대의 이야기를 한다. "진보적 인사들만 등장시키지 말고, 반대 측 사람들도 최대한 등장시켜라. 그리고 진보적 시각에서 공세적 질문을 하면 되지 않는가"라고 말한 바 있다(물론 때로 논쟁적으로 한 주제를 둘러싸고 다른 반대 의견을 싣기도 한다).

사실 내가 아는 많은 기자들 가운데 진보적일수록, 진보적 가치의 추구자라는 일종의 '운동가'적 정체성과 기자로서의 정체성을 일치시키는 경우가 많다. 사실 민주화운동 과정에서는 바로 보수적인 레거시 미디어의 그런 태도에 대해 우리는 저항했다. 그런데 장기 민주화 시대를 거치면서, 진보적 기자들이 시대적 조건 때문에 그와 같이 자신의 정치적 입장과 기자로서의 역할을 일치시켜 보도하는 경우가 많아졌다. 여전히 정의의 전쟁이 진행되므로 불가피하다고 이야기할 수 있지만, 이제 3의 부분에서는 그러한 일치에 대해 성찰적 시각을 가져야 한다.

이런 점에서 나는 언론과 지식인이 '중간지대'로서의 위상을 회복해야 한다고 생각한다. 그러나 민주화 40년을 거쳐 온 지금, 언론과 지식인들이 매개하는 역할을 하기는커녕 오히려 양극화된 갈등을 심화하는 방향으로 작동하는 경우가 많다. 즉, 언론과 지식인이 오히려, 갈등하지 않아도 될 일에서조차 적대적 갈등 상황을 만듦으로써, 적대적 갈등을 민주주의 제도를 통해 비적대화하는 과정을 방해하는 경우가 많다. 언론과 지식인의 진영화, 그리고 진영 대립의 중심 주체, 나아가 '바람잡이' 역할까지 하는 경우가 다반사다.

많은 언론은 매일 프레임 '전쟁'을 치른다. 다음 정권의 향방에 목을 매고 어느 편에 소속된 것처럼 사고하며, 투쟁하듯 보도한다. 언론 역시 적대적 투쟁의 치열한 주체가 되어 있다. 사회경제적 모순에서 발생하는 다양한 갈등을 증폭시켜 비판적으로 보도하는 것은 타당하며 환영할 만하다. 그러나 여기에 '정파성'이 개입한다. 선거가 가까워질수록, 특히 한국과 같은 대통령제하에서 사회적·정치적 향방에 결정적 영향을 미치는 대선이 다가올수록, 이러한 정파성은 적나라하게 드러난다.

A와 B의 선택지가 있을 때, 사회경제적 모순 해결과 사회의 대안적 발전을 위해 어느 안이 더 적합한지를 고민하기보다는, '비판 그 자체'가 목적이 되는 경우가 많다. 자신이 독립적 주체로서 시시비비를 가려 보도하고 논평하기보다, A를 하면 "왜 B는 고려하지 않느냐"고 비판하고, B를 하면 "왜 A라는 좋은 방안이 있는데 안 하느냐"라고 공격하는 식이다. 무조건 '비판을 위한 비판'의 프레임으로 보도하고 논리를 구성하는 것이다. 심지어 때로는 사실을 교묘히 왜곡하기도 한다. '자기편'이라고 생각하는 정당이나 정치인에게 유리하도록, 편드는 보도를 서슴지 않는다.

언론과 지식인 스스로가 적대적 갈등의 바람잡이 역할을 하는 주체적 행위자가 되어 갈등에 뛰어듦으로써, 그만큼 갈등을 증폭시킨다. 일부 언론은 자신들의 '정략적' 입장을 정당화하기 위한 목적으로, 다양한 지식인 풀 중 자신의 입장을 옹호해 줄 지식인을 '동원'하기도 한다. 언론사의 요구와 입맛에 맞춘 '맞춤형 글'을 써주는 지식인도 있다. 그러다 보니 지식인은 도구화되고, 사안을 바라보는 양극화된 시선은 더욱 강화된다. 이는 불필요한 적대화와 소모적 갈등으로의 전환을 촉진한다.

하나의 갈등 사안이 발생했을 때, 그 사안을 둘러싼 여야 간, 보수·진보 간 입장 차이가 존재하는 것은 필연이다. 그런데 각 진영 내부에도 그 사안을 보는 다양한 시각이 존재할 수 있고, 또 존재해야 한다. 그러나 자기 진영에 유리하도록, 그 다양한 시각 중 가장 극단적인 의견을 골라 반대 진영을 공격하는 데 활용하는 보도가 많다. 사안의 엄중함에 비추어 그 극단적 견해가 타당하다면 문제가 없겠지만, 많은 경우 언론 또한 '정치적' 입장에 서서, 상대 진영에 최대한의 타격을 주기 위해 그 극단적 의견을 선택하고 증폭시키는 식으로 보도하고 글을 쓴다.

이런 점에서 나는 언론과 지식인이야말로 3-7제 인식틀에 기반해 적대적 갈등 사안에 대해 최소 30% 정도는 '양시론'적 입장과 '양비론'적 입장을 복원했으면 좋겠다고 제안하고 싶다. "진실은 회색이다"라는 말도 있다. 이 점에서 중간지대로서의 언론과 지식인은 양시론과 양비론을 회복할 필요가 있다. 나는 위장된 정파성을 전제하자는 것이 아니라, 70%는 자신의 정파를 갖되, 30%는 양시론과 양비론을 견지할 필요가 있다는 것이다. 그럴 때 성숙한 민주주의를 향한 기반이 확대된다. 한국 민주주의의 성숙을 위해 언론과 지식인의 '역할 재정립'이 필요하다는 뜻이다.[20]

이 책은 민주진보를 향해 쓴 것인 만큼, 이러한 문제의식은 진보적 기자에게도 동일하게 제기된다. 올바른 가치에 대한 신념이 강한 진보적 기자일수록, 자신의 '정당한' 정치적 입장을 더욱 강하게 전면에 내세워 보도하는 경우가 적지 않다. 그 과정에서 시민으로서의 윤리와 기자로서의 윤리는 분리되지 않은 채 하나로 겹쳐 나타난다.

문제는 민주화 초기, 즉 분명한 '적'이 존재하고 그 적에 대한 도덕적 분노가 사회를 관통하던 시기에는 이러한 태도가 크게 문제가 되지 않았다는 점이다. 그러나 적대 구도가 희미해진 장기 민주화 시대의 후기 국면에 이르면, 바로 그 태도 자체가 오히려 보수적·극우적 공동체의 인지적 결집을 강화하는 계기로 작동한다.

우리 내부의 그늘과 허점, 그리고 과도한 단정이 역설적으로 사실적·윤리적·정치적 틈새를 낳고 그들의 보수적 신념을 더욱 공고히 하는, 의도하지 않은 결과를 낳는 것이다.

■ 3-7제 인식은 권토중래(捲土重來)의 공간을 축소한다

이 책의 제안은 민주진보의 전략적 사고의 혁신 내지는 확장과도 관련된다. 정치가 곧 전투인 현실에서, 전투로서의 정치는 투쟁의 일면 최대주의적 전략으로 경도될 가능성이 크다. 모든 힘의 원천은 무력(이때의 무력은 군사력만이 아니라 조직력, 인적 동원의 규모 및 결집력 등도 다 포함할 수 있다)이지만, 그것이 충분조건은 아니다. 그런데 치열한 전쟁 가운데서도 후방 민심의 상황, 징집에 따른 민심의 동향 등 '후방 상황'에 대해서도 신경을 곤두세우게 된다. 그리고 무력적 제압의 그늘이 있을 수 있기 때문에 그에 대한 포착도 게을리하지 않으려 한다. 전투가 되어버린 현재의 전쟁에서도 마찬가지이다. 나는 여러 차례 민주화 과정에서의 그늘을 이야기했다. 민주화 세력이 산업화의 그늘에 저항하면서 자기 성장을 해왔다는 판단에서이다. 박정희가 자신이 추진하는 정책의 그늘을 직시하고 보완 전략을 취했다면 지금의 한국 정치와 사회의 향방은 달라졌을 것이다. 마찬가지로 민주진보 세력 역시 민주화 투쟁의 그늘을 적절히 직시하면서 보완 전략을 배합할 수 있을 것이다. 그렇지 않으면 극우집권시대로 갈 수 있는 개연성도 있다.

■ 저항들과 '연결성'

대학에 있을 때 사회운동을 연구했던 나의 입장에서 '연결성'이라는 개념과 인식을 중시한다. 한 체제에 대한 저항은 다양하고 그 요구가 때로 상호 모순되기도 한다. 그런데 그러한 이질적인 저항이 연결성을 가질 때, 강력한 힘을 갖게 되고 체제를 위협하는 수준으로까지 확장된다. 이 연결성이 확대되면, 체제에 반대하는 세력이나 리더에게 '권토중래'의 공간이 주어질 것이다. 어떤 의미에서 저항은 항상 복수형, 곧 '저항들'이다. 1980년대 이후, 그리고 (실제로 실현된 두 번째 탄핵인 윤석열 탄핵과 대비되는) 첫 번째 탄핵으로 물러난 박근혜 정부의 경우를 보자. 그 정부에 대해서는 다양한 저항들이 존재했다. 세월호 참사에서 가족을 잃은 유가족들, 국정교과서에 반대하는 교육운동 진영, 보수 정부이기 때문에 제도정치권이나 정부 기구(일종의 정치 섹터)에서 일할 자리를 잃은 사람들, 친이명박계 기업에 대한 수사로 불만을 품은 경제인, 선택 진료비의 단계적 축소에 대한 불만을 품는 의사와 일부 환자, 사드(THAAD) 도입을 반대하는 평화운동가, 통합진보당 해산에 저항하는 진보·좌파 진영 등, 다종다양한 저항과 이반이 쌓여갔다. 진보적이고 급진적인 지향을 견지하는 저항들만 있었던 것이 아니다. 보수적이나 중도적인 지향을 갖는 사람들도 정부의 특정 정책에 대해서 비판적인 시각을 가지고 있기도 한다. 이러한 이반들이 최종적으로는 박근혜-최순실 게이트를 결정적 계기로 '연결성'을 가지면서, 수백만이 참여하는 거대한 반정부운동으로 이어졌고, 탄핵까지 이르게 되었다. 박근혜 정부가 예방적 노력을 하고자 했다면, 이런 연결성이 형성되고 강화되기 전에 이를 '분리'하는 개혁을 했어야 할 것이다. 통상 '불통'이라고 부르는 것은 바로 이런 시각의 부재를 드러낸다. 이런 시각을 민주진보 정부에 대해서도 적용할 수 있고, 정당이나 시민사회운동 전반에 대해서도 적용할 수 있다. 민주화의 그늘이 일정하게 연결성을 가지고 그 바탕 위에서 출현한 것이 현재의 극우라고 보아보자.

■ 적대를 완화하는 사회경제적 구조 개혁의 중요성

나는 적당한 통합론이나 도덕주의를 이야기하고자 하는 것이 아니다. 한 사회 갈등의 치열함의 정도, 사회적 전투성의 수준은 지배적인 사회경제적 체제의 포용성에 달려 있다. 정치적 적대를 완화하기 위해서도, 정치가 편승하는 사회경제적 양극화와 불평등에 대한 적극적 보완이 있지 않는 한, 정치는 편한 적대적 정치에 편승하게 된다. 그런 점에서 정치는 사회경제적 갈등을 포용해 내는 정부의 포용적 정책을 만들어내고, 대중의 분노와 불만이 극대화되지 않도록 정책적 포용 노력을 기울여야 한다. 그 가운데 공동체적 최소 기반의 정치도 가능하다.

정치 갈등의 주체와 시민사회운동 세력이 서로의 극단성을 자극하며 대립이 고착되면, 자연스럽게 공동체의 극단적 균열로 이어진다. 보수와 진보, 좌우의 운동과 정당 내에 극단적 전투성을 발휘하지 않아도 되는 대중의 조건을 만들지 않으면, 극단적 정치의 확산을 막을 수 없다. 대중의 사회경제적 삶의 정서─사회운동의 전투성─정치의 전투성이 이어지는 것이다. 대중의 좌절과 불만이 임계점을 넘지 않도록 하는 전향적인 사회경제적 정책이 필요하고, 그래야 사회운동과 정당의 전투성이 공동체적 최소 기반을 유지한 채로 전개될 수 있다.

양보할 수 없는 '7'의 영역도 있다. 3-7의 인식을 적용한다고 해서 모든 사안을 타협의 대상으로 삼을 수는 없다. 나와 우리 조직, 우리 진영의 실천 속에서 어떤 주제를 '정의의 투쟁 영역'인 7에 둘 것인가, 또 어떤 주제를 3의 영역으로 둘 것인가는 필연적으로 주관적 판단의 문제이다. 그러나 민주·진보의 일반적 인식 속에서 볼 때, 이를테면 철저한 내란의 척결은 분명히 7의 영역에 속할 것이다. 일본의 전쟁 책임과 식민지 지배에 대한 사과, 이른바 '정신대' 문제, '전쟁 중 성노예' 문제 역시 양보할 수 없는 사안이다. 5·18 민주화운동 당시 북한군 침투설의 합리성을 인정하기 어렵다는 점도 마찬가지다.

이러한 판단들은 모두 한 정치사회 공동체가 처한 특정한 시공간적 조건 위에서 형성된다. 그런 의미에서 이 판단들은 언제나 '주관적'일 수밖에 없다. 나아가 투쟁의 대상이 외부의 쟁점에 그치지 않고 조직 내부의 노선 투쟁으로 옮겨올 경우, 반대 집단의 노선에 대해 어느 정도까지(이를테면 30%

의 합리성까지) 인정할 것인지가 역시 중요한 쟁점이 된다.

모든 인간과 인간 집단은 가치와 신념, 인식을 공유하는 공동체로 기능하며, 그 자체로 한계를 지닐 수밖에 없다. 바로 그 점에서 갈등과 배제의 가능성은 언제나 잠재해 있다. 그럼에도 내가 말하고자 하는 바는 분명하다. 큰 흐름에서 보았을 때 세상은 넓고, 싸워야 할 일은 많다. 그렇기에 모든 사안을 적대적 투쟁의 대상으로 설정할 필요는 없다.

▌"모든 인간은 죄인이다"
70%의 확신으로 싸우는 용기

여기서 나는 기독교적 언어를 사용해 서술해 보고자 한다. 기독교 신학은 "모든 인간은 죄인"이라고 선언한다. 모든 인간은 불완전하다. 인식적으로도 그러하고 도덕적으로도 그러하다. 가장 숭고한 성직자도, 가장 고결한 혁명가도 완전무결한 천사가 될 수 없다. 그런데 정치적·종교적 신념이 강할수록 '도덕적 절대성'에 기대기 쉽다. 치열한 전쟁의 와중에서는 더욱더 그러하다.

그러나 인간의 불완전성을 인정하는 것이 곧 회개의 문, 즉 변화 가능성의 문을 여는 행위가 된다. 회개라는 말을 확장해 보면 이렇게 해석할 수 있다. 정치적 차원에서도 70%의 확신으로 싸우면 권력의 '한시성'을 인정하게 되고, 승자도 패자도 언젠가 위치가 바뀔 수 있음을 자각한다. 이것이 '문명적 정치'의 최소 조건이라고 나는 생각한다.[21]

더 나아가 이 책에서 이미 서술했듯이, 장기 민주화 시대의 전기와 후기가 서로 다르듯, 정치·사회적 시대 조건의 변화에 따라 우리 인식의 상대성을 성찰하고 판단의 여백을 남겨두어야 한다는 점을 강조하고자 한다.

▌조희연의 '내로남불'

나에 대해서도 이미 언급한 것처럼, 자사고와 외고를 폐지하려고 하는 교육감에 대해 "아들이 외고를 나왔다"라고 비판한다. 이에 대해 나는 앞서 언급한 것처럼 항변할 것이 많지만, 보수 진영에서는(진보가 보수를 비판하는 기준에서) 충분히 비판할 수 있다고 본다. 또 다른 나에 대한 예를 들어 이야기를 해보자. 나에 대해 특별채용 유죄 판결로 비판하는 사람이 있다. 내용을 보면, 10년 동안 해직되어 거리를 떠돌던 해직 교사를 '특별채용' 제도로 구제해 교단으로 돌아가게 했다. 해직 교사 복직을 위한 특별채용이 문제가 되는 과정을 내 입장에서 유리하게 재정리를 하면 이렇다. 국정감사에서 복직된 다섯 명 중 네 명이 전교조 출신이라는 점을 들어, '전교조 공격'의 일환으로 곽상도·전희경 의원 등이 복직 조치를 비판했고, 그것이 당시 감사원(최재형 감사원장 시절)의 특별감사를 거쳐, 판검사 등의 권력자 비리를 수사하라는 목적으로 만들어진 공수처가 '1호 사건'으로 이 특별채용을 수사해서 기소했다.[22] 그리고 재판을 거쳐 최종적으로 대법원에서 판결이 확정되어 교육감직을 그만두게 되었다.

이에 대해 나는 7의 비중으로, '해직 교사의 복직을 위한 정의로운 행정인데, 이를 정치적으로 문제 삼아서 억울하게도 유죄가 되어 교육감직까지 그만두게 되었다고 주장하고 싶다. 100여 개의 교육·인권 시민단체가 공대위[23]를 만들어 항변할 정도로 나는 떳떳하다'라고 말하고 싶다. 그러나 3의 비중으로 나에 대한 비판을 수용해, '정의로운 목적을 가진 행정 조치이더라도 더욱 투명하고 철저한 행정적 프로세스를 밟았어야 했는데 부족함이 있었다'고 인정하고 싶다. 역지사지형 성찰성에 기초해 보면 이렇게 이야기할 수 있다. 이것은 민주진보 인사들의 개방성이자 열린 태도이지, 꼭 나약하거나 부당한 공격에 굴복하는 것이 아니다. 또한 이렇게 함으로써 30%의 보수와 진보의 경계를 뛰어넘는 공통분모(인정되건 안 되건)를 유지하는 것이 된다. 정치권의 많은 공방도 그러하다. 나는 바로 이러한 이니셔티브를 민주진보가 보수를 뛰어넘어 발휘하자는 것이다.

2025년 8·15 사면에서 나는 사면 복권되었다. 이때 나는 "사면복권에 감사하고, 그동안 성원해 준 분들께 빚진 마음을 전하며"라는 입장문에서, 저를 비판하는 사람들에게도 이런 메시지를 전한 바 있다. 조금 길지만 인용한다.

저의 사면복권을 제 일처럼 생각하고 성원해 주신 많은 분들에게 감사를 드립니다. … 대법원의 판결까지 100여 개의 민주주의, 시민사회, 교육, 인권단체가 공동대책위원회를 구성하여 함께 울고 웃어 주시고, 대법원의 유죄 판결에 반대하는 캠페인을 해 주셨습니다. 저는 '10년이나 해직되어 아이들 곁을 떠나 있던 교사들이 교단에 돌아가 아이들을 다시 가르치고 정년을 맞이하는 훈훈한 풍경이 정상이고, 광역단체장인 교육감이 그런 정도의 화해와 통합의 권한은 가져야 한다고 생각했고 지금도 생각하고 있습니다.'라고 말해 왔습니다. 실제 박근혜 정부에서 '시행령'이 개정되어 교육감의 특별채용 권한이 제약됨으로써 직권남용의 논란이 발생했던 것입니다. 저는 8월 29일 교육청을 떠나면서, '누구나 살면서 몇 번쯤은, 불이익이 닥칠 줄 예상하면서도 정의로운 가치에 몸을 던져야 할 때가 있습니다. 해직 교사들이 다시 아이들을 만날 수 있도록 한 2018년이 제겐 바로 그런 시기였습니다. … 민주주의에는 법치주의의 또 다른 얼굴이 있어서 … 저는 퇴임 후 조용한 시간을 보내면서, 저를 비판하는 사람들의 주장에도 조금은 성찰적 자세로 경청해야 한다는 생각을 많이 하고 있습니다. 그런 점에서 이 자리를 빌어, 해직 교사 복직의 교육적·가치적 의미에도 불구하고, 대법원의 행정절차상의 유죄 판결이 의미하는 바와 같이, 제가 행정적으로 충분히 숙고하고 사법적 논란이 없을 정도로 잘 처리하지 못한 점에 대해서 인정을 하고, 저를 비판하는 분들과 국민들께도 죄송하다는 말씀을 드리고자 합니다. 법치주의의 근간들이 심대하게 도전받고 있는 현실에서 제 스스로 행정 목적의 타당성으로 저의 모든 행정행위를 정당화하는 것이 부족할 수 있으며, 비판하는 분들에게도 정당한 비판의 권리가 있다는 점을 인정하고, 그런 점에 대해 성찰적으로 돌아보겠다는 말씀도 이 자리를 빌어 드립니다.[24]

민주화 시대의 진보는 기본적으로 어떤 의미에서 보수 기득권 대 진보의

'제로섬'적 관계를 전제로 추동되어 왔다. 내가 이야기하는 것은 제로섬을 적당한 분점(分點)으로 바꾸자는 것이 아니다. 오히려 '동차원(同次元)에서의 제로섬'적 관계를 넘어서서, 초월하는 진보의 길을 모색해야 한다는 것이다. 그리고 그를 통해 그만큼의 새로운 차원에서의 공화(共和)적 선순환을 만들어내야 한다는 것이다.

■ 돌진적 전투주의 대 역지사지형 전투주의

현재의 정치는 일정 측면 '전투'가 되어 있다. 더구나 전 지구적 차원에서 적대적 진영정치가 편만하고 있다. 이런 전투로서의 정치 현실을 인정하면서도 나는 변화가 필요하다고 생각하고, 이런 역지사지형 성찰성을 갖는 전투가 되어야 한다고 생각한다. 그런 점에서 나는 이를 '역지사지형 전투주의'라는 개념으로 부르고자 한다. 앞서 역지사지형 성찰성을 이야기했는데, 그것을 일부라도 갖는 상태에서 전투를 하자는 취지이다. 정치가 전투가 되어 있는 그 현실 자체를 초월할 수 있다면 물론 더 좋을 사회일 것이다.

나는 전투주의에도 한편에 돌진적 전투주의가 있다면, 다른 한편에서 '역지사지형 전투주의'라는 것을 설정할 수 있다고 생각한다. 즉, 좌고우면하지 않고 반대 세력들과 일면적으로 투쟁하는 것을 돌진적 전투주의라고 한다면, 전투적 투쟁의 기조를 견지하되 반대 세력의 정조(情調)와 정동(情動)의 시선에서 상황을 복합적으로 보면서 다양한 접근을 배합하는 것을 역지사지형 전투주의라고 표현하고 싶다. 나는 이것을 '적의 시선을 마음에 품고 전투적 투쟁을 하는 것'이라고 표현하고 싶다.

이미 현실에서 정치는 전투와 전쟁이 되어 있는 것을 인정하고, 오히려 일면 돌진형 전투주의에만 사로잡힐 것이 아니라, '우리 안의 성찰성'을 가지고 투쟁을 다변화하자는 것이다. 우리가 젊은 시절에(이런 표현도 폄하가 될 수 있어 조심스럽지만) 마르크스 책 한두 권을 암송하듯이 읽고 목소리를 높이던 20대처럼 돌진형 전투주의도 있을 수 있다. 물론 성숙했다는 명목으로

'전향'해 간 많은 사례들도 있었다. 나는 그 치열함을 견지하면서(그러나 치열함이 담기는 우리의 인식 체계나 투쟁 형태, 관계 맺기의 현실태는 달라질 수 있다) 그렇지만 '우리 안의 성찰성'을 가지고 더욱 지혜롭고 다면적이며, 때로는 복합적 전략에 기반한 전투주의를 발휘할 수 있다고 생각한다.

시민들의 투쟁과 사회운동은 옳은 것을 위해 투신하는 자세로 행하기 때문에 아무래도 돌진적이 될 수밖에 없다. 그러나 그렇게 만들어진 변화의 에너지를 정치가 받아 안을 때는, 때로는 완급 조절도 하고 자기희생적 모습도 보이고, 스스로의 약점과 오류에 대한 적의 비판까지도 염두에 두면서 그 국민적 효과를 극대화해야 하는데, 정치는 많은 경우 이에 실패한다. 그렇기 때문에 역지사지형 성찰성에 기반한 전략이 필요하다고 하겠다.

■ 생각하는 힘과 사랑하는 힘

유명한 격언이 있다. "신은 인간에게 '생각하는 힘'과 '사랑하는 힘'을 주었다"고 한다. 나는 학생이나 학부모, 교사에게 이야기할 기회가 있을 때마다 이를 많이 인용했다. 교육의 과정은 창의적 사고력과 자신을 둘러싼 세상을 분석하는 생각의 힘을 기르는 과정이다. 교육의 목적이 바로 그것이다. 동시에 사회적 인격 형성과 함께 사는 힘을 길러주는 전인적 성장을 위한 과정이 바로 교육이다. 이 두 가지가 공존해야 한다.

사랑하는 힘은 잃어버리고, 생각의 결과물인 기술과 전투적 물리력만이 중시된다고 하면 그것은 한쪽을 잃어버린 것이 된다. 20세기를 홉스봄은 "극단의 시대"[25]라고 불렀다. 아도르노·호르크하이머의 표현에 따르면, '도구적 이성'만이 지배하고 '비판적 이성'을 잃어버린 시대이다. 이성이 "세계를 설명하고 예측하기 위한 계산적·기술적 합리성으로 축소"되어 버리는 것이다.[26] 20세기의 극단을 경험하고도 21세기에 그것을 피하는 지혜를 도모하지 않는다면, 그것은 역사에서 배우지 않는 것이다.

디지털-AI기술혁명 거기서 나타나는 새로운 사회경제적 현실, 그에 대응하는 인간의 이성적 개입으로서의 정치가 새롭게 어우러지고 있는 지금, 그것이 20세기의 극단의 시대를 재현하는 것이 되어서는 안 된다. 20세기의 파시즘은 후기 자본주의형 파시즘으로 부활하려 하고 있는 것이 작금의 현실이다. 정치가 아니라 정치가 내포하는 갈등과 적대를 그대로 인정하더라도, 그것이 더욱 높은 수준의 문명적 형태로 전개될 수 있도록 하는 것은 인간의 또 다른 지혜이다. 삼족을 멸하는 전근대 정치와 정적을 제거하는 전체주의적 정치를 경험한 우리가, 21세기의 정치가 다시 극단으로 흐르는 것을 방치하지 않는 것은 역사로부터 배우는 것이 아니다. 이성의 도구화에 대응해 '투쟁의 도구화'라는 표현을 사용한다면, 이를 넘어서는 인식이 필요하다. 나는 갈등과 적대를 인정하더라도, 그것이 최소한의 공존과 공화의 기초를 갖는 상태로 전개되는 정치를 지향해야 한다고 생각한다. 최소한 역동적인 한국의 민주주의가 그것을 지향하고 그렇게 노력할 수 있다고 믿는다.

■ 역지사지형 사고는 횡단형 접근으로 이어질 수도[27)]

역지사지형 성찰성과 그에 기초한 3-7제 인식이 어떻게 다양하게 변주될 수 있는지를 예시를 통해 살펴보자. 이 인식은 보수·진보의 경계를 초월하는 '횡단형 접근'으로 나타날 수 있다. 여성주의 등에서 'transversal(횡단)'이라는 개념이 많이 사용된다. 고착된 경계와 차이를 단순히 지워버리거나 일원화하지 않고, 그런 차이를 드러내면서도 서로를 가로질러 연대 및 협력하는 상호 작용 방식을 일컫는다.

　우리 사회에 치열한 좌우, 보수·진보 갈등이 있다 보니, 정책을 수립하는 과정에서 이분법적인 사고에 갇히는 경우가 많다. 또는 우리 편과 반대편이 있다고 할 때 반대편의 정책들을 과도하게 악마화하는 경우들이 있다. 그래서 '물 버리려다가 애 버리는' 식의 사고를 하는 경우도 많다. '적'이 하는 모든 말은 다 틀리기 때문이다. 정치적 대립과 달리, 정책적 대립의 경우에는 어느 하나가 옳고 어느 하나가 틀렸다고 말할 수 없는 경우도 있다. 대중의 요구와 현실의 다른 측면을 다른 정치적 이념이 부각시키고 강조하는 경우도 많다. 자신의 입장을 철저히 견지하면서도, 반대편의 합리적 정책 요소가 있다면 과감하게 수용해 자기편의 정책·공약을 풍부화하자는 것이다. 여기서 횡단의 관점은 보수적인 인사가 진보로 전향하는 것이 아니다. 오히려 보수의 주장 속의 합리적 요소를 나의 정책에 융해해서 나를 풍부화하는 것이다.

나는 이런 관점에서 코로나 시기에도 시행되었고, 이재명 정부에 의해 기본소득이라는 개념으로 제기되었으며, 2025년에는 민생지원금을 25만 원 지급하는 법안이 통과된 바도 있는 정책을 예로 삼아 논의를 해보고자 한다. 나는 단적으로 민생지원금을 '25만 원이 아니라 100만 원 지원법'으로 상상해 보자고 제안해 보고 싶다. 윤석열 정부하에서 민주당은 민생지원이라는 이름으로 '전 국민 25만 원 지원법안(지역화폐법)'을 통과시켰고, 이에 대해 정부의 거부권이 행사되었다. 국민의힘에서는 "나랏빚을 늘리는 전형적인 포퓰리즘" 정책이며, 어려운 사람에게 더 두텁게 지원하는 선별적 방법이 필요하다고 비판했다. 이재명 정부가 출범한 뒤 '15만 원+알파'의 민생지원금이 시행되었다. 특히 이를 지역화폐로 지급한 것은 지원금의 경제 진작 효과를 높이는 의미 있는 시도였다고 생각한다. 이에 대해 반대하는 야당에서는 대체로 "예산이 제한된 상황에서 재정 부담이 크다"는 비판을 제기했다. 나는 사실 일리가 있다고 생각한다. 또한 중상층의 경우 15만 원의 지원금이 사실상 상징적인 지원이 되고 그 자체가 그다지 소비 진작에 기여하지 않을 수도 있다.

여기서 횡단적 사고를 적용해 보는 것이다. '전 국민 100만 원을 지원하되, 연말정산 시 소득 1억 원 이상인 자에게는 세금에서 상쇄 정산한다'라는 안은 어떨까? 진보적 정책 틀에 보수의 합리적 비판을 녹인 '역-역소득세(negative-negative income tax)' 발상이다. 보수의 '부의 소득세' 개념(저소득층에 대한 역보조)을 차용해, 오히려 고소득층에 대한 지원금을 세금으로 회수하는 방식이다. 주지하다시피, 보수의 핵심 과세 원리 중에 '부의 소득세(negative income tax, 역소득세)'가 있다. 저소득층에게 세금을 걷지 않고 역으로 보조금을 주는 방식으로, 예컨대 서울시의 디딤돌 소득 같은 것을 떠올리면 될 것이다.

이렇게 하면 진보적 정책 기조에 서면서도, 재정 부담과 저소득층에 대한 두터운 지원이라는 선별 복지의 합리적 핵심을 수용해, '역-역소득세'의 관점에서 25만 원보다 많은 100만 원의 민생지원금을 제공할 수 있다. 지역화폐라는 지급 방식의 논란과는 별개로, 재정 부담과 형평성을 동시에 고려한 횡단형 정책의 가능성을 상상해 본 것이다. 대한민국도 이제 선진국 수준에 이르면서, 물론 자영업자 부문이나 비공식 부문의 세원이 온전히 파악되고 있지는 않지만, 세원(稅源) 파악 수준이 상당히 높아졌다. 형평성이 크게 문제가 될 정도는 아니다. 나는 이와 같은 중간 단계를 거쳐, 낮은 단계의 기본소득 시행의 첫 단추를 꿰어볼 수도 있다고 생각한다.

7장

민주주의는 언제나 위기에 처할 수 있다
공화성이 빠진 민주주의의 빈틈 메우기

▋민주진보의 시기별 변화와 그 지평 확대

지난 40여 년에 이르는 '장기 민주화 시대' 동안, 한국의 진보는 여러 단계를 거쳐 변화해 왔다. 1970년대 이후 권위주의와 독재에 맞섰던 진보는, 주로 반독재 자유민주적 진보의 성격을 띠었다. 1980년 광주 학살 이후에는 반독재 민주화운동이 고양되면서, 진보는 보다 변혁적·혁명적 지향을 품게 되었다. 1980년대 '사회구성체 논쟁' 같은 것을 연상하면 될 것이다. 이어 1987년 이후 민주화가 제도적으로 진전되면서, 진보는 헌법과 법률의 틀 안에서 사회를 개혁하려는 민주개혁적 진보로 그 성격을 확장해 나갔다. 시민운동적 진보도 여기에 포괄할 수 있다. 이 세 흐름은 서로를 대체하는 관계가 아니다. 나는 자유민주적 진보, 변혁적 진보, 민주개혁적 진보를 모두 한국 민주주의의 소중한 유산으로 본다. 그리고 여기에 더해, 이제는 이 모든 흐름과 결합할 수 있는 공화적 진보의 차원을 새롭게 개척해야 할 시점에 이르렀다고 생각한다. 민주에서 민주-공화로의 전환은, 민주주의의 성과를 부정하는 것이 아니라, 공화성이 빠진 민주주의의 빈틈을 메우는 작업이다.

‘헌법’ 제1조, 민주‘공화’국의 의미는 얼마나 확장될 수 있는가?
공화의 보편 원리와 한국적 의미

공화의 의미를 먼저 정리할 필요가 있다. 일반적으로 사상적 공화주의를 떠올리겠지만,[1] 여기서는 학술적 공화주의 정의에만 의존하지 않고 더 넓은 의미에서 공화를 설정하고자 한다.

공화를 한마디로 요약하면 ‘함께삶’이라 할 수 있다. 영어로는 together-ness, 우리말로는 ‘평등한 공존’ 또는 ‘평등한 공동체적 공존’으로 표현해 볼 수 있겠다.

‘대한민국헌법’ 제1조는 “대한민국은 민주공화국이다”라고 규정한다. 공화국을 단지 ‘민주국가’의 다른 말로 이해하면 공화는 최소주의적으로 축소된다. 반대로, 민주공화국을 ‘함께 사는 민주 국가’로 해석하면 공화의 적극적 의미인 ‘함께삶, 평등한 공존’이 드러난다.

종교적 언어로 바꾸면, 기독교에서는 “합력해 선을 이루는 것”이 공화의 한 표현이 될 수 있고, 불교의 연기론(緣起論)에 비춰보면, 모든 존재는 상호 연결되어 있어 나의 작은 행위가 타인과 세계에 영향을 미친다는 자각이 곧 공화적 태도라 할 수 있다. 나와 가족·집단을 넘어 더 큰 연결망 안에서 생각하고 행동하는 자세, 함께 살아가는 삶의 방식이 공화이다. 이를 위해서는 공동체성, 공공선·공동선, 공공적 의지에 대한 적극적 참여, 권리와 함께 가는 공동체적 책임성 같은 덕목이 필수적이다.

그런 의미에서 보면, 우리는 독재와 싸우고 민주개혁을 추진하는 과정에서 민주성(民主性)은 집요하게 천착했지만, 공화성(共和性)에 대해서는 상대적으로 진지하게 고민하지 못했다.

전통적으로 서구 근대 국가에서의 공화정은 군주제에 대한 대립 개념이다. 근대 시민혁명은 왕이 다스리는 전근대적 국가 체제를, 국민이 주인이 되는 공화정으로 전환하는 과정이었다. 이처럼 최소 의미에서 공화정은 반(反)군주제이다. 태국의 군주제와 대비되는 한국의 공화제를 떠올려 보라.

대한민국은 이미 일본 제국주의의 지배에 맞섰던 1919년 3·1 운동 시기부터 군주제를 넘어서는 근대 공화정을 지향했고, 그 정신은 '헌법' 1조에 담겼다. 그러나 공화국을 단지 반군주제, 곧 '민주주의 국가'와 동의어로만 이해한다면, '민주공화국'은 사실상 '민주국가'와 구분이 되지 않는다. 그래서 여기서는 공화를 세 층위로 구분해 보았다.

① 최소 의미의 공화: 공화정(반군주제)
② 공공성으로서의 공화: 공(公)을 위한 제도와 문화
③ 최대 의미의 공화: 평등한 공존, 공동체적 공화

▌ 공화의 세 단계: 공화(共和), 공화(公和), 공동체적 공화

세 층위의 공화를 하나하나 살펴보자. 첫째, 최소 의미의 공화는 군주제와 대립하는 공화정, 즉 국민 주권에 기초한 함께 통치의 확립이다. 이는 단지 왕과 전통 권위의 해체를 의미하지 않는다. 국민이 주권자로서 위상을 갖고, 각 개인의 자유와 권리가 보장되며, 주권자의 선택에 의해 지배 권력이 교체되는 체제이다.

둘째, 공공성으로서의 공화는 주권자의 자유·권리를 제도상으로 보장하는 수준을 넘어 공적 환경과 상호 관계 속에서 실질적으로 작동하는 상태를 의미한다. 개인의 자유·권리·이익이라는 '개인성'을 넘어 공공성과 공동선을 중시하는 단계이다.

셋째, 최대 의미의 공화는 공동체를 구성하는 모든 존재가 평등하게 공존하는 상태를 지향한다. 공공성 실현은 이 최종 상태의 완전한 도달은 아닐지라도, 최소한 개인의 이해(자유와 권리 포함)와 공동체의 이해가 일정하게 조화·균형을 이루는 단계이다. 그 위에서 모든 존재의 평등한 공존을 향해 나아가는 것이 진정한 공동체적 공화이다.

정리하면, 공화는 공화정으로서의 공화(共和)에서 출발해 공공성과 화합의 공화(公和)를 통해, 평등한 공존을 지향하는 공동체적 공화로 나아가는 과정이다. 관건은 이 과정이 권위주의적 방식이 아니라 민주주의 원리 및 제도 속에서 구현되도록 하는 것이다.

민주주의는 본질적으로 개인의 권리, 정체성, 가치, 이해를 자유롭게 추구할 수 있게 하는 체제이다. 그렇다면 그 자유를 전제로 하되, 자유가 단지 개인이나 집단 이익의 전투적 극대화에 머물지 않도록, 민주성을 훼손하지 않으면서도 민주적 공동체성으로 확장하는 방향을 모색해야 한다. 민주주의가 내포한 개인과 집단의 자유와 권리는, 그것이 최대이익주의와 최대가치주의와 결합될 때, 그 자유와 권리를 위한 전투성이 획일성으로 나아갈 수도 있고, 또한 그것이 극단성을 띠는 경우에 민주주의의 위기와 연결될 수 있다. 공화는 민주주의가 내포한(특히 한국에서 주로 그렇게 이해되어 온) 평등을 포기하지 않되, 그 평등을 동일성이나 획일성으로 오해하지 않는 길을 지향한다고 하겠다. 특히 한국처럼 민주화의 역동성 속에서 '민주적 전투성'이 강하게 발현된 사회에서는, 이 전투성이 단지 자유·권리·이익의 무제한 확대에 그치지 않고, 공동체적 공존과 공공성으로 심화·승화되는 것이 중요하다. 단지 '왕이 없는 나라'가 아니라, 사적 특권보다 법·제도·공익이 우선하고, 이해관계가 충돌하는 다양한 계층·집단을 넘어 공동선을 모색하는 체제로서 공화를 이해해야 한다.

요컨대 공화=함께삶=평등한 공존이며, 이를 민주주의 원리 안에서 어떻게 제도·문화로 구현할 것인지가 우리 앞의 과제다.

▊ 공화는 빈 기표이며 내포와 외연이 확장되어야

'대한민국헌법' 제1조는 이 나라가 '민주공화국'임을 선포하고 있지만, 그동안 이 조항은 거의 '주권재민', 곧 민주주의의 확인 정도로만 해석되어 왔다. 이제는 민주주의를 공화적으로 재구성하는, 곧 공화적인 민주주의, 공화적 민주주의 국가를 만들기 위한 새로운 문제 설정이 필요하다고 생각한다. 공화를 논의할 때 통상 '공화주의'라는 이론 전통을 먼저 떠올리지만, 여기서 다루려는 공화는 특정 학파에 고정된 개념이 아니라, 민주주의의 심화와 함께 계속 확장·갱신되어야 할 '열린 목표 가치'에 가깝다. 고전적·근대적 공화주의가 군주제에 대한 대립 개념, 혹은 비지배적 자유의 보장을 중심으로 전개되었다면, 이 글이 말하는 공화는 그것을 넘어 '함께삶, 평등한 공존, 공동체적 책임'을 포괄하는 더 넓은 지평을 지향한다.

그런 점에서 공화를 하나의 이론적 입장에 단단히 정박시킨 고정 표지가 아니라, 여러 이론적·실천적 조류에 열려 있는 '빈 기표'로 설정하고자 한다.

이처럼 공화를 민주주의의 확장과 더불어 내포와 외연이 넓어지는 '빈 기표'로 보고자 할 때, 다양한 이론적 조류와의 결합 가능성이 열린다. 마르크스주의, 사회주의, 코뮌주의, 급진민주주의, 포스트마르크스주의, 포스트모더니즘, 신유물론 등 다양한 논의와도 자기 방식으로 결합될 수 있다. 예컨대 들뢰즈-가타리가 말하는 차이(difference)와 다중성의 정치와 일정한 접점을 가질 수 있다. 공화주의가 권력의 자의적 지배를 방지하고 시민의 자유와 자치를 보장하려는 방향을 가진다면, 보다 급진적인 발상으로는 권력을 중심적·위계적 구조가 아니라 분산적이고 리좀적인 네트워크로 보는 관점과 결합할 가능성도 생긴다고 나는 생각한다.2) 또한 예컨대 이른바 '코뮌주의'의 사고와 공화는 쉽게 연결될 수도 있다. '코뮌(commune)'이란 말 그대로 자치 공동체를 뜻하며, 자율적·수평적·참여적인 협동체를 중심으로 공동 자원(commons)을 공유하고, 민주적으로 관리하는 것을 지향한다. 공화주의에서 강조되는 시민의 공적 참여, 지배 없는 공동체, 공동선의 추구 등은 코뮌주의의 자치 공동체 지향, 공동 자원의 민주적 관리, 수평적 연대와 상당히 맞닿아 있다고 나는 생각한다. 나아가 이른바 '신유물론'3)은 인간이 세계의 주인이 아니라, 물질·기술·자연과 함께 세계를 '공동 생산'하는 존재임을 밝히는 철학이라고 한다면, 공화의 차원은 인간을 넘어 더 확장된다. 브뤼노 라투르는 '코스모폴리틱스(cosmopolitics)'4)라는 개념을 통해 근대 정치가 자연을 '배경' 또는 '자원'으로 전제해 왔음을 비판하면서, 정치 공동체의 구성원에 '비인간 행위자(non-human actants)'를 포함시켜야 한다고 주장한다. 그는 근대적 사고와 달리, 하나의 세계가 아니라 여러 '존재 양식(mode)'이 공존하는 다원적 존재론을 주장한다.[5]

■ 민주주의 핵심 원리와 그 너머

근대 민주주의의 핵심 원리는 주권자의 위상을 왕이나 전통이 아닌 민에게 둔다는 것이다. 주권자인 인민이 자율적 존재로서 자유와 권리를 향유하는 것이 민주주의의 출발점이다. 그래서 민주주의의 핵심 키워드는 주권, 자율, 자치, 자유, 권리이다. 반면 공화정의 원리는(반군주제라는 최소 의미를 넘어 '함께삶'으로 이해할 때) 공동체성, 공공선, 공동선, 적극적 참여, 공동체적 책임성이 된다. 단순화하면, 함께삶을 향한 공동체성의 발현이 공화이다.

해방 이후 1980년대까지의 역사는, 이승만·박정희 정권 등 권위주의 권력에 맞서, 헌법이 규정한 민주주의 원리와 제도를 투쟁을 통해 실질적 권리로 만들어가는 과정이었다. 이 구도에서 정치·사회적 핵심 대립은 '권위주의 대 민주주의'였다. 공화는 상대적으로 부각되지 않았다.

그러나 40년에 이르는 장기 민주화 시대를 거치며, 우리는 새로운 과제 앞에 서 있다. 한편으로는 여전히 민주주의 원리와 제도를 확대·심화해야 한다(2024년 12·3 비상계엄을 떠올려 보자). 다른 한편으로는, 민주주의 원리에 공화의 원리를 결합해야 하는 도전에 직면해 있다.

이는 민주화 '성공 국가'에서 나타나는 전형적인 성공의 역설, 혹은 '성공의 위기'이다. 민주화의 전기·후기를 관통하며, 한국 민주화의 가장 중요한 성과는 거의 모든 시민이 일정 수준의 '민주적 전투성'을 내면화했다는 점이다. 자유와 권리가 부당하게 제약·억압당한다고 느끼는 순간, 전투적으로 대응하는 시민 주체성으로 변화했다.

오늘날 한국 곳곳의 갈등 현장에는 '투쟁'이라는 문구가 적힌 플래카드가 걸려 있다. 철거 현장에서는 "죽음이 아니면 정당한 보상을 달라"라는 메시지까지 등장한다. 평소 민주노총을 곱지 않게 보던 부동산 중개업자도, 정부 정책으로 직접적인 피해를 봤다고 느끼면 머리띠를 두르고 투쟁에 나선다.

이 긴 여정 속에서, 시민과 집단은 자유, 권리, 이익 추구에서 당당하고 전투적인 주체로 변모했다. 이제 과제는 이 민주적 전투성을 부정하지 않고 계승하면서, 여기에 민주적 공동체성, 곧 공화의 차원을 어떻게 결합할 것인가이다.

민주성의 핵심이 개인의 자유·권리·자율이며, 이를 최대한 보장하는 것이 민주주의의 기본 원리라고 할 때 (공리주의처럼 '총합의 극대화'를 전제하지 않는 이상) 개인의 자유·권리의 극대화가 곧 공동체 전체의 최선으로 이어지지는 않는다. 바로 여기서 개인을 넘어선 더 큰 소속 단위, 즉 공동체라는 차원이 등장하고, 개인과 공동체의 긴장, 자유·권리 외에 공동체를 향한 책임 문제가 부상한다.

문제는 공동선과 공동체적 연대, 시민의 덕성을 권위주의적 방식이 아니라 민주적 방식으로 구현하는 것이다. 원리적으로 보면, 주권자인 민이 자율적 존재로서 자유·권리를 향유하는 것이 민주정의 원리라면, 그 자유와 권리를 관계적 자유와 권리로 인식을 전환할 때 공화가 가능해진다.

신영복이 『담론: 신영복의 마지막 강의』(돌베개, 2015)[6]에서 "존재론으로부터 관계론으로"라고 정리한 것도 이 맥락에서 이해할 수 있다. 근대 자본주의 사회에서 개인은 고립된 '존재'로 파편화되지만, 관계론은 나와 타자·세계가 맺는 관계망 속에서 존재를 이해하는 사유이다. 신영복이 말한 "더불어 숲"이라는 은유 역시 공화적 의미를 담고 있다. 이러한 사유 전환을 '민주정에서 민주공화정으로' 나아가는 인식적 토대로 볼 수 있다.

▌ 민주정은 공화정과 결합되어야 위기에 직면하지 않는다

앞서 살펴본 것처럼 근대 민주주의의 핵심 원리는 주권자인 민의 주권, 자율, 자치, 자유, 권리이다. 이는 원리상 무한히 확장 가능하다. 바로 그 점 때문에 민주정은 극단화의 잠재성을 내포하며, 공화정 혹은 공화의 원리와 결합되지 않으면 위기에 직면할 수 있다.

민주정은 국민의 개인적 자유와 권리를 폭넓게 보장하고, 결사권 등 집단적 권리 역시 기본적으로 허용하는 체제이다. 이 과정에서 개인과 개인, 집단과 집단의 적대와 갈등은 '권리'라는 이름으로 정당화된다. 그 결과, 각 주체는 자신의 이해와 가치를 최대한 관철하려는 '일면적 최대주의' 경향으로 치달을 수 있고, 극단적 행동이 동반될 경우 민주정 자체가 위기를 맞게 된다.

반면 공화정은 주권자인 민의 화이부동(和而不同), 즉 서로 다름 속에서의 조화를 중시한다. 공동체성, 공공성, 공동선, 권리와 함께 책임을 강조하는 원리 위에서 작동한다. 여기서 공화는 민주주의 속에서 보장된 개인이나 집단의 일면적 최대주의가 동일성으로 치닫지 않도록, 또한 타인의 자유와 권리와 조화를 이루도록 하는 한계이자 조절 기제로 기능할 수 있다. 이 공화정의 원리가 민주정과 결합할 때 비로소 민주공화정이 실질적으로 구현된다.

▌ 민주화 이행기에는 왜 공화의 문제가 잘 보이지 않았는가?

민주정이 적대로 치달을 수 있는 잠재적 위기는 권위주의에 대항해 민주정을 쟁취하는 이행기에 상대적으로 잘 드러나지 않았다. 이유는 명확하다. 이 시기에는 여전히 '권위주의(혹은 그 유산)'라는 분명한 외부의 적이 존재했기 때문이다. 민주화 세력의 에너지는 주로 이 대립 구도에 집중되었고, 민주정 내부에서 발생하는 과도한 적대와 갈등의 문제는 상대적으로 후순위에 머물렀다.

그러나 민주주의 원리가 사회 전반에 만개한 민주정에서는 상황이 달라진다. 민주적 전투성이 더 높은 민주주의로 나아가는 진통으로 작동할 수도 있지만, 반대로 만연한 적대와 갈등을 심화시켜 민주정의 기반을 흔들 수도 있다. 이 지점에서, 민주주의가 보장하는 전투성의 발현 속에서도, 적대와 갈등을 넘어서는 상위의 공동체성, 곧 '함께삶'의 공화적 과제가 부각된다.

■ 민주주의에는 내재적 위기 원리가 있다

민주주의 원리 자체에는 이 문제를 해결할 장치가 충분히 내장되어 있지 않다. 민주정은 기본적으로 '주권자인 개별 시민의 판단'을 존중하고, 그것이 선거와 같은 절차를 통해 집단적으로 집계되는 구조이다. 여기서 중요한 것은 각 개인의 주권적 판단 자체이며, 그 총합이 반드시 공동체 전체의 '합리적 결론'일 필요는 없다. 이뿐만 아니라 그 주권자인 개인은 언제나 무임승차, 도덕적 해이 등의 행위를 할 수 있으며, 또한 사회경제적 차원에서 '공유지의 비극'을 초래하는 행위를 할 수도 있다. 또한 민주주의 내에서 개인은 자신과 자기가 속한 집단의 이익을 극대화하고, 스스로의 입장에 국한해 세상을 보고 판단하고 행위하는 존재를 전제로 작동할 수밖에 없다.

이런 점에서, 주권자 개인들의 판단의 합계가 그 개인들이 속한 공동체의 최선의 이해와 자동적으로 일치하지는 않는다. 집단적 총합 그 자체가 합리성을 보증하지 않는다. 민주성의 핵심이 개인의 자유·권리·자율을 최대한 보장하는 데 있다면(공리주의적 '최대 다수의 최대 행복'만으로 모든 것을 정당화하지 않는 한) 이것의 '극대화'가 곧 공동체 전체의 최대이익을 담보하지 않는다.

여기에서 개인을 넘어선 더 큰 소속 단위, 곧 공동체의 차원이 필연적으로 등장한다. 개인과 공동체의 긴장, 개인의 자유·권리뿐 아니라 공동체를 향한 책임 문제가 본격적으로 제기된다.

민주화 이후 다양한 사회 주체들(개인·집단)이 민주적 전투성을 발휘해 각자의 이익과 가치를 고정불변의 것으로 방어·확대하려 할 때, 이를 조정해줄 '절대 군주'는 존재하지 않는다. 근대 민주주의는 하나의 그릇이다. 이 그릇에는 1인 1표라는 원리, 기본권 보장이라는 최소 규범 외에 '모든 것을 합력해 선을 이루게 해주는 자동 장치'가 없다.

이 때문에 개인 및 집단은 자신의 권리에 근거한 최대주의적 행동을 할 수 있고, 민주주의는 이를 원칙적으로 허용해야 한다. 그러나 그 모든 행동이 자연스럽게 공동체 전체의 선으로 연결되는 것은 아니다. 바로 이 지점에서, 각자의 최대주의적 실천 속에서도 스스로 '3의 여백'을 남기는 태도가 필요해진다. 자신의 이해와 가치를 100이 아니라 70까지 밀어붙이고, 나머지 30은 전체 공동체의 이익과 타인의 관점을 고려하는 공간으로 비워두는 것이다.

이 30의 여백에서 숙의와 토론, 상호 조정을 통해 공동체의 합리적 결정을 도출할 여지가 열린다. 이런 과정은 숙의 민주주의가 요구하는 바와 같이, 다양한 주체들의 참여와 소통 위에서 이루어져야 한다.

이 책에서 다루는 주제는 기존 민주진보 이론에서 충분히 주목되지 않았던 문제이다. 사실 기존의 진보·좌파 이론은 민주주의가 주로 기득권에 의해 위협받는 측면에 주목해 왔다. 그것을 자본주의적 경제 권력으로 보기도 하고, 패권적 기득권 권력으로 보기도 했으며, 이러한 권력을 어떻게 극복할 것인지에 초점이 맞춰져 있었다[나는 대학에서 강의할 때, '경제적·정치적·사회적 기득권 체제'를 극복해야 한다는 취지에서 '탈(脫)독점민주주의론'을 제기한 바도 있다기]. 이 지점은 현재도 당연히 유효하다. 앞서 언급했듯이, 오늘날 극우의 부상은 디지털-AI 기술혁명과 그것과 결합하여 진행되는 새로운 지구화가 만들어내는 사회경제적 모순에 의해 구조적으로 촉진되고 있다. 그러나 동시에, 그것은 민주주의 내부에 내재한 긴장과 모순의 지점들에서 기인하는 측면 또한 크다. 민주주의의 '좌측'에서 비롯되는 위기 요인이 있다면, 이는 동시에 민주주의의 '우측'에서 비롯되는 위기 요인이기도 하다. 다시 말해, 개인의 자유와 권리를 기본 원리로 하는 민주주의의 내재적 위기는 최대이익주의와 최대가치주의라는 경향으로부터도 발원한다. 또한 이익과 이익의 충돌, 권리와 권리의 충돌도 발생한다. 반복해서 지적하지만, 이러한 경향 자체가 문제가 되는 것은 아니다. 그러나 그것이 극단화되거나 일면적으로 표출될 때, 공동체의 안정성과 통합과 괴리되거나 긴장이 나타나게 된다. 민주주의가 보장하는 개인과 집단의 최대 이익 추구와 최대 가치 실현이 언제나 공동체 전체의 합목적성과 공공성을 담보하는 것은 아니기 때문이다. 내가 '그늘'이라고 표현하는 것이 발생한다.

이와 같은 민주주의의 '우측'에서의 위기 요인은 주로 자유주의 이론의 맥락에서 제기되어 온 문제이다. 그러나 이 책에서 나는 극우가 부상하는 시대적 상황을 계기로 하여 이 문제를 민주-진보의 관점에서 응시하고, 그에 대한 응전의 필요성을 제기하고자 하는 것이다. 그리고 그 이론적 접근을 위해 '공화성과 민주주의의 결합'이라는 개념적 틀을 제시한다. 어떤 의미에서 이는 민주진보적 관점에서 공화적 민주주의를 재구성하고 전유하려는 하나의 시도라고 할 수 있을 것이다.

■ 개별 시민운동, 노동조합, 협회 등 결사체의 요구와 공동체 전체의 관계

이때 개별 시민운동이나 개별 노동조합의 요구가 공동체 전체 차원에서 얼마나 합리적인지는 자동적으로 보장되지 않는다. 지금까지는 후진국적 현실 속에서 '좋은 가치의 최대주의적 실현'이 곧 선이라고 믿고, 돌진적인 전투에 나서는 경향이 컸다. 그러나 개인 및 집단의 이해와 가치의 최대주의적 실현이 공동체 전체의 선과 언제나 일치하는 것은 아니다.

오늘날 보수와 진보, 독재와 반독재의 대립을 넘어, 민주진보 내부에서도 이해와 가치의 충돌이 발생한다는 현실을 직시해야 한다. 이 점에 대한 인식이 공화적 시각의 출발점이다.

근대 민주주의의 또 하나의 핵심 원리는 결사의 자유, 즉 개인이 고립된 존재가 아니라 집단적 주체로 조직될 수 있게 허용하는 것이다. 정당과 노동조합이 대표적이다. 노동조합은 구조적으로 조합원의 최대 이익을 절대 목표로 삼는 조합주의적 경향을 띨 수밖에 없다. 자본주의하에서 노동조합의 본질적 역할은 그에 속한 조합원의 이익을 최우선으로 삼는 것이다.

반독재 민주화 투쟁기에는 이러한 조합주의적 실천도 거대한 변혁 동력으로 작용했다. 그러나 일상의 국면에서는 노동조합이 조합주의적 행동으로 회귀하는 것이 자연스럽다.

선출직 단체장으로서 고백하자면, 4년 임기 가운데 마지막 1년쯤 되면 주요 정책을 결정할 때 '선거에 미치는 효과'를 최우선 변수로 삼게 되는 경향이 분명히 존재한다. 나 역시 예외가 아니었다. 때로는 공동체 전체에 그다지 도움이 되지 않는 일이라 하더라도, 선거에 유리하다면 실행해 버리는 경우가 있었다. 과거에는 이러한 정치적 판단의 굴절이 흔히 뇌물이나 돈과 결부되어 있었다면, 오늘날에는 투명성의 원칙이 일정 정도 확립된 덕분에, 여전히 비리가 반복되고 있지만 노골적인 경제적 유착에 영향을 받아서 정책 결정과 판단이 왜곡되는 경우는 상대적으로 줄어들었다고 할 수 있다. 그러나 선거를 염두에 둔 정치적 계산으로 인해 단체장의 정책 결정이 굴절되는 현상은 구조적이고 일반적인 특성으로 남아 있다.

여기서 지적하고자 하는 핵심은, 개인의 주권적 판단과 조직된 집단의 판단이 100% 합리적이지 않다는 점이다. 개인 및 집단의 합리성과 공동체 전체의 합리성이 필연적으로 일치하지 않는다. 민주진보 내부에서도 이러한 긴장과 딜레마, 모순을 응시해야 한다.

그렇지 않고 "누이 좋고 매부 좋은" 식으로, 권력자가 자신의 권력 유지에 도움이 되는 방식으로 개인이나 집단에 유리한 혜택을 주고 그 대가로 지지받는 것을 용인하면, 체제 자체가 비합리적 위기에 빠질 수 있다. 국가사회주의 붕괴도 이런 논리로 상당 부분 설명할 수 있다.

공화적 성찰성
3-7제 인식과 역지사지

이 딜레마를 응시하면서, 사고의 수준에서 공동체 전체의 합리적 목표, 선,

이해를 고려하는 노력이 필요하다. 특히 사회의 변방이 아니라 중심부에 가까울수록 자기 성찰성이 중요하다.

이 성찰성은 개인 차원에서 시작되지만, 국가 전체로 확장할 수도 있다. 반대자의 주장과 비판 가운데 30%는 옳을 수 있다고 전제하고 접근한다면, 그 30%를 통해 자신의 판단·행위·정책 결정을 다시 비춰볼 수 있고, 결과적으로 공동체 전체 차원의 합리성이 확대된다.

영국의 브렉시트 사례를 보자. 브렉시트는 민주적 투표를 통해 결정되었지만, 결과적으로 영국 경제에 상당한 부담과 위기를 초래했다는 평가가 많다. 사회·정치 현실에서 '브렉시트가 영국 경제위기의 단일 원인'이라고 누구도 권위적으로 단정할 수 없지만, 개별적인 주권자적 판단이 꼭 옳은 결론만을 낳는 것은 아니라는 것을 알 수 있다. 민주정에서 굳이 중요한 것은, 개별 판단이 모여 도출된 집단적 결정이 '정당한 절차를 거쳤는가'이다.

정치철학자들은 오래전부터 민주주의의 내재적 한계를 지적해 왔지만, 근대 이후 이 문제를 완전히 해결할 방법은 존재하지 않는다. 민주정에서 정치공동체는 개별 시민의 판단이 집계된 결과에 의존해 운영될 수밖에 없다. 개인의 자유와 권리를 뛰어넘는 공공선, 개인이나 집단의 이해와 구별되는 공동체 전체의 이해를 누구도 '권위적으로' 정의할 수 없다.

20세기 중반 파시즘조차 선거를 통해 등장한 '민주적 권력'이었다. 파시즘이 촉발한 전쟁과 파국을 경험하고, 패전 후 민주주의가 '강요'되는 과정과 대중의 자기 성찰이 결합되면서 절제된 민주주의가 자리 잡았을 뿐이다. 오늘날에도 파시즘적 성향의 극우 정부가 선거 민주주의 원리에 따라 출현하고 확산될 수 있는 이유가 여기에 있다.

따라서 민주정의 위기는 제도나 원리만으로 완전히 해결할 수 없다. 민주정의 주인인 주권자의 의식 속에, 이 책이 말하는 역지사지형 성찰성, 공화적 인식이 강하게 자리 잡지 않는 한, 민주정은 그 자체로 내재적 위기를 품은 제도이다.

공화와 헤게모니

1960~1970년대 민주공화당을 떠올려 보자. 실제로는 '언어적 장식'에 가까웠지만, 굳이 의미를 부여하자면 '조국 근대화'라는 민족·국가적 목표가 전체에 도움이 되는 공동체적 목표라는 논리를 전제로 한다고 볼 수 있다. 그 공동체적 목표를 대표 및 표상하고, 거기에 헌신하는 것이 도덕적이라는 함의를 담고 있었다. 나는 여기서 '민주적 공동체성'이라는 표현을 쓴다. 독재자의 치장으로서의 공동체성이 아니라, 주권자인 개인의 독립적 판단을 전제로 해서만 성립 가능한 목표로서의 공동체성이다. 현실주의 대 이상주의의 딜레마로 본다면, 이는 명백히 이상주의적 준거다.

그런 의미에서, 민주정의 원리와 공화정의 원리 사이의 긴장을 있는 그대로 인정하고, 민주정의 운영 과정에서 공화적 원리를 적극적으로 사고하려는 노력이 필요하다. 공화는 민주주의에 대한 '제한'의 차원을 내포하기 때문이다. 공화는 '최대 다수의 최대 행복'을 추구하는 공리주의의 원리를 넘어선다. 공화의 원리 속에는 개인의 자유와 권리, 그 일부로서의 이익 추구의 권리, 그리고 정의를 향한 투쟁의 권리를 '최대주의적'으로 행사하려는 경향에 일정한 제동을 거는 요소가 포함되어 있다. 그람시는 노동자 계급이 단지 계급적 세력에 머무르지 않고 "민족적-대중적(national-popular) 세력"으로 비상해야 한다고 말한다.8) 여기서 비상이란 자기 이익의 극대화만으로 이루어지는 것이 아니다. 때로는 양보와 타협, 조정을 통해서만 도달할 수 있는 경지다. 그람시가 말하는 양보·타협·조정은, 민주주의가 허용하는 자기 이익 추구와 가치의 최대주의적 극대화에 스스로 성찰적 한계를 설정하는 행위이기도 하다. 헤게모니는 자기 집단 이해의 최대주의적 실현과 일치하지 않는다. 이러한 관점에 설 때, 공화성이 결여된 민주주의의 빈틈을 능동적으로 메워가는 노력이야말로 진보의 헤게모니를 확장하는 길이라고 생각한다. 이런 의미에서, 그람시적 의미에서의 헤게모니가 실현된 궁극적 모습과 공화의 궁극적 모습은 서로를 향해 수렴할 가능성이 있다.

3-7제 인식과 공화적 사고
민주적 전투성에서 민주적 공동체성으로

앞서 3-7제 인식을 소개한 바 있다. 이 인식틀은 공화적 시각과 밀접하게 연결된다. 공화적 사고는 쟁투의 상대를 존재론적으로 긍정하는 사고로의 전환이다. 기존의 정치 쟁투에서 우리는 우리 편을 100% 옳고, 때로는 천사적이며, 도덕적으로 우월한 존재로 상정하고 싸운다. 반대 진영은 상대를 100% 악으로 본다. 공화적 사고는 이러한 절대적 도덕 이분법을 넘어서려는 시도이다.

이 접근은 민주주의가 보장하는 자유·권리 추구 과정에서 발현되는 민주적 전투성을, 민주적 공동체성이라는 또 다른 가치와 결합시키자는 제안이다. 내집단과 외집단의 경계는 언제나 존재한다. 이 경계를 적대적으로 보는 인식이 한편에 있다면, 다른 한편에서는 이 내외 집단이 더 큰 차원의 공동체(예컨대 대한민국 전체, 더 나아가 인류 공동체)에 함께 속한 존재라는 인식이 필요하다.

한국 현대사에서 한때 전라도-경상도의 지역 대립은 매우 심각했다. 그러나 두 지역 모두 대한민국이라는 더 큰 공동체의 일부이다. 현재의 경계에만 매몰되지 않고, 그 바닥에 있는 공동체성을 자각하는 것이 공화적 시각이다. 민주적 전투성을 발휘할 때도 이러한 인식을 유지해야 한다.

3-7제 인식은, 역지사지형 성찰성을 바탕으로 공화적 인식을 구성한다. 이 인식은 정치적 갈등이 공동체를 파괴할 정도로 극단화되는 것을 막는 인식론적 토대일 뿐 아니라, 민주주의가 내재한 위기를 넘어서는 데도 필요하다.

한국처럼 민주주의 역동성이 큰 사회에서는 모든 개인과 집단의 민주적 전투성이 확대되어 있고, 이것이 최대이익주의적 극단성으로 표현될 수 있다. 그런 상황에서는 개인·집단의 이해를 일정 부분 침해하더라도 미래지향적이고 합리적인 결정을 내리기 어려워진다. 2024~2025년 한국 사회를 달군 의사 파업이 대표적인 사례다.

교육계의 국가교육과정 개혁도 마찬가지다. 경제·사회가 변화하면 교육과정도 변화해야 하지만, 기존 교육과정에 적응해 온 과목·직역별 교사 집단의 입장과 '이해'에 배치되는 경우 큰 반대가 생겨난다. 권위주의 시대처럼 '위에서 내려찍는 방식'은 더 이상 정당화될 수 없고, 민주적 조정의 방식이 요구된다. 그러나 민주주의는 사회의 공공적 목표를 자동으로 최적화해주지 않는다.

이 과정에서 목표 달성 속도가 지연되거나 후퇴하는 국면도 있을 것이다. 일반적으로 진보는 최대주의적 속도, 보수는 최소주의적 속도를 선호한다. 그러나 개별 실천의 최대주의적 가속이 모여 역설적으로 극우적 퇴행을 낳는 경우도 있다. 가장 이상적인 각자의 입장과 이해가 민주적으로 존중되면서도, 또 각자가 교육과 공동체 전제의 견지에서 좋은 목표에 대한 인식을 견지하면서(여기에 3-7제적 인식을 가지고) 열린 숙의를 거쳐 접점을 찾아가는 것이다. 현재는 각 그룹의 치열한 대립 위에서 자기 행동을 하고, 관이 갈등을 우회하거나 적절한 접점을 설정하고 강행하는 식으로 진행된다.

장기 민주화 시기에는 민주주의·자유주의·진보주의 가치의 확산이라는 큰 흐름이 존재했다. 그러나 현재는 국내외적으로 이에 대한 퇴행이 전면화되고 있다. 진보 내부에서도 누구도 이 집단적 결과에 대해 책임지지 않는다. 각자는 "최선을 다한다"라고 말하지만, 전체적으로는 퇴행적 방향이 나타나기도 한다.

정의와 공화
다양한 수준에서의 함께삶

기존 진보의 핵심 가치는 '정의(justice)'였다. 경제적·사회적·인종적·정치적 부정의에 맞서 정의를 실현하는 것이 진보의 목표였다. 정의의 핵심에는 평등한 존중과 반(反)차별의 가치가 있다. 공화는 이러한 평등과 반차별의 다양한 수준에서 살아가는 서로 다른 존재들이 함께삶을 이루는 것이다.

1인당 GNP 1000달러 수준에서도, 3만 5000달러 수준에서도 공화의 과제는 존재한다. 경제적 불평등, 인종·성별 차별의 정도가 다르더라도, 각 수준에서 함께삶을 어떻게 구현할 것인가 하는 질문은 유효하다.

세계 곳곳을 여행해 보면, 각 사회의 '시간대'와 변화 속도가 다름을 체감한다. 국민국가라는 정치 공동체 안에서도 대중의 변화 속도는 균일하지 않다. 이를 단순히 '뒤처짐'이나 '부적응자'로만 보아서는 안 된다.

서구 근대 역사만 보더라도, 군주제를 유지한 나라와 공화제를 채택한 나라가 공존한다. 한국은 식민 시기인 1919년 3·1 운동에서 공화제를 천명했고, 해방 이후 격변 속에서도 군주제로 회귀하지 않고 공화제를 선택했다. 그 후 제3세계 국가들과 비슷하게 군부 통치를 겪었지만, 이를 극복하고 민주정을 정착시켰으며, 비상계엄 같은 퇴행도 다시 극복한 나라다. 이 과정에서 각 나라, 각 시기마다 고유한 대중의 정동과 주체성이 형성된다.

공화는 이러한 다양한 주체성의 수준에서 실현되어야 한다. 여기에는 부정의에 대한 수용과 저항의 태도 차이도 포함된다.

1960~1970년대에 집권당의 이름이 '민주공화당'이었던 사실을 떠올려 보자. 그들은 국가주의적·권위주의적 방식으로, 당시의 주체성 수준에 기반한 공화를 이야기했다. 그러나 민주화가 진행되면서 국민 주체성이 고양되자, 권위주의적 공화성은 붕괴했고, 반독재 투쟁 속에서 소멸했다. 지난 30~40년은 권위주의를 뛰어넘는 새로운 민주적 주체성이 형성된 과정이었다. 이제 이 새로운 민주적 주체성 위에서 공화를 실현해야 한다.

공화적 시민성
권리의 당당함과 책임성의 결합

공화적 시민성은 권리를 당당히 주장하면서도, 동시에 책임성(책임성)의 미덕을 내포한다. 민주주의는 모든 구성원이 1인 1표를 가지는 제도이며, 이 표들은 상호 연관된 표들이다. 각 개인의 선택은 그가 속한 공동체의 운명과 직결된다.

이 점에서, 나의 행위를 타인과 전체 공동체 관점에서 비춰보는 성찰성(역지사지형 성찰성)이 필요하고, 그 성찰성 위에서 자신의 권리 행사와 정치적 선택에 책임을 지려는 책임성이 요구된다. 공화적 시민성은 이 자기 성찰성과 책임성의 미덕 위에 서 있다.

이와 관련해 공화적 시민성은 권리에 대한 새로운 인식을 내포한다는 점에 주목해야 한다. 자유주의적 관점에서 권리는 외적 억압으로부터 개인을 보호하는 권리로 이해되는 반면, 공화적 관점에서 권리는 본질적으로 '관계적 권리'라 할 수 있다. 이는 나의 외부에 있는 '타자', 그리고 타자들의 집합인 공동체와 맺는 관계를 성찰하고 재구성할 수 있는 권리이다. 타자와 공동체가 종종 나에 대한 '지배'의 잠재적 주체로 인식되는 것과 달리, 공화적 인식에서는 자유와 권리 자체가 타인의 자유 및 권리와 얽혀 있는 관계적 상태로 이해된다.

이런 의미에서, 민주시민교육은 공화적 민주시민교육으로 확장될 필요가 있다. 민주시민이 공화적 민주시민이 되는 것은 시민성의 확장이다. 사실 이러한 요소는 이미 민주시민교육 속에 잠재해 있으나, 이를 더 분명하게 개념화하고 강조할 필요가 있다.

적대와 공화
목적 전도를 막기 위해

앞서 암살과 살육으로 이어지는 극단적 갈등을 언급한 바 있다. 이는 공동체 주체들 간 관계가 동일한 공간에서 공존하기 어려울 정도로 적대성이 심화된 상태를 뜻한다. 공화의 가능성은 하나의 공동체 내부에서 적대가 극단화되지 않을 때에만 열린다.

적대가 극단화되면 '적대의 목적 전도'가 발생한다. 원래 적대는 상대를 이기고 목표(권력 획득, 정책 실현 등)를 달성하기 위한 수단이다. 그러나 목적 전도가 일어나면, 상대의 파멸 자체가 목표가 된다. '저쪽이 잘되는 것보다 모두가 망하는 게 낫다'는 인식이 지배하는 상황이다. 이때 정치 역시 화해 불가능한 적대로 치닫는다. 허위와 조작, 인격 말살까지 동원되는 극단적 대결이 나타난다.

이러한 적대성의 목적 전도가 일어나면, 적대하는 양측은 더 이상 하나의 공동체로 존재하기 어렵다. 사회 전체(societal) 차원에서 이를 방지하는 것이 중요하다. 가정, 소집단, 정치 결사체 등 모든 공동체에서 마찬가지다.

적대의 정도는 공동체가 실제로 파괴·해체된 뒤에야 '극단적이었구나'라고 깨닫는 경우가 많다. 사전에 정확히 측정하기 어렵지만, 예방적 감수성을 가지고 파괴·해체에 이르지 않는 수준에서 적대를 객관화해 보려는 노력이 필요하다. 민주정이 공화정과 결합하지 않으면, 자유와 권리 추구 과정이 적대로 치닫고, 궁극적으로 민주정 자체의 관계망(서로를 '같은 공동체 구성원'으로 보는 감각)이 파괴될 수 있다.

3-7제 인식은 공화의 인식론적 기초이다. 7의 공간은 대결의 공간이며, 여기에서는 군사적 메타포와 선명한 가치 투쟁이 지배적이어도 괜찮다. 그러나 3의 공간은 공화의 공간, 경합의 공간이다. 이 공간을 누가 어떻게 전유하느냐에 따라 정치의 방향이 달라진다.

1980년대 파시즘화된 신군부 정권은 이미 여러 영역에서 '벌거벗은 임금님' 상태가 되었다. 광주 학살로 인한 도덕적 붕괴 이후, 이 권력은 타도의 대상이 되었고 경합의 공간을 상실했다. 권력은 총칼에서 나오지만, 총칼을 쓰는 순간 가장 약해진다는 말이 여기에 적용된다.

긴 민주화 시기를 거치며, 경합의 공간은 확장되었다. 이제 이 공간을 어떻게 응시하고, 어떤 방식으로 응전할 것인지가 새로운 과제다. 3-7제 인식은 공동체적 최소 공간을 유지하려는 공화적 시각을 가능하게 한다.

한국 정치의 기로
트럼프식 적대적 정치의 확산과 공화적 민주정의 가능성

오늘날 국내외적으로 적대적 정치가 확산되고 있다. '적'에 대한 적대와 혐오를 동원하는 정치가 증가하는 추세이다. 100년 전 제국주의적 지구화와는 비교도 안 될 정도로 깊고 넓은 지구화가 진행되며, 사회경제적 양극화·불평등·고용 불안·삶의 유동성이 심화되고 있다. 이런 환경에서 적대와 혐오를 부추기는 '편한 정치'가 각국에서 득세하고 있다.

이때 한국 정치는 트럼프가 주도하는 바와 같이 또 하나의 적대 정치, 혐오 정치의 길을 따라갈지, 아니면 다른 길을 낼지의 기로에 서 있다. 정치는 본질적으로 갈등을 다루지만, 중요한 것은 이 갈등이 더 큰 공동체적 최소 기반을 유지하면서 전개될 수 있는가이다.

새로운 지구화의 조건은 국민국가에 전례 없는 불안정성과 불안을 안겨 주고 있다. 이런 상황에서 국민국가는 '완충국가(buffer state)'적 역할을 하지 않을 수 없다. 그러나 이 역할조차, 내부에 공동체적 최소 기반이 존재할 때만 가능하다.

이런 점에서 우리는 보수·진보, 여야, 좌우의 치열한 대립 속에서도, 공동체적 최소 기반을 유지하는 방향을 찾아야 한다. 한국에는 세계적으로도 손꼽히는 전투성을 자랑하는 시민사회가 있고, 그 위에서 역동적 민주주의가 전개되어 왔다. 바로 그렇기 때문에 한국이 새로운 길(공화적 기반 위에서의 역동적 민주정)을 개척할 가능성도 크다. 그렇지 못하면 이탈리아식, 남미식의 불안정한 민주주의의 길을 갈 수도 있다.

이 책은 바로 이 지점에서 민주진보 진영에 기대를 건다. 민주진보 정치와 시민사회 운동이 치열한 전투적 민주주의를 지속하면서도, 그 적대성이 민주주의 자체를 파괴하지 않도록, 공화적 기반 위에서의 역동적 민주정을 만들어갈 수 있는가라는 문제, 바로 이것이 이 책 전체를 관통하는 핵심 문제의식이다.

보론 1
시민사회운동이 진영정치와 결합되면서 나타나는 의도하지 않은 결과

이런 새로운 경로의 개척을 위해서는, 시민사회운동이 적대적 진영정치의 관성을 보이는 제도정치와 새롭게 관계를 설정할 필요가 있다. 독재와 싸우던 시절에는(독재가 정당정치 공간을 말살했기 때문에) 반독재 민주화운동이 반독재 정당과 결합해 전개되었다. 그래서 강한 일체감이 있었다. 진보적 가치 지향을 공유한다는 점에서 공통성이 있다. 그러나 정당은 민주주의가 보장하는 합법 공간에서 권력을 쟁취하는 조직이다. 그 권력은 사회 구성원이 갖고자 하는 자원의 배분 권한이다. 이런 측면에서 권력을 쟁취하고자 하는 정당과 가치 지향적인 운동은 분명히 다르다.

반독재 민주화 지향이나 평등주의적 지향을 공유하더라도, 집권 정당은 권력 보유 기관이 된다. 권력은 '좋은 목표'를 위한 도구라는 자기 인식 때문에, 그 권력이 가진 기득권적 성격과 자원 배분 특권성에 대한 성찰이 약해지기 쉽다. 이 점에서 '정당은 정당이고, 운동은 운동'이라는 구별이 필요하다. 운동은 자기희생적으로, 자신의 자원을 쏟아붓는 행위라는 점에서 다르다(민주노동당이 한때 국회의원과 보좌진 월급을 모두 모아 평등하게 분배하려 했으나, 결국 중단된 사례를 떠올려 보자).

집권 여당, 국회 다수당이 되면 그 권한은 매우 커진다. 작은 사안일지 모르지만, '정치 공공부문' 직업군(정부 및 국회, 의회 등에서는 각종 정무직, 개방직, 별정직 등을 의미)도 크게 늘어난다. 반대로 야당이 되는 것은 이런 점에서 좌절과 박탈감을 동반한다.

그렇다면 어떻게 할 것인가. 1990년대 중반의 '정치적 중립성' 정신을 새로운 방식으로 복원할 필요가 있다. 시민사회운동은 정치를 직접 수행하는 것이 아니라, 정당과 분립된 채 국민의 의식을 바꾸어가는 개혁운동 본연의 정체성을 회복해야 한다.

실제로 민주진보 가치 지향성은 민주진보 정당과 대부분 공유되지만, 운동의 성격은 정확히 다르다. 더구나 집권당이 된다는 것은 국가기구 관료제의 적폐, 각종 도덕적 비리에 연루된 인사들의 등장 등 도덕적 누수 현상이 동반됨을 의미한다. 시민사회운동은 이런 딜레마에 일체화될 이유가 없다. 이런 점에서 분립을 새로 재정립하고, 연합할 때는 연합하고 비판할 때는 비판하는 정체성을 분명히 해야 한다.

나는 제도정당 및 국가부문 관료 등 '공공 정치부문'(이른바 '늘공'이라고 하는 공무원과 달리 별정직 공무원인 '어공', 개방직 등)을 충원하는 데 시민사회운동이 중요한 자원 풀을 형성한다는 것 자체가 한국 민주주의의 역동성이라고 생각한다. 그것은 다른 많은 아시아 국가나 서구 국가에 비해서도 긍정적이다.[9] 단지 엄격한 분립 위에서 이루어져야 한다. 최근에는 시민사회운동 단체 내부에서도 향후 정계 진출을 염두에 두고 발언과 행위를 조절하는 경향이 나타난다는 이야기가 많이 회자된다.

시민사회운동은 그 '지배적'인 성격으로 볼 때, 자기희생성을 내포한다. 반면 정당은 그 '지배적' 성격으로 볼 때 모두가 갖고 싶어 하는 권력을 쟁취하는 운동이며, 승자가 그 권력을 누리는 구조다. 물론 시민사회운동도 매우 다양한 성격의 활동을 포함하고, 정당도 주류 정당이 아닌 소수·진보 정당일수록 권력 쟁취보다는 운동적 성격이 강하다. 그럼에도 시민사회운동은 운동의 명확한 구별 위에, 민주진보 정당이라 하더라도 일체화를 피해야 한다. 새롭게 '정치적 중립성'의 공간을 회복해야 한다.

이는 보수·극우 지향으로 기울어가는 국민들을 설득할 힘을, 제도정당과 달리 시민사회가 가져야 한다는 뜻이다. 더구나 이 책은 햇볕정치라는 이름 아래 보수화·극우화되어 가는 대중, 그리고 극우정치를 지지하는 사람들의 강팍함을 녹여낼 새로운 전략이 필요하다고 주장한다.

이런 전략은 제도정당의 자기 성찰 위에서도 필요하지만, 시민사회운동 이야말로 더 폭넓게 수행할 수 있다. 고정화된 보수·진보, 여야, 좌우의 경계를 주어진 것으로 받아들이지 않고, 이를 넘어서는 인식을 가져야 한다. 이 점에서 '내로남불 정치'에 대해서는 엄정한 객관성으로 집권당을 비판하며 시민사회 고유의 공간을 넓혀야 한다. 그래야만 다양한 힘들이 '합력해 선을 이루는' 기반이 마련된다. 다양성과 차별성이 있을 때 비로소 진정한 연대가 가능하다.

▨ 분리의 경계심으로 백래시에 대한 감수성을

시민사회와 사회운동, 제도정당 그리고 정부 사이에는 분명히 다른 역할과 책임이 존재하며, 이 차원에서는 '분리의 경계심'이 필요하다. 이것이 시민 사회운동의 정당과 달리 자기 역할을 할 수 있는 공간을 확대하는 데도 도움이 된다. 즉 하나의 시민사회 의제가 고독하게 목소리를 내며 성장하고, 그 과정에서 대중의 의식을 조금씩 변화시켜야 하는데, 정치화 속도가 빨라지고 개혁 의제 관철 과정에서 정당과 일체화되면서, 반대로 '반(反)정치화' 정서가 형성되는 것이다. 5 대 5의 대립 구도에서, 시민운동 의제가 20%의 대중적 지지를 받는 상태에서 갑자기 50%의 지지를 받는 의제로 도약하는 것은 성취이지만, 동시에 나머지 5의 반대를 즉각적으로 만들어낸다. 최근 정치사회와 시민사회의 관계 변동은 이러한 양상을 보여준다. 내가 강조하고자 하는 것은 적대적 진영정치의 회로에 시민사회운동이 쉽게 동일시되지 않도록 하는 거리감을 가져야 한다는 것이다. 그렇지 않으면 단기적으로는 플러스 효과가 있지만, 중장기적으로는 시민사회운동의 국민적 활동 공간을 축소하게 된다는 것이다.

앞서 언급했듯 시민사회운동이 정치 갈등과 결합하면서, 의제를 둘러싼 갈등이 정치적으로 증폭되는 과정에서 과잉 규정이 반복된다. 충분한 사회적 '예열' 없이 다양한 PC 관련 갈등이 정치적 적대와 결합하면서 설득 과정이 생략되고, '침묵 속 비동조'와 이른바 무언의 반발 등 백래시가 누적된다. 정당과의 연대를 통해 개혁 의제가 국가 의제로 실현되는 과정에서는 역으로 정치적 반대도 동시에 증폭된다. 이런 점에서 분리의 경계심 위에서, 다종다양한 백래시에 대한 감수성을 가져야 한다고 생각한다. 격렬한 정치·사회 갈등 속에 개혁 의제를 실현하는 과정에서 일정한 반발과 균열은 불가피하다. 그러나 시민사회운동의 정의를 향한 행진의 과정에서 의도하지 않게 나타나는 그늘을 응시할 수 있는 감수성을 갖느냐 아니냐는 다르다. 그동안은 국내에서나 지구촌 차원에서도 이런 감수성은 부재했다.

이러한 균열과 백래시에 주목하고, 이를 정의를 향한 실천 전략의 다양화와 보완 문제로 사고하는 시각을 강화할 필요가 있다. 이에 나는 정치 영역에서 후술할 '햇볕정치'를 제기한다.

또한 그동안의 시민사회운동, 특히 시민운동은 척박한 '문제 제기형 운동'으로서 국가와 정치, 기업과 시장의 많은 후진국적 양상을 극복하는 데 기여했다. 우리가 지금 선진국이 되었다는 것도 그에 기인한 바가 크다. 그러나 이제는 앞서 이야기한 '성공의 위기'의 양상 속에서, 과거와는 달리 문제 제기형 방식으로는 해결할 수 없는 문제들도 많이 등장하고 있다.

시민사회운동이 다루는 이슈에 대한 입장 차이와 적대적 정당 간의 정치 갈등의 입장 차이가 반드시 일치할 필요는 없다. 사회적 갈등 의제를 둘러싼 입장 차이가 연속선상의 스펙트럼이라면, 적대적 정치 갈등은 선악이나 적·동지 구도로 범주화된다. 이렇게 되면 사회적 갈등 역시 정치적 갈등 구조에 맞춰 대립 진영으로 정렬된다. 그 결과, 사회적 갈등 의제가 품고 있던 차분한 숙의를 기다리는 질문들은 뒤로 밀려난다.

이 책에서 이야기하듯, 이제 전체 문제의 약 30%는 '우리 안에 있는' 경우도 많다. 시민사회 내부에는 이미 여러 최대이익주의적 경향이 존재한다. 상층 노동조합에서 나타난 이른바 '고용 세습' 같은 양상도 존재한다. 어떤 경우에는 가치의 최대주의적 실현을 위한 노력 과정에서 '극단적'이라고 도 전받는 경우도 있다. 또한 극히 적은 경우이지만, 시민사회운동의 과정에서 정치권 진출을 염두에 두고 수위나 공격의 방향을 조절하는 경우도 있다. 객관성과 엄정성의 기준에 미흡하다고 여겨지는 경우도 있다. 이제 분립의 에토스를 다시 새롭게 하면서, 사회적 이슈에서는 정치권의 진영 대립의 '원 심력'에 끌려가는 것이 아니라 공동체적 숙의의 대상으로 삼으려는 '구심력' 을 시민사회운동이 만들어야 한다.

3부

새로운 정치 양식,
햇볕정치의 다섯 가지 유형

8장

거센 바람만으로 마음을 녹일 수 없다
햇볕정치의 의미와 성격

앞에서 살펴본 것처럼 민주화 단계가 바뀌면서 과거에는 경험하지 못한 복잡한 시대 조건과 마주하게 되었다. 이런 상황 속에서 민주화 시기의 선악 이분법적 인식이 관성적으로 지속되고, 권리 확대와 좋은 가치의 최대주의적 실천이 결합하면서, 최대이익주의적 극단성과 그 그늘이 드러나고 있다. 그 결과 민주진보가 주도해야 할 이니셔티브 자체에 부조화와 괴리가 생기고 있다. 이에 대응하기 위해 역지사지형 성찰성, 3-7제 인식, 공화적 접근이 필요하다고 앞에서 제시했다. 문제는 이를 현실에서 어떻게 구현할 것인가이다.

여기서는 공화성이 빠진 민주주의의 빈틈을 메우고, 3-7제 인식에 기초한 역지사지형 실천을 통해, 민주정을 공화적 민주정으로 확장하는 구체적 사례로서 '햇볕정치'를 논하고자 한다. 김대중 전 대통령의 '햇볕정책'을 계승해 제안하는 햇볕정치는, 적대적 대립 구도를 전제로 싸움을 극대화하는 대신, 햇볕을 비추는 역발상적 전략을 수행하는 정치라고 할 수 있다. 햇볕 전략, 햇볕 이니셔티브, 햇볕정책적 인식 등으로 불러도 무방하다. 더 근원적으로는 극우시대에 응전하는 정치 양식의 전환이라고 표현할 수도 있겠다. 여기서 말하는 정치는 협의의 제도정치에 한정되지 않는다. 사회학에서 말하듯 생활정치, 삶의 정치까지 포괄하는 넓은 의미의 정치 개념을 전제로 한다.[1] 여성주의가 "개인적인 것이 정치적이다"라고 말하며, 기존 제도권 정치에 독점된 정치 개념을 전복해 온 인식 확장을 떠올릴 수 있다.

■ 햇볕정책과 햇볕정치의 의미

먼저 김대중 전 대통령이 주도한 햇볕정책을 떠올려 보자. 남북 간 치열한 정치·군사적 대립 상황에서, 그의 평화 이니셔티브는 남북 적대 관계에 새로운 지평을 열었다. 북한에 대한 보수 진영의 공격적 대결 정책이 일상화된 조건 아래에서, 그는 '찬바람으로 옷깃을 더 죄게 만드는' 방식이 아니라, 햇볕을 비춰 자연스럽게 강경 대립의 옷을 벗게 하는 전략을 선택했다. 그 결과 2000년 6·15 남북공동선언과 남북 화해, 데탕트의 시대가 열릴 수 있었다.

김대중 정부 시기의 또 다른 햇볕정책으로 1998년 일본 문화 개방을 들 수 있다. 오늘의 '토착왜구' 담론을 참작하면, 당시 이를 추진한다는 것은 거의 불가능에 가까워 보였다. 민족주의적 진보에게는 배신처럼 느껴질 수 있는 사안이었고, 대일 경제 종속 위에 문화 종속이 겹치면 반(反)식민지로 전락할 것이라는 우려까지 존재했다. 나 역시 당시에는 비판에 힘을 실었던 기억이 있다. 그러나 지금 돌아보면, 이런 사례들은 적대적 대립 구도에 대한 전환적 접근의 필요성을 일깨운다.

햇볕정책은 'sunshine policy'로 번역되지만, 동시에 포용적 관여정책(engagement policy)으로 설명하기도 한다. 여기서 'engagement'는 단순한 대화가 아니라, '목표 달성을 위해 상대와 직접 관계를 맺고, 적극적으로 관여·협력·대면·조율하는 전략적 행위'로 이해할 수 있다. 외부에서 일방적으로 보는 시선을 넘어, 상대와 공통 기반을 형성하고 내부적 시선을 함께 구성하는 전략이라 할 수 있다. 이런 의미에서 햇볕정치는 'engagement politics'로 작동해야 한다. 김대중의 햇볕정책은 외적 압박과 대결만으로 목표를 달성하려 하지 않고, 새로운 접근 전략을 선택한 사례였다. 정치 역시 이러한 발상 전환이 필요하다.

한국 민주진보정치의 유산에는 크게 두 축이 있다고 생각한다. 하나는 김대중이 펼친 포용의 정치, 다른 하나는 노무현이 보여준 진정성의 정치이다. 김대중의 포용 정치는 보수·진보, 여야, 지역 균열을 넘나드는 횡단형 포용의 정치였다(DJP 연합 등은 시대적 조건의 산물이면서도, 동시에 주체적 구성의 결과였다). 이 책에서 다루는 햇볕정치 역시 그 연장선에 있다. 노무현은 가치 지향을 진정성 있게 구현하려는 정치로, 전략 이전에 정치의 품성과 진정성을 전면에 내세웠다. 햇볕정치는 이 두 유산(포용과 진정성)을 교차시키는 시도라고 규정할 수 있다.

햇볕정치는 군사주의적 제압만을 지향하는 태도를 넘어, 민주진보가 보수보다 도덕적·정치적·문화적 이니셔티브를 다시 복원해 내고, 대한민국 정치공동체의 공통 기반을 포용을 통해 확장해 가는 전략이다. 적의 강팍함을 군사적 투쟁으로만 꺾어야 한다는 관점은 필요조건일 수 있으나 충분조건은 아니다. 강팍함의 계기와 근거(내로남불 논란 등)가 우리 진영의 내재적 문제와도 관련 있다는 점을 인정하면서, 상대의 입장에서 역지사지형 성찰성을 발휘해 그 강팍함을 '해동(解凍)'하는 정치가 필요하다. 이를 통해 개혁과 변화를 추진하되, 상대를 포함한 새로운 공동체를 만들어가는 복합 전략이 바로 햇볕정치의 상이다. 전통 이론 언어로 말하면 헤게모니 전략이지만, 여기서는 장기 민주화 시대를 관통해 온 '민주투쟁적 정치 양식'에, 보수·진보, 여야, 좌우를 뛰어넘어 대한민국이라는 더 큰 공동체를 위한 '공화적 정치 양식'을 결합하고자 하는 노력이라고 표현할 수 있다. 나는 햇볕정치를 기존의 민주투쟁적 이니셔티브와 결합해 전개해야 하는 공화적 이니셔티브라고 표현한다.

■ '내전의 정치화'라는 민주화의 정신으로 '내전의 정치화'를

민주화운동의 가장 중요한 성과는, 준내전 상태로 치닫던 한국 사회를 역류시켜, 다시 민주주의 정치를 복원해 냈다는 점이다. 1987년 6월 민주항쟁 이전의 상황을 떠올려 보자. 최루탄과 진압봉을 휘두르는 경찰 폭력에 맞서, 화염병과 돌로 저항하던 거리는 준(準)내전 상태라고 할 만했다. 제도정치는 독재 권력의 거수기가 되어 민의를 대변하는 공적 공간의 기능을 상실했다. 이 조건에서 존재하는 것은 '무력 대 무력'의 대치였고, 군사적 노선이 정치의 주도 원리가 될 정도였다. 이런 위기 속에서 6월 항쟁이 직선제 부활과 선거 민주주의 복원을 이끌며, 정치가 다시 제도 안에서 작동할 수 있게 되었다.

그러나 40년 가까운 민주화 시대를 지나온 지금, 우리는 정반대의 위기에 직면했다. 바로 '정치의 내전화'이다. 민주화 과정에서 '전쟁으로서의 정치'의 성격이 강화되었고, 민주진보가 완전한 소수·약자였던 시기에는 이런 전투성이 민주주의 심화에 기여했다. 그러나 정권 교체가 반복되고, 민주진보가 집권 세력이 되는 과정에서, 과거 독재를 옹호했던 보수의 원죄 덕분에 도덕적 우위를 유지하던 구조가 흔들리기 시작했다. 그 상태에서 '전쟁으로서의 정치'가 관성적으로 계속되자, 일정한 역효과가 나타났다.

정치 갈등이 적대적 방향으로 치달으면서, 민주투쟁의 관점에서 '적'을 박멸해야 한다는 일종의 군사 제압적 사고가 점차 지배력을 얻었다. 치열함 자체는 필요하지만, 적대의 대상 역시 대한민국 공동체의 구성원이라는 감각(오늘 보수와 진보 모두에게 받아들이기 쉽지 않지만)을 유지할 필요가 있다. '얼굴조차 보기 싫지만 어쨌든 이 나라에서 함께 살아야 할 존재', 도저히 수용할 수 없는 대립적 견해를 가진 존재이지만 '이고 살아야 하는 존재'라는 자각이 바로 공화적 사고의 출발점이다.

이 지점을 외면한 채 민주진보가 일면적 전략만 반복할 경우, 전 세계적으로 확산하고 있는 적대적 진영정치가 한국에서도 굳어질 위험이 있다. 그 과정에서 '군사적 제압 노선'이 언어와 의식 전체를 지배하게 된다. 과거 반독재 투쟁 시기에는 이러한 투쟁이 독재 세력을 내부에서 균열시키는 효과를 낳았지만, 지금은 정반대의 구조가 나타난다. 민주진보의 전투적 전략이 오히려 보수 내부 극우의 목소리와 위상을 강화하는 효과를 내기도 한다. '극우의 주류화'와 '주류의 극우화'는 이렇게 확장된다. 나는 여기에 과도하게도 '극우시대'가 열릴 수도 있다는 우려를 첨가했다.

이 책이 강조하는 것은, 바로 이런 관성적 투쟁 방식만으로는 충분치 않으며, 적대성을 완화하는 햇볕정치적 전략을 복합적으로 배합해야 한다는 점이다. 반독재 민주화운동의 합리적 핵심을 다시 복원해 현실 정치와 결합하는 새로운 노력이 요구된다.

■ 우익 대중운동, 보수적 대중, 자발적 대중운동

새로운 전략이 필요한 이유 중 하나는, 민주투쟁적 정치의 의도하지 않은 결과로 극우 극단주의의 결집·확대가 진행되고 있기 때문이다. 앞에서도 언급했지만 최근 주목할 점은, 극우가 단순 동원 대상이 아니라 일부지만 '자발적 대중운동'으로 전환하고 있다는 사실이다. 이를 어떻게 평화적으로 극복할 것인지에 대한 고민이 절실하다.

2025년 1월 15일 윤 대통령에 대한 체포영장이 집행되자, 지지자로 알려진 60대 남성이 공수처 인근에서 분신을 시도했다. 1월 18일 서부지법에서 구속영장 심사가 열릴 때에도 유사한 자살 암시가 나타났다. 이 극단적 행동은 탄핵 국면에서 '생명을 던지겠다'는 식의 결연한 보수적 전투주의가, 과거 반독재 민주화운동의 분신과 유사한 양식으로 재현되고 있음을 보여준다. 전광훈 목사가 '효과 있는 죽음'을 언급하는 듯한 발언을 하며 자살 유인을 연상케 하는 상황까지 벌어졌다.[2]

이제 자발성을 기반으로 한 운동은 더 이상 진보만의 전유물이 아니다. 권위주의하에서 보수 대중은 국가 동원의 대상이었다면, 지금은 우익 대중운동이라는 현상이 나타나고 있다. 전통적으로 진보는 이런 움직임을 왜곡된 인식 또는 허위의식의 결과라고 비판해 왔지만, 그 자체로 새로운 현실임은 부인하기 어렵다.

보수 진영에서 '죽음을 불사하는' 행동이 나타나는 이 상황은, 역설적으로 김대중식 전환 전략(햇볕정치)의 필요성을 상기시킨다. 자발적 우익 대중운동이 존재하는데, 이를 단지 허위의식, 비정상으로만 규정하고 끝낼 수 없다는 사실을 인정해야 한다.[3)]

『성경』의 '강퍅함'이라는 표현을 떠올려 보자. 출애굽 이야기에서처럼, 신이 목적을 이루기 위해 인간의 마음을 강퍅하게 만든다는 표현이 있다. 강퍅함은 완고하고 고집이 세며, 남의 고통 앞에서도 좀처럼 흔들리지 않는 상태를 의미한다. 지금의 강퍅함을 풀어내려면, 일방적인 도덕 비난 이상의 '초월[4)]적인 전환 노력'이 필요하다.[5)]

장기 민주화 40년의 성과를 고려할 때, 투쟁 노선이나 군사적 제압 노선만으로는 현실을 설명하거나 변화시키기 어렵다. 그렇지 않으면, 과거의 도덕적 구도를 그대로 상정한 채 싸우는 과정에서 생기는 불일치가 도덕적 이중성 비판으로 돌아오고, 이 틈을 선동가들이 파고들어 극우적 확신을 키우게 된다.

반독재 민주화운동의 고양 과정에서는 조국근대화와 권위주의를 '불가피'하다고 보던 전통 보수가 균열·이탈했고, 그중 일부 자유주의·합리적 보수가 반독재 진영으로 이동했다. 그러나 지금은 정반대의 딜레마가 나타나고 있다. 일부 진보의 전략과 언행이, 오히려 보수의 고착적 신념화와 극우화에 기여하는 구조가 형성되고 있는 것이다.[6)]

햇볕정책
약자의식을 넘어서는 전략

햇볕정책은 남한의 진보 세력이, 보수 세력의 북한에 대한 '대적의식'이나 같은 차원의 경쟁의식을 넘어섰다는 점에서 중요한 의미가 있다. 보수 진영에서 북한은 악마화된 대상으로 상정되었지만, 햇볕정책은 그 북한을 '격멸의 대상'이 아니라 평화적 관계, 관리의 대상으로 응대하려는 시도였다. '햇볕정치'에서도 이 점이 중요하다. 진보 내부에서 악마화되어 보일 수 있는 극우를 대한민국 공동체 안에서 평화적 관계·관리의 대상으로 응대하려는 태도까지 포함하는 것이다.

이러한 접근의 전환은, '북한 위협론'이라는 표현에 내포된 대북 '약자의식'을 넘어서는 움직임이기도 하다. 오히려 민족 공동체 내부의 갈등이 적대화로 폭주하지 않도록 관리하는, 좀 더 수평적 시각에서의 갈등 관리라는 의식을 갖는 것을 뜻한다. 동시에 이는 적대의 악순환을 끊으려는 성숙한 인식이자, 한 단계 높은 전략적 사고를 요구하는 태도이다. 적대적 진영정치로 굳어질 수 있는 상황에서, 민주진보가 약자의식에만 머무르지 않고 정치 공동체의 리더라는 더 적극적인 자기 인식을 갖는 것을 의미한다. 약자의식만 가져서는, 강자가 되기 전까지는 포용과 용서, 공동체적 접근 등이 불가능하게 된다.[7] 앞에서 말한 진보의 공화적 차원과도 이어진다. 비록 상대는 적대적이지만, 단순히 피해자·약자라는 의식에 머무는 것이 아니라, 대한민국 공동체의 리더라는 의식을 가지고 적대에 대응해야 한다는 뜻이다.

이 점은 가정이라는 공간에도 비유적으로 적용해 볼 수 있다. 이혼 위기에 있는 가정에서, 이에 어떤 방식으로 대응할 것인지의 문제와 비슷한 지점이 있다(물론 국가 혹은 남북 관계와 동일선상에 둘 수는 없지만). 파경의 문턱에 선 부부가, 아이들을 위해서든, 혹은 이혼까지 가지 않기 위해서든 노력하는 상황을 떠올려 보자. 개별 사안의 시시비비를 가리는 논쟁 이전에, 가정이라는 공동체의 리더로서 적대의 악순환을 늦추고 긴장을 완화하려는 진지한 노력이 선행될 때에야 비로소 파탄을 막을 여지가 생긴다. 그러나 부부 관계가 일정한 감정적 갈등을 넘어버리면 그 자체로 파국으로 치닫기 쉽다. 실제로 가정 내 갈등이 적대적 수준에 이르면 가정 내 살인과 같은 극단적 사건으로 나타나기도 한다.

우리는 민주적 투쟁을 통해 진보적 성과를 쟁취해 온 '성공 경험' 때문에, 진보 내부에서 역발상을 시도하는 인식의 공간이 상대적으로 좁다. 그러나 보수든 진보든, 위기에 몰리거나 반대로 지배적 위치에 설 때, '역발상 전략'을 구사하는 경우가 적지 않다. 1983년 가을 전두환 정권이 이른바 '유화 정책'을 편 것이 한 사례다. 태국에서도 유사한 경험이 있다. 1980년대 초 태국 군부는 공산 게릴라에 합류했던 운동가들을 대거 사면하고, 국가 개발 프로젝트에 참여하도록 권유하며 재정 지원까지 제공하는 이른바 정치적 공세 포용 전략(political offensive)을 펼쳤다. 이 포용 정책은 1980년대에 무장 공산주의 세력을 대폭 축소시키는 결과를 낳았다. 동일한 전략이라도 지배와 민중의 역관계에 따라 정치적 효과는 전혀 다르게 나타난다. 한국에서 전두환 정권의 유화 조치는 역설적으로 1987년 6월 민주항쟁으로 이어져 정치·사회운동적 공간을 넓히는 효과를 가져왔다.

이와 비슷하게, 보수가 보수적 통치의 안정화를 위해 공세적 포용 전략을 썼던 것처럼, 민주진보 진영에서도 공세적 포용 전략을 적극적으로 혼합하는 방식이 충분히 가능하다고 본다. 여기서 말하는 것은 공세적 대결 전략에서 일방적인 유화 전략으로 전환하자는 것이 아니다. 앞에서 언급했듯, 복합 전략을 사고하자는 것이다. 그 복합성이란 국면·사안·대상에 따라 전략을 다르게 구성하는 것을 뜻한다.

12·3 이후의 상황을 예로 들어보자. 비상계엄 이후 탄핵 인용과 대선 승리는 민주진보에게 '불안한 승리'였다. 이런 불안한 승리 이후 전략이 오로지 군사주의적 제압 노선으로만 일색화되고, 12·3 비상계엄 찬성 그룹과 반대 그룹을 모두 동일한 '적'으로 규정해 대응하게 되면, 이 책이 강조하는 '극우 집권 시대'를 오히려 앞당기는 의도치 않은 결과를 낳을 수 있다. 비상계엄 찬성 그룹과 반대 그룹이 모두 민주당과 대립하는 구도가 고착되면, 반대 진영 내부에서 더 높은 전투성을 인정받는 비상계엄 찬성 그룹이 투쟁의 주

도권을 쥐게 된다.

어차피 보수-진보, 좌우, 여야의 대립 구도는 구조적으로 존재한다. 이재명 정부에 반대하는 야당은 필연적으로 비판적 입장에 설 수밖에 없다. 그러다 보면 '더 전투적인' 투쟁을 제기하는 쪽, 곧 극우 세력이 보수 진영 내부의 주도 세력으로 자리 잡게 된다. 이것이 바로 '극우의 주류화'이다. 여기서 지적하고자 하는 핵심은, 진보의 전략 안에도 이러한 극우 주류화를 부추길 수 있는 귀책 요인이 존재한다는 점이고, 햇볕정치는 그 반대 방향(이를 인식하면서도 확장 전략을 취하는 방향)을 제안한다는 점이다. 이는 진보가 약자의 식에만 함몰되지 않고 공동체의 리더라는 적극적 자기 인식을 가져야 한다는 논지와 맞닿아 있다. '적'을 최대 군사주의적으로 제압하는 방식은 여러 전략 가운데 하나로 필요하다. 그런데 내란 진압과 같은 예외적 국면을 제외하더라도, 정치 자체가 전투로 치환되는 오늘의 한국이나 지구적 상황에서는 다양한 전략의 배합 가능성을 열어두어야 한다.

▋ 해방 공간에서 암살을 포함한 적대적 갈등을 경험한 한국 현대사

햇볕정책은 그 자체로 북한의 대남 적대의식을 완화시키는, 이른바 '긴장 완화' 효과를 지향해 왔다. 햇볕정치 역시 이 점을 목표로 삼아야 한다. 전 지구적으로 확산되는 적대적 진영정치는 단지 보수의 진보에 대한 적대, 진보의 보수에 대한 적대로만 구성되지 않는다. 일정한 국면을 지나면 진영 간 적대가 서로를 먹여 살리는 '적대적 공생' 관계로 빠져들 위험이 있다. 한국이 바로 그런 단계로 진입해서는 안 된다고 본다. 진보가 적대적 진영정치의 고착화를 피하고, '탈적대화'를 선도하는 방향으로 나아가야 한다는 뜻이다.

이를 한국 현대사의 거시적 흐름을 통해 비유해 보자. 해방 공간에서의 암살을 수반한 정치 갈등, 그리고 그것이 한국전쟁으로까지 비화하면서 '동족상잔'을 겪고 난 뒤 분단에 이르는 과정에서 암살과 살육적 갈등은 외부 힘의 개입에 의해 외부적으로 중단되었다. 해방·전쟁·분단을 거치면서 남한 내부에는 더 이상 그와 같은 극단적 적대 폭력이 허용되지 않는 정치·사회적 조건이 형성되었고, 그 위에서 1950년대 이승만 정권, 1960~1970년대 박정희 정권, 1980년대 전두환 정권이, 해방 공간의 살육적 폭력보다는 낮은 수준이지만, 여전히 막강한 억압적 통치를 지속했다.

분단이라는 엄혹한 조건과 그 위에서 유지된 폭압적 정권도 영구적일 수는 없었다. 이에 맞서 반독재 저항운동이 아주 낮은 수준에서부터 대중적 지지를 쌓아 올라가며, 안보·군부독재 정권의 폭압을 서서히 극복해 왔다. 그 클라이맥스가 1987년 6월 민주항쟁이었다면, 이후 도덕적·정치적 이니셔티브를 획득한 반독재 민주진보 세력이 주도하는 '장기 민주화 시대'가 40년에 가까운 시간 동안 이어졌다고 할 수 있다. 이제는 보수와 진보, 좌와 우가 비슷한 수준의 힘을 갖게 된 시기에 접어들었다. 그만큼 정치 갈등은 더 적대적인 형태로 표출되고 있고, 이 흐름이 세계적 수준에서의 극우 확산과 맞물려 서로를 강화되고 있다. 한국의 적대적 갈등과 지구적 차원의 적대적 갈등이 상호 동조하는 현상이 나타나고 있는 것이다.

이 같은 조건에서 향후 한국의 정치·사회적 갈등이 더 적대적인 양상으로 심화된다면, 더욱 극단적인 결과가 나타날 수 있다. 이미 이재명 피살, 박근혜 피살이라는 사건이 그것의 전조로 드러났다고 볼 수도 있다. 바로 이러한 흐름 속에서, 민주진보 진영이 이전과는 다른 '햇볕정치'적 이니셔티브를 발휘해야 한다고 본다. 이를 '최소 평화의 이니셔티브'라고 불러도 좋을 것이다. 공동체 내부에 편만한 적대 속에서도, 그 적대를 넘어서는 최소한의 공동체적 공간(다른 말로 하면 최소한의 평화 공간)을 유지하려는 노력, 그것이 지금 이 시점에서 요청되는 햇볕정치의 과제이다.

■ 대중의 극우화, 보수의 극우에 대한 거리두기를 가능케 하는 햇볕정치

압도적인 도덕적 우위가 확보되지 않은 상황에서 한쪽 진영의 강경 일변도 투쟁 전략은, 대개 반대 진영의 강경 일변도 전략을 되레 강화한다. 남북 관계에서 한쪽의 강경이 상대의 강경을 촉발하는 악순환을 떠올려 보자. 임지현은 이를 '적대적 공범 관계'[8]라고 불렀다. 정치 집단 대 정치 집단, 국가 대 국가의 관계는 단순한 적대 관계를 넘어, 서로의 존재 논리를 강화해 주는 '적대적 공범 관계'가 될 수 있다. 그는 남북한 관계나 동아시아 민족주의들 사이의 관계를 이런 구조로 보았다. 일종의 적대적 공생이 이루어지는 셈이다. 이 책에서 제시하듯, 반독재 시기의 도덕적 우위 구도가 약화된 상황에서는 투쟁 그 자체의 전투성을 높이는 전략이, 상대 진영 내부의 강경 그룹을 강화하는 효과를 낳는다. 결국 적대적 공생의 회로가 만들어질 수 있다는 뜻이다. 그렇기에 이를 역발상의 관점에서 바라보고, 다른 전략을 배합하려는 시도가 필요하다.

어느 사회에나 극우적 지향은 일정 부분 존재한다. 문제는 이 지향이 '상수도'에 있느냐 '하수도'에 머무느냐, 변방에 위치하느냐 중심에 위치하느냐다. 다시 말해, 일반적 보수와 극우가 분리되어 있고, 주류 보수가 극우와 일정 거리를 유지하는 상태가 지속되도록 할 수 있는지가 중요하다. 한국에서도 전광훈이나 전한길 같은 인물이 보수 정당에 영향력을 미치긴 하지만, 큰 흐름에서 보면 보수는 극우와 일정하게 선을 긋는 태도를 보여왔다. 2025년 국면에서는 이 거리가 비상계엄에 대한 옹호 여부와 직결되었다. 비상계엄에서 탄핵으로 가는 과정에서는 전투적 저항이 중요했고, 그 과정에서 보수 내부에서도 극우 세력이 투쟁의 주도권을 쥐는 양상이 나타났다. 그 연장선상에서 극우 세력의 지지를 기반으로 하는 야당 장동혁 대표 체제가 등장했다. 이는 앞서 말한 '극우의 주류화'가 한층 촉진되었음을 의미한다.

그러나 이 흐름은 아직 완결된 것은 아니다. 이를 되돌리려는 노력이 필요하다. 단지 '저들의 판단'으로 치부하거나, 약자로서 대등한 수준에서 각축하는 데 만족하는 태도를 넘어, 그러한 상황 자체를 사전에 막기 위한 예방적이고 복합적인 전략이 요청된다. 이를 위해서는 대중 수준에서 극우적 정서의 확산을 막고, 보수 정당 내에서 극우가 헤게모니를 장악하지 못하도록 하는 과제 자체를 민주·진보의 전략 의제로 삼아야 한다. 나아가 이 문제를 '그들만의 문제'로 보지 않고, 우리 내부의 조건과 실행 전략 또한 보수 극단주의의 주류화와 내재적으로 연관되어 있다는 인식을 바탕으로 응전해야 한다. 이런 문제의식을 '햇볕정치'라는 이름으로 부르고자 한다.

■ '복수'는 그 사람과 같아지지 않는 데 있다

영화 〈글래디에이터〉에는 로마의 『명상록』을 인용하는 대사가 나온다. "최선의 복수는 해를 끼친 그 사람과 같아지지 않는 것이다(The best revenge is to be unlike him who performed the injury)." 상대가 비이성적이며 말도 안 되는 공격을 일삼았다고 느낄수록, 진정한 복수를 꿈꾸는 사람은 정작 그와 다른 사람이 되는 길을 선택해야 한다는 뜻이다. 우리의 정치 역시 이 말을 곱씹어 볼 필요가 있다.

서구의 극우와 한국의 극우는 모두 민주주의를 위태롭게 하는 극단성을 드러내고 있다. 이 극단성을 어떻게 녹여낼 것인지가 관건이다. 앞에서 언급한 3-7제 인식에 비춰보면, 그들의 극단성을 강화하는 '우리 안의 일면적 최대주의' 또는 '우리 안의 극단성'을 역지사지형으로 직시함으로써, 극우의 정당성을 떠받치는 근거를 약화시켜야 한다. 햇볕정치는 바로 그 일환이 될 수 있다. 이는 서구의 적대적 진영정치 논리를 그대로 답습하지 않고 '극우의 주류화'를 막는 대안적 노력을 통해, K-민주주의의 새로운 경로를 개척하려는 전략이기도 하다.

김대중의 햇볕정책이 대북 관계 중심의 정책 브랜드였다면, 여기서 말하는 햇볕정치는 그 정신을 한국 사회 내부로 확장하려는 개념이다. 곧 남북 관계에 한정되지 않고, 한국 사회 내부의 갈등 정치, 전쟁 정치를 넘어서는 민주적 공화의 정치 철학, 평화·포용·공존의 정치 방식으로 사회 전반을 재구성하려는 정치철학으로 확장하고자 하는 문제의식이다. 김대중 전 대통령의 햇볕정책이 한반도 평화 질서의 지형을 크게 바꾸어놓았듯, 한국 사회의 전쟁 정치·적대 정치의 문법을 넘어서는 새로운 공화적 이니셔티브 또는 공화정치를 '햇볕정치'라는 이름으로 제안하려는 것이다.

이 책에서는 햇볕정치의 유형을 다섯 가지로 구분해 본다. 음지 의제의 양지화 햇볕정치, 직접 민주주의형 햇볕정치, 일반적 규칙 정립형 햇볕정치, 자기희생형 햇볕정치, 이른바 PC 햇볕정치이다. 이 가운데 첫째와 둘째는 그들의 극단성을 완화하는 역발상적 전략에 관한 것이며, 셋째·넷째·다섯째는 극우의 대중적 기반 형성에 자양분을 제공해 온 (굳이 '극단성'이라는 표현을 우리에게도 적용한다면) '우리 안의 극단성'을 역지사지형으로 성찰하면서 대안을 모색하는 방향이다. 그런 의미에서 첫째와 둘째 유형은 대중의 극단성과 과도한 전투성을 융해하는 햇볕정치, 셋째·넷째·다섯째 유형은 우리 자신의 극단성을 성찰하는 햇볕정치, 곧 성찰적 햇볕정치라고 부를 수 있을 것이다.

9장

버려진 분노와 먼저 악수하다
음지 의제를 양지로 끌어올리는 햇볕정치

'음지 의제의 양지화 햇볕정치' 유형은 민주화 시대의 그늘, 즉 구조적 이면에서 발생하는 극우적 현상과 관련된다. 극우적 신념의 대상이 되는 소재들을 음지에 방치하지 않고, 양지의 공론장으로 끌어내 투명한 검증의 기회를 부여하자는 제안이다. 극우가 자기강화를 위해 붙잡고 있는 근거와 소재들을 햇볕이 비추는 광장으로 가져오자는 것이다.

앞서 살펴보았듯, 시공간 압축에 기반한 현 단계 지구화의 심화는 사회경제적 양극화와 그에 따른 분노·좌절을 확대했고, 이 분노와 좌절이 좌·우 포퓰리즘 방식으로 동원되면서 적대적 진영정치가 심화되었다. 여기에 디지털·AI 기술혁명이 결합한 뉴미디어 환경에서, 단체 채팅방은 '끼리끼리' 정보가 소통·공유·신념화되는 공간이 되었다. 대체로 유사한 정치·사회 인식을 지닌 집단이 모여 있기 때문에, 정보는 더 강한 종교적 확신 형태로 굳어지기 쉽다. 이 공간에서 진실 여부는 부차적이 되고, 신념과 종교적 확신이 우위를 점하게 된다.

그 결과 왜곡된 공간 안에서 진보가 보수를 인식하는 방식과 대칭적으로, 보수는 진보의 인식과 행동을 악마화하거나 "또라이 같다", "비상식적이고

편향적이다"라고 규정하며 도덕적 분노를 키운다. 그리고 '박멸해야 한다'
는 정서로 결집한다.

민주화 이후 정권 교체 과정에서 빈발한 이른바 '내로남불' 상황은, 보수·
극우가 스스로의 도덕적 정당성을 주장할 수 있는 계기를 제공했다. 그 결
과, 최소한 자기 진영 내부, 특히 단톡방 내부에서는 상대에 대한 도덕적 비
난을 공유하며 집단적 일체감을 형성할 수 있는 실질적 토대가 형성되었다.
진보는 이를 단순히 허위의식으로만 보는 경향이 있지만, 앞서 말한 3-7제
민주주의 관점에서 보면, '10 중의 3' 정도는 도덕적 분노를 공유할 수 있는
실체적 근거가 존재하는 셈이다. 여기에 기존의 편견·혐오, 예컨대 중국 혐
오 담론 등이 결합하면서 극단성은 더 강화된다.

또한 민주·진보 진영의 전형적인 선악 이분법 프레임은, 그 틀로 포괄되
지 않는 수많은 현실적 소재들을 양산한다. '토착왜구' 같은 극단적 프레임
은, 그에 맞지 않는 다양한 현대적 사실을 드러내는 계기가 되었고, 이에 대
해 식민지근대화론자들이 지식·정보를 제공하면서 극우의 지적·도덕적 기
반이 확대되었다.

이처럼 극단적 이분법과 내로남불이 결합하면, 진영 내부에서 진실과 무
관한 종교화된 신념이 강화된다. 그 속에서 이른바 '목소리 큰 사람들'이 주
도권을 쥐고, 보수는 점차 극우로 경화된다.

■ 부정선거 음모론에 대한 햇볕이 가능할까?

이 음지의 대표적 사례가 바로 부정선거 음모론이다. 상당수 보수적 대중은
부정선거를 확신할 뿐만 아니라, 그 신념을 행동으로 옮겼다. 2025년 4월
30일 서부지방법원 난입 사태가 그 상징적 사건이다. '중국이 선관위 서버
에 침입해 프로그램을 조작했고, 트럼프가 이를 바로잡으려 한다'는 식의 음
모론이 그 배경에 있었다.

2024년 12월 12일 윤석열 전 대통령이 비상계엄 선포 이후 네 번째 담화

에서 "중국인이 드론으로 국정원을 촬영하다 붙잡혔다"라고 밝힌 이후, 중국 간첩론은 2025년 1월 16일 일부 언론의 보도를 거쳐 소셜 미디어 음모론의 핵심 소재로 확산되었다. 이른바 "비상계엄 당일 선거연수원에 있던 중국인 99명이 주일 미군 기지로 압송되었다"라는 식의 주장, "이들이 오키나와로 이송됐다"라는 이야기 등이 덧붙었다.1) 이 과정에서 비주류 매체의 정보가 보수 진영에서 과도한 영향력을 행사하는 현상도 나타났다.

국정원은 2025년 4월 30일, 중국인 관광객과 유학생이 군사시설을 드론으로 촬영한 사건이 2024년 6월 이후 11건 발생했다고 발표했다. 이런 사실관계 자체는 별개의 문제지만, 음모론은 이를 과장·왜곡해 자신들의 세계관을 입증하는 증거로 사용한다.

여기에서 햇볕정치적 접근은 역발상을 제안한다. 예를 들어, 정부 차원에서 '부정선거 국가 검증위원회' 같은 기구를 설치해, 국민이 납득할 수준의 투명한 방식으로 의혹을 검증하고, 단계적으로 해소해 가는 방식을 상상해 볼 수 있다. 이는 적대 진영의 인식을 단순히 비웃거나 무시하지 않고, 공적 절차를 통해 다루려는 시도이다.

이때 중요한 것은, 검증 주체와 과정이 현재의 적대적 진영 구도를 그대로 재현하지 않도록 설계하는 일이다. 예컨대 보수와 진보의 수의 균형을 맞춰서 공통의 신뢰를 확보하는 방법도 있을 것이며, 아예 보수·진보, 여야를 아우르는 전문가들이 균형 있게 참여해 결과의 신뢰성을 담보하도록 설계할 수 있다. 아예 여당과 야당의 '협치'의 의제로 제기할 수 있다. 그렇지 않으면 검증의 결과조차 새로운 음모론으로 흡수될 위험이 있다.

음지 의제를 양지로 끌어올릴 때, 두 가지 경우를 구분해야 한다.

- 첫째, 사실 검증으로 어느 정도 해소 가능한 의제
- 둘째, 애초에 신념·적대감 그 자체라서, 사실 검증으로는 해소할 수 없는 의제

당연히 후자는 양지화의 효과가 크지 않다. 그러나 전자의 경우, 공적 검증은 불필요한 적대적 신념을 완화하는 데 기여할 수 있다. 예컨대 "선거는 조작되었다"라는 주장은 사실 검증을 통해 상당 부분 완화될 수 있다. 반면 "좌파는 나라를 망치려는 공산주의자다", "문재인은 간첩이다", "중국인이 경찰과 사회 곳곳에 침투해 있다"와 같은 주장은 신념의 층위에 가까워 단순 검증으로는 해소되기 어렵다.

물론 음모론이 단톡방에서 공유된 정보나 신념, 혹은 개인의 신념 차원에 머무르는 경우와, 그것이 극우의 일반적 특징인 공격적 배타성으로 나타나 실정법을 위반하는 행위로 구체화되는 경우는 구분되어야 한다. 후자의 경우라면 범죄적 수사로 다루어야 할 것이다.

2024년 7월 말, 영국 사우스포트의 한 어린이 댄스 교실에 괴한이 침입해 흉기를 휘둘러 어린이 세 명이 목숨을 잃는 사건이 발생했다. 이 사건 이후 소셜 미디어에는 '알리 알 샤카티'라는 무슬림 망명 신청자가 영국 사회에 불만을 품고 범행을 저질렀다는 거짓 정보가 퍼지기 시작했고, 이를 맹신한 이들이 영국 전역에서 폭력 시위를 벌여 370명이 체포되고 경찰 53명이 다쳤다.[2] 이처럼 소셜미디어를 통해 확산된 출처 불명의 왜곡된 거짓 정보가 기존의 사회 현실(예: 난민정책이나 무슬림에 대한 불만)에 불만을 품은 대중의 왜곡된 분노와 결합하면서 범죄적 행위로 발전한 경우라고 할 수 있다.

4월 30일 서부지법 난동 사건 역시 이러한 경우라고 볼 수 있다. 실정적인 범죄 행위의 영역에 들어오게 되면, 자연스럽게 조사와 처벌이 뒤따르게 마련이다. 그리고 이러한 과정은 공격적 행동과 연관된 음모론이 사회로부터 퇴출되는 데 일정한 기여를 하기도 한다.

그래서 필요한 것은 공격적 배타성의 현실화 가능성이 큰 의제를 선제적으로 양지화하는 역발상적 시도다.

어떤 의제를 대상으로 할지, 여야·보수·진보가 참여하는 위원회를 구성해 합의할 수도 있다. 이때 여야 협치가 매우 중요하며, 필요하다면 위원장

직을 야당에 맡기는 것도 신뢰 확보에 도움이 된다. 결과가 편향되지 않았다는 인식을 확산시키고, 현재의 적대적 진영 균열선을 넘어 수용될 수 있어야 한다. 예컨대 구성원은 정치인 중심이 아니라, 전문성을 바탕으로 진영과 거리를 둘 수 있는 전문가들이 중심이 되는 것이 바람직하다. 정치적 일체화가 아니라 전문적 신뢰를 바탕으로 객관성을 지향하는 구조여야 한다.[3]

■ 극단적으로 보이는 분노도 응시해 보자

보수 온라인 커뮤니티(디시인사이드, 국민의힘 비대위 갤러리, FM코리아 등)에서 공유되는 인식을 보면, '2017년 김어준·이재명 등이 부정선거를 언급했으니, 2020년 극우 측의 부정선거 의혹도 설득력이 있다. 3·15 부정선거 이후 선거 조작의 전통이 이어져 왔고, 특히 군 부재자투표 경험 때문에 이런 의심은 더 정당하다'는 식의 논리가 작동한다. 여기에 트럼프의 2020년 미국 대선 부정선거 주장과 중국 개입 담론이 겹치면서 "한국도 중국이 개입해 먼저 공산화하려 한다", "윤석열의 계엄은 이를 바로잡기 위한 통치 행위였다", "선관위 서버와 중국인 99명을 미군에게 넘겼고, 트럼프가 이를 기반으로 한국을 구하러 올 것"이라는 스토리가 이어진다. 사실과 소망, 현실과 환상이 뒤섞인 구조다.[4]

이것은 국면적 상황이기는 하지만, 근저에는 모종의 혐오, 음모, 환상이 뒤섞여 있다. 여기서 중요한 점은, 부정선거 음모론이 보수만의 전유물이 아니며, 어떤 의미에서는 이를 대중화한 출발점에 진보 진영의 문제도 일정 부분 얽혀 있다는 점이다. 이 지점이 역지사지형 성찰의 대상이 되어야 한다.[5]

특히 사회경제적 불평등에 대한 분노와 결합하는 부분은 사회경제적 개혁을 통해 분노의 구조적 기반을 줄여야 한다. 이런 사회경제적 개혁을 수반하지 않고 음모론·극단성의 토양을 근본적으로 약화시키기 어렵다.

이와 관련해 시민사회운동도 전략의 다양화를 고민해야 한다. 상대를 제압하는 것만으로는 사회 진보의 충분조건이 되지 못한다. 이미 보수적 운동이 자발적 대중운동으로 자리 잡은 상황에서는 더욱 그렇다. 언어와 접근 방식이 다면화되어야 한다.

1960~1970년대 냉전·권위주의 시기, 보수는 국가 동원의 대상이었고, 시민사회운동은 진보적이면서 도덕적 우위에 선 '국민적 운동'의 성격을 띠었다. 2000년대 낙선운동, 반부패운동이 고조될 때, 보수는 부패 기득권으로 규정되었고, 시민사회운동은 자연스럽게 국민적 정당성을 누릴 수 있었다.

지금도 소수자·약자의 처지를 개선하려는 운동은 도덕적 우위를 갖고 존중받을 이유가 충분하다. 다만, 이전과는 다른 지형을 직시해야 한다. 시민사회운동이 '국민적'이라는 주장 자체를 보수·극우의 상당한 이들이 거부하는 국면이 도래했다.

이런 조건에서 타방을 공격하는 돌진형 전략은 필요조건일 수 있으나, 더이상 충분조건이 아니다. 자신을 대중의 시선 그리고 적의 시선에 비추어 보는 자기 성찰을 통해, 더 많은 설득력을 갖는 운동으로 나아갈 필요가 있다. 햇볕정치는 바로 그 방향(대중의 극단성과 적극성을 해동하고, 시민사회의 도덕적 설득력을 복원하는 방향)을 향한 하나의 정치적 상상력이다.

10장

국민들이 더 많은 것을 스스로 결정하게 하자
직접 민주주의형 햇볕정치

직접 민주주의형 햇볕정치 유형은 선거 민주주의, 대의 민주주의하에서 개인 및 집단의 최대이익주의적 권리 투쟁이 격화되고, 그 과정에서 극단성이 나타나는 조건에서 '직접 민주주의적 기제'를 적극 활용하자는 제안이다.

▮ 직접 민주주의의 재위치

민주주의에는 대의 민주주의, 참여 민주주의, 숙의 민주주의, 직접 민주주의 등 다양한 모델이 있고 지구적 민주주의, 생태 민주주의, 노동 민주주의처럼 주제별 변형도 존재한다. 참여·숙의 민주주의는 이미 대의제의 일상 기제와 결합되어 있는 반면, 직접 민주주의는 국민소환, 국민발안 등 제한적 장치로만 도입되어 왔다. 그 결과, 직접 민주주의는 소규모 공동체의 대안 모델 정도로 취급되어 왔다.

그러나 오늘처럼 정치 갈등이 적대적으로 확산되고 대중의 정치의식이 고조된 조건에서는, 역발상으로 직접 민주주의의 기제들을 대의 민주주의의 일상적 운영 장치로 재배치하는 논의를 할 필요가 있다.

과거 국민투표는 독재가 장기 집권, 유리한 헌법 개정에 이용하는 수단, 혹은 새로운 갈등을 촉발하는 정치적 이벤트로 여겨진 측면이 강했다. 이제는 국가적·국민적 분열을 낳는 주제에 대해 일상적 수준에서 국민투표적 의견 수렴과 통합을 시도해야 할 필요성이 커졌다.

한국에서는 선거가 이미 주기적으로 치러진다. 대선·총선·지방선거 때, 별도의 막대한 비용을 들이지 않고도 특정 현안에 대한 직접 민주주의적 의견 표시를 함께 진행할 수 있다. 블록체인, 디지털 민주주의의 발전으로 국민투표 비용과 공간 제약도 과거와는 비교할 수 없을 만큼 줄어들었다는 지적은 이런 가능성을 뒷받침한다.

■ 신혼합 민주주의와 사전 숙의

이 책에서는 대의민주주의에 일상적 직접 민주주의를 결합한 모델을 '신(新) 혼합 민주주의'라고 칭한다. 국민소환제, 국민발안, 국민투표 범위 확대, 추첨제 확대, 주민자치 강화, 연방제적 요소 도입 등 여러 제도 구상이 있지만, 특히 국민발안과 국민투표의 폭넓은 활용이 중요하다. 정치적으로 주체화된 대중이 단지 주기적 선거에서 대표를 뽑는 데 그치지 않고, 국가 의사결정에 일상적으로 참여하는 통로를 갖도록 하자는 것이다. 지방자치 수준에서도 이러한 직접 민주주의 기제를 더욱 폭넓게 시행할 수 있다. 2026년 3월 1일 확정된 광주-전남 통합과 같은 광역시·도 간 행정 통합 역시 상층 권력을 강화하는 방식이 아니라, 기초지자체의 자율성 확대와 지역주민의 직접 민주주의적 결정 영역의 확장, 나아가 주민자치의 심화를 지향하는 문제의식과 결합되어야 할 것이다.

이와 함께, 국가적 의사결정에서는 사전에 숙의 민주주의 과정을 확대할 필요가 있다. 국민투표에 부치기 이전, 국민이 판단할 수 있도록 다양한 정보와 논거가 공개되고, 숙의 가능한 장을 제도적으로 마련해야 한다. 디지털·AI 기술혁명은 온라인 숙의, 블록체인 기반의 실시간 투표 시스템 등을 통해 이러한 실험을 현실화할 수 있는 기술적 기초도 제공하고 있다. 임진철의 다음 제안은 시사적이다. "대의 민주주의는 국민의 95% 이상이 문맹이고 국가의 영토가 너무 넓어 직접 민주주의를 할 수가 없어 고안된 정치제도이다. 그런데 한국의 경우 대학 진학률이 80%를 넘고 블록체인 기술과 디지털민주주의의 발전으로 인해 공간적 제약이 거의 없어진 시대를 살고 있다. 예전에 국민투표 한 번 하는 데 900억이나 든다 했는데 오늘날 블록체인 기술을 활용하면 불과 2, 3억 원으로 가능한 시대가 되었다".1)

■ 정치의 사법화, 사법의 정치화와 직접 민주주의

적대적 진영정치가 강화되면서 정치의 사법화가 심화되고 있다. 정치·사회 갈등이 정당과 의회, 정치 협상이 아니라, 사법적 판단의 대상으로 이월되는 현상이 빈번해졌다. '법투(lawfare) 사회'2)라는 표현처럼, 법이 정치 투쟁의 연장선으로 동원되고 있다. 어느 쪽에 유리한 판결이든 즉각 '정치적 판결'이라는 비난이 뒤따르고, 정치의 사법화는 곧 사법의 정치화로 이어지는 악순환을 만든다. 일반적인 대법원 판결처럼 사법부의 정치적 판단이 명백하고 강하게 드러나는 경우에는 이 논란이 더욱 증폭된다.

근대 민주주의에서 법치주의는 핵심 축이다. 자유·권리 보장, 3권분립, 국가 운영은 모두 헌법과 법률에 기반한다. 그러나 법치가 안정적으로 작동하려면, 법적 판결에 대한 국민적 승복이 전제되어야 한다. 적대적 갈등이 극대화될수록, 사법 결정에 대한 정치적 해석과 불복 여론이 커지고, 법 자체가 흔들리는 역설적 상황이 나타난다.

현재와 같은 과도한 정치의 사법화는, 민주주의와 정치의 불구화·불안정화를 반영한다. 정치가 감당해야 할 갈등 해결을, 또 한 번의 정치 연장선에서 사법부에 떠넘기는 구조다. 인간이 만든 3심 사법제도의 무게가 더 이상 정치 갈등의 열기를 식히지 못하는 지점까지 도달해 있다.

이 지점에서 직접 민주주의적 기제, 특히 국민투표를 대의 민주주의의 일상적 기제로 재배치하자는 제안을 제기하는 것이다. 대의 민주주의와 직접 민주주의를 대립적으로 놓기보다, 원래 대의제가 지니고 있던 주권재민의 정신을 다시 살려, 대표자에게 포괄 위임만 하는 체제를 넘어, 국민적 관심과 논란을 동반하는 핵심 의제에 대해 직접 의사를 묻는 방향으로 나아가자는 것이다.

■ 지민화와 87년 체제의 한계

1987년 이후의 40여 년은 한국 시민을 높은 정치의식을 가진 주체로 변화시켰다. 김종영이 말한 '지민(知民)화'3)이다. 87년 체제의 한계는 사회경제적 양극화 심화로 민주주의의 사회경제적 기반이 형해화되었다는 의미도 있지만, 동시에 단순히 대통령을 직선으로 뽑는 수준의 참여로는 높아진 정치의식을 더 이상 담아낼 수 없다는 의미도 있다.

따라서 87년 체제를 넘어서는 민주주의로 나아가려면, 국가 통치와 정치에 대한 대중 참여 공간을 확대해야 한다. 다시 말해, 정치의 대중적 개방화가 필요하며, 그 한 축이 직접 민주주의 기제의 폭넓은 도입이다.

반독재 투쟁이 치열했던 1970~1980년대에 유행한 말은 '의식화'였다. 허위의식을 넘어 비판적 정치의식을 갖는 민중을 만들자는 전략이었고, 지식인은 현장으로 내려가 이를 도와야 한다고 여겨졌다. 그러나 6월 항쟁 이후 7, 8, 9월 노동자 대투쟁과 민주노조 건설, 노조를 통해 노동자가 민주주의의 '학교'에서 정치의식을 훈련하는 과정이 전개되면서, '의식화의 대상'으로 상정되던 민중과 시민의 풍경이 크게 달라졌다.

독재 시기 대중은 위로부터 동원되는 순응적 국민에 가깝게 이해되었다. 1990년대를 거치며 이들은 스스로 권리의식을 갖는 '시민'으로 변화했지만, 이 시기의 시민은 여전히 '위임형 시민'이었다. 참여연대와 경실련 등 시민단체가 활동을 본격화했을 때, 많은 시민들이 후원회원으로 참여했다. '의식·정보가 부족하므로, 의식 있고 전문성 있는 운동가에게 위임할 테니 좋은 사회를 만들어달라'는 태도였다.

노무현 정부를 거치며 상황이 바뀌기 시작한다. 위임형 대중에서 스스로 정치의식을 갖고 행동·참여·개입하는 주체화된 시민, 이른바 '깨시민(깨어 있는 시민)'이 등장했다. 이를 대표하는 사례가 '노사모'다. 진보는 이러한 정치적 주체 시민을 만들어내고 확산시키는 데 중요한 역할을 했다.

하지만 박근혜 집권과 탄핵 과정을 거치며, 박사모로 상징되는 보수적 깨시민도 등장했다. 정치 고관여층, 높은 정치의식을 지닌 대중이 보수·진보 양 진영에서 동시에 형성된 것이다.[4] 최근에는 이른바 '개딸' 등 팬덤 정치와 결합한 적극 지지층, 150만 명 규모의 권리당원처럼 정당 내부 의사결정에 직접 영향을 미치는 주체로 발전했다.

이 과정에서 소셜 미디어, 특히 단톡방과 SNS를 매개로 한 직접 소통이 결정적인 역할을 했다. 과거 독재 시기 레거시 미디어 통제로 정보가 제한되던 대중과 달리, 오늘의 대중은 정치 지식과 정보가 사실상 무한히 확산되는 환경 속에 있다. 그런 의미에서 '의식화'라는 단어는 이미 구시대의 표현이 되었다.

나아가 이런 지민화와 정치의식 고양은 한국만의 현상이 아니라, 디지털·AI 기술혁명과 SNS·유튜브의 확산이 촉발한 세계적 현상이다. 네팔·인도네시아에서 SNS 영상 하나가 부패 및 특권에 대한 분노를 집결시켜 대규모 반정부 시위로 발전한 사례는, 뉴미디어 시대의 대중이 얼마나 빠르게 정치적 행위 주체로 나서는지를 잘 보여준다. SNS는 근본적으로 '초연결'을 가능하게 하는데, 이는 단순히 인간과 인간 사이의 연결만을 의미하지 않는다. 과거와는 차원이 다른 속도로 지식과 정보가 실시간으로 공유되는 구조가 형성되었다는 의미이기도 하다. 이 지식과 정보에는 기득권층, 상류층의 초호화 생활이나 과소비, 부패에 관한 내용도 포함된다. 더욱이 디지털·AI 기술혁명은 이러한 지식과 정보가 영상의 형태로 생산·유통될 수 있게 만들었다.

텍스트 매체와 영상 매체의 촉발력이 크게 다르다는 점은 이미 1991년

6월 정원식 총리의 마지막 강의 당시 벌어진 밀가루 및 계란 투척 사건에서
도 확인된 바 있다. 이 장면이 사진과 영상으로 국민에게 전달되면 고조되
던 민주화의 흐름을 무력화하고자 하는 노태우 정부에 반격의 계기를 제공
해, 결과적으로 1991년 5월에 정점에 달했던 민주화 투쟁을 '쿨다운'시키는
전환점으로 작용했다.5)

2025년 9월 5일, 유튜브·페이스북·인스타그램·엑스(X, 옛 트위터) 등 주
요 SNS 26개의 접속을 차단한 데 반발해 시작된 네팔의 시위는 곧바로 반정
부 시위로 확산되었다. 시위대가 장관을 구타하고 총리가 사임함에 따라,
사태는 정부 붕괴를 촉발할 정도로 대규모 대중투쟁으로 발전했다. 네팔 정
부는 가짜 뉴스 확산을 이유로 등록되지 않은 SNS 사용을 금지했지만, 젊은
층은 이를 온라인 반부패 운동을 억누르려는 시도로 인식했다. 여기에 왕정
붕괴 이후 높아진 반부패 요구와 민생 회복 기대에 부응하지 못한 정부에 대
한 실망감이 겹치면서, 반정부 투쟁이 거대한 대중적 저항으로 번져갔다.

특히 흥미로운 점은, SNS를 통해 고위층 자녀들의 사치품 소비와 호화로
운 휴가 생활이 노출되었고, 이 영상이 대중의 빈곤, 생활고와 극명히 대비
되며 젊은 층의 분노를 자극했다는 것이다. 이러한 영상이 SNS를 통해 빠르
게 공유되며 젊은 세대의 대규모 참여를 촉발시켰다. 대중이 높은 정치의식
을 지닌 '지민'으로 발전하는 데에 SNS가 결정적 역할을 하는 것은 우리 시
대의 두드러진 특징이다. SNS와 영상 중심의 미디어 환경은 역설적으로 새
로운 저항의 역동성을 창조하고 있다.

이와 같은 현상은 2025년 8월 중순 인도네시아에서 시작된 반정부 시위
에서도 유사하게 나타났다. 시위의 발단은 국회의원이 몰래 지급받던 매달
약 430만 원(당시 최저임금의 약 10배)에 달하는 주택수당이었다. 이를 계기로
기득권층에 대한 분노가 폭발했고 해고, 불평등, 세금 인상 등에 시달리던
대중이 결집해 거센 반정부 시위를 벌였다. 정부는 최루탄, 물대포, 고무탄
을 동원한 강경 진압으로 대응해 사상자가 늘었고, 대통령 및 총리 관저가

방화되는 등 시위는 더욱 격화되었다. 결국 8월 31일 프라보워 수비안토(Prabowo Subianto) 대통령이 해당 제도를 폐지하겠다고 발표하면서 국면이 전환되었다.

주목할 점은, 이러한 사태의 발단 역시 '틱톡' 영상 하나에서 비롯되었다는 사실이다. "대박! 국회의원 급여 하루 300만 루피아(약 25만 원)로 인상"이라는 자막이 달린 영상이 게시되었고, 이것이 SNS를 통해 순식간에 퍼져나갔다. 마침 다음 날 열렸던 연례회의 직후 국회의원들이 흥겹게 춤추는 영상과 이 내용이 결부되면서, '급여 인상에 기뻐 춤추는 무책임한 의원들'이라는 인식이 확산되었고, 대중의 분노는 더욱 빠르게 증폭되었다.[6]

■ 직접 민주주의와 책임의 정렬

이처럼 정치의식이 높고 고관여 의지를 지닌 대중은, 정당의 적극 참여자, 특정 지도자의 팬덤, 유튜브 기반 정보에 영향을 받는 폭도, 태극기 집회 참여자, 탄핵 찬성 집회 참여자 등 다양한 모습으로 나타난다. 이 현실은 정치가 더 이상 대의민주주의의 '4~5년 주기 대표 선출' 틀만으로 감당할 수 없음을 보여준다.

우리는 선거 민주주의·대의민주주의만으로는 담을 수 없는 높은 정치성이 존재한다는 점을 직시해야 한다. 이들은 내로남불과 권력의 이중성을 정확히 포착하고, 정권 교체가 반복되어도 정치 엘리트의 행태가 유사하다는 사실을 인식하면서, 기존 정당정치에 대해 더 높은 수준의 불신을 갖기도 한다.

이런 조건에서 87년 체제의 대의 민주주의는 직접 민주주의 요소를 흡수하는 방향으로 개방되어야 한다. 높은 정치의식과 참여 의지를 제도권 내부로 흡수할 수 있는 통로를 마련하는 것이 필요하다. 그 한 방법이 더욱 빈번한 국민투표 등 직접 민주주의적 참여의 제도화다.

■ '투 트랙 민주주의'와 갈등의 국민적 해결

이 변화의 과정 자체도 국민적 참여 속에서 진행되어야 한다. 87년 체제를 넘어서는 전환 비전은 국회나 전문가 집단에만 맡겨둘 것이 아니라, 정치의 사회화를 통해 대중과 함께 설계해야 한다.

직접 민주주의적 투표는 갈등의 국민적 해결 기제가 될 수 있다. 민주적 전투성이 넘치는 사회에서 권리(이익추구형 권리 포함)를 향한 전투성은 긍정적 측면도 있지만, 이익 갈등이 첨예해지면 타협·해결 구조가 부재하는 상태로 방치되기 쉽다. 서부지법 난입 같은 사건은 이익과 권리 투쟁의 극단화 사례로 볼 수 있다.

이때 직접 민주주의적 참여는, 대중이 자신의 선택이 공동체에 미치는 결과에 더 폭넓게 책임을 지게 만드는 구조를 제공한다. 지금의 권리 추구는 결과의 비가시성 때문에 책임 인식과 잘 연결되지 않지만, 국민투표, 국민발안 같은 기제를 일상화하면, 권리와 책임의 연계를 가시화하는 효과를 기대할 수 있다.

나는 한국 민주주의 정치 발전을 '투 트랙 민주주의'7) 모델로 설명한 바 있다. 여의도의 제도정치와 광화문의 시민정치가 상호작용하며 발전해 온 구조라는 뜻이다. 한국은 제도정치와 시민정치가 긴밀하게 상호작용 하고 병행하는 투 트랙 민주주의의 선도국가라고 할 수 있다. 이런 선도국가에서, 정치적으로 주체화된 대중을 제도권 참여 주체로 포용하는 것은 민주주의의 안정성과 정당성을 높이는 방향이기도 하다.

11장

성악설과 성선설의 거리를 좁히자
'내로남불' 논란에 대응해 '일반적 규칙'을 정립하는 협치형 햇볕정치

내로남불이 반복적으로 터지는 쟁점들에 대해, 먼저 양 진영 모두의 이중 기준을 인정하고 그 위에서 '새로운 일반 규칙'을 만드는 방향으로 가자는 것이 성찰적 햇볕정치의 핵심이다.

1980년대 이후 40년 가까운 민주화의 진전 속에서 정치 지형은 크게 달라졌다. 독재 대 반독재 구도에서는 야당의 목소리가 곧 희망이었지만, 민주·진보와 보수가 번갈아 집권하는 순환이 일상이 되자 '내로남불'이 정치의 한복판에 등장했다. 상대를 공격할 때는 최고의 윤리 잣대를 들이대면서, 자기편을 옹호할 때는 기준을 낮추는 이중성이 그것이다. 앞에서 적에 대해서는 '성악설'적 기준을, 동지에 대해서는 '성선설'적 기준을 적용하는 구조를 지적한 바 있다.

▌때로는 우리 자신의 그림자를 돌아보아야 한다

내로남불은 단순 유행어가 아니라, 반복적으로 되돌아오는 부메랑이다. 2025년 이재명 정부 초기 여성가족부 장관 인사청문회에서, 후보자의 과거 발언이 이름만 바뀐 채 그대로 되돌려지는 장면은 상징적이었다.[1] 오늘의 정의가 내일의 위선이 되고, 오늘의 공격이 내일의 방패가 되는 상황 속에서, 국민은 '결국 다 거기서 거기'라는 냉소에 빠진다. 내로남불은 정치 불신을 증폭시키는 구조적 장치가 된다. 살다 보면 때로는 자신의 그림자도 돌아보아야 한다.

극적인 예로, 피의사실 공표와 포토 라인 논란을 들 수 있다. 문재인 정부 시기, 검찰의 망신주기식 수사 관행을 비판하며 포토 라인 폐지, 피의사실 유출 자제를 강하게 요구했던 흐름과, 윤석열·김건희 수사 국면에서 "정의는 보여줘야 한다"라며 포토 라인과 피의사실 공표를 다시 정당화한다. 여야 모두, 여당일 때와 야당일 때의 논리가 크게 달라진다.

한국 정치 문화에는 '야당에 관대하고, 여당에 엄격한' 정서가 있어 이런 이중성이 때로 흐려지지만, 실제로는 내로남불이 정치의 일반적 양상이 되었다. 정치적 입장이 바뀌면 언어와 기준도 바뀌고, 그 과정에서 검찰 개혁 같은 주제조차 정파적 무기로 소진된다. 결국 '네가 하면 위선, 내가 하면 정의'라는 냉소를 강화하며, 민주주의의 윤리적 기반을 허무는 결과를 낳는다.

■ '내로남불의 무한 반복'을 끊는 공화적 이니셔티브

민주진보 정당이 이 악순환을 끊으려면, 이중 기준 논란의 중심에 있는 사안들에 대해 서로가 유사한 흠결을 가지고 있음을 먼저 인정해야 한다. 그 위에서 정파와 무관하게 적용할 보편적 규범·규칙을 새로 정립하는 방향으로 나아갈 필요가 있다. 모든 사안을 포괄할 수는 없지만, 내로남불 정치를 '규칙의 정치'로 최대한 전환하는 공화적 이니셔티브를 발휘하자는 제안이다. 당연히 보수도 이 노력에 동참해야 한다. 민주진보가 몇 가지라도 이런 이니셔티브를 발휘해 보자는 것이다.[2]

이중 기준과 내로남불 논란은 정당에 대한 신뢰뿐 아니라 정치 일반과 민주주의 자체에 대한 신뢰, 나아가 규범적 공통 기반을 약화시킨다. 이런 점에서 대한민국 정치공동체의 새로운 일반 규칙을 둘러싼 합의를 진보가 먼저 제안해 보는 것은 의미가 크다. 그동안 아무도 제대로 해내지 못한 과제이기 때문이다.

정치·사회적 리더십의 정당성은 궁극적으로 일관성에서 나온다. 정치는 권력을 잡았을 때보다, 권력을 잃었을 때의 태도에서 더 잘 드러난다. 민주주의 선진국인 한국에서 권력 상실 기간은 길어야 5년 또는 10년이다. 그 속에서 동일한 사안에 상반된 기준을 적용하며 정치 신뢰를 허무는 방식은 더 이상 지속 가능한 전략이 아니다.

민주화 이전에는 '적과 싸우는 민주주의'로 '적'이 명확한 상황이었기에 진보가 상대적으로 이런 비난에서 자유로웠다. 그러나 민주화의 성공은 역설적으로 이런 구도가 위기로 전환되는 지점을 만들었다. 이제는 정당성이 '어느 진영인가'가 아니라 '얼마나 일관된 원칙을 지키는가'에서 나온다는 사실을 여야·보수·진보 모두 인식해야 한다. 시민단체를 포함한 사회적 리더십에도 동일하게 적용되는 기준이다.

정치의 본질은 갈등이다. 문제는 갈등을 다루는 방법에 있다. 국회선진화법처럼, 물리적 충돌 없는 갈등 규칙이 도입되면 갈등 자체는 사라지지 않지만, 그 양상은 달라진다. 내로남불을 넘어서는 규칙 정립도, 갈등을 없애는 것이 아니라 갈등의 범위와 방식을 바꾸는 과정이다.

■ 야당·여당의 구조적 유혹과 정권 교체 패턴

야당과 여당의 구조적 위치 차이 때문에 이 전환은 쉽지 않다. 야당에게는 '닥치고 공격'이 유리하고, 갈등을 극대화하는 전략이 정치적으로 득이 되기 쉽다. 반면 여당은 갈등 사안을 탈쟁점화하는 것이 유리하다. 하나의 개혁 의제가 내로남불 공방으로 빨려 들어가는 순간, 그 개혁의 정치적 효과는 축소되고, 민주진보 정치가 지녀온 도덕적 우위는 약화된다.

김대중-노무현 10년, 이명박-박근혜 10년 이후, 문재인-윤석열 정부가 연속 단임으로 교체된 현재의 불안정한 정권 순환은 단순한 선거 결과만으로 설명되지 않는다. 내로남불 정치를 통해 축적된 불신이 배경으로 작동하고 있다. 이 흐름을 끊지 못하면, 단임 시대가 장기 패턴으로 굳어질 가능성이 크다.

악순환을 끊는 새로운 공동체의 규칙
산하기관장, 논문 표절 등

정치가 전투적일수록 내로남불의 그림자는 짙어진다. 공직 수행과 권력 행사 기준이 높아지는 장점도 있으나, 국가 공동체의 안정성은 취약해진다. 정치는 때로 강한 전투가 필요하지만, 최소한 불가피한 영역과 그렇지 않은 영역을 구분할 필요가 있다.

정권 교체기의 산하기관장 임명을 놓고 불거지는 갈등은, 협치를 통해 해결 가능한 영역이다. 정부가 바뀔 때마다 "전 정권 임명 기관장은 즉각 사퇴해야 한다"라는 여당의 요구와 "임기를 보장해야 한다"라는 야당의 주장이 반복된다. 검찰과 감사원 동원이 관행처럼 이어지고, 어느 쪽 주장도 완전히 설득력을 얻지 못한다.

이 경우, 일반 규칙을 미리 합의하는 것이 가능하다. 예를 들어 이번 정부에서 산하기관장 일괄 사퇴를 진행하되, 이것을 '앞으로도 정권 교체 시 임명직 일괄 사퇴'라는 규칙으로 삼겠다고 여야가 합의할 수 있다. 반대로 '임기는 존중하되, 임기 1년 미만 정권 교체 시 사퇴' 같은 절충 규칙도 상상해 볼 수 있다. 어느 경우든, 한 번 정한 기준은 다음 정권에도 그대로 적용해야 한다.

인사청문회 때마다 반복되는 '논문 표절 논란'도 마찬가지다. 이 문제를 정파적 공방의 도구로만 사용할 것이 아니라, 객관적 검증 프로세스와 독립적 시스템을 만드는 방향으로 규칙을 합의할 수 있다.

이미 여야 간에는 '어디까지 싸우고, 어디서 멈출 것인가'에 대한 최소한의 공감대가 과거보다 조금씩 형성되고 있다. 싸울 거리 자체는 여전히 많다. 중요한 것은, 모든 사안을 사생결단 대상으로 삼지 않고, 일부 영역에서는 역지사지에 기초한 협치 규칙을 만드는 것이다.

물론 일반 규범을 정하는 과정에서 누가 먼저 양보하고, 누가 단기적으로 손해를 볼 것인지가 쟁점이 된다. 이 지점에서 필요한 것이 바로 협치의 이니셔티브, 즉 내로남불 공방을 넘어서는 첫 단추를 진보가 먼저 끼워보자는 제안이다. 지금 기준으로 보면, 즉시 적용하면 야당이 손해 보는 것처럼 보이고, 차기부터 적용하면 현 여당이 손해 보는 것처럼 보일 수 있다. 하지만 최소한 내로남불의 주요 소재를 줄이고, 국민의 정치 신뢰를 높이는 데 기여한다는 점에서, 장기적으로는 모두에게 이익이다.

갈등과 대립은 정치의 기본 구성 요소지만, 모든 의제를 전쟁으로 만들 필요는 없다. 또한 일부 의제가 전쟁적 방식으로 처리되지 않는다고 정치의 갈등적 성격이 소멸하는 것도 아니다. 한국 정치는 지나치게 많은 사안에서 정치를 '전쟁' 프레임으로 전개해 왔다. 민주화 40년, 정권 교체의 일상화를 경험한 지금, 다른 정치 문화와 규범을 설계해야 할 시점이다.

이런 협치 이니셔티브는 야당이 아니라 여당이 먼저 행사해야 한다. 문재인 정부도, 윤석열 정부도 이 과제를 충분히 수행하지 못했다. 적대적 진영 구조를 유지한 채 국정을 운영하면 할수록, 정책 추진은 '통치 불능' 상태에 빠진다. 남미형 정치 발전에서 보듯, 극단적 적대가 국가 운영 자체를 마비시키는 수준에 이를 수 있다.

성찰적 햇볕정치는 바로 이 지점을 겨냥한다. 모든 영역에서 싸움을 멈추자는 것이 아니라, 갈등을 줄일 수 있는 의제부터 공화적 규칙을 만들어가자는 제안이다. 그렇게 할 때, 내로남불의 악순환을 끊고, 민주주의의 신뢰 기반을 재구축하는 첫걸음을 뗄 수 있다.[3]

협치 전략은 여당의 통치 불능을 막기 위한 조건

적대 진영의 합리적 주장을 제한적으로라도 수용하는 협치 전략은, 반복되는 통치 불능 상황을 완화하는 데 필수적이다. 윤석열 전 대통령은 야당의 합리적 요구를 국정 운영에 반영하는 협치 정치를 거의 시도하지 않았고, 오히려 '여소야대'를 군사적 수단으로 돌파하기 위해 비상계엄을 시도했다. 그러나 민주적 전투성이 시민 수준에서 고도로 확산되어 있고, 정치의 적대성이 구조화된 조건에서, 여당이 야당을 일방적으로 밀어붙이는 방식은 사실상 작동하기 어렵다. 야당으로서 여당을 공격하는 것은 비교적 쉬운 정치지만, 여당의 위치에서 야당의 합리성을 일부 수용하며 협치를 구현하는 것은 훨씬 더 어려운 과제이며, 민주진보 세력에게도 도전이다.

민주주의의 안정화는 사생결단식 투쟁의 영역을 좁히고, 모든 쟁점을 적대적 진영정치의 소재로 만드는 습관을 줄이는 데서 시작한다. 굳이 소모적 전투를 치르지 않아도 되는 영역에서까지 사생결단식 갈등을 벌일 필요는 없다. 선거를 통해 승자와 패자는 정기적으로 교체되고, 패자 역시 소수자로서 정당한 권리와 공간을 보장받은 채 투쟁할 수 있다.

민주화는 본질적으로 누구에게나 보편적으로 적용되는 규칙을 만들어가고 공유하는 과정이다. 내로남불이 반복되는 영역부터 머리를 맞대는 협치 정치가 필요하다. 야당은 승리를 위해 갈등을 극대화하는 전략이 유리하지만, 여당은 가능한 한 갈등 주제를 탈갈등화하는 전략이 유리하다.

2008년과 2022년에 반복해 쓴 같은 칼럼

나는 2008년 《중앙일보》에 "기관장 사퇴, 규범이 필요하다"라는 칼럼을, 2022년에는 '악순환을 끊기 위한 일반적 규칙'을 만들자고 제안하는 글을 썼다. 핵심 내용은 일관된다.

- 정권이 바뀔 때마다 산하기관장 사퇴를 둘러싼 공방이 되풀이되고, 여

야는 이전 입장을 뒤집어 가며 서로를 비난한다.

- 이 문제를 정치적 이해득실이 아니라, '모든 경우에 적용될 일반 규범' 차원에서 접근하자는 제안이 반복되었다.

구체적으로는, 다음과 같은 두 가지 방향 중 하나에 대해 여야가 합의할 수 있다고 제안한다.

- 전임 정부 임명 고위공직자의 임기를 이번에는 보장하고, 이후 현 정부가 임명한 고위공직자의 임기도 다음 정부가 보장하도록 한다.
- 전임 정부 임명 고위공직자는 새 정부 출범 시 일괄 사퇴하고, 이 원칙을 다음 정부에도 똑같이 적용한다.

핵심은 먼저 '일반적 규칙(general rule)'에 합의하는 것이다. 누가 먼저 양보하느냐의 문제는 남지만, 악순환을 끊겠다는 공감대가 있다면 충분히 합의 가능한 영역이라는 주장이다. 나는 과거 보수 정부에 이를 요청했지만 실현되지 않았고, 이제 진보가 먼저 공화적 이니셔티브를 발휘해 보자고 제안한다.

산하기관장 교체와 관련해서는, 대통령 교체와 함께 자동으로 바뀔 정무직의 범위를 정하고, 그 자리에 대해서는 여야 합의로 '임기 보장' 또는 '일괄 사퇴' 중 어느 쪽을 택하든 좋다고 본다. 핵심은 충분한 토론과 합의를 통해 일관된 규칙을 만드는 것이다.

2022년 홍준표 대구시장이 시정에서 정무직과 산하기관장 임기를 단체장 임기와 일치시키는 조례안을 발의한 사례는, 이런 방향의 시도가 이미 부분적으로 존재했음을 보여준다. 비록 실제 시행에는 이르지 못했지만, '임기 일치 조례'는 산하기관장 임기 규범을 제도화하려는 한 실험이었다.

▊ 산하기관장 관련 직권남용 판결과 내로남불

문재인 정부 시절 환경부 장관이었던 김은경은 산하기관장 사퇴 압박과 관련해 직권남용으로 유죄 판결을 받았다. 이 판결은 박근혜 탄핵의 법적 근거였던 직권남용 논쟁의 '반대 사례'로 활용되며, 보수는 "박근혜 탄핵의 정당성까지 위협할 정도로 문재인 정부가 직권남용에 빠져 있었다"라고 비난했다. 여당 일부는 사법부의 정치성을 문제 삼았고, 진영 간 공방은 증폭되었다.

나는 이 사안이 동일한 유형의 문제에 대해 적과 동지에게 서로 다른 잣대를 적용해 온 정치의 구조적 내로남불을 드러내는 사례라고 본다.

▊ 미국의 '플럼 북'과 한국판 플럼 북 논의

미국에는 대통령이 임명할 수 있는 연방정부 직위를 정리한 '플럼 북(plum book)'이 있다. 한국에서도 대통령이 직간접적으로 영향력을 행사할 수 있는 정무직·위원회·자문직 등은 수천·수만 개에 이르는 것으로 알려져 있다. 개별 판결의 옳고 그름을 넘어 일반 규칙의 미비를 인식해야 한다는 것이다.

나는 여야 협치의 의제로 '한국판 플럼 북'을 만들자고 제안한다.

- 정권 교체 때 자동 교체되는 정무직
- 정권과 무관하게 임기를 보장받는 독립직

이 경계를 명료하게 정리하는 작업이 필요하다는 뜻이다. 이는 인사권을 둘러싼 내로남불 공방을 줄이고, 정권 교체기마다 반복되는 정치적 인사 전쟁을 완화하는 데 기여할 수 있다.

국회선진화법의 사례
정치 대립의 형태 변화

'국회선진화법'은 여야 모두에게 일정한 손익을 끼치면서도, 결과적으로 '물리력에 기반한 전투 정치의 수단을 줄인 사례'로 평가된다.

2008년 총선에서 여당이었던 한나라당은 압도적 다수를 점했지만, 야당의 극단적인 의사 진행 방해로 국회 운영에 어려움을 겪었다.[4] 2011년 국회에서의 최루탄 투척 사건 등은 당시 갈등의 격렬함을 상징한다.[5]

이러한 맥락에서, 2012년 18대 국회 마지막 본회의에서 통과된 '국회선진화법'에는 '쟁점 법안의 본회의 상정에 재적의원 5분의 3 동의 필요', '직권상정 요건의 대폭 제한', '필리버스터 제도 도입', '패스트트랙, 안건조정위원회, 국회 질서 유지 장치 도입' 등이 담겼다.

여당은 야당의 무제한 몸싸움과 봉쇄를 제한할 수 있고, 야당은 여당의 직권상정을 원천 차단할 수 있다는 점에서 상호 이익의 균형을 맞춘 법안이 통과되었다. 이 법은 이후 여당에게는 인내(6개월의 패스트트랙 대기 기간)를, 야당에게는 물리력 봉쇄 포기를 강제했다.

이 법이 제정되기까지 굽이굽이 먼 길을 돌아왔다. 사실 국회 내에서 물리적 충돌 없이 의사결정을 이루기 위한 법이다. 야당은 의례적으로 '해머'를 들고 법사위원장실을 봉쇄하는 식으로 투쟁해 왔다. 심지어 최루탄을 난사하는 투쟁 양식도 선택했다. 더 강한 투쟁 양식이 전투성의 발휘로 인정되는 정치 갈등 양식이 존재했던 셈이다. '국회선진화법'은 야당 입장에서는 투쟁 수단을 잃어버리고 재갈이 물린 것으로 인식될 수 있었다. 그래서 반대했고, 여당은 언제나 이를 선호했다. 이 때문에 여야 정당 간의 투쟁 양식을 전환하는 법, 즉 '국회선진화법'과 같은 법안이 그동안 통과되지 못했다.

그러던 중 보수 집권당의 주도 아래 야당의 동의로 '국회선진화법'이 통과되었다. 차기 정부를 누가 차지할지 불확실한 상황에서, 다만 긴 유예 기간을 두어 차기 정부하에서 시행된다는 전제 아래 통과된 것이다. 실제로는 한차례의 '소란'을 겪은 뒤에야 정착 단계에 들어섰다. 즉, 이 법은 제정 당시 여당이었으나 이후 야당이 된 정당이 2019년 말 이른바 '패스트트랙 충돌 사건'을 계기로 물리적 갈등을 벌이고, 그로 인해 법적 기소나 의원직 박탈의 위험성을 체감하면서 비로소 정착되기 시작한 셈이다.[6] '국회선진화법'은 여당에게는 패스트트랙에 부의하고도 6개월을 기다려야 하는 '인내'를 강제하고, 야당에게는 물리력 봉쇄라는 수단의 '포기'를 강제하는 법이다.

나는 '국회선진화법'이 옳거나 그르다고 단정하려는 것이 아니다. 여야 정당 간에는 여전히 많은 갈등과 상호 투쟁이 존재한다. 그러나 모든 갈등이 물리력을 동반한 전투적 투쟁의 형태로 나타날 필요는 없다는 것이다. '국회선진화법' 이후에도 여야 정당들은 박성민의 표현을 빌리자면 여전히 '죽이지 않는 전쟁'[7]을 치르고 있다. 2017년처럼 해머를 들고 싸우지 않아도 지금의 정치적 갈등은 훨씬 더 치열하고 적대적으로 전개되고 있다. 죽고 사는 투쟁의 형태를 취하지 않아도 세상은 넓고, 여야 간에도 다투고 논쟁할 일은 여전히 많으며, 세상은 계속 변화한다.

내가 여기서 이야기하고자 하는 것은 당시 압도적 다수당이었던 한나라당이 이를 수용함으로써 이 법이 성사되었다는 점이다. 그 후 이 법은 '일반 규칙'으로 자리 잡으면서 국회에서의 과격하고 공격적인 행동이 '의정 활동'이라는 이름 아래 규제되는 효과를 여야 모두에게 미쳤다. 사실 하나의 법안이 특정 시점에 야당에게 유리하면 여당이 반대하고, 여당에게 유리하면 야당이 반대하는 식으로 대립하는 것이 일반적이다. 그러나 당시에는 이익의 균형이 이루어졌고, 이 법안이 향후 자신들에게도 유리할 것이라는 판단을 여야 모두가 공유했기 때문에 성사될 수 있었다. 이런 식의 법 제정은 일종의 '이니셔티브'를 담고 있다.

'국회선진화법'은 의정 활동이라는 이름으로 행해지던 극단적 공격 행위를 제한하는 효과가 있다. 그렇다고 해서 여야 간의 치열한 갈등이 완화된 것은 아니다. 오히려 갈등의 표현 양상이 훨씬 합리적으로 변한 것이다. 그러나 그 형태가 어떻게 달라지든, 여야의 선거 승리를 위한 경쟁과 정치적 치열함이 사라지는 것은 아니다.

나는 이러한 성숙한 사회와 정치를 위한 일반적 규칙을 제정함에 있어서도, 특정 시점에서 합의 도출이 어렵고 유불리를 특정하기 어렵다면 법의 시행 시점을 다음 대선과 총선 이후로 미루는 방식 또한 검토해 볼 수 있다고 생각한다.

인사청문회와 이원화 논의
'규칙의 정치'로의 전환

인사청문회는 내로남불이 가장 강하게 작동하는 영역 중 하나다. 여당은 도덕적 흠결이 있더라도 후보를 방어하려 하고, 야당은 약점을 최대한 부각해 정권에 타격을 가하려 한다. 여야가 바뀔 때마다 태도가 정반대로 변하는 구조다.

이 과정에서 장관 후보자들은 사실상 '성인군자' 수준의 도덕성을 요구받고, 능력 있는 인사들이 아예 후보 자체를 기피하는 현상이 나타난다. 민주화와 국민의 윤리적 기대 수준이 높아진 것은 긍정적이지만, 역량 있는 인재 풀이 축소되는 것은 민주주의의 손실이다.

이에 대한 대안으로, 인사청문회 이원화 논의가 제기되어 왔다.

- 하나는 정책, 역량을 다루는 공직 역량 청문회
- 다른 하나는 가족, 재산, 과거 행적 등을 다루는 공직윤리 청문회

이 두 기능을 분리해 운영하자는 것이다. 이재명 정부 출범 이후 여당 의원들이 종료 기한, 출석 기간, 대상 확대 등을 포함한 이원화 법안을 제출하기도 했다.[8]

나는 이런 접근을 긍정적으로 평가하면서, 이것 또한 여야 협치의 대상이

되어야 한다고 본다. 다만, 집권 여당이 현재의 부담을 피하려는 수단으로만 이원화를 밀어붙이는 것은 진정한 햇볕정치가 될 수 없다. 가장 설득력 있는 방식은, 법 시행 시점을 다음 대선 이후로 미루어, 어느 쪽에도 단기적 유불리가 고정되지 않게 하는 것이다.

▐ 검찰 개혁, 법치주의 개혁도 '일반 규칙' 관점에서

새로운 일반적 규칙을 만들어내는 협치의 정치는 다양한 방식으로 전개될 수 있다. 검찰 개혁이나 사법 개혁을 철저히 추진하는 것은 필요하다. 문제는 그것을 국가공동체의 미래를 위한 개혁으로 인식할 것인지, 집권당의 개혁의 개혁으로 국민들이 인식할 것인지이다. 그런 점에서 모든 미세한 국면들에서 이러한 경합이 존재한다는 인식이 필요하다. 검찰 개혁과 관련해서도 검찰의 수사권 조정에 그치지 않고, '검찰의 수사권 폐지'(이것은 이미 시대적인 국가 개혁 과제가 되어 있다)를 전제로 검찰-공수처-경찰 국가수사본부의 새로운 분업과 협업 구조를 국민적 관점에서 재정립해 나가는 것도 하나의 방법이다. 사실 나도 공수처의 수사를 받아본 입장이지만, 각개약진형으로 진행된 개혁으로 인해 지금의 수사는 기관 간 혼선이 있는 것도 사실이다. 개혁이라는 점에서, 국민이 그 정당성에 공감할 수 있도록 추진되어야 한다.

사실 근대 민주주의의 핵심적인 기여는 '내전의 정치화'라고 생각한다. 민주주의는 정치가 극단적인 내전으로 비화되지 않고, 제도정치의 틀 안에서 선거 전쟁 형태로 이루어지도록 하는 '갈등의 제도화'를 유도해 내는 체제다. 여기에 삼권분립과 법치주의 제도들이 존재한다. 이런 제도들 자체가 민주주의를 구성하는 일반적 규칙인 셈이다. 그런 관점에서 법치주의 제도의 개혁에 접근할 때, 우리 편에 유리한 인사들이 주도하는 제도를 설계하려는 관점이 아니라, 누구에게도 공정한 새로운 일반 규칙으로서의 제도 개혁을 추진해야 한다. 또한 그러한 방향이 국민에게 명확히 인식되어야 한다. 사법기구 개혁이 보복의 정치가 아니라, 시대 변화에 부응하는 국가 체제 개혁으로 국민에게 이해되어야 한다. 이를 위해서는 앞서 언급한 '3-7제'의 인식이 요구된다. 그렇지 않을 경우, 정권 교체로 여야의 지위가 바뀌는 순간, 과거 여당에게 향하던 비판과 공격이 새 정부에도 반복될 가능성이 크다. 윤석열 정부하의 검찰·사법부의 정치화를 그들만의 '본질적 특성'으로 간주하는 접근은 경계해야 한다는 점을 강조하고자 한다. 결국, 민주주의의 이름으로 법의 지배를 혁신하려는 민주진보가 "민주주의의 이름으로 법치를 파괴하려 한다"라는 공격이 상존하는 속에서, 그 혁신의 의미를 대중과 공유할 것인가 하는 것이다. 이는 단지 나의 혁신 시도가 민주주의의 이름으로 법의 지배를 혁신하는 것이라고 하는 자기 진영 내의 합의만으로는 부족하다. 그것을 넘는 과제가 내재해 있음을 인식하면서 전진하는 것이 중요하다. 민주주의의 이름으로 과거형 법의 지배를 파괴하는 것이 아니라, 낡은 제도를 넘어 국민적 신뢰와 참여 속에서 새로운 법의 지배를 창출하는 방향으로 이루어져야 한다. 그렇게 국민에게 인식되어야 한다.

▎ 조국의 사과를 접하며

돌아와 거울 앞에 서는 마음으로 지금 시점에서 다시 상기해 보자. 주지하다시피 '조국 사태' 이후 사회는 조국을 옹호하는 서초동 진영과, 그를 강하게 비판하는 광화문 진영으로 갈라졌다. 당시에는 거의 생사를 건 듯한 첨예한 대립이 있었다. 그런데 조국은 2025년 10월 10일 한 언론과의 인터뷰에서 "자식 입시 비리에 대해 반성하고 국민께 사과드린다"라며 "부모 찬스를 가지지 못한 청년들에게 특히 더 죄송한 마음을 느낀다. … 내로남불이라는 비판 역시 제 언행 탓이기 때문에 받아들이고 성찰하겠다. … 나 자신에게 더 엄격했어야 했다"[9]라고 말했다. 나는 이를 긍정적으로 평가한다. 이는 "조국처럼 파헤치면 남아날 사람이 누가 있겠는가"라는 옹호론에 대해 스스로 자성한 발언이기 때문이다.

　조국 사태를 둘러싸고 서초동과 광화문으로 나뉘어 적대적으로 맞섰던 당시의 상황(각각의 광장에서 조국 순결론과 조국 악마론이 충돌하던 상황)을 떠올리면, 그의 발언은 발전적 의미를 지닌다. 나는 이 계기를 통해 우리 모두가 특정한 순간의 인식과 언어, 행동의 선택이 절대적인 것이 아님을 돌아보는 계기를 만들면 좋겠다. 당시에는 서초동이나 광화문에서 울려 퍼진 주장을 비판적으로 평가하는 사람에게 '배신자'의 낙인이 찍히곤 했다. 이제 조국의 사과를 계기로, 그러한 '전쟁의 시대' 속 인식과 태도를 성찰할 필요가 있다.

이는 과거를 재평가하기 위함이 아니라, '내로남불'적 쟁점을 내포한 사안에 대해 성숙한 대응이 어떠해야 하는지를 모색하기 위해서다. 그런 점에서 나는 "100%의 확신으로 싸우지 말고, 70%의 확신으로 싸우자"라고 주장한다.

■ 어떤 시공간에서의 선택

특정 시점이나 공간에서 어떤 입장을 취하는 것이 옳은지에 대한 정답은 없을 것이다. 하나의 입장도 국면에 따라 의미가 달라진다. 전쟁 중의 백마고지 사수처럼 어떤 사안이 전략적으로 중대한 의미를 가질 때에는, 거의 모든 희생과 합리성을 차치하고라도 올인해야 할 순간이 있을 수 있다. 그러나 내가 말하고자 하는 것은, 그러한 일시적 국면의 전략을 모든 국면의 전략으로 절대화할 필요는 없다는 것이다. 이 사례를 통해, 특정한 시공간에서 모든 개인과 집단, 세력에게 '다른 선택의 경로' 또한 존재할 수 있음을 보여주고자 한다. 나아가 우리 모두가 그런 열린 전략적 사고의 여백을 확보하고, 그로부터 자신을 풍부화하며 강화할 길이 있음을 드러내고자 하는 것이다.

■ 김건희 수사 과정의 양평군청 공무원 사건

이와 유사한 사안은 수없이 많다. 그중 하나가 양평군청 소속 50대 공무원이 김건희 여사 의혹을 수사하던 민중기 특별검사팀의 조사를 받은 뒤 2025년 10월 10일 자택에서 스스로 목숨을 끊은 사건이다. 국가인권위원회는 해당 사건에 인권침해가 있었는지 직권 조사했고, 고인의 21쪽 분량의 유서에서 수사관의 이름을 특정해 항변한 내용이 확인되자, 특검 측의 인권침해 정황이 있었다고 판단해 수사관을 고발했다.[10]

이 사건을 보자. 나는 특검의 대응에 명백한 잘못이 있었다고 생각한다. 물론 사건을 축소하고 적당히 넘어가는 것이 아니라 정당하게 처리되어야 한다고 생각한다. 단지 나는 더 나아가서 이야기하고 싶다. 이런 사건이 발생하면, 여권에서는 문제를 축소하려 하고, 야권에서는 이를 확대하려는 진영 논리가 작동한다. 적에게는 성악설적으로, 동지에게는 성선설적으로 접근하는 관행이 반복된다. 윤석열 정부 시기 비리를 파헤친 특검이기 때문에, 그 정당성을 훼손할 수 없다는 정치적 고려도 작용했을 것이다. 더구나 인권위 조사를 주도한 인물이 안창호 위원장이라는 점에서 정파적 의심이 제기되기도 했다.

그러나 '역지사지형 성찰성'의 관점에서 생각해 보자. 만약 이런 사건이 보수 정부하에서 벌어졌다면, 진보 진영은 이를 '국가적 범죄'로 규정하며 총공세를 펼쳤을 가능성이 크다. 21쪽 분량의 유서까지 공개된 상황이라면 더욱 그랬을 것이다. 이번에는 그 입장이 뒤바뀌었을 뿐이다. 여야는 언제나 같은 행동 패턴을 되풀이한다.

이번 사건의 경우, 당시의 '내란 척결 국면'이라는 특수성이 개입해 사태가 과거보다 낮은 수준의 갈등으로 마무리되었다. 나는 오히려 이번 대응을 '정상적'이었다고 본다. 그런데 내가 이야기하는 것처럼 '정상적'이라고 보려면, 훗날 여야 간의 구조적 위치가 바뀌는 상황에서도 동일한 사건이 발생했을 때 그것을 '국가적 범죄'로 간주해 총력 저항에 나서는 것이 아니라 일반적인 합의적 규칙에 따라 처리하는 프로세스가 정착되어야 한다. 모든 사건을 국가적 범죄로 비약하는 관행 그 자체를 성찰할 지점으로 삼고, 일반 규칙에 따라서 균형 있게 처리하는 관행을 만들어야 한다. 물론 실제로 국가적 범죄에 해당하는 일도 존재할 것이다. 하지만 민주진보가 앞장서서 냉정히 시시비비를 가리는 문화, 즉 공화적 성찰 문화를 만들어야 한다. 우리는 '내로남불의 무한 반복'으로 가지 않고, 새로운 정치 문화를 형성하는 공화적 이니셔티브를 취해야 한다. 이것이 장기 민주화 이후 시대에 민주진보가 책임 있게 행위해야 할 방식이다.

■ 극단의 시대와 K-민주주의의 과제

'극단의 시대'일수록 이런 괴리는 더욱 커진다. 에릭 홉스봄(Eric Hobsbawm)이 '극단의 시대'[11]라 부른 20세기 유럽의 파시즘은 전쟁과 패전이라는 극적 계기로 종결되었다. 한국 민주주의는 외적 파국이 아닌, 내적 성찰과 규범 형성을 통해 극단성을 제어하는 모델을 보여줄 필요가 있다.

정치적 갈등과 전투는 불가피하지만, 그 과정에서 극단의 표현을 절제하는 문화가 형성될 때 사회는 성숙하고 안정적인 방향으로 나아갈 수 있다. K-민주주의가 세계에 영감을 주는 민주주의가 되려면, 내로남불을 영구히 없애는 것이 아니라, 그 진폭을 줄이고 갈등을 공화적 규칙 아래 관리하는 방향으로 나아가야 한다.

■ 또 다른 예
■ 연예인의 정치적 의사표현 논란

다른 예를 들어 논지를 더 분명히 해보자. 2025년 한 배우가 이준석의 페이스북 글에 '좋아요'를 눌렀다가 작은 논란에 휩싸였다. 곧바로 "개혁신당 지지자냐", "이준석의 정치 성향을 지지하는 것이냐"는 논란이 제기되었고, 비난도 이어졌다. 나아가 "음란 계정을 팔로우했다"는 식의 악의적 루머까지 확산되었다고 한다. 이 사안의 옳고 그름을 떠나, 연예인의 정치적 의사 표현이 받아들여지는 정치적·사회적 맥락이 시대에 따라 달라진다는 점을 살펴볼 필요가 있다.

과거 권위주의 유산이 강력하던 시기에는 연예인들이 친정부적 의사 표현을 하는 것이 일상이었고, 민주·진보적 성향을 드러내는 것은 상당한 용기를 요하는 일이었다. 그러나 도도한 민주화의 과정을 거치며 개인의 자유와 권리가 확대되었고, 그 안에서 표현의 자유 또한 크게 확장되었다. 권위주의의 유산이 여전히 강력히 잔존하던 시기에는 민주진보적 의사 표현에 박수를 보내고 이를 폄하하는 사람을 "자유와 권리를 모르는 자"로 비판하는 것이 일반적이었다. 하지만 40년에 이르는 '장기 민주화 시대'의 후반기에는 상황이 달라졌다. 확장된 개인의 자유와 권리에 기반해 보수적 의사 표현 또한 등장하게 된 것이다.

화제가 된 연예인들의 진보적 또는 보수적 언행으로는, 2023년 일본 후쿠시마 원전 오염수 방류 비판, 2024년 탄핵 관련 집회 참여자들에게 음식과 핫팩 등 지원, 팬들과 소통 중에 정치 관련 질문에 "내가 알아서 하겠다"라고 한 소신 발언, 2025년 미국 우파 단체 활동가 찰리 커크 추모 글 게시, 선거 시 의상이나 손 모양으로 특정 정당을 연상하도록 하는 사진 게시, 특정 시국과 게시한 반려견 사진과 글, 대통령 선거 국면에 있었던 엘리트주의 논쟁 등이 있다.

이러한 현상에서 주목해야 할 점은, 이 같은 사회적 행동이 오늘날의 적대적 진영 갈등과 결합될 때 나타나는 왜곡과 과열 현상이다. 5 대 5의 팽팽한 대결 구도(여야 혹은 보수와 진보의 치열한 전선)가 형성된 상황에서, 한 연예인의 작은 행위가 정치적으로 해석되는 순간, 그는 즉시 수많은 찬성자와 동시에 수많은 반대자를 얻게 된다. 논란은 대체로 '반대나 비판이 발생할 때' 형성되므로, 언론은 이를 선정적으로 확대 재생산할 수 있고 정치권 역시 이를 반대 진영을 공격하는 수단으로 활용할 수 있다.

또 하나 주목할 점은, 과거 권위주의와 싸우던 시대에는 보수적 의사 표현이 '기성 체제 옹호'로 간주되었지만, 장기 민주화 시대의 후기에는 민주화가 낳은 자유 확대의 산물로서 자발적 보수 의사 표현이 나타나고 있다는 점이다. 따라서 여전히 '정의의 전쟁'이 진행되는 7의 영역에서는 이를 비판할 수 있지만, 3의 영역에서는 민주주의가 지향하는 자유와 권리의 행사로 인정해야 한다. 민주진보가 이를 주도해야 한다고 나는 생각한다. 민주화는 보수적 표현의 자유를 억압하고 진보적 표현만 장려하는 체제를 뜻하지 않는다. 바로 이 시대적 변화를 직시할 필요가 있는 것이다.

■ 표현의 자유의 일관된 방어자로서의 민주진보가 되어야

나의 '햇볕정치적 관점'에서 본다면, 의사 표현의 내용 자체를 둘러싼 공방은 불가피하지만, 그 행위는 존중되어야 한다. 이것이 민주화 시대 후기의 민주진보가 견지해야 할 새로운 원칙이다. 민주진보가 '표현의 자유 확대'의 입장에 선다면, 리버럴의 기본 정신인 다양성 존중의 태도와 결합해야 한다. 표현의 자유를 존중하는 입장을 견지하면서도, 그 내용적 쟁점에 대해서는 논쟁을 이어가야 한다.

즉, 자신에게 유리한 발언만 지지하고 반대되는 언사는 공격하는 태도에서 벗어나야 한다. 물론 이는 현실적으로 쉽지 않다. 왜냐하면 우리는 이미 단순성의 시대를 지나 복합성의 시대로 진입했기 때문이다. 오늘날의 민주진보는 선악 이분법에 기초한 단선적 투쟁 논리가 통하지 않는 시대 조건 속에 서 있다. 지금은 정치인의 의사 표현에 대해서도 적대적인 정치 갈등과 연결되면서 연예인의 보수적 의사 표현은 진보에서 공격하고, 진보적 의사 표현은 보수에서 공격한다. 문제는 이런 공격을 언론에서는 많은 논란이 있고 많은 반대가 있다는 식으로 확대해서 보도(언론은 기본적으로 큰 논란을 전제해야 기사의 가치가 높아지는 구조가 존재한다)함으로써, 실제 이상으로 증폭된 대립을 국민들이 경험하게 되는 것이다. 요약하면 7의 영역에서는 비판이 가능하나, 3의 영역에서는 그것 또한 존중받아야 할 민주주의의 일상이라는 점을 인정해야 한다.

그렇기 때문에, 비상계엄과 같은 반헌정적 도전에 맞설 때조차 '헌정질서 수호' 대 '반헌정주의'의 구도를 세워, 자유주의·헌정주의·민주주의라는 진보의 핵심 가치를 방어하는 광범위한 연합투쟁을 전개해야 한다.[12] 자유와 권리의 내용성만을 기준으로 대결 구도를 설정한다면, 민주진보가 스스로 쟁취해 온 민주주의의 가치를 역으로 훼손할 수 있다.

이제 민주진보는 약자의식에서 벗어나 공화적 리더십을 발휘해야 한다. 민주주의의 새로운 규범과 규칙을 스스로 형성하는 주체로 나아가야 한다. 권위주의 시대, 민주화 시대를 지나 장기 민주화 시대의 후기인 오늘, 우리는 '나의 권리와 타인의 권리'가 조화되는 새로운 규범을 선도할 이니셔티브를 보여야 한다. 그렇지 못하면, 앞서 언급했듯 '내로남불의 무한 반복' 속에서 극우의 성장을 부추기는 도덕적 자원이 되어버릴 수 있다.

■ 민주주의에 내재한 두 개의 정치

나는 민주주의에는 두 개의 정치, 즉 투쟁의 정치와 협치의 정치가 존재한다고 본다. 지난 40여 년간의 민주화 시기에는 독재의 잔재를 청산해야 했기에, '10'의 전부가 투쟁의 정치로 채워졌다. 독재의 유산이 광범위하게 남아 있었고, 개인의 권리 신장과 침해된 이익의 회복이라는 시대적 과제가 중심이었기 때문이다.

그러나 여전히 국가주의와 권위주의의 잔재가 남아 있고, '정의의 전쟁'을 수행해야 할 과제가 많기 때문에, '7'은 여전히 투쟁의 정치로 채워질 수밖에 없다. 특히 사회·경제적으로 약자의 처지에 놓인 개인이나 집단일수록 투쟁적 방식에 의존한다.

하지만 독재 보수 정당에 대항했던 민주진보 정당들도 이제는 기득권 정당으로 비판받고 있다. 여야의 도덕적 구도도 바뀌었고, 정권 교체 때마다 '내로남불' 비판이 반복되고 있다. 또한 급변하는 글로벌 환경 속에서 협업이 필요해지는 사안도 많아졌다. 따라서 협치의 정치가 요구되는 영역이 확대되고 있다.

이 책에서 주장하는 바는, '3'의 비율만큼은 역지사지적 성찰에 기반한 협치의 정치로 채워야 한다는 것이다. [13]

▌ 노무현의 대연정에 대해 돌아본다

민주주의의 두 정치(투쟁과 협치)를 어떻게 배합할 것인지는, 민주진보의 미래 과제다. 〈표〉는 1987년 민주화 이후 행정 권력과 의회 권력 간의 불일치, 즉 '여소야대' 국면을 보여준다. 여소야대가 분명했던 시기는 ① 노태우 정부(1988년, 제13대 국회), ② 2005년 노무현 정부 재보선 이후 열린우리당 과반 상실기, ③ 박근혜 정부 말기-문재인 정부 초기(2016년 제20대 국회), ④ 윤석열 정부기(2022년 이후, 제21대 국회)이다.

〈1987년 이후 국회의 '여소야대' 상황〉

국회(총선)	대통령	여야 의석 구도 / 변화	여소야대 여부	비고
제13대(1988)	노태우	민정당 125석 / 전체 299석	○	민주화 직후 최초 여소야대, 야당 합산 과반
제14대(1992)	김영삼	민자당 과반 유지	×	여대야소
제15대(1996)	김영삼 후반 → 김대중 초반	신한국당 기본 과반	×	구조적 여대 유지
제16대(2000)	김대중	새천년민주당 단독 소수, DJP 연합으로 과반	조건부 ×	연정으로 실질 여대
제17대(2004)	노무현	2004 총선: 열린우리당 152석으로 과반 확보 → 2005.4.30 재보선 + 탈당으로 과반 상실	○ (2005 이후)	여소야대 전환 → 2005 '대연정 제안' 배경
제18대(2008)	이명박	한나라당 과반	×	여대야소
제19대(2012)	박근혜	새누리당 과반	×	여대야소
제20대(2016)	박근혜 후반 → 문재인 초반	새누리당 과반 상실, 야 3당 합산 과반	○	탄핵·정권 교체와 직결
제21대(2020)	문재인 후반 → 윤석열	윤석열 취임 시점 기준 야당(민주당) 거대 과반	○ (윤 정부 기준)	12·3 비상계엄으로 대응

▌ 87년 이후 '여소야대' 국면

나는 현재 한국 민주주의가 이러한 미스매치 국면에서도 안정적으로 작동할 수 있는 지속 가능한 민주주의 모델을 구축해야 한다고 본다. 이 과제에서 민주진보의 주도적 역할이 필수적이며, 구체적 방안에 대한 논의가 필요하다.

박근혜 정부 시기의 여소야대는 결국 '촛불 시민혁명'으로 행정 권력 붕괴로 귀결되었지만, 나머지 세 시기의 대통령들은 각기 다른 선택을 했다. 첫째, 노태우는 1990년 3당 합당을 통해 강제적으로 의석수를 재편했다. 둘째, 노무현은 '대연정'이라는 협치 제안을 시도했다. 셋째, 윤석열은 12·3 비상계엄과 같은 군사적 돌파 전략을 택했는데, 이는 반민주적 성격을 띠는 것으로 87년 민주화의 성과에 역행하는 것이었다.

이런 여러 사례 중 노무현의 대연정을 돌아보게 된다. 내가 말하고자 하는 것은 대연정 자체의 재현이 아니라, 행정부와 의회의 불일치 구조를 민주주의의 자연스러운 현상으로 수용하고, 그것을 의회민주주의 틀 안에서 해결하려는 전략적 사고이다.

여기서 2005년 7월 노무현 전 대통령이 제안했던 '대연정'에 대해서 살펴보자. 나는 하나의 정치적 제안은 그 제안의 정치·사회적 조건, 여야 관계, 그것을 수용하는 대중의 인식 조건 등에 따라 상이한 평가를 받는다고 생각한다.[14] 나는 당시의 대연정 제안 자체가 충분한 야당과의 협의, 대중적 수용을 높이기 위한 사전적인 노력 등이 없이, '돌출적'으로 제기된 것이라고 평가한다. 박근혜 당시 한나라당 대표는 "정당 책임정치를 위배하고, 정권 실패의 책임을 분산하려는 정치공학적 술수"라며 즉각 거부했다. 당내에서도 "보수와 손잡는 것은 정체성 훼손"이라는 반발이 거셌고, 시민사회 역시 대체로 부정적이었다. 지금의 여소야대와 형태상으로는 유사한 상황이었다. 노무현 대통령하에서 의회는 보수적인 한나라당이 다수당이었다. 윤석열이 여소야대 상황에서 군사적 해결책으로 나아갔다면, 노무현은 대연정 제안이라는 식으로 정반대의(높은 수준의) 협치 제안으로 나아갔다.

나는 대연정을 제안하는 것이 아니다. 이 책의 맥락상 민주주의에서 투쟁의 정치와 협치의 정치를 어떻게 배합할 것인지에 대한 고민이 필요하다는 취지이다.

협치는 다양한 수준에서 전개될 수 있다. 미시적인 수준에서부터 거시적인 수준에 이르기까지, 여야 간의 정책 협력에서부터 노무현의 대연정에 이르기까지 다양한 형태로 존재한다. 2025년 12월 29일 이재명 대통령은 국민의힘 이혜훈을 초대 기획예산처 장관으로 지명했다.[15] 이에 국민의힘은 즉각 제명 조치를 단행하며 격렬히 반발했다. 인사청문회를 둘러싸고 후보자 개인의 여러 문제점이 드러나면서 결국 지명은 취소되었다. 이러한 사례역시 기존의 여야 간 경계를 넘는다는 점에서 협치의 수준이 낮은 사례라고할 수 있다. 국회에서 여야는 일상적으로 대립된 입장을 가진 사안에 대해협치형 TF를 구성하며 일상적인 협치를 실천하는 경우도 많다. 때로는 격렬한 비판의 언어를 사용하지만, 내용적으로는 자기 지지자들의 반발을 무마하면서 접점을 찾고자 하는 경우도 많다.

노무현 전 대통령의 대연정은 매우 높은 수준의 협치라고 할 수 있다. 당시 박근혜 한나라당 대표의 격렬한 비판으로 인해 성사의 문턱조차 넘기 어려웠지만, 대연정은 우리처럼 협치의 전통이 부족한 정치 문화에서 실현하기 어려운 매우 높은 단계의 협치였다. 노무현의 제안은 단순한 연정 권유가 아니라 국가 운영 구조를 교정하려는 권력 공유 구상, 즉 '독일식 연정 모델'의 한국적 실험으로 이해할 수도 있다. 그는 이를 "정권이 아니라 국가를위한 연정"이라 불렀다. 그것은 동시에 노무현식의 '진정성의 정치'이자, 실현되지 못한 '미래 정치'의 한 유산이었다고 생각한다. 노무현에게 대연정은큰 정치적 리스크를 감수한 승부수였으며, 그의 진정성에 기초한 '원칙주의'가 발현된 사례였다.

그러나 훗날 노무현 자신도 퇴임 후 대담에서 "한나라당이 당황할 것으로예상했으나 실제로는 우리 진영 내부가 더 반발했다", "자만심과 정치 전략적 착오가 있었음을 인정한다"라고 말했다.[16]

그런데 진정한 협치는 여야 혹은 상이한 정당들이 접점을 찾아 협력적 방식으로 정치 과정을 운영하는 것이다. 이혜훈의 장관 발탁은 그 자체로 '인재 빼내기'의 성격으로 매도될 가능성이 있다. 그러나 앞서 언급했듯이, 다양한 정치 세력 간의 정치적·경제적 이해관계가 첨예하게 대립하는 사안에서 공통분모를 찾고, 그 결과가 각 세력 모두에게 일정한 혜택의 분점을 가져오는 것이 진정한 협치라고 할 수 있다. 그런 방향의 노력이 이루어져야 할 것이다.

현재 이 책에서 말하는 협치 전략은 반복되는 정권 교체 과정에서 '내로남불적' 상황이 되풀이되고, 그것이 반대 진영의 공격 대상이 되며, 이러한 반복이 민주진보 정부의 도덕성에 타격을 주는 구조적 문제를 극복하기 위한 전략이다. 동시에 이는 한국 정치의 미래지향적 발전을 위한 적극적 전략이기도 하다. 그 방안은 다양하지만, 그 정신은 투쟁의 정치와 협치의 정치가 배합되어야 할 시대적 조건에 도달해 있다고 판단된다.

이재명 정부하에서 개헌과 '정치관계법' 개정이 논의될 것이다. 궁극적으로 이 책에서 논한 공화적 민주정이 가능하려면 정치 세력 간의 공존이 가능한 제도적 환경이 만들어져야 한다. 많은 국민들이 현재의 양당제에 변화가 필요함을 공감하고 있다. 여기서 대통령 결선 투표 등의 도입, 소수정당과 다원정당 체제가 가능한 선거법 개정 등이 의제로 제기된다. '정치관계법'은 기본적으로 주요 정당 간의 합의의 범위를 크게 벗어날 수 없다. 그러다 보니 주요 정당의 정치적 이해관계에 의해 왜곡되는 식으로 나타난다. 나는 민주진보를 지향하는 정당들 그리고 주요 정당들이 민주공화국의 미래를 생각하는 자기희생적인 시각에서 접근하는 것도 가능하다고 생각한다. 노무현의 진정성 정치가 자신에게 정치적 마이너스가 아니었음을 나는 기억한다.

나는 앞서 협치의 정치와 투쟁의 정치를 3 대 7로 결합하는 '3-7제 민주주의'를 주장했다. 정치란 공동체 구성원 전체의 삶에 영향을 미치는 사안에 대해 집단적으로 의사결정을 내리는 과정이다. 자원의 배분을 둘러싼 구성원 간 이해 갈등이 발생하는 것은 불가피하다. 하지만 최종적으로는 협의적 결정을 할 수밖에 없다. 모든 사안을 투쟁으로 결정할 필요는 없으며, 성숙한 민주주의일수록 투쟁적 갈등을 겪지 않아도 되는 사안은 협의와 합의를 통해 결정하는 것이 바람직하고, 그러한 영역을 넓혀가는 것이 필요하다. 그것을 민주진보가 선도해야 한다는 것이 나의 생각이다.

12장

반독재 민주화운동의 헌신성을 되살리는 정치는 불가능한가?
자기희생형 햇볕정치

넷째, 자기희생적 정치를 통한 햇볕정치에 대해 서술하고자 한다. 앞서 민주주의에는 두 개의 정치가 존재한다는 점을 이야기했다. 여기서 하나를 더 이야기하고 싶다. 즉, 투쟁의 정치, 협치·공존·평화의 정치에 이어, 자기희생의 정치이다.

앞서 민주주의에는 투쟁의 정치와 역지사지에 기반한 협치의 정치가 존재함을 지적했다. 그런데 민주화 시대의 그 투쟁의 정치는 그 자체가 자기희생의 정치이기도 했다. 폭압적 독재와 싸우는 야당 정치나 반독재 민주화운동은 목숨을 내건 투쟁의 과정이자, 그 자체로 자기희생의 과정이었다. 독재가 국민의 삶의 일거수일투족을 감시하고, 작은 저항적 언행에도 탄압을 가하던 시기였기 때문에, 투쟁의 정치는 투옥, 해고, 제적 등 각종 학사 처벌, 인사 불이익 등 무수한 자기희생 위에서 처절하게 진행되었다. 김대중이 '내란 음모죄'로 고문과 구속의 형벌을 받는 과정이었으며, 김영삼이 23일간 단식을 이어가던 과정이기도 했다. 투쟁이자 자기희생이었다. 노무현 대통령이 지역주의에 맞서 낙선을 무릅쓴 출마를 거듭한 것도 자기희생

정치의 모습이었다. 국민은 이에 감동했다.

엄혹한 반독재 민주화 시민사회운동을 돌이켜 보면, 시민사회운동의 핵심적 특징은 '적'의 편에 서는 사람, 기성 체제의 편에 서는 사람들에게 부끄러움을 자아내는 실천이었다는 점을 강조하고 싶다. 운동적 실천 자체가 자기희생을 내포하고, 그런 점에서 도덕적 우위를 갖는 정치적·사회적 실천으로 대중에게 받아들여졌기 때문이다. 반독재 민주화운동은 그 자체가 '도덕정치'였다. 그런데 장기 민주화 과정을 거치면서 바로 이 점에서 변화가 나타났다.

■ 투쟁의 도덕적 의미 변화

하나의 투쟁, 혹은 투쟁의 정치가 갖는 의미는 민주화가 진전되면서 변화했다. 정권에 대항하는 투쟁도 과거와 같은 거대한 희생을 동반하지 않는다. 그렇기 때문에 과거에 비해 투쟁이 내포하는 자기희생의 의미는 약화된다. 심지어 출세의 경로로 인식되기도 한다.[1]

또한 최근에는 자신의 이익을 최대로 실현하는 권리 투쟁도 확대되고 있다. 제도정치에서의 여야 간 투쟁도 과거 독재 시대의 여야 간 투쟁과는 다른 권력 투쟁이나 집권 세력이 되기 위한 투쟁의 성격이 강화되었다. 더구나 여야 정권 교체가 반복되면서, 국민은 정당과 상관없이 주요 양당 모두가 야당이 되거나 여당이 될 때마다 자체의 입장을 유리한 방향으로 바꾼다는 것을 반복적으로 경험해 왔다.

정치는 자원의 권위적 배분을 둘러싼 권력 투쟁이다. 그런 점에서 선거에서 여당이 된다는 것은 모두가 갖고자 하는 그 권위적 배분 권력을 획득하는 것, 곧 권력 획득 투쟁의 성공을 의미한다. 자연히 여기서 과거와 같이 민주화 투쟁의 정치가 동반하던 도덕적 우위는 약화된다. 투쟁의 정치 자체가 주는 감동도 더욱 축소된다.

그렇기 때문에 역으로, 자기희생성이 내포된 정치 활동에 대해 국민적 갈망과 희구(希求)가 존재하고, 그런 정치적 행위에 대해 국민적 지지도가 높아지며 도덕성이 제고된다. 지역주의의 바위에 돌진하던 노무현의 모습에 대중이 열광한 것도 그런 이유에서였다. 흔히 '진정성의 정치'라고 표현된 바로 그것이다. 그런 점에서, 이러한 자기희생성 내지는 진정성에 대한 고민이 필요하다.

권력도구론 인식과 그 한계

민주진보 진영에서는 권력이 정의로운 목표를 이루기 위한 도구라는 인식이 강하게 존재한다. 앞서 언급한 대로, 정치는 한편으로 모두가 갖고 싶어 하는 권력을 쟁취하는 갈등 과정인데, 민주진보는 그 권력을 정의나 평등과 같은 가치를 위해 사용한다는 일종의 '권력도구론적' 인식을 통해, 역으로 그 권력 투쟁을 객관화해 볼 수 있는 시야를 좁히기도 한다.

민주진보 정치 세력이 숭고한 가치를 위해 사용하고자 하는 그 권력 역시, 그 자체로 권력임을 인식할 필요가 있다. 예컨대 민주주의에서 선거 승리를 통해 여당이 된다는 것은 수천·수만 개의 정치 섹터(political sector) 직업, 즉 이른바 '어공(어제까지는 민간인이었다가 공무원이 된 사람)'이라 불리는 임시직 공무원, 정무직 공무원, 별정직 공무원 등의 자리를 갖는 것을 의미하고, 반대로 패자는 그 수천·수만 개의 직업 기회를 얻지 못하는 것이다.

여기서 숭고한 가치를 위한 것이라는 정당화를 한편에 두더라도, 그럼에도 불구하고 그것 역시 권력이라는 점을 인식할 필요가 있다. 이러한 객관화된 인식을 갖게 될 때, 그 권력을 뛰어넘는 전략도 가능해진다. 때로는 이 권력을 자기 이익 확대가 아니라 공동의 이익을 위해, 때로는 자기희생적 방식으로 사용하는 것도 가능해질 수 있다.

희생과 헌신은 언제나 아름답다
'유불리'를 뛰어넘는 자기희생적 정치

나는 희생과 헌신은 언제나 아름답다고 생각한다. 오늘도 재해가 발생하면 현장으로 달려가는 사람들도 있다. 연말이면 익명의 거액 기부를 하는 사람도 있다. 시민사회단체에서 박봉에 시달리면서 젊음을 던지는 사람들도 있다. 오늘날에는 민주당이나 진보 정당에 참여하는 정치인들에게 민주화운동의 경력은 하나의 '훈장'처럼 인식되기도 하지만, 엄혹한 독재와 맞서 싸우던 당시에는 민주화운동이 개인적 영예가 아니라, 감내해야 할 희생과 헌신의 선택이었다.

자기희생적 정치는 어떤 정치적·국가적 사안을 접근할 때, 자신과 자기 집단에 대한 유불리(有不利)의 관점만으로 접근하지 않는 것이다. 정치에서 유불리를 전혀 고려하지 않는다는 것은 순진하다고도 할 수 있다. 그러나 현재처럼 정치가 극단적으로 유불리의 정치로만 이해되는 것은 정치 자체의 위기다. 자기희생적 정치는 한국 사회에 편만한 집단 최대이익주의를 초월하기 위해서도 필요하다.

이는 대단히 어려운 일이고 공상적인 요청처럼 들릴 수도 있다. 그러나 예컨대 87년 체제가 40년 전에 형성된 헌정질서라는 점, 그 40년 동안 우리 사회의 정치와 사회가 크게 변화했다는 점, 정치·사회 다원화에 부응하는 선거제도가 결여되어 있다는 점, 87년 체제의 지그재그 경험을 통해 그 체제 자체의 문제점이 드러났다는 점을 직시하면서, 유불리의 관점이 아니라 미래 지향적인 관점으로 국가 체제, 87년 헌정 체제의 개편을 선도하는 것 자체가 민주진보의 헤게모니를 확장하는 일이라 생각한다.

반복되는 대선 국면에서 소수정당은 언제나 '비판적 지지'를 벗어나고자 하는 당내 원칙주의 흐름과, 보수 세력 재집권을 저지해야 한다는 연합의 당위성 사이에서 분열 상황을 겪어왔다. 2022년 대선에서도 심상정의 불가피한 '외통수' 선택이 그랬고, 이재명 대 윤석열 후보의 차이가 0.73%에 불과했음에도 결국 후자의 당선으로 귀결되었다. 이것은 이미 87년 헌정 체제의 내적 딜레마가 진보 세력 내부에서도 작동하고 있음을 의미한다.

또한 5년 단임제는 독재 부활을 막기 위한 장치였지만, 지금은 '책임정치'

를 구현하기 어려운 제도로 전락해 가고 있다. 12·3 계엄 역시 87년 체제하에서도 지속된 '제왕적 대통령제'와 민주화 전기에는 예외였으나 지금은 일상이 된 '여소야대' 국회의 긴장에서 발생한 사건으로 해석할 수 있다. 서구의 오랜 정당정치 경험을 반추하면서, 우리 87년 헌정 체제를 미래지향적으로, 그것도 자기희생적으로 바꾸어가야 하는 도전에 직면해 있다.

이러한 과제들의 진전은 결국 '헌법 개정'과도 연결될 수 있다. 문제는 그런 개헌 과제를 제시하는 것 자체보다, 그것을 나와 우리 집단의 유불리 관점에서만 접근하지 않고, 자기희생적 정치의 자세를 보일 수 있는가 하는 점이다. 단순히 민주진보 진영이 상정한 개혁의 결과를 실현해 국민에게 제시하는 것이 중요한 것이 아니다. 현재의 적대적 진영정치하에서는 그 의미가 왜곡될 가능성이 잠재해 있다.

더구나 개헌을 포함한 모든 변화에서 정당은 불가피하게 유불리 관점에서 판단할 수밖에 없다. 개헌의 정치적 효과를 고려하지 않을 수 없다. 불가피한 측면이 있다. 그러나 자기에게 유리한 관점에서만 개헌을 바라보고 제기하고 대응하는 과정 자체가 국민 관점에서는 불신의 소재가 된다. 그러기에 역으로, 국민에게 좋은 미래 지향적 방향을 선도하고, 이를 위해 중·단기적 희생을 감수하는 정치를 지향하는 것이 오히려 정치적으로도 이익이 될 수 있다고 생각한다.

▮ '똑같은 놈'이라는 비판이 확산되어 대세가 되는 시간이 짧아진다

이러한 자기희생적 정치는 앞서 언급한 노무현의 진정성의 정치와도 연결된다. 노무현의 정신을 다시 돌아본다면, 보수에서 제기되는 '똑같은 놈'이라는 비판에서 비껴가도록 하는 진정성의 정치가 지금도 필요하다. 앞서 여야 간 정권 교체가 반복되고, 특히 민주진보 정당이 집권 세력이 됨으로써, '내로남불'이라는 공격이 정치의 일반적 도구가 되었음을 언급했다.

보수 야당은 진보 여당에 대해 내로남불이라는 도구로 공격한다. 높은 눈높이를 가진 일반 국민의 시선에서는, 행태적 측면에서 '똑같은 놈'이라는 비판이 쉽게 공감을 얻는다. 2025년 이재명 정부가 출범한 이후 '똑같은 놈'이라는 비판이 (특히 중간지대 국민에게) 호소력을 갖기까지 걸리는 시간은 길지 않다. 오히려 점점 짧아진다. 한국 정치 변동의 사이클에서 그 시간은 2년을 넘지 않는다.

우리 편은 모두 천사 같고, 상대편은 모두 악마 같다는 단순 비판 논리가 기반을 잃는 데 많은 시간이 필요하지 않게 되었다는 것이다. 사회학자로서 나는 그 근본 원인을 국민들의 높은 눈높이에서 찾는다. 한국전쟁 등으로 '출발선 평등'을 경험했고, 4·19 혁명이나 6월 민주항쟁 같은 '저항의 성공 경험'이 존재하기 때문이다. 이를 '높은 평등주의적 기대'라고 표현하고 싶다.

이 높은 평등주의적 기대와 현실 간 간극, 즉 주관적 기대와 객관적 현실 사이의 간극이 크기 때문에 좌절감이 크고, 그 높은 기대에 따라 쉽게 (새 정부가 성취한 일정한 성과는 뒷전으로 한 채) 불만 사이클에 합류하게 된다. 이런 점에서 오히려 새로운 발상의 정치 전략은 그 시간을 늦추는 방향이어야 한다.

나는 10년 동안 교육감으로 재직하면서, 보수·진보 언론의 간부급 기자들을 많이 만났다. 박근혜 정부와 문재인 정부에 대한 기자들의 시선이 변화하는 방식은 너무나도 똑같았다는 이야기를 자주 했다. 그 시선을 비켜가려는 노력이 없는 한 윤석열 정부를 향했던 기자의 시선이 다시 이재명 정부에서 재현될 가능성이 크다.

구체적으로 예를 들어 이야기해 보자. 박근혜 정부는 노무현 정부를 뒤로하고 성립한 정부였다. 보수 정부가 들어서면, 보수적 성향의 기자는 대체로 초기에는 '옹호적 입장'을 취한다. 구 정부의 실정과 대비시키며 새 정부에 대한 기대를 표하고 긍정적으로 평가한다. 두 번째 단계에서 어떤 기자는 이렇게 말했다. "내가 봐도 좀 문제가 드러난다. 나는 이에 대해 더 잘하라고, 개인적으로, 좀 더 나아가 공적으로 비판적 조언을 하고 있다." 세 번째 단계, 즉 정부 임기 중반을 지나면 이렇게 말한다. "나도 여러 번 이야기했는데, 안 되더라. 포기했다."

묘하게도, 진보 정부에 대한 진보 성향 기자들의 반응도 같은 패턴을 따른다. 세 번째 단계처럼, 보수 정부에 대해 보수적 기자가, 또는 보수 진영 일반이나 지식인이 이 정도로 비판적 입장을 취할 정도면, 반대로 민주진보 진영은 더욱 가열 차게 비판할 것은 불을 보듯 뻔하다. 진보 기자, 진보 지식인, 진보 진영 일반은 원래 진보 정부에 대해서도 보수보다는 일체성이 낮다. 그러니 이반과 비판은 더 빠른 속도로 진행된다.

이렇게 본다면, 이재명 정부가 전 정부와는 다른 반응의 회로를 밟을 가능성도 있겠지만, 그렇지 않을 가능성이 더 높다. 만일 그런 회로를 벗어나고자 한다면, 다른 전략적 선택을 해야 한다. 이것이 나의 생각이다. 여기서 대안은 무엇인가. 자기희생적 정치의 영역을 만들어내고, '똑같은 놈'이라는 비판이 적용되지 않을 수 있는, 진정성에 기반한 파격의 정치 영역을 만들어내는 것이다.

"도덕적 원을 확장하라"
브레흐만의 제언과 민주진보

뤼트허르 브레흐만(Rutger Bregman)은 *Moral Ambition*에서 "당신의 도덕적 원을 확장하라(Expand your moral circle)"라고 제언한다. 나는 여기서 말하는 자기희생적 정치가 이러한 확장의 과정일 수 있다고 본다. 그는 다음과 같은 여섯 가지 경고 신호(alarm bells)를 제시한다.[2]

① 오랫동안 비판이 제기되어 왔다: 노예제처럼, 그 관행의 문제점에 대한 주장이 이미 오래전부터 존재했다.
② '원래 그런 것'이라고 정당화한다: "항상 그래왔다", "인간 본성이다", "어쩔 수 없다"와 같은 말로 합리화한다.
③ 불편한 사실을 외면한다: 그 관행의 추악한 현실을 알게 되는 것을 의

도적으로 회피한다(의도적 무지).

④ 반대자들을 조롱하고 분노한다: 변화를 요구하는 사람들을 '광신자', '위선자' 등으로 비난하며 격렬하게 반응한다.

⑤ 아이들에게 설명하기 어렵다: 그 관행의 실체를 아이들의 눈높이에서 정직하게 설명하기 곤란하다.

⑥ 미래세대가 야만적이라고 볼 것이라 짐작된다: 우리 스스로도 미래에는 이것이 잘못된 것으로 여겨질 수 있다는 의심을 품고 있다.

나는 이를 민주진보가 독재의 유산에 긴박하게 얽힌, 보수에 대해 가해온 비판으로 읽을 수 있다고 본다. 그러나 반대의 측면에서도 읽어야 한다. 1980년대를 기준으로 약 40년에 이르는 '장기 민주화 시대'를 거치면서, 앞서 지적했듯 독재 대 반독재 민주화운동 진영의 도덕적 구도가 균열되었다. 이 균열은 '성공의 위기'이기도 했지만, 우리는 관성적으로 이를 직시하지 않았다.

나는 이 책에서 말하는 자기희생적 햇볕정치를, 민주진보의 도덕적 원을 확장하려는 시도로 규정하고 싶다. 민주진보의 도덕적·인지적 그늘이 극우의 도덕적·인지적 강화로 이어지고, 한국에서도 극우 시대가 열릴 수 있다. 이에 대한 성찰적 전환 및 복합 전략으로의 변화가 필요하며, 다양한 측면에서 이런 노력이 경주되어야 한다고 생각한다.

■ 자기희생적 정치는 투쟁과 협치의 기반을 강화한다

여기서 내가 주장하는 것은 단순한 도덕정치가 아니다. 자기희생적 실천을 배합하는 것은 투쟁의 정치와 협치의 정치 모두에 도덕적·정치적 기반을 강화하는 효과가 있다. 민주주의를 구성하는 두 정치, 즉 투쟁과 협치에서 이니셔티브를 확보하기 위해서도 이런 자기희생적 정치가 중요하다. 진정성을 보강하는 효과도 있다.

투쟁의 정치로 해결해야 할 진보적 과제들이 우리 앞에는 여전히 많다. 그런데 투쟁의 정치에 대한 대중의 신뢰는 크게 저하되어 있다. 기성 정당에 대한 국민들의 광범위한 불신이 존재한다. 이는 앞서 서술한 것처럼, 지구화에 따른 사회경제적 양극화와 그에 따른 대중의 좌절과 불만 때문이기도 하다. 피케티가 말하는 것처럼, 기성 정당이 '상인 우파 정당'과 '브라만 좌파 정당'으로 불구화되어 있기 때문이기도 하다. 이런 상황에서 사회경제적 개혁을 위한 정치적·도덕적 이니셔티브를 확대하기 위해서도, 어떤 의미에서는 자기희생적 정치를 통한 신뢰 회복과 강화가 필요하다. 일정한 희생성을 발휘하는 것이 민주화 이후 시대의 선도성을 만들어내기 위해서도 필요하다는 것이다.

또한 협치의 정치를 주도하기 위해서도 자기희생이 필요하다. 사실 어떤 협치의 주제를 제안하더라도, 그것을 정략적으로 해석하거나 우회적 공격의 음모로 보는 시선이 존재한다. 현실 정치가 그렇게 작동해 왔고, 그 때문에 그러한 불신은 근거 없는 것이 아니다. 그렇기 때문에도 협치의 정치를 가능하게 하기 위해, 유불리를 떠난 자기희생적 정치의 경험을 누적시켜 갈 필요가 있다.

앞서 내로남불적 상황에서 일반적 규칙을 만들어가는 협치의 정치를 제안했다. 그러나 정권이 바뀌고 산하기관장 임기를 둘러싼 갈등에서, 일반 규칙을 만드는 과정에도 누가 먼저 양보할 것인가 하는 '자기희생' 문제가 나타난다. 여야 합의로 일반 규칙을 만들더라도, 그것을 이번 정부에서부터 실행할지, 다음 정부에서 실행할지를 놓고 이해관계가 갈린다. 이런 점에서도 일면적 정치 인식을 넘어, 자기희생적 정치의 영역에 주목하는 것이 필요하다고 본다.

▌약자의식만으로는 자기희생적 정치를 사고할 수 없다

이러한 자기희생적 정치 실천을 구상하기 위해서는, 민주당 역시 스스로를 권력 집단이자 동시에 약자의 위치에 놓인 혼합적 주체로 인식해야 한다. 소수자, 약자라는 의식만을 가져서는 안 된다. 민주당은 여소야대 국면에서 국회를 장악하고 있음에도, 대통령제하 제왕적 대통령 권력과, 대기업 등 자본·기업의 보수성 때문에 구조적으로 약자라는 의식을 강하게 갖고 있다. 구조적으로 사실인 측면도 있다.

하지만 최소한 혼합적 상황에 있다는 점을 인정해야 한다. 민주화의 '성공적' 진전으로 인해 민주진보 세력, 그중 중도 개혁 정당인 민주당 등은 단지 거대한 보수 정당에 대항하는 약자 정당만은 아니다. 그럼에도 언제나 약자라는 인식만 갖고 강자에 대한 투쟁과 공격으로만 접근한다면 현실과의 불일치가 발생하고, 그만큼 극우의 정치적·도덕적 강화를 위한 계기와 근거가 제공된다. 어떤 의미에서는 성공의 위기가 나타나는 것이다.

여기서 이러한 위기를 직시하고 자기성찰적 인식을 가지면서, 미래 지향적 공화적 이니셔티브를 발휘해야 한다고 생각한다. 단순 대립과 공격을 넘어, 어떻게 대안적 이니셔티브를 확보할 것인지, 그리고 '정의의 전쟁'을 견결히 추구하면서도 어떻게 그것이 의도치 않게 극우의 강화로 이어지지 않도록 할 것인지를 고민해야 한다.

이런 점에서 자기성찰성에 기반한 자기희생의 정치 영역을 개척하는 것도 정치개혁 과제에 포함되어야 한다고 생각한다.

아주 작은 사례
교육감협의회에서의 합의 기준 상향

예를 들어 이 제안의 구체성을 살펴보자. 비근한 예를 하나 들고자 한다. 나는 2022년부터 2024년까지 시도교육감협의회 회장을 맡았는데, 전국 17개 시도교육감 가운데 아홉 명이 진보, 여덟 명이 보수인 구성에서, 협의회 입장 표명 기준을 기존 관행인 과반수에서 3분의 2로 상향했다.

17명의 교육감 중 과반수가 넘고, 회장이 어떤 사안에 대해 명확한 입장을 가지고 있다면, 시도교육감협의회 이름으로 성명서나 의견서를 과반 찬성만으로도 밀어붙일 수 있다. 그러나 나는 오히려 합의를 존중하는 방향으로 노력했다. 3분의 2의 찬성이 되면 협의회 이름을 쓰고, 과반에 그치면 협의회 이름은 쓰지 않은 채 개별 교육감 연명이나 회장 개인 명의로 입장을 표명하는 방식을 택했다.

그렇다고 해서 세상이 단번에 바뀌는 것은 아니지만, 이런 작은 선택에 자기희생적 정치의 연습과 축적이 담길 수 있다. 이러한 사례들이 쌓일 때, 투쟁과 협치의 정치 모두에서 민주진보가 도덕적 신뢰와 정치적 설득력을 회복하는 기반이 조금씩 넓어질 수 있다고 생각한다.

■ 여당 프리미엄을 포기하는 국가교육위원회의 협치형 개편

하나의 예를 제시해 보고자 한다. 여당으로서의 기득권을 버리고, 자기희생적인 법 개정을 통해 협치형 모델을 시도해 보고자 하는 사례로 국가교육위원회 개편 논의가 있다. 나는 최근 국가교육위원회 개편에 대한 공화주의적 모델을 목적의식적으로 김영호 국회 교육위원장이 주도해서 함께 발표했다.[3]

2022년 출범한 국가교육위원회는 기대와 달리 다양한 비판에 직면했다. 교육 문제에 대한 국가적 '사회적 협의·합의 기구'라는 탄생 목표에 부응하는 방식으로 작동하지 못했다는 평가다. 한편에서는 "교육부의 거수기로 전락했다", "대통령실과 교육부 하청업체로 전락했다"라는 비판이 제기되었고, 다른 한편에서는 "위원 수(數)의 다수 논리가 작동하는 또 하나의 기관이 되었다"라는 비판이 이어졌다.[4] 심지어 폐지론까지 나오고 있다. 2년 동안 국가교육위원회 위원을 경험한 나의 입장에서도 이러한 비판을 반박할 근거가 별로 없는 것도 사실이다.

국가교육위원회는 문재인 정부에서 설계되고 법이 통과되었으며, 윤석열 정부에서 출범했다. 그러나 윤석열 정부의 통제적 개입 속에서 파행을 겪으며 1기를 마무리했다. 교육부의 거수기라는 비판도 많았다. 이런 점에서 국가교육위원회 개혁은 교육계에서 큰 의제로 부상했다. 이제 이재명 정부가 이를 어떻게 끌고 갈 것인지 난제가 제기된다. 여러 가능성이 있을 것이다.

그중 하나는, 민주당이 집권해 국가교육위원회 구성에서 다수를 차지하게 되면, 윤석열 정부가 했던 것처럼 정부 정책 기조에 맞추어, 다수의 힘으로 새 정부 안건을 밀어붙이는 장(場)으로 만드는 방식이다. 바로 이 지점에서 역지사지형 성찰성을 가지고, 윤석열 정부와는 다른 경로를 어떻게 만들 것인지 질문을 던져볼 수 있다.

나는 이런 문제의식하에서, 한국형 숙의 민주주의 모델로서의 배심원 제도 도입을 중심에 두고, 국가교육위원회가 진정한 사회적 협의·합의 기구로 작동하도록 하는 일종의 공화주의적 모델을 제시하고자 한다. 난마처럼 얽혀 있는 교육 문제에 대해 열린 숙의 과정을 충실히 진행하고, 학부모를 포함한 시민의 관점에서 최종 결론이 도출되도록 하는 경로를 시도해 보자는 것이다.5)

집권당이 되면, 위원 임명에서 여당에 친화적인 위원을 다수 임명할 수 있다. 현행 국가교육위원회 법에 따르면 21명의 위원 중 대통령이 5인, 국회가 9인을 임명하고, 교육부 차관이 당연직으로 포함되어 있어, 여당이 다수를 점해 위원회를 주도할 수 있도록 설계되어 있다. 따라서 윤석열 정부가 했던 것처럼 다수로 밀어붙이는 방식도 언제든 반복 가능하다.

그러나 교육 문제의 성격 자체가 이미 난마처럼 얽혀 있어, 단지 좋은 정책을 도출·결정한다고 해서 해결되지 않는 문제로 변해 있다. 주지하다시피 자녀 교육 문제는 모든 가정에서 최우선 과제이다. 오늘날 교육은 "거대한 풍랑이 몰아치는 바다에서 자녀에게 구명조끼라도(그것도 최대한 안전성이 보장되는 자격증 같은 것과 결합된) 하나 채워서 내보내려는 절절한 심정에서, 부모의 경제적 희생 위에 펼쳐지는 거대한 전쟁"이 되어 있다.

이 전쟁을 지원·촉진하는 사교육은 이미 거대한 산업이 되었다. 모든 학부모는 이 참혹한 전쟁이 끝나기를 바라지만, '동시에' 그만두지 않으면 끝나지 않는 치킨 게임 같은 상황에 갇혀 있다. 모두가 원인 제공자이면서 동시에 참혹한 경쟁의 피해자이며, 대안적 출구를 바라는 서원자(誓願者)다. 이러한 교육 문제의 성격 때문에, 교육은 협치 정치의 대상으로 설정되어야 한다.

그렇다면 어떤 협치의 일반 규칙이 가능할까. 국가적 위기의 심각성 앞에서 공통분모가 많아진 조건, 그리고 '수(數)의 전체주의'만으로는 해결될 수 없다는 전제 아래, 위원 구성에서 여야 균형을 맞추고, 국민참여위원회를 국민참여배심위원회로 바꿔, 위원들 간 협의·합의가 촉진되는 환경을 만들자는 것이다. 만약 위원회 내부에서 합의가 이루어지지 않으면, 국민참여배심위원회가 최종 결정을 내리도록 하는 모델이다.

위원 구성과 관련해서는 여야 정권 교체가 반복되는 한국 정치 구조에서 여당도 기득권을 버리고, 야당도 특권을 주장하지 않는 방식으로 접근할 필요가 있다. 여당의 경우, 대통령이 3인을 추천하되 국회 추천 인원 3인 중 2인만을 여당 몫으로 하고, 나머지 1인을 야당에 양보하는 방안을 제시했다. 새 정부가 민주당 정부가 되는 경우라면 이미 예정된 기득권을 포기하는 의미가 있고, 반대로 보수 정부가 들어서는 경우에도 "대통령실과 교육부의 하청업체로 전락했다"라는 비판을 극복하고, 다양한 교육 주체들의 합의 기구로서 역할을 강화하려는 의지로 읽을 수 있다.

또한 의결 정족수는, 국가교육위원회가 의결하는 중요 사안(국가교육과정, 국가교육발전계획 수립 등)의 경우 재적위원 3분의 2 이상 출석과 출석위원 3분의 2 이상 찬성으로 의결하도록 상향 조정할 것을 제안했다. 위원회에서 이견으로 의결하지 못하는 경우, 위원 과반(1/2)의 요구가 있으면 국민참여배심위원회에 부의하고, 배심위원회 결정을 따라 국가교육위원회가 최종 결정을 내리도록 하는 구조다. 심의 및 배심 과정 전반에 걸쳐 긴 숙의 공론화를 엄정하게 시행하고, 폭넓은 논의를 통해 사회적 협의 및 합의 정신을 최대한 관철시키는 것을 목표로 한다.

■ 민주화운동 보상금을 '아시아 민주주의와 인권 지원'의 정신으로

예시를 하나 더 들어보고자 한다. 2013년 3월 21일 헌법재판소는 긴급조치 1, 2, 9호가 "국민의 기본권을 침해하고 현행 헌법에 어긋나 위헌"이라고 판시했다. 이에 따라 무죄 판결이 내려지고, 나아가 민형사상의 배상금과 보상금을 받게 되었다. 그러자 긴급조치 9호 세대들이 뜻을 모아, 40여 년 가까이 지난 뒤 받게 된 국가배상금 일부를 모아 '아시아 민주주의와 인권을 위한 기금'을 만들기로 했다.

2013년 12월 변제용 한솔교육 대표이사, 김준묵 전 스포츠서울 회장, 김종수 도서출판 한울 대표, 이필렬 전 방송통신대 교수 등을 비롯해 김태현·조홍섭·김무길·양춘승·신명식·심상완·유종성 등이 국가배상금을 모아 아름다운재단에 기탁했다.[6] 나도 참여했다. 주도 멤버는 1억 원씩 내기로 약정했고, 1000만 원, 100만 원을 기탁한 경우도 있었다. 당초 큰 기금을 목표로 했으나, 다른 민주화 세대와 달리 무죄를 받게 되면 청구할 수 있었던 민사배상금을 받지 못하게 되면서 당초 약정액에는 미치지 못했다. 그럼에도 이 기금은 한국의 민주화운동뿐 아니라 아시아의 반독재 민주화운동에도, 국경을 넘어 평화 네트워크를 확장하는 사업들을 꾸준히 지원했다. 마지막으로 지원된 사업은 현재 미얀마 군부 정권에 맞서 싸우는 민주화 활동가들을 위해 온라인 교육 교재를 제작해 미얀마에 지원하는 일이었다.

규모는 작지만, 이 사업은 1960~1970년대 민주화운동 당시 독일·일본 등 해외의 지원을 받았던 사람들이, 이제 긴급조치 9호 세대로서 그 도움을 다시 돌려주려 한 의미 있는 시도였다. 민주주의 정신을 국경을 넘어선 지구촌 민주주의 지원 정신으로 확장해, 민주주의와 인권 때문에 고통받는 이들을 돕는다면, 그것은 일종의 사회적 상속이자 국경을 초월한 협력·헌신의 사례로 의미를 지닐 것이다.

최근에는 반독재 민주화운동을 주도했던 '586세대' 가운데, 다음 세대를 위한 사회적 상속7)·기부·지원 활동을 전개하는 그룹들이 등장하고 있다. 1989년 경실련 출범 당시, 손봉호 교수를 비롯한 이들이 기독교윤리실천운동본부(기윤실)를 만들고 활동하는 과정에서 '유산 안 남기기 캠페인'을 벌인 바 있다. 손 교수는 이 약속을 실천하는 의미로 재산 13억 원을 '밀알복지재단'에 기부하겠다고 발표한 바 있다. 이런 취지에서 십일조형 '10% 사회적 상속 운동'에 대한 논의도 전개되고 있다. 은퇴 세대로 구성된 '60+ 기후행동'은 5만 원씩 10명이 50만 원을 모아, 지역에서 어렵게 시민사회 활동을 이어가는 풀뿌리 활동가에게 매달 지원하는 사업도 펼치고 있다. 아름다운 일이다.

나는 이러한 사례들 또한 자기희생적인 사회실천의 한 모습이라고 생각한다. 현재 과거청산과 관련해 철저한 보상·배상을 위한 노력이 진행되고 있다. 당연히 필요하고 정당한 일이다. 그러나 보수의 시각에서는, 이것이 과거 민주화운동을 했던 사람들이 더 많은 보상·배상금을 가져가는 것으로 비칠 수 있다. 야당 활동이 과거에는 탄압과 희생의 활동이었다면, 지금처럼 여야 교대가 일반화된 조건에서는 야당(그리고 여당이 된 야당) 역시 국가 권력과 각종 혜택에 대한 접근권이 있다. 보수의 입장에서는, 집권 이후 일부의 일탈적 부패 행위가 이러한 시선을 도덕적으로 정당화하는 근거가 되기도 한다.

다행스럽게도 긴급조치 9호 희생자들의 사례뿐 아니라 민청학련 사건, 인혁당 사건 등의 관련자들도 보상·배상금을 출연해 다양한 지원 활동을 해왔다. 또한 과거 독재 정권하 유죄판결·투옥·사형 등 각종 희생에 대한 재심과 그에 따른 보상·배상이 이루어지면서, 그러한 희생의 대가를 어려운 이웃을 위해 사용하는 사례도 많이 나타나고 있다. 이런 실천들은, 자기희생적 햇볕정치가 추구하는 방향(권리의 정당한 회복을 넘어, 그것을 다시 공동체와 다음 세대를 위해 내어놓는 정치)을 잘 보여준다.

13장

올바름이 공포가 아니라 해방이 되는 좁은 길을 찾아보자
이른바 PC 햇볕정치

다음으로, 진보의 확장 과정이 보수와 극우의 확장으로 이어지지 않도록 하는 새로운 실천과 관련해, 이른바 PC 햇볕정치도 고민해 보자고 제안한다. 민주화 시대의 성공의 위기에 대응해 확산되고 있는 이른바 PC에 대한 반감이 극우의 강화로 이어지지 않도록 하는 새로운 사회적 이니셔티브라고 표현할 수 있겠다.

PC는 정치적 올바름(politicla correctness)을 의미한다. 이 책에서는 이른바 PC로 표기한다. 'PC'는 원래 1960~1970년대 유럽 68혁명, 신좌파운동 맥락에서 인종·민족·언어·종교·젠더·성 등에서 차별과 편견을 배제하려는 적극적 지향을 가리켰지만, 현대에는 주로 보수적 비판 담론에서 경멸적 의미로 사용된다. 최근 미국에서 트럼프가 DEI(다양성, 형평성, 포용)를 교육·사회 전반에서 철폐하려는 움직임, 공화당이 민주당을 '과도한 PC주의 정당'으로 비판하는 사례가 그 예다. 그런 의미에서 일부의 보수 및 극우의 시선에서 진보적 가치를 비판하기 위해서 사용하는 것이다. 이런 점을 염두에 두고, 이른바 PC라고 표현한다. 이 책의 논지에서 볼 때, 그것조차도 '그들'

의 시선으로 응시해 보고, '우리'의 성찰적 시선에서 '우리'의 확장된 실천 속에서 융해할 점이 있는지를 고민해 보자는 것이 이른바 PC햇볕정치가 될 것이다.

■ '올바름'의 행진에도 그늘이 있다

돌이켜 보면, 독재하에서 억압되었지만 민주화를 통해 당당해진 사회적 약자 집단들의 투쟁에 기인해 민주화 이후의 진보가 이루어져 왔다. 인권이라는 개념은 언제나 이러한 투쟁에 의미를 부여하고 정당성을 부여하며, 기성세대들이 승복하도록 강제하는 언어였다. 노동 인권, 여성 인권, 성 인권, 소수자 인권, 동물의 권리 등 다양한 인권 개념의 확장 언어들이 기존 체제에서 억압되었던 다양한 평등의 요구들은 어떤 의미에서 모두가 승복해야 하는 '정치적 올바름'으로 인식되었고, 그 결과 큰 영향을 미쳤다. 그러나 지금은 이른바 PC의 백래시에 직면하고 있다. 이른바 정치적 올바름이 정치적으로 이용되면서 상대방에 대한 극단적 공격의 근거가 되기도 했다. 또한 진보적 운동 내부의 정치적 올바름의 절대화 속에서 극단적 경향도 등장하고, 운동 내부에서 반대그룹을 비판하는 경향도 생겨났다. 또한 이른바 정치적 올바름의 가치를 주장하는 개인이나 세력도 그 이른바 PC에 부응하는 행동과 실천, 삶이 담보되는 것은 아니다. 그렇게 되면 언제나 내로남불 혹은 위선이라고 하는 틈새를 만들어내게 된다. 이른바 '언더도그마'의 문제도 출현한다.

최근 한국에서 주목받는 MZ세대의 정치적 지향 변화에는 장기 민주화 시대의 이른바 PC에 대한 좌절과 반발의 심리도 중요하게 작동하고 있다. 앞서 서술한 바와 같이 부동산 문제 등을 둘러싼 사회경제적 좌절감과 함께, 민주화 시대를 관통하며 작동해 온 각종 이른바 PC를 실현해 가는 변화에 대한 정서적 반발이 존재한다. 예컨대 한국만큼 가부장적인 질서의 급속한 변화가 나타나는 사회도 드물다. 김대중 정부에서의 국가인권위 설치, 여성부 신설에 이어, 노무현 정부 시기의 호주제 폐지 등 기존 제도의 여성주의적 변화가 도도히 빠른 속도로 전개되었다. 양성평등, 나아가 성평등을 향한 진전도 빠른 속도로 이루어졌다. 그러나 인식과 문화의 전환이 그러한 제도적 전환의 속도와 반드시 일치하는 것은 아니었다.

기성세대 남성은 가부장적 제도 내에서의 성별 분업의 혜택이라도 누렸지만, 젊은 세대의 입장에서는 그런 혜택을 누린 바도 없으면서 여성주의적 정치적 올바름, 곧 이른바 PC에 주눅 들어 살아가고, 성평등을 위한 제도(여성할당제 등)에 의해 피해를 본다고 하는(옳고 그름을 떠나서) 의식들이 나타나게 되었다. 민주화 시대의 개혁을 '과잉 민주화'로 인식하는 것이다. 어떤 이는 "남성 권력의 해체를 어느 정도 수긍하면서 그 변화에 적응하려 하고 있었다. 그들이 제기한 문제는 '권력이 해체되었는데 의무는 왜 그 속도로 해체되지 않느냐'는 것이었다"라고 백승호는 더 적극적으로 말한다.[1]

■ 이른바 PC에 대한 반발 속에 내포된 문화지체를 넘기 위한 노력

이것은 사회학의 고전적 개념을 쓰면, 일종의 '문화지체'라고 할 수 있다. 그렇기 때문에 진보의 가치를 확장해 감과 동시에, 일종의 '진보적 문화지체'를 어떻게 해결할 것인가 하는 과제에도 주목해야 한다. 지금까지는 확장에 초점을 맞추었지, 그 그늘을 어떻게 최소화하면서 전진할 것인지에 대한 고민은 적었다. 문화지체라는 사회학적 개념은 급속한 경제적·기술적 변화에 넓은 의미의 문화적 인식과 생활양식이 따라가지 못하는 데서 발생하는 미스매치 현상을 의미한다.

진보적 문화지체라는 말을 굳이 쓴다면, 급속한 민주화의 과정에서 다양한 진보적 가치들이 확산되고 때로는 제도적 차원에서도 실현되어 가는데, 문화·인식·생활의 차원에서는 그것들이 충분히 수용되고 정착되지 못함으로써 미스매치가 발생하는 것을 의미한다. 성 문제나 성소수자 문제 등에 있어서 많은 기성세대나 일부 젊은 세대에서 나타나는 반발 같은 것도 이에 해당한다고 할 것이다. 이런 점에서 이른바 PC 햇볕정치는 이른바 PC 가치 확장에서 빚어지는 문화지체를 완화하기 위한 적극적 노력을 의미한다.

▌ 여전히 갈 길이 멀지만

물론 여전히 '정의의 전쟁'의 영역은 광활하게 남아 있다. 한국의 저출생 위기는 한국 사회의 재생산 위기이고, 이 근저에는 여전한 성별 불평등 문제가 존재한다. 많은 사람들은 저출생 문제는 부동산 문제와 교육 문제에서 연원한다고까지 말한다. 그런데 문화적 차원에서 원인을 찾는다면, 상당한 여성들 사이에서의 비혼주의적 경향에는(그 자체가 선진국에서 나타나는 자연스러운 현상일 수도 있지만) 양성평등이 충분히 실현되지 못한 '가정'을 감옥처럼 느끼는 젊은 여성들의 의식에 기인하는 면도 있다.

앞서 이야기한 가정의 '문화지체'가 극복되지 못함으로써, 저출생이 심화되는 면도 있는 것이다. 한국의 민주주의는 여전히 '남성의 얼굴을 한 민주주의'라고 할 수 있다. 이런 점에서 가정에서의 성별 분업 개혁이 필요하고, 이에 따른 남성들의 의식 변화와 생활 태도의 변화가 더 진전되어야 한다.[2] 나아가 중요한 의사결정 권력을 가지고 있는 이른바 엘리트 영역에 있어서 성별 균형이 정책적으로 추구될 필요가 있다.

다행스럽게도 "성평등을 여성이나 성소수자의 이익 옹호로 일축하고 적대의 정치에 활용해 온 윤석열 정부의 '젠더 갈라치기', '이대남' 프레임"이 탄핵투쟁을 경과하면서 젊은 남성들에게서도 일정하게 극복되는 긍정적 경향도 나타나고 있다.

사회는 언제나 진보한다. 비록 지그재그로, 일보 전진·이보 후퇴를 반복하면서도 전진한다. 나는 그런 신념을 가지고 있다. 그렇지만 그러한 전진의 그늘에는 언제나 미스매치가 존재한다. 장기 민주화 시대에는 '전진'에 방점이 찍혀 있었다. 그러나 이제 이러한 미스매치를 어떻게 해결하면서 전진할 것인가 하는 복합적 관점이 필요하다. 전진과 미스매치의 해결은 모순적이지만 동시에 병행되어야 한다.

정체성 전략 대 헤게모니 전략

이른바 PC 햇볕정치가 한편에서 이른바 PC 가치 확장에서 빚어지는 문화지체를 완화하기 위한 적극적 노력으로 표현될 수 있다면, 다른 한편에서는 이른바 PC 가치 실현과 관련된 정체성 정치를 헤게모니 정치와 접목해 내는 노력으로도 표현되어야 한다.[3] 문화지체로 인한 이러한 미스매치가 극우 성장의 비옥한 토양이 되기 때문이다. 이른바 PC가 해방이 아니라 공포가 되지 않도록 하는 고민을 추가해 보자는 것이다.

기본적으로 소수자운동 등 모든 사회운동은 정체성 전략에 기반하고 있다. 억압되고 소외된 자신의 정체성을 구성하고 부각시키고, 반대 정체성과 대립시키면서 그 정체성이 변방의 것이 아니라 중심적인 것이 되도록 노력한다. 장애인운동도 그렇고, 노동운동도 그렇다. 독재에 대항하는 민주화운동, 피억압 민족해방운동, 인도의 불가촉천민운동 등도 그러하다.

특히 주체 집단이 명확한 경우, 그것이 소외 집단일수록 더욱 그렇다. 이 전략은 이런 정체성을 갖지 못한 다양한 집단 구성원들의 의식을 제고하고, 그 정체성 획득을 통해 의식화되도록 하며, 집단적 연대성에 참여하도록 한다. 억압하는 '적'에 대해서, 억압당하는 동지들의 집단 정체성 획득과 집단적 연대성을 만들어내는 것이다. 물론 하나의 운동 내부에서도 다양한 지향과 성격의 '정체성 운동들'이 존재하며, 하나의 운동 내부에 다양한 스펙트럼과 투쟁 양식의 편차가 존재한다는 점도 강조해 두어야 할 것이다.

여기에 정체성 정치의 지향을 견지하면서, 더 나아가 헤게모니 정치를 접목하려는 새로운 노력이 필요하다는 것이다. 정체성 정치는 억압된 정체성을 재인식·재확립하고, 그에 기반해 그런 변화에 공감하는 개인과 집단을 묶어세우며, 나아가 자기 지지 집단(특히 강렬한 지지 집단)의 지지를 유지하고 그들의 요구에 부응하는 정치라고 할 수 있다. 반면 헤게모니 정치는 자기 집단을 넘어 그 정체성과 그에 기반 요구에 대한 공감과 연대가 확대되도록 하며, 나아가 다양한 대중에 대해 헤게모니적 영향력을 확대하는 정치이다. 이 두 가지는 긴장을 갖고, 때로는 모순적이기도 하다.

나는 전자를 자기 집단을 향한 정체성 정치라고 표현하고, 후자를 외부자를 포용해 내는 헤게모니 정치라고 표현하고 싶다. 당연히 전자는 어느 세력이나 운동에게는 필요조건이다. 그러나 지도적 세력이나 집단은 후자를 전자와 어떻게 접목해 낼 것인가 하는 문제의식까지를 가질 필요가 있다. 최근의 적대적 진영정치 문화 속에서 후자는 대단히 주변화된 문제의식이다. 여성운동의 '성주류화 전략'도 그것이 여성의 진출을 확대한다는 의미뿐만 아니라, 이러한 헤게모니 정치의 의미를 담고 있다고 생각한다.

이 헤게모니 정치가 가능하기 위해서는, 앞서 언급한 이른바 PC의 확장이 공포가 아니라 해방이 되도록 하기 위한 목적의식적인 시각과 시선, 관심이 필요하다. 약자와 소수자가 투쟁하기도 어려운데 그런 헤게모니적 실천까지를 고민하는 것은 쉽지 않다. 그러나 진보의 지속가능성을 위해서도, 여성운동의 성공(노무현 정부 등 민주정부를 거치면서 진보적 여성운동이 집권 세력과 결합했고 호주제 등 개혁 의제를 빠른 속도로 제도화해 냈다)과 그에 따른 성공의 위기를 극복하는 새로운 보완적 노력이 필요한 시점에 도달했다.

이른바 PC에 대한 백래시와 그에 기반한 극우의 성장이라는 새로운 현상이 바로 그것을 보여주고 있다. 서구의 극우는 신자유주의적 지구화의 '루저'들이 과거형 정체성 정치와 결합되어 나타난 현상이라는 분석도 존재한다. 이런 현상을 넘어서기 위해서는 민주진보가 정체성 정치의 긍정성을 계승하면서도, 오히려 헤게모니 정치의 차원으로 나아갈 필요가 있다.

■ 피억압자의 해방은 억압자의 해방이라는 점을 체감시키자

그렇다면 헤게모니 정치는 어떻게 이루어져야 하는가. 파울로 프레이리(Paulo Freire)는 『페다고지』4)에서 "피억압자의 해방은 억압자의 해방이다"

라고 말한 바 있다. 여성주의에서도 여성의 해방은 궁극적으로 가부장적 사회에서 왜곡된 남성(성)의 해방을 가져온다. 궁극적으로 이른바 PC 가치의 실현은 공포가 아니라 해방이 되는 것이다. 그람시가 "노동자계급이 지배적 계급일 뿐만 아니라 지도적 계급이 되어야 한다"라고 하면서 헤게모니의 차원에 주목했던 것도 이런 문제의식에서 연유했다고 생각한다. 진보의 투쟁 의제가 단지 집단 간의 대립 의제가 아니라, 국민적·대중적 의제로, 그리고 미래 문명을 대표하는 의제로 위치 지워지고 받아들여질 수 있다면, 그것은 이미 헤게모니적이라고 할 수 있다. 군사적 압도성, 수(數)의 다수로 전쟁에서 승리한다고만 생각해서는 안 된다. 하드파워에 대립하는 소프트파워도 존재한다. 이런 점을 환기해 보면, 우리가 주목하지 못하는 피억압자의 투쟁 과정에서 그것이 억압자의 해방임을 드러내고 환기하고 부각시키는 실천도 (물론 정체성 정치에 그런 요소가 내재한다는 점도 인정하지만) 가능함을 생각할 수 있다.

이는 사실 새로운 이야기도 아니다. 벨 훅스(bell hooks)가 낸 『모두를 위한 페미니즘』5)에서 주장하는 바이기도 하다. 즉 페미니즘 운동이 '남성 혐오 운동'이 아닌 '성차별주의와 그에 근거한 착취와 억압을 끝내기 위한 운동'인 것이다. 그리고 페미니즘 운동이 있는 그대로의 자신을 사랑하게끔 돕는, 나아가 우리 모두를 자유롭게 하는 해방운동이며, 페미니즘은 여성만을 위한 것이 아니라 '우리 모두를 위한 것'이다. 단지 이게 담론적으로 여성주의를 정당화하는 것에 그치는 것이 아니라, 대안적 실천 속에서 이것을 드러내는 계기를 찾는 것이 필요하다고 생각된다.

이른바 PC에 대한 백래시가 강화되는 계기는 이른바 PC를 둘러싼 극단적 실천이 부각될 때이다. 여성주의의 도도한 확장의 물결은 '워마드'와 같은 전투적 흐름이 부각될 때 그것에 대한 보수의 공격이 전면화되면서 역전되었던 것을 기억해 보자. 그런데 이것은 노동운동이나 환경운동 등 모든 사회운동의 초기 고양 국면에서 나타나는 현상이기도 하다. 최근처럼 이른바 PC에 대한 거대한 반동의 시대에 새로운 전진을 위해서 이런 차원에 착목해 볼 수 있겠다. 앞서 3-7제 민주주의를 이야기했다. 내로남불형 상황도 언급한 바 있다. 정의의 전쟁 과정에서 나와 우리 편의 내로남불을 성찰적으로 돌아보고, '적 대 동지'의 대립이 선과 악의 대립이 아니라는 전제 위에서 보게 되면, 이런 헤게모니적 실천의 영역이 부각될 수 있다.

■ 20·30세대의 불만을 헤게모니 정치의 소재로

이처럼 정체성 정치에 헤게모니 정치를 접목해 낼 수 있는 소재를 찾는 것 자체는 창조적인 상상력의 영역이다. 이런 헤게모니 정치의 관점에서, '역지사지형 성찰성' 시각으로 20·30세대의 불만을 들여다보고 그 변화를 촉진하기 위한 적극적인 노력은 충분히 의미가 있다. 역지사지형 시각에서 보면, 20·30 남성의 핵심적인 불만의 하나에는 부모 세대처럼 남성으로서의 (이른바 '가부장적 질서' 속에서의) 혜택은 못 누리는데, 져야 할 짐은 여전히 너무 많다는 불만이 있다.

여기서 우리는 가부장적 남성에 주어지는 여성주의적 비판이 주체에 따라 다양하다는 점을 본다. 그런 남성에 대한 '대치선'이 있기 때문에, 그들에 대한 모든 비판은 무조건 정당화되는 경우가 많다. 예컨대 한때 '워마드'적 주장조차도 (여성주의의 파고가 클라이맥스에 이르는 역동적 시기에는) 급진적이지만 극단적이지 않은 비판으로 인식되었다. 그런데 여야, 보수·진보, 좌우 간의 대립에서 '자기편'의 공격과 비판 중에서도 극단적인 것이 있을 수 있다. 바로 그렇게 적에 대한 가열 찬 공격과 비판이지만, 대중의 바다에서는 '과도한 것'으로 인식될 때, 그에 동의하지 못하는 침묵 속의 불만이 누적되어 가는 것이다.

20·30세대에서 과거의 가부장적 질서, 인식, 문화는 많이 약화되어 가고 있다. 과거 가부장제적 질서 속에서의 여성 역할을 20·30 남성들이 요구하는 것은 아니다. '집에서 애나 보라'거나 '결혼하면 가정으로 돌아가야 한다'

는 식으로 생각하거나 행동하는 경향은 과거에 비해서는 축소되었다. 최소한 그렇게 하는 것이 시대착오적이라는 것도 일정하게 안다. 개인에 따라 편차가 크지만, 20·30대 남성은 어떤 의미에서 기성세대보다 상대적으로 훨씬 덜 성차별적이라고 평가된다. 사실 환경 자체가 그럴 수도 없다. 실제 한국 사회의 민주화의 일부로서의 양성평등의 큰 흐름은 20·30 남성들의 인식과 태도도 크게 변화시켜 왔다. 내가 교육감으로 재직하던 시기에도 그런 문제가 민원의 형태로 제기되면, 어떤 의미에서는 당연히 올바른 가치의 관점에서 그런 성차별적 발언이나 언행을 한 경우에, 단호하게 징계로서 대처하는 경우가 일반적이었다. 학생뿐만 아니라 기성세대인 교사들에 대해서도 그러했다.

근본적으로 반여성주의적이고 가부장적인 불만과 반발도 있지만, 그렇지 않은 다종다양한 것들도 존재한다. 이 모든 것을 '싸잡아서' 다루는 것이 꼭 능사는 아닌 경우도 있다. 오히려 그 찾아진(발견된) 차이들을 진지하게 보면서, 가능한 헤게모니적 정치 전략을 구사할 수도 있는 것이다. 그런 문제 설정하에서 누군가는 그런 노력을 해야 한다.

▌여성 해방은 남성 해방이기도 하다는 점을 드러내는 정책들

나아가 여성 해방이 '여성'만의 해방이 아니라 '남성(성)'의 해방이라는 것을 보여주는 적극적인 대책을 찾는 데까지 나아가야 한다. 핵심적으로는 여기서 제안하는 것처럼 여성을 위한 역차별적 정책이 남성에게 혜택이 되는 지점도 적극 찾아볼 수 있다. 단지 여성뿐만 아니라 다양한 소수자들이 해방된 사회는 이른바 다수자들도 해방된 사회라는 것을 드러내는 데에도 관심을 기울이자는 것이다. 나는 교육감 재직 시에, 특수학교 설립에 반대하는 흐름에 대응하여, "장애인들이 잘 사는 사회는 모든 비장애인들이 더 잘 사는 사회이다"라는 점을 강조하곤 했다. 실제 그렇다. 요컨대 정체성 전략만이 아니라 헤게모니 전략의 필요성을 제기하는 것도 이 지점이다. 물론 치열하게 소수자의 권리를 위해 노력하는 사람들에게는 상식적인 이야기일 수도 있다.

예를 들어보자. 전반적인 성별 불균형이 존재함에도 불구하고, 여성의 진출이 상대적으로 확산해 오히려 남성을 압도하는 영역도 출현하고 있다. 내가 속한 교육계에서도 이런 영역이 있다. 통상 양성평등 조항은 "한 성이 70%를 넘을 수 없다"라는 역차별적 조항으로 나타난다. 여성의 진출이 남성을 압도하는 이런 영역에서 과감하게 남성이 "한 성이 70%를 넘어설 수 없다"라는 조항의 혜택을 보게 하는 것도 한 방법이다. 그런데 대체로 "여전히 광활한 성별 불평등의 영역이 존재하는데, 일부 여성이 약진하는 영역에서 그것을 역전시키려 하는 것은 퇴행이다"라는 식의 사고에 의해 논의조차 못 하는 것이 현실이다. 교육감 재직 시절에 이 점을 공론화할 것도 검토했던 적이 있다. 그러나 포기했다. 그러나 조금 더 깊이 들여다봐야 했다는 아쉬움이 있다.

교사를 양성하는 교육대학에는 "한 성이 70%를 넘을 수 없다"라는 조항이 있어서 교대 입학 과정에서는 남성이 혜택을 본다. 그러나 초등 교원 임용고시에서는 이런 쿼터가 없다. 나는 과감하게 "한 성이 70%를 넘을 수 없다"라는, 여성을 위해 제정한 역차별 조항이 남성에게 혜택으로 작용한다는 것을 보여줄 필요가 있다고 생각한다. 이런 생각에 대해 "그나마 조금 여성의 진출이 늘어났다고, 그것 가지고 남성 우대를 해서 여성의 몫을 빼앗으려 하느냐"라고 생각할 수 있을 것이다. 당연히 그런 생각이 가능하다.

그런데 더 나아가 보자. 교육감으로서의 행정 경험을 토대로 한다면, 초등 임용 교사에서 남성 우대 조항을 적용하는 것을 그 자체로 찬반의 문제로만 접근하지 말고, 보완책을 행정적으로 찾는 것도 가능하다고 생각한다. 통상 양성평등 조항을 적용하면 여성 응시자가 제로섬처럼 손해를 볼 것이라고 우려하지만, 그것을 보완하는 제도적 장치도 가능하다고 본다. 이미 일반직 지방공무원(교육청의 경우 교사 출신의 전문직인 장학사와 장학관이 있고, 일반직은 일반 공무원처럼 9급에서 1급까지 존재한다)에서 양성평등 조항이 적용되고 있고, 남성이 30%를 넘지 않을 때는 여성 응시자를 축소하는 것이 아니라 남성 TO를 늘리는 방식으로 제도를 운영하고 있다. 즉, 제로섬처럼 적용하지 않고, 30%에 미달하면 남성 응시자를 더 뽑는 식이다. 초등 임용고시에서도 그렇게 할 수 있다.

단지 교사는 국가공무원이기 때문에 교사 정원이라는 엄격한 틀에 갇혀 있다. 그러나 양성평등을 위해 국가 정책을 지방공무원처럼 유연하게 확대 적용할 수도 있다.[6] 여성이 약진하는 영역에서 과감하게 '남성 쿼터'를 도입하는 노력도 여성운동이 주도할 수 있다. 피억압자의 해방이 억압자의 해방이 된다는 실감적 경험도 중요하다. 장애인이 잘 사는 사회는 비장애인도 더 잘 사는 사회라는 것을 체감하게 할 수도 있다고 본다.

다음으로 '군 가산점 문제'만 보더라도(지난 수년간의 논의와 현재 논의 지형을 돌아보면), 군 가산점 폐지와 함께 2025년 대선에서 공약화되었던 '군복무 기간의 호봉 산정' 같은 정책을 병행했어도 좋았을 것이라는 생각이 든다. 그런데 이전에는 군 가산점 제도의 폐해를 극복하는 데 초점을 맞췄기 때문에, 보완적 정책을 결합하는 것이 불철저한 태도로 비판받는 분위기였다. 그래서 보완적 정책을 적극적으로 결합하지 못했다고 생각된다. 나 역시 그때는 그렇게 생각했다.

군 가산점 제도 자체도 여성 차별적으로 작용하지 않도록 하되, 20·30 남성들이 자신을 피해자로 '인식'하는 이 군복무 기간에 대해서 일정한 혜택을 부여하는 것도 충분히 검토해 볼 수 있다고 본다.

20·30세대의 불만에는 왜곡된 요소도 많지만, 그 안에 일부 존재하는 합리성을 포착해 헤게모니 정치의 소재로 융해해 내려는 접근이 필요하다. 앞서 3-7제 인식을 이야기했다. 한편에서는 '30%의 적의 합리성'을 인정하고, 그것을 자신의 실천 속에서 융해한다는 것을 의미한다. 이때 30%는 그것이 '객관적으로 옳다'는 뜻만은 아니다. 역지사지형 성찰성으로, 나의 실천(여기서는 헤게모니 정치의 개척을 위해)을 점검하면서 그것을 어떻게 내 실천 속

에 녹여낼 수 있을지 고민하는 것이다.

▌ 올바름이 공포가 아니라 해방이 되도록

나의 핵심적인 제안은, 진보적 가치가 공포가 아니라 해방이 되도록 하는, 더 적극적인 노력을 생각해 보면 좋겠다는 것이다. 더구나 현재와 같이 전 지구적으로 극우 퇴행이 확대되는 시기에는 말이다. 예컨대 여성주의의 경우에도, 성 및 남녀 관계에 대한 해방적 측면을 더 전면에 드러내는 방법을 찾아볼 수 있다. 현재 많은 20·30 남성에게 여성주의는 '공포'로 다가간다. 그것은 올바르지 않은 공포라고 할 수 있다. 그러나 미래의 해방적 모습을 더 선명히 제시하고, 그 방향으로 실천을 전개한다면, 이 공포는 충분히 완화될 수 있다. 이것을 정체성 전략을 넘어서는 헤게모니 전략이라고 표현해 볼 수 있다. 앞서 '문화지체'라는 개념을 사용한 바 있다. 이는 한국 사회의 더욱 양성평등적인 방향으로 급변해 가는 젠더 체제에 비해, 기존의 가부장제적 틀에서 성장한 20·30 남성의 성 감수성 간의 괴리가 커졌다는 것을 의미한다. 이것을 현재의 관점에서 보면 그런 지체와 괴리를 보이는(그리고 그것이 왜곡된 행동으로 표현되는) 언행에 대해 비판하고 공격하고 변화를 도모하는 것이 필요하지만, '미래'의 관점에서 보면 그런 남성성을 넘어서 '해방'의 차원이 존재하는 것이다. 이런 변화를 수용하면 남녀 관계는 더욱 자유로워지고, 더욱 자율적인 결합 관계로 발전해 갈 수 있다. 많은 20·30대 남성들에게 인식되는바, '공포'로서의 여성주의를 '해방'으로서의 여성주의로 만들기 위한 헤게모니적 실천 전략이 필요하다는 것이다.

▌ 복수의 좋은 PC 가치의 접점을 찾기 위한 노력도 필요하다

이른바 PC 햇볕정치는 PC적 가치들 간의 긴장과 충돌을 직시하고 두 개의 좋은 가치들 간의 접점을 찾거나 균형을 찾기 위한 노력으로도 나타나야 한다. 나는 좋은 가치를 견결히 추구하면서도 그것이 일면적으로 최대가치주의로 흐르지 않고, 우익의 강화로 이어지지 않도록 하는 복합적인 시각이 가능하다고 본다.

교육 영역의 예를 들면 '아동복지법상'의 '정서적 학대' 조항을 둘러싼 교원 단체와 아동복지 단체들 간의 대립이 있다. 우리 사회에 만연한 가정 내 아동 학대를 전향적으로 극복하기 위해 '아동복지법'과 '아동학대범죄의 처벌 등에 관한 특별법'이 도입되었다. 당초에는 신체적 학대에 초점을 맞추었으나, 법의 전향적 개정 과정에서 학대의 범위가 정서적 학대로도 확대되었다.

그런데 이 아동 학대 조항이 가정을 넘어 학교 현장에 적용되면서, 일부 '내 새끼 지상주의'적 학부모가 교사의 교육권을 침해하는 방식으로 악용하는 사례가 나타났다. 자신의 자녀에 대한 교사의 훈육 행위 중 자신이 좋지 않다고 생각하는 행위에 대해 정서적 학대로 고발하는 경우가 생긴 것이다. 물론 교사 가운데는 훈육이 도를 넘어 정서적 학대에 이르는 경우도 있다. 그러나 원래 취지와 달리 정서적 학대가 극단적으로 악용되는 사례가 나타나고 있는 것도 사실이다. 2023년 7월 서이초등학교 사건을 계기로 수십만 명의 교사들이 이 조항의 개정을 요구하고 있다.

나는 만일 우리가 정서적 학대 조항의 입법화 과정에서 이런 악용 가능성을 인식했다면, 이 조항을 도입하더라도 (가정이 아닌 학교와 같은 공간에서의) 악용을 제한할 수 있는 조항을 포함시킬 수도 있었다고 생각한다. 그러나 법이 제정되고 난 이후에는 "점 하나, 획 하나도 고칠 수 없다"라고 주장하는 아동인권 단체들이 한편에 있는 반면, 이 조항 때문에 교육을 포기하게 된다고 외치는 교사 집단이 있다. 나는 이 두 가지 좋은 가치들 간의 접점을 찾기 위한 전향적인 노력이 가능하다고 생각한다.

앞서 '교실에서의 휴대폰 사용 금지'라는 사안에 대해서도, 나 스스로 지난 10여 년간 권위주의하에서 억압된 학생들의 권리를 회복하고 확장한다는 시각에서 그 문제를 자유권의 확장 문제로만 파악했다. 그러나 국회 교육위원회에서 '초·중등교육법'을 개정해 교실에서 휴대폰 사용을 법적으로 금지할 정도로 우리의 접근법이 달라졌다. 솔직히 그 당시 내가 교실에서의 휴대폰 허용 문제를 자유권 확대 문제만이 아니라, 교실에서의 학습권 보장 문제, 아동기 휴대폰 사용의 교육적 효과에 대해 좀 더 다면적으로 사고할 수 있었다면 다른 입장을 취했을 것이라고 생각한다.

지금의 '아동복지법상'의 정서적 학대 조항도 마찬가지의 열린 시각에서 바라볼 필요가 있다. 그동안 우리는 척박한 인권 후진국이라는 조건하에 아동 학대를 방지해야 한다는 일념으로 전진해 왔다. 물론 지금도 심각한 정서적 학대가 가정이나 학교에서 있을 수 있다는 점을 인정하더라도, 좋은 가치를 위한 법제도가 악용되는 부분에 대해서는 이를 직시하고 대안적인 경로를 찾는 노력이 필요하다고 생각한다.

현재는 '접점 찾기' 혹은 '균형'이라는 사고의 공간 자체가 민주진보의 인식틀 속에서는 거의 존재하지 않는다. 오히려 서구에서처럼 이른바 PC 전체에 대해 회의적인 입장을 갖고 있는 극우가 주류화되고 집권 세력이 됨으로써, 그 균형을 권위주의적 방식으로 또한 퇴행적으로 정립하려는 시도가 이루어지고 있다고 할 수 있다. 민주진보적 시대정신을 유지하면서, 극우의 주류화를 방지하고, 좋은 가치의 확장을 도모하는 새로운 헤게모니적 실천 방안을 찾아내려는 노력이 필요하다.

여기서 앞서 언급한 바와 같이 우리가 약자의식만을 일면적으로 가질 필요는 없다. 민주진보에 속하는 많은 개인이나 집단의 정체성이 대체로 약자의식에 기반해 있다. 정당으로서의 민주당이나 386세대, 다양한 시민사회 운동 모두 마찬가지이다. 앞서 여소야대에도 불구하고 여전히 경제 권력은 보수적 대기업이 장악하고 있다는 구조적 약자의식을 거론한 바 있다. 마찬가지로 여성들의 경우, 각종 시험에서 합격자 중 70~80%를 차지하고 있으며, 거의 대부분의 고시에서는 여성들이 우위를 차지한다. 그러나 여전히 가부장적 질서는 붕괴되지 않았고 강고하게 힘을 발휘하고 있다. 여성이 선전하는 영역은 일부일 뿐이다. 그래서 민주당의 약자의식처럼, 여전히 약자의식이 크게 존재한다. 실제 구조적으로는 맞는 말이다. 단지 구조적 약자성을 강요하던 10의 현실은 이제 7로 축소되었고, 3의 영역에서는 다른 현실이 나타나고 있다. 그런 점에서도 약자의식을 넘어, 두 개의 좋은 가치들 간의 접점을 찾기 위한 시선을 갖출 필요가 있다. 이것도 헤게모니 정치의 한 모습이라고 생각한다.

■ 정체성의 다차원성

더 논의를 확장해 보면, 가해자와 피해자, 강자와 약자, 다수자와 소수자의 관계는 다차원적이며 조건과 상황에 따라 달라진다. 근대의 철학 속에서 부르주아지 대 프롤레타리아, 억압 민족 대 피억압 민족처럼 노동자계급이나 민족을 단일한 통일적 존재로 보던 시각을 탈근대 철학은 넘어서고자 했다. 피억압 민족 내에도 복잡한 억압-피억압의 관계성이 존재한다.

사회적 관계의 다차원성을 전제로 할 때, 어떤 관계에서 가해자가 다른 관계에서는 피해자가 된다. 우리 몸에는 가해자성과 피해자성이 공존하면서, 강자와 약자의 위치성이 복합되어 있다. 최근 한국에서 '서울공화국', 수도권 집중 현상이 강화되면서, 사실 지방의 주민들은 수도권 주민에 대립하는 약자의식을 갖고 있다. 실제 서울과 수도권에 거주한다는 이유만으로 무수한 불이익적 관계가 존재한다.

이런 위계적 맥락에서, 숙대 사건에서 보듯 래디컬 페미니스트 대 트랜스젠더의 균열과 대립도 존재한다. 이는 탄핵 정국에서 격화되어 나타나기도 했다. 2024년 말 '양육비 해결하는 사람들'이라는 계정에서 트랜스젠더를 혐오하는 글이 공유되고, 수많은 사람들이 이에 항의하자 "그쪽 지지와 인정 필요 없습니다"라며 사과 없이 계정을 폭파한 일이 있었다. 그 후 또다시 X에 '#젠더퀴어를_지지하는_시스[7]_여성_여기_있음'과 '#배드파더스_지지하는_여성_여기_있음' 해시태그가 돌았고, 트랜스젠더와 관련된 글에는 무조건 터프[8]의 인용 글이 달리며 트랜스젠더에 대한 심각한 괴롭힘이 이어졌다.[9]

이런 일들이 벌어지고 있을 때, 공교롭게도 남태령을 시작으로 광장에서 자신의 성정체성을 드러내는 이들이 늘어났고, 광장에서도 트랜스젠더 혐오가 생겨나면서 지금은 오프라인에서 무지개 깃발을 올리기 무섭다는 말까지 나오는 상황이 되었다. 인권을 중시하는 이들이 같은 광장을 공유하는 이들을 밀어내는 현상이 벌어졌고, 이런 현실에 고민이 생긴 이들이 모여 '젠더무법자'들의 편견을 깨부수자는 의미에서 '무지개 도끼'라는 모임이 탄생하기도 했다. 이는 정체성의 다차원성을 잘 보여주는 사례이다.

광장 얘기가 나온 김에 극우 광장도 이야기하지 않을 수 없다. 앞서 밝힌 바대로 내란 시기에 극우 광장에서는 부정선거와 중국 혐오가 뒤덮었다. 비상계엄 이후 새로운 민주시민교육의 필요를 얘기하고 있는데, 여기에 더해 새롭게 '차별금지법'과 같은 새로운 준거들이 마련되어야 혐오의 문화가 바로잡힐 수 있다는 생각도 하게 된다. 다양성·다원성의 시대를 맞이해, 관계의 다차원성이 우리의 주요한 과제가 될 것이다.

▊ 진보의 지구적 차원의 확장

헤게모니적 전략과 관련해, 새 사회적 이니셔티브에는 지구적 보편성의 차원을 결합하는 것이 중요하다. 현재 100년 전과 다른 디지털-AI기술혁명과 결합된 새로운 지구화의 흐름이 도도하게 다가오고 있다. 국가와 민족의 경계가 이전과는 다르게 느껴지고 있다.

1990년대 중반 김영삼 정부 시기에 우루과이라운드(UR), WTO 가입 등에 직면하면서 세계화를 국정 지표화했던 적이 있었다. 당시에는 한국 경제의 국제경쟁력 강화라는 관점에서 세계화에 응전해야 한다는 문제의식이었다. 그런데 이제는 기후위기, 코로나 등 지구적 팬데믹을 포함해 일국적 차원에서 대응할 수 없는 과제들이 제기되고 있다. 우크라이나 사태도 '러시아 대 우크라이나의 영토 분쟁과 그에 따른 국지적 전쟁'의 성격을 넘어서고 있다.

내가 속한 교육 영역에서도 이미 한국의 상층 학부모들은 '대한민국 일류

대학에 자녀를 보낸다'는 발상을 넘어서고 있다. 민주화 시기의 진보는 어떤 의미에서 저항적인 민족주의적 지향을 근저에 깔고 있었다고 보아야 한다. 때로는 그것이 지나치게 폐쇄적인 인식으로도 나타난다. 문재인 정부에 시기에 일본과 관련해 '토착왜구' 등의 언술이 집권층 내부에서 제기되었던 것도 하나의 예가 될 것이다.

나는 목적의식적으로, 민족주의적 진보의 긍정성을 계승하면서도 코스모폴리탄적인 글로벌 보편 진보로서의 성격을 강화해야 한다고 생각한다. 이러한 진보의 지평 확장은 진보적 실천이 의도하지 않게 극우를 강화하는 딜레마를 완화하는 데도 기여할 수 있다. 특히 문화지체라는 관점에서, 민족사적 시간과 기준을 세계사적 시간과 기준에 일치시키고 그것을 넘어선다는, 오랜 추격 산업화의 마인드에 익숙한 한국인들에게는 긍정적인 영향을 미칠 수 있을 것이다.

▌진보의 다차원성의 불일치를 줄여가는 개인의 노력

또한 진보는 다차원적이다. 진보의 지평은 계속 확장되어 왔다. 여성주의와 생태주의가 진보의 핵심적 가치가 된 것은 그리 오래되지 않았다. 1960~1970년대에는 반독재 민주주의 진보가, 1980년대 이후에는 친노동적 진보가 부각되었다. 그러다 보니 구 진보운동가가 신진보적 가치들을 충분히 내재화하지 못하는 경우도 나타났다. 민주화 운동가가 가정에서는 극단적으로 가부장적이거나 폭력적인 경우도 있었다.

그런 점에서, 권위주의와 싸우는 동안 보수 세력에 대해 꾸준히 도덕적 우위를 점했던 세력들이 이와 같은 새로운 진보적 가치들을 둘러싸고는 이전처럼 도덕적 우위를 점하지 못하는 현실도 출현했다. 독재, 권리 일반, 노동권리 등에서는 당연히 보수에 비해 진보적 입장을 가졌던 과거와 달리 여성 인권, 성 인권, 다문화적 가치, 생태주의 등에서는 더는 진보적이지 않은 양상도 나타나고 있다.

이런 현실에 대응해, 다양한 진보의 차원을 개개인의 인식 속에서도 일체화하는 노력이 필요하다. 지난 10여 년 동안 혁신교육의 핵심적인 가치 지향은 민주시민교육이었다. 최근 나는 이렇게 이야기한다. 후술하겠지만, 민주시민이기만 한 것으로는 부족하다. 환경 파괴적이고 에너지 과소비적인 생활양식을 내재화한 민주시민도 있을 수 있다. 이제 생태시민형 민주시민이 되어야 한다고 말한다. 또한 폐쇄적인 민족주의적 민주시민으로는 부족하다. 이제 지구화의 새로운 현실을 고려할 때, 세계시민형 민주시민이 되어야 한다고 말한다. 이런 식의 진보의 확장이 필요하다. 이는 단순 대립이나 투쟁으로만 풀 수 있는 것이 아니다. 설득과 소통, 애정 어린 대화, 교화적 접근도 병행되어야 한다.

신영복 선생은 "한 사람의 열 걸음보다 열 사람의 한 걸음이 소중하다"라고 말했다. 여성주의에서 애용하는 말이기도 하다. 이것이 단지 슬로건이 아니라, 한 사람이 열 걸음을 내딛는 노력을 하면서도, 열 사람이 한 걸음, 두 걸음을 걷도록 하기 위한 노력도 결합해 보자는 취지이다.

4부

공화의 꿈,
교육에서 길을 찾다

| 공화적 개혁과 교육의 과제 |

14장

공동체 미덕이 숨 쉬는 학교의 꿈을 포기하지 말자
'공화적 민주시민교육'의 과제와 방향

지금까지는 민주화 시기 전체, 나아가 사회 전체를 대상으로 일반적 논의를 전개했다. 이제 이러한 복잡한 민주화 이후의 조건 속에서, 특히 교육 영역에서 어떤 새로운 관점과 해법을 모색할 것인지에 초점을 맞추고자 한다.

▋'대한민국헌법' 제1조, 민주성과 공화성

'대한민국헌법' 제1조 제1항은 "대한민국은 민주공화국이다", 제2항은 "대한민국의 주권은 국민에게 있고, 모든 권력은 국민으로부터 나온다"라고 규정한다. 이때 민주공화국의 의미는 '주권재민'이라는 원리뿐 아니라, 그 주권을 가진 국민이 이루는 공동체의 성격까지 포함한다.

국가는 개인의 자유와 권리를 최대한 보장해야 하고, 동시에 '자유와 권리를 보장받는 개인은 공화를 실현하기 위해 노력해야 한다'는 점을 함께 강조할 필요가 있다.

이 시각에서 보면, 한국 사회는 민주화 과정에서 '민주성(性)'을 치열하게 추구해 상당한 성취를 이루었지만, 그 과정에서 '공화성(性)'에 대해서는 충분히 고민하지 못했다. 과거 권위주의 시기에는 조국과 민족이 반복적으로 강조되었는데, 이는 권위주의적 공동체성을 강요하는 담론이었다. 민주진보는 이에 저항하며 민주성을 성취해 왔지만, 이제는 그 민주성을 기반으로 하면서도 권위주의적 공동체성을 넘는 '민주적 공동체성'을 어떻게 구현할 것인지에 대한 새로운 과제와 마주하고 있다.

민주적 공동체성은 독재 시기에 강요되었던 공동체성과 달리, 개인의 자유와 권리가 철저히 보장되고, 집단성 속에서도 개인의 주체성과 자율성이 존중되는 토대 위에서 형성되는 공동체성이다. 자연히 민주적 공동체성은 다원성의 가치 위에서 존재할 수 있다. 과거의 권위주의적 공동체성보다 훨씬 실현하기 어려운 과제이지만, 바로 이러한 민주적 공동체성을 현대적 의미의 '공화'로 이해하고자 한다. 공화적 민주시민은 세상을 '나 중심'으로만 보지 않고, 타인의 눈으로도 바라보며 함께삶을 추구하는 역지사지형 성찰성을 가진 시민이다. 이런 의미에서 공화적 시민교육은 앞서 말한 햇볕정치의 핵심 축 중 하나로 설정될 수 있다.

공화는 민주주의의 개방성을 전제로 한다. 공화는 개인의 이해를 넘어 공동체 전체를 생각하는 인식, 그리고 그로부터 파생되는 책임성을 포함한다. 중요한 점은, 이러한 태도가 강압이 아니라 구성원의 자발적 선택으로 형성되어야 한다는 것이다. 공화가 가능하려면, 공동체 구성원들이 서로를 향한 최소한의 신뢰와 연대감을 공유하고 있다고 느껴야 한다.

트럼프 시대의 미국 사회는 이미 이 공동체적 기반이 심각하게 훼손된 사례로 자주 언급된다. '불구대천(不俱戴天)'에 가까운 적대적 갈등이 일상화된 사회에서, 구성원들에게 공화적 미덕을 요구하는 것은 공허해진다. 거리로 나선 대중의 요구를 민주주의가 일정 부분 수용하고, 구성원이 감당할 수 있는 수준으로 제도화하는 개방성이 전제되지 않으면, 공동체성의 강조는 곧 억압적·권위주의적 공화로 전락하기 쉽다. 1960년대 민주공화당이 내세운 "조국 근대화"라는 구호는 조국이라는 집단을 전면에 내세우며 개인을 동원한 사례였다. 이는 전체주의적 공동체성을 강화하는 흐름이었고, 독재에 대한 저항 속에서 곧 억압의 언어로 인식되었다. 민주적 공동체성은 이런 권위주의적 공동체성과 질적으로 다른 것이다.

■ 민주시민교육에서 공화적 민주시민교육으로

교육, 특별히 시민교육은 민주주의의 중요한 인프라이다. 지난 40여 년간 한국 교육의 핵심 가치 지향은 '민주시민교육'이었다.[1] 권위주의 시대의 군사문화적 국민 대신, 민주화 시대의 당당하고 주체적인, 때로 전투적인 시민을 길러내는 것이 목표였다. '권리 시민'이자, 권리를 위해 싸우는 '전투적 시민'이 이상형으로 제시되었다.

서울시교육감 재직 당시 "교복 입은 시민"이라는 슬로건을 사용한 것도 같은 맥락이다. 학생은 피교육자이자 미성년자이지만, 동시에 존엄한 권리 주체라는 메시지를 담은 표현이다. 독재 시기 교육행정은 권위주의적으로 작동했지만, 민주화 이후 교육혁신은 민주주의·자율·자치에 기반한 교육행정 체제로의 전환을 목표로 삼았다. 교실에서는 학생들이 사회문제에 대해 스스로 판단하고 의견을 갖도록 토론교육과 학생자치 활동을 장려했다. 혁신교육의 기본 정신, 장기 민주화 시대의 시대정신을 반영해 민주주의 원리를 교육에서 구현하는 것이었다.

이제 민주화 이후 시대로의 전환에 맞추어, 민주시민교육을 한 단계 업그레이드할 필요가 있다. 이를 '공화적 민주시민교육'이라고 부를 수 있다.[2] 공화적 민주시민교육은 기존 민주시민교육의 대체가 아니라, 그 확장·심화이다.[3] 그리고 진정한 시민교육은 민주적 원리 위에 설 수밖에 없다는 점에서, 공화적 민주시민교육은 공화적 시민교육이라고 해도 좋다. 여전히 비상계엄과 같은 권위주의적 퇴행의 위험이 존재하므로, 기본적인 민주주의 교육은 필수다. 다만 권위주의적 공동체성을 넘어서서, 민주적 공동체성에 기반한 '공화'까지 함께 교육해야 한다는 점에서 이전과 다르다. 나는 새로운 공화적 기조와 비전 위에서 민주시민교육의 강화와 확대, 심화를 추구해야 한다고 생각한다.

공화적 민주시민교육은 '함께삶의 미덕'을 길러내는 교육이다. 기존 민주시민교육이 외적 억압에 저항할 전투적인 '대자적' 역량 및 개인과 집단의 (자유와 권리를 향한) 당당한 주체성을 강조했다면, 이제는 민주화의 성과를 토대로 공동체의 관점에서 자신과 타인을 성찰할 수 있는 역량을, 즉 공화적 주체성의 역량을 덧붙여야 한다. 자유·권리를 전적으로 옹호하되, 그것을 타인과 공동체 차원에서 조율할 수 있는 시민을 길러내야 한다.

공화적 시민의 덕목
역지사지와 책임성

공화적 민주시민의 핵심 덕목은 앞에서 언급한 '역지사지형 성찰성'이다. 이는 타인의 자리에 나를 놓아보는 자기 객관화의 능력이다. 나의 자유와 권리를 오직 나의 관점에서만 보지 않고, 타인과 공동체의 시선에서도 바라볼 수 있는 역량이다. 이 역량이 있을 때, 시민은 자신의 권리를 치열하게 옹호하면서도 타인의 자유와 권리를 존중하고, 이방인·소수자를 향한 혐오와 차별에 대해 비판적으로 성찰할 수 있다.

공화적 시민은 외적 억압에 저항하는 존재이면서, 동시에 자신과 자신이 속한 집단의 이해를 넘어 공동체 전체의 이해를 생각하는 존재이다. 또한 시민들 간의 관계에서 타인을 배려하고 존중하며 공존을 추구하는 존재다. 넓게 보면, 민주주의에 내포된 공존, 평등, 상호 존중의 가치가 생활화된 시민이 바로 공화적 시민이라고 할 수 있다.

민주화의 '성공의 위기' 속에서 개인의 자유와 권리가 서로 충돌하고, 각자의 권리가 최대이익주의적 방식으로 추구되면서 공동체의 최소 기반에 균열이 발생하고 있다. 적대적 진영정치의 악화는 이 경향을 더욱 강화한다. 이런 상황에서 민주주의가 보장한 개인의 자유·권리·다원성·전투성을 유지하면서, 동시에 과거로 돌아가지 않고 새로운 민주적 공동체성을 실현해 나가는 것이 공화적 시민교육의 핵심 과제다.

따라서 공화적 시민성은 권리의 당당한 주장에 더해 책임성을 포함한다. 민주주의는 모든 구성원이 1인 1표의 주권자로서 동등한 권한을 갖는 제도다. 이 1표는 각자가 속한 정치 공동체의 존재를 전제로 하며, 서로 연결된 선택이다. 나의 행위를 타인과 공동체 전체의 관점에서 성찰할 수 있어야 하고, 그 위에서 책임성을 수용하는 태도가 필요하다. 공화적 시민성은 자기성찰성과 책임성의 미덕 위에 세워진다. 민주시민교육이 공화적 민주시민교육으로 전환된다는 것은, 바로 이 공동체적 공존과 그를 위한 책임성에 대한 인식을 강화하는 방향으로 교육 내용을 확장한다는 뜻이다. 요컨대 공화적 민주시민교육은 민주주의의 성취(자유·권리·다원성)를 지키면서 공동체성·책임성과 같은 공화의 덕목을 덧입히고, 교사와 학교를 민주주의 시민교육의 핵심 인프라로 재구성하는 작업이다.

이런 점에서 극우집권시대를 막기 위해서는 학교교육, 사회교육, 평생교육, 시민교육의 전 영역에서 공화적 시민성이 확산·정착·개인화하도록 하기 위한 폭넓은 노력이 필요하다. 이런 노력은 대체로 민주진보의 과제로 인식되지는 않았다. 나는 이런 방향의 새로운 이니셔티브를 민주진보가 발휘해야 한다는 것이다. 이를 앞에서는 정치를 중심으로 이야기했지만, 여기서는 교육을 중심으로 제안하는 것이다. 앞서 언급한 대로, 장기 민주화 시대에는 '억압된 개인의 자유와 권리'의 복원 및 쟁취·확대를 추구하는 기조였기 때문에, 이런 시민성을 주목하고 확산시키는 데 관심을 크게 두지 않았다. 이제부터라도 이런 노력이 필요하다. 다음에서는 내가 지난 10년간 경험한 학교교육의 사례, 그리고 서울교육청에서 정책으로 추진된 사항 등을 중심으로 이를 서술하고자 한다.

■ 5·18 민주화운동과 부마항쟁의 '헌법' 전문 수록과 민주주의 시민교육4)

이제 이러한 원론 위에서 구체적 과제를 살펴보자. 지난 10~20년 동안 진보적 혁신교육은 민주시민교육을 중심 가치로 삼아왔다. 그런데 2024년 12월 비상계엄과 2025년 4·4 탄핵 사태를 겪으며, 민주시민교육의 중요성은 더욱 분명해졌다. 공화적 민주시민교육을 논하더라도, 기본적인 민주주의 시민교육의 심화는 여전히 병행되어야 한다.

2024년 12·3 비상계엄 시도는 한국 민주주의가 언제든 '퇴행'의 문턱에 설 수 있다는 사실을 보여주었다. 이런 점에서 민주화 과정에서 축적된 민주시민교육을 강화하고 제도화해, 향후 유사한 퇴행을 예방하는 장치로 삼을 필요가 있다. 그 하나의 중요한 방안으로 5·18 정신의 '헌법' 전문 수록을 들 수 있다.

5·18 광주민주화운동은 반독재 민주화운동의 핵심 동력이자, 그 내용 자체가 민주화의 구성 요소였다. 학살을 자행한 신군부의 범죄를 규명하고 피해자의 명예를 회복하는 과정이 민주화의 일부였다. 한강 작가가 말한 "죽은 자가 산 자를 살리는" 역사적 역설은 5·18에 정확히 적용된다.

두 차례의 대통령 탄핵을 거친 한국 사회가 한 단계 더 나아가기 위해, 5·18 정신을 '헌법' 전문에 담는 일은 민주주의의 새로운 발전이자, 국민이 민주주의와 정치에 대해 갖는 '기준선'을 재정립하는 중요한 민주시민교육 과정이다. 이런 노력에도 공화적 시선을 도입할 수 있다. 그럴 때, 나는 5·18 민주화운동의 '헌법' 전문 수록과 함께 1979년 부마항쟁을 헌법 전문에 포함하는 방안도 검토해야 한다고 생각한다. 광주가 한국 민주화의 상징으로 자리 잡은 반면, 부마항쟁은 역사적 위상에 비해 정당한 평가를 받지 못해 왔다. 부마항쟁의 위상을 재평가하는 일은 지역 갈등의 치유와 민주화운동 서사의 균형을 위해서도 중요하다. 또한 앞서 3장에서 서술한 민주화의 '그늘'을 치유하기 위해서도 필요하다.

나아가 국가교육위원회의 논의를 거쳐, 민주(주의)시민교육을 초·중·고

교육과정 속에 폭넓게 제도화해야 한다. 현재 입시 경쟁 때문에 학생자치 시간조차 '자습 시간'으로 대체되는 현실, 민주주의 교육을 '정치 주입 교육'으로 의심하는 분위기는 교육의 본질적인 기능을 제약한다. 민주시민교육에는 협의의 민주주의 교육뿐 아니라, 공존을 위한 배려, 혐오 극복, 다양성 존중 등의 시민적 덕목이 포함되어야 한다. 나는 민주시민교육 확장을 지향할 뿐 아니라, 민주시민교육의 공화적 확장이라는 지향 위에서 이런 것이 이루어지기를 바란다.

이러한 교육을 통해, 미래세대가 극우적 편견과 혐오에 맞설 수 있는 힘을 기를 수 있다. 우파 유튜브와 극우 종교 집회가 청년 세대를 우익화하는 통로가 되고 있는 상황에서, 단순히 '진보적 지식'을 주입하는 교육이 아니라, 청년이 강한 자아와 자율성을 갖고 스스로 생각할 수 있도록 돕는 교육이 필요하다.[5] 독일의 전후 민주주의 정치교육이 좋은 준거가 될 수 있다.

■ 교사의 정치적 기본권과 교육과정에서의 정치적 중립성 병행

민주시민교육의 진전과 관련해 중요한 장애물 중 하나는 '교사의 정치적 기본권' 문제다. 교실에서 학생은 선거권, 정당 활동 등 일정한 정치적 권리를 보유하지만, 가르치는 교사는 시민으로서의 정치적 권리를 크게 제약받는다.

오랫동안 '교육의 정치적 중립성' 원칙은 교원의 시민·정치적 권리를 제한하는 근거로 사용되어 왔다. 그러나 한국 민주주의의 성숙도를 고려할 때, 이제 이 매듭을 푸는 논의가 필요하다.[6] 단적으로 말해, 시민으로서의 교사와 교육자로서의 교사를 구분해 볼 수 있다. 시민으로서 교사의 정치적 기본권(정당 가입, 선거운동, 출마 등)은 최대한 보장하면서, 교실에서 학생을 가르칠 때는 자신의 정치적 견해를 주입하지 않도록 중립성 원칙을 철저히 지키는 것도 가능하다.

학부모의 우려는 대체로 "정치적 권리가 보장되면 교사가 특정 견해를 교실에 주입하지 않을까" 하는 지점에 있다. 이에 대한 해법은, 시민으로서의 정치 참여 보장과 수업 시간 내의 엄격한 교화 금지를 함께 제도화하는 것이다. 후진국 시절에 만들어진 과도한 제한 규칙을 선진국 수준의 민주주의에 그대로 적용하면, 오히려 왜곡이 발생한다.

이미 한국 사회는 정치적으로 과잉 적대적이라고 할 정도로 고도로 정치화되어 있다. 지지 정당이 다르면 함께 식사하기도 싫다는 응답이 40%에 달한다는 여론조사가 이를 잘 보여준다.[7] 문제는 이러한 적대 문화가 교실로 스며들고 있다는 점이다. 사회의 폭력적 언어가 미래세대의 일상 언어가 되는 것을 막으려면, 학교 교육이 현실 정치와 일정하게 대면하면서도 균형 잡힌 토론을 할 수 있어야 한다.

'실생활 기반 교육', '논쟁적 교육'이라는 페다고지(pedagogy)는, 실제 정치적 사건과 제도를 교육의 소재로 삼아 학생들이 민주주의를 체험적으로 이해하게 하려는 접근법이다. 정치적 격변기는 오히려 법·제도·선거·사회운동에 대해 학습할 수 있는 좋은 기회이지만, 현재는 정치 논란을 우려해 수업에서 이를 회피하는 경향이 강하다.

투표 연령이 18세로 낮아지면서, 고2·3 학생 중 일부는 선거권을 가지며 일정한 정치적 활동도 할 수 있다. 그런 반면, 교사는 정당 가입·출마 등이 제한된다. 피선거권이 있는 학생과, 정치적 권리가 제한된 교사가 같은 교실에서 수업을 하는 역설적 상황이 발생한다. 이는 선거교육·민주시민교육의 내용과 범위를 좁히는 결과로 이어진다.

▌ 일탈 사례와 보이텔스바흐 협약

물론 지난 40여 년의 민주화 과정에서 일부 교사가 자신의 정치적 견해를 학생에게 주입하려 한다는 민원이 접수된 사례가 있었던 것도 사실이다. 권위주의에 대한 향수, 전두환 미화, 5·18 북한군 개입설 등 퇴행적 인식에 대응하려는 과정에서 학부모가 이를 '정치 주입'으로 받아들이며 갈등이 발생한 경우도 있었다. 반대로 극단적인 우익적 견해를 학생에게 주입하려 해서 논란이 된 경우도 있었다.

그러나 오늘의 한국은 더 이상 국가가 공식 이데올로기를 강압적으로 주입하는 시대가 아니다. 이런 탈권위주의적 상황에서 필요한 것은, 교사의 철저한 교화 금지와 동시에 토론과 논쟁을 두려워하지 않는 교육이다. 이때 독일의 '보이텔스바흐 협약'이 유용한 준거를 제공한다.[8]

보이텔스바흐 협약(1976)은 민주주의 정치교육의 세 가지 원칙을 제시한다.

① 강압적 교화 및 주입의 금지(강제성 금지)
② 현실 세계의 논쟁적 상황을 그대로 수업에 반영하는 '논쟁성의 유지'
③ 학생들이 실제 정치·사회 현실에서 스스로 판단하고 행동할 수 있는 능력을 기르는 '정치적 행위 능력의 강화'

이 원칙은 보수·진보를 떠나 독일 정치교육의 기본 규범으로 자리 잡았다. 한국도 이 원칙을 적극 수용해, 교실에서 특정 입장을 강요하지 않되, 현실의 논쟁을 숨기지 않고 다루는 교육을 할 수 있어야 한다.

민주주의 교육, 또한 민주시민교육은 정답의 패키지를 전달하는 일이 아니라 논쟁적 현실을 마주하며 판단을 형성해 가는 과정이라는 점을 우리는 다시 확인해야 한다. 교사의 시민으로서의 정치적 기본권을 보장하는 방향의 법·제도 개정이 논의되는 과정에 있다. 현재 OECD 38개국 중에서 교사의 정치적 기본권이 대폭 제한된 나라는 한국이 유일하다고 지적된다. 민주당 등 주요 정당은 이미 '교사의 정치적 기본권 보장'을 공약으로 제시했고, 교사 노조 및 교총 등 교육단체도 점차 이를 수용하는 방향으로 입장을 정리해 가고 있다. 이는 교사 내부의 여론도 변화하고 있음을 의미한다.

■ 민주시민교육을 전교조가 반대?

얼마 전 ≪한겨레신문≫, 2026년 2월 2일 자에 흥미로운 기사가 실렸다.[9]

만일 민주주의와 관련된 교육을 하면 학부모의 민원으로 교사가 공격을 받는 상황이 초래될 수 있다는 것이다. 그래서 "'안전하다'고 판단할 수 있는 제도적 환경과 구조의 부재"를 해결해야 한다는 것이다. 그 하나로 '교사의 면책권'이 필요하다는 것이다. 나는 당연히 그런 제도적 보호환경을 만들어야 한다고 생각한다. 단지 그것은 필요조건일 뿐이고 충분조건이 아니다. 먼저 앞서 서술해 왔지만, 민주화 시대의 지형과 다른 지형이 출현했다는 것을 인식하는 것이 필요하다. 실제 그동안은 그런 면책권이 없었지만, 전두환과 같은 악마와 싸우는 정의 교육의 일환으로 민주시민교육을 해왔다. 이제 앞서 서술한 바와 같은 자발적으로 극우적 사고나 민주주의 교육에 반대하는 사고를 가진 학부모가 존재하게 되었다. 이런 상황에 대한 대응이 과제가 되고 있다. 이 지점에서, 옳은 정치적 내용과 가치를 학생에게 전달한다는 생각을 넘어서야 한다. 그래서 후술하는 바와 같은 '역지사지형 토론' 등을 포함하여, 과거와는 다른 치열한 논쟁과 전투적 정치가 교실로 침투하는 맥락 속에서(극우가 출현할 정도의 상황에서) 우리는 혐오와 차별을 넘어선 민주적이면서도 공화적인 교육을 어떻게 수행할 것인지에 대한 고민이 필요하다. 민주진보가 그동안 반(反)권위주의적 교육을 민주시민교육이라는 이름으로 선도했다면, 이제 그것을 넘어서는 공존과 배려의 미덕을 함양하는 교육, 민주적 공동체성을 함양하는 교육, 적대성이 아니라 경합성에 기반하여 열린 토론을 하는 교육의 방법론에 대해 고민해야 한다. 학생들에게 '다원적 견해와 정보들'이 주어지고, 그 속에서 학생들이 자신만의 비판적 사고를 정립해 간다고 생각해야 한다. 진정으로 보이텔스바흐 협약에 기초한 '강압적 주입 금지'의 의미를 전면화해야 한다.

앞서 민주시민교육의 단순 강화가 아니라, 새로운 공화적 기조와 비전 위에서 민주시민교육의 강화와 확대, 심화를 추구해야 한다는 것도 이런 이유에서이다. 민주화시대의 독재에 대한 대립물로서 민주시민교육을 확대하는 것으로는 역의 반발과 저항을 받을 수도 있다. 나도 대학에서 학생들을 가르친 경험에 의하면, 교사나 교수의 수업 설계가 50%의 토론 방향성을 규정한다. 그것이면 충분하다. 더 직접적으로 자신이 옳다고 생각하는 정치적·사회적 견해를 학생들이 갖도록 할 필요가 없다. 386세대 부모의 가정에서 자녀와 부모의 정치적 견해 충돌이 빈번하다는 점을 여기서 인식할 필요가 있다. 또한 앞서 서술한 것처럼, 3-7제 인식틀을 제시했는데, 학생들이 보수적, 때로는 극우적 사고를 하는 것 자체도 존재론적으로 인정하고 출발을 해야 한다. 우리는 이른바 '정치적 올바름'을 교육한다는 관점을 넘어서야 한다. 앞서 우리는 독재에 맞서 싸우던 시대의 선악 이분법적 인식틀에 대해 논의한 바 있다. 또한 대중의 지민(知民)화 과정에 대해서도 언급했다. 높은 정치의식을 지닌 진보적 시민뿐만 아니라, 이에 대응하여 성장한 보수적 시민도 우리 곁에 존재한다. 이제 우리는 더 이상 독재와 싸우던 시대에 익숙한 선악 이분법이나 옳고 그름의 문제로만 교육을 접근하던 시기와는 다른 조건에 처해 있음을 인정해야 한다. 그럼에도 불구하고 우리는 전진해야 한다. 치열한 논쟁의 맥락 속에서도 여전히 교육은 이루어져야 하며, 그 속에서 정의와 공공선을 실현해 가야 한다. 물론 나는 앞서 언급한 것처럼, 다원성의 도덕적·정치적 경계선을 설정해야 한다고 생각한다. 그런 점에서는 5·18 민주화운동, 부마항쟁의 '헌법' 전문 수록 같은 제도적 노력도 해야 한다. 그러나 모든 것을 제도로 완결할 수 없다. 이 책에서 나는 민주시민교육을 공화적 민주시민교육으로 확장해야 된다고 주장하고 있는데, 그것이 수업방법론으로 표현된다면, 이런 방향에서의 변화를 동반하게 될 것이라고 나는 생각한다.

내가 말하고자 하는 것은, 교사가 학생들에게 혐오나 차별의 언어를 그냥 두거나, 민주주의와 정의의 관점에서 옳고 그름을 가르치지 말아야 한다는 뜻이 아니다. 사실 우리의 교과서 자체가 이미 '무엇이 옳은가'에 대한 가치 위에 서 있다. 다만 보이텔스바흐 협약이 말하듯, 사회에는 언제나 논쟁적인 주제와 서로 다른 입장이 존재한다. 교실에서는 이런 다양한 생각들을 토론의 장으로 끌어와야 한다. 그리고 그것을 적대적인(antagonistic) 의견과 지식의 싸움이 아니라, 서로 다른 생각이 부딪치며 성장하는 경합적(agonistic) 의견과 지식의 싸움의 과정으로 만들어야 한다.

이렇게 해야 학생들이 유튜브나 인터넷에서 단편적으로 얻은 정보에 쉽게 끌려가지 않고, 스스로 사고하고 자신의 생각을 만들어갈 수 있다.

민주·진보적인 사람들에게는 이런 접근이 조금 불안하게 느껴질 수도 있다. 혹시 극우적인 주장이나 편견이 아무런 걸러짐 없이 교실로 들어오는 것이 아닌가 하는 걱정 때문이다. 하지만 나는 오히려, 그런 주제를 음지에 두지 않고 교실이라는 '빛이 드는 공간'에서 함께 이야기하는 것이 더 중요하다고 본다. 그래야 극단적인 신념이 음지에서 굳어져 버리는 일을 막을 수 있기 때문이다.

물론 여기에는 또 다른 문제가 있다. 어디까지를 토론 가능한 논쟁적 지식의 범위로 볼 것인가 하는 점이다. 결국 신념이나 사고, 지식은 일정 부분 개인의 자유 영역에 속한다. 그렇기 때문에 한 사회의 도덕적·정치사회적 합의의 힘으로 공적 공간에서 허용 가능한 극우적 지식, 신념, 사고를 제한함으로써, 극단적이고 반민주적인 주장들이 공적 공간에서 무제한으로 받아들여지지 않도록 하는 다른 차원의 노력을 해야 한다. 이것이 올바른 의견이나 지식을 '교화'하지 않는다는 보이텔스바흐 협약의 제1원칙이라고 생각한다.

진짜 문제는, 때때로 극우적 신념을 가진 일부 학부모들이 '민원'이라는 이름으로 교실에 자의적으로 개입하는 현실이다. 이런 일들로부터 교사의 교육권(교권의 일부로)을 법·제도적으로, 그리고 사회의 규범적 힘으로 강력하게 보호해야 한다. 그래야 교사가 두려움 없이 교육의 본래 역할을 다할 수 있다.

▌ 정치 대표 풀 확장과 혐오 언어의 문제

교사의 정치적 기본권 보장은 정치 엘리트 충원 구조 측면에서도 의미가 있다. 예를 들어, 교수는 자유롭게 선거에 출마했다가 낙선해도 복귀할 수 있지만, 교사는 출마하려면 일단 사직해야 한다. 낙마하면 직업을 잃는다. 이는 교사를 사실상 '정치적 금치산자'로 만드는 구조다.

교사는 지역사회에서 중요한 사회적 리더이자, 교육자로서의 엄정성과 공공성을 갖춘 전문 인력이다. 이들이 정치 영역에 더 많이 참여하는 것은 국회, 광역 및 기초 의회 등 다양한 수준에서 시민 대표의 풀을 넓히는 효과를 낳을 수 있다. OECD 국가들에서 교사 출신 정치인의 비율이 10%를 넘는 경우가 많다는 점을 감안하면, 한국의 현실은 오히려 예외적이다.

■ 혐오의 언어를 학생들이 넘어서도록 하기 위해서라도

교사의 철저한 정치적 중립성하에서 교사의 정치적 기본권이 보장되어야 한다. 그 이유는 최근 혐오와 증오, 혹은 일베적 언어가 청소년들의 언어 세계에 깊숙이 스며들어 있으며, 이것이 미래세대의 사회적 태도와 의식에 심각한 악영향을 미치고 있기 때문이다. 공론장에서 각종 비난과 논란을 감수해야 하는 언어가 10대의 교실과 수업 외부로 확산되고 있다. 약자를 비난하는 방향의 농담과 조롱이 일상적으로 넘쳐난다. "친구가 실수를 하면 '너 장애인이냐'라고 조롱하고, 남자끼리 몸이 닿기라도 하면 '게이'라며 성소수자에 대한 차별의식을 언어로 주고받는" 식이다. 혐오와 비하가 10대들의 세대적인 과도기적 행위라 하더라도, 그것이 지나치게 일상화되어 있다는 점은 문제이다. 실제로 교실에서 장애인이나 성소수자 등을 차별하는 '욕'에 해당하는 '납작한 언어'[10]들이, 생각과 언어의 간편함을 추구하는 청소년 세대의 언어 습관과 맞물리며 일상적으로 사용되는 경우가 많다. 이는 차별과 그에 대한 무의식적 용인을 일상화시킨다. '10대들 단톡방에서의 놀이형 극우화'도 심각하다. 10대 언어문화의 특성을 인정하더라도, 교실에서 극단적인 혐오 표현이 사용되고, 조롱 밈을 통해 편견과 혐오를 내면화하며, 혐오나 모욕을 일상어처럼 사용하는 현상은 대한민국의 미래라는 관점에서 매우 우려스럽다.

한때 민주화를 교화나 의식화로 조롱하는 일베식 언어 사용이 문제가 된 적이 있다. 나는 그것을 단순히 반대하는 것이 아니다. 교육은 지적(知的)이고 논리적으로 자신의 견해를 표현하는 역량을 기르고, 서로 다른 견해를 경청하고 존중하며, 상대를 박멸의 대상으로 대하지 않는 법을 배우는 과정이어야 한다. 물론 기성세대 사이에서도 비논리적이고 음모론적인 언어가 팽배해 있다. 그래서 10대에게만 그것을 요구하기는 어렵다는 점도 인정한다. 그러나 우리는 그래도 미래를 가꾸어야 한다.

앞서 언급했듯, 교사의 정치적 기본권이 제약된 상태에서는 왜곡된 정치적 견해가 학생들의 일상문화 속에서 은어처럼 난무하는 현상에 대해 교육적으로 대응하기 어렵다. 나는 앞서 '음지의 주제를 양지로 끌어올리는 햇볕정치'를 언급한 바 있는데, 교실 역시 그 예외가 아니다. 교실에서도 음지를 양지로 끌어와야 한다. 자신의 견해를 밈에 의존해 강요하거나, 은어를 통해 혐오 표현을 일상화하는 것이 아니라, 공적 공간에서 논리적으로 토론할 수 있어야 한다. 이런 점에서 '햇볕정치'가 필요하다면, 바로 교육 영역일 것이다. 이를 위해 교사의 정치적 기본권 보장은 필수적이다.

혐오나 인종차별적 언어에 대한 훈육과 교육은 일정 부분 정치적 견해에 대한 훈육과 교육을 내포한다. 그러나 교실 안에서 균형 잡힌 사고를 위한 지도가 정치적 논란을 우려해 회피되고, 교사가 '정치적 금치산자'처럼 교육할 수 없는 조건에서(즉, 정치적 발언이 엄격히 통제되는 상황에서), 또래들 사이의 장난을 표방한 정치적 혐오와 편견의 언어가 '숨 쉬듯 자유롭게' 반복·확산된다. 예컨대 노무현 전 대통령을 모욕하는 일베식 언어를 문제 삼아 훈육하거나, 남성과 여성의 대립, 페미니즘에 대한 조롱, '남자는 보수, 여자는 진보'라는 전제를 교육 소재로 삼으면, 일부 학부모가 '진보 교사'라고 항의하는 경우도 있다.[11] 이러한 상황에서도 미래지향적이고 균형 잡힌 교육이 가능해야 한다. 미래세대를 교육하는 교실이야말로 '양지의 교육 공간'이 되어야 한다. 나아가 유튜브 등에서 난무하는 혐오와 적대, 정치적 언어에 대해 미디어 리터러시 관점에서 교육할 필요도 있다. 탈진실의 시대를 전제로, 유튜브 등에서 범람하는 언어를 비판적으로 상대화할 수 있도록 가르치는 것이 미래세대에게 요구된다. 민원을 제기하는 일부 학부모들도 이런 점에서 우리 공동체의 미래를 생각하는 인식을 가져야 한다.

▌정치교육 기피와 음지 언어의 확산

정치에 대한 국민의 불신이 높을수록, 학교는 정치적인 주제를 더 피하게 된다. 정치가 더럽다는 인식이 강할수록, 교육 공간에서 정치·윤리·사회 문제를 다루는 일이 부담스러워진다. 그사이, 교실에는 정치가 아닌 '음지의 언어'가 스며든다. 혐오·조롱·음모론적 언어가 '놀이'와 '은어'의 형태로 자리 잡는다. 정치 주입과 교화를 금지하겠다는 명분으로 교사의 정치교육 기능을 봉쇄하면, 결과적으로 탈진실의 시대에 민주시민을 길러야 할 공적 공간이 비게 된다. 그 공백은 유튜브·SNS가 채운다.

앞서 이 책의 여러 장에서 '좋은 정치'를 위한 제안들을 다루었지만, 그것과 별개로, 민주(주의) 시민교육의 장인 학교에서 교사의 역할을 제한해서는 안 된다. 미래세대가 다양한 견해를 접하고 상대를 존중하며, 자기 입장을 논리적으로 구성할 수 있도록 돕는 교육이 이루어져야 한다.

감상적으로 분노를 버리자는 이야기가 아니다. 우리 정치가 전투로 변한 현실은 어느 면에서는 치열함의 표현일 수 있다. 문제는 그 전투가 전부가 되어서는 안 된다는 점이다. 공동체의 기본 토대를 망가뜨리지 않으려면 공화적 상상력이 필요하다. 이를 교육으로 옮기면, 아이들에게 민주주의 언어뿐 아니라 '함께 살아가는' 문법을 가르쳐야 한다. 다만 그 문법이 누군가를 입막음하는 규범으로 변질되지 않도록, 절차·권리·정서의 균형을 섬세하게 맞추는 설계가 필수적이다.

■ 교실에서 음지 언어 막기

앞서 사회와 정치에서 음지의 언어들이 난무하고, 신념으로 굳어지며 폭력까지 번진다고 말했다. 교실에서도 혐오와 차별 언어가 은어처럼 떠돈다. 교실을 '맑은 교육 공간'으로 다시 세우지 못하면, 탈진실 언어가 빠른 속도로 유튜브·SNS를 통해 스며든다. 정치 불신이 클수록 학교가 정치·윤리 문제를 피해 가고, 그 빈틈을 음지 언어가 메운다. 정치 주입을 막는다며 교사의 민주주의 교육과 논쟁적 수업을 막아버리면, 시민교육의 자리가 텅 비고 플랫폼이 그 자리를 차지한다. 이제 교사의 정치적 기본권과 논쟁 수업을 보장하는 교육권을 세워야 한다. 반대로 교사는 독일 보이텔스바흐 원칙을 새롭게 되살려야 한다. 치열한 논쟁적 맥락에서 정의와 미래가치에 기반한 수업이 가능한 규칙과 모델을 민주진보가 선도적으로 만들어가야 한다.

요약하면, 공화적 시민교육은 민주주의의 성취(자유, 권리, 다원성)를 지키면서 공동체성·책임성과 같은 공화의 덕목을 덧입히고 교사와 학교를 민주주의 시민교육의 핵심 인프라로 재구성하는 작업이다.

■ 다차원의 평등한 공존을 지향하는 공화적 민주시민교육

공화적 민주시민교육은 다차원적인 공존을 인식하는 교육이다. 나는 앞에서 진보의 핵심 가치 지향을 '평등주의'라고 서술한 바 있다. 민주진보적 지향에서의 공화적 민주시민교육은 평등을 향한 다차원적 공존을 지향한다고 할 수 있다. 다양한 주체들과의 공화(함께삶)적 공존을 지향하는 것이다. 우리 시대 더 높은 함께삶(togetherness)을 가능케 하는 평등한 공존은 여러 차원에서 구현되어야 한다. 배움의 속도 등 각양각색의 차이가 있는 인간들과의 공존, 신념 및 정치적 견해가 다른 인간들과의 공존, 사회경제적 지위가 다른 존재들과의 공존 등은 기존의 국민국가적 지형 내에서의 인간과 인간의 공존을 의미한다. 이제 새롭게 자연과의 공존, 국가·민족·인종·종교를 달리하는 인간들과의 공존, AI 시대 기술과의 공존 등이 새로운 지평이 될 것이다.

나는 교육감으로 재직할 때, 교사·학부모 등에게 이야기하는 기회가 있으면, 민주시민교육을 〈그림〉에서 나타난 바와 같이 확장할 필요가 있다는 것을 지적한 바 있다. 지구화 시대에 대응하는 민주시민교육의 세계시민형 민주시민교육으로의 확장, 사회경제적·정치적 양극화에 대응하는 민주시민교육의 공존형 민주시민교육으로의 확장, 디지털·AI 시대에 대응해 과거의 아날로그형 직업역량을 넘어 AI형 직업 역량을 갖는 교육, 디지털·AI 시대의 그늘을 직시하는 비판적 디지털·AI 리터러시 교육, 기후위기에 대응하는 민주시민교육의 생태시민형 민주시민교육으로의 확장을 제시한 바 있다. 이를 각각의 구체 정책을 따라 '국·토·인·생' 정책이라고 명명한 바도 있다. '국'은 세계시민형 감수성을 기르는 국제공동수업, '토'는 공존형 감수성을 기르는 '(역지사지형) 토론교육', '인'은 인공지능 교육, '생'은 생태시민형 감수성을 기르는 생태전환교육을 의미한다.

〈미래 도전에 대응하는 민주시민상의 확장과 교육방법론〉

국·토·인·생 : [국]국제공동수업, [토]토론교육, [인]인공지능(AI)·디지털교육, [생]생태전환교육

▌ 역지사지 공존형 토론수업

공화를 나는 함께삶, 나아가 평등한 공동체형 공존의 지향이라고 해석했다. 이러한 다차원적인 평등한 공존에 대해서 차례차례 서술해 보도록 하자. 먼저 민주시민교육에 내재해 있는 것이기도 한데, 공화적 공존의 교육[12]은 신념, 배움의 속도, 부모의 사회경제적 배경, 태생적 역량, 장애 여부, 성적 차이, 젠더 차이, 신념과 의견의 차이들을 넘어서서 각자 존중받고 함께 연대하는 교육이 될 것이다.

먼저 공존은 다른 신념과 지식, 인식을 갖는 주체와의 공존으로 표현될 수 있다. 이를 위해서는 앞서 역지사지형 성찰성이라는 덕목을 이야기했는데, 학습과 토론에서도 이런 덕목이 관철되어야 한다. 우리의 미래 시민인 학생이 민주시민임과 동시에 공화적 민주시민으로 발전할 수 있도록 하려면, 공화적 시민의 기본 덕목으로서 역지사지형 성찰성이 필요한데, 그것이 지식과 학습의 내적 시각으로도 관철되어야 한다. 역지사지형 성찰성은 자기 중심성(자기중심적 시각)을 얼마나 넘어설 것인가 하는 것이 중요한데, 이는 정의를 추구하는 자신의 가치 지향을 견지하면서도 다른 견해와 시선에 대한 이해력을 얼마나 가질 것인지에 달려 있다. 서울교육청에서 시행하는 역지사지형 토론 모형은, 첨예한 쟁점에 대해서 1단계에서 찬반 중 어느 하나의 입장에 서서 토론을 전개하고, 2단계에서는 정반대의 입장에 서서 토론해 보도록 하는 것이다.[13] 이런 교육방법론은 비판적 논리를 자신이 습득하거나 자신의 인식 체계 속에서 소화하게 되면 자신의 입장을 더욱 논리적으로 개진할 수 있게 되며, 자신의 논리가 더욱 정교화되는 교육적 효과도 존재한다는 판단에 서 있기도 하다.

그런데 역지사지 공존형 토론수업은 논리력의 심화라는 교육적 효과도 있지만, 미래세대인 학생들이 적대적 진영정치를 넘어서는 인식적 근거를 갖게 하는 시민적 효과도 있다고 생각한다. 나는 만일 우리가 한국의 교육정책을 '수출'해야 한다면, 이런 역지사지형 토론 모형을 수출할 수 있다고 생각한다. 지구촌 전체에서 적대적 진영정치가 확산되고 확증편향이 강화되는 현실을 넘어서는, 한국적이면서 세계적인 교육정책이라고 생각한다. 이는 경기도에서도 진행되고 있고, 민주화운동기념사업회와 서울·경기교육청이 함께 이를 확대 적용하려는 방안을 모색하고 있다.

이는 민주시민교육을 넘어 공화적 민주시민교육을 실현하고자 할 때, 그 대표적인 교육방법론이라고 할 수 있다. 즉, 민주화 시대처럼 우리가 올바른 가치를 학생들에게 교육하는 차원을 뛰어넘어, 그것을 일부로 하면서도 그에 반대하는 다양한 인식과 정보를 교육과정에 포함하여, 학생들이 주체적 존재로서 그를 섭렵하고 자신의 비판적 인식을 정립하도록 돕는 것이다. 어떤 의미에서 (권위주의적) 보수에 대립하는 (민주적) 진보가 아니라, 보수(심지어 극우)의 견해까지를 다양한 견해 속에 포괄하여 토론하고 그 속에서 학생들이 주체적 입장을 정립하도록 하는 것이라는 말이다.

앞서 알고리즘의 구조 자체가 정보 편식을 낳고 그것이 확증편향을 강화한다는 점을 서술했다. 당연히 젊은 세대에게는 이것이 심각할 수 있다. 이런 점에서 역지사지형 토론 모형은 오프라인상에서 학생들이 반대 정보, 혹은 적대적인 지식을 접하고 그것을 반추하게 함으로써 인식의 편향성을 넘어서도록 하는 데 대단히 중요한 의미도 갖는다. 이런 역지사지형 토론 모형이 확산되고 학생들이 자기화하게 되면, 현존 알고리즘 구조 내에서도 균형 잡힌 사고와 판단을 할 수 있는 계기가 된다고 생각한다.

교육과 사회는 상호작용한다. 교육이 달라지면 사회가 바뀐다. 사회의 변화는 다시 교육에 영향을 미친다. 한국 사회에 만연한 무리한 진영 논리, 갈수록 심각해지는 사회경제적 양극화는 교육에도 어떻게든 반영되기 마련이다. 공존의 교육과 공존의 사회는 맞물려 있다.

■ 배우는 속도의 다양성

다음으로, 공존을 지향하는 공화적 시민교육은 여러 층위로 이뤄진다. 먼저 배우는 속도가 빠른 학생과 느린 학생이 공존해야 한다. 학력 양극화가 갈수록 심해진다. 코로나19 시기 비대면 수업이 이뤄지면서 학습 중간층이 줄어들었다. 부모의 경제력이 학생의 학력으로 이어지는 현상이 가속화되고, 사회경제적 양극화가 심해진 탓도 있다. 여기에 타고난 재능의 차이까지 고려하면, 빨리 배우는 학생은 점점 빨리 배우고 느린 학생은 계속 뒤처지는 일이 생긴다. 배우는 속도가 느린 이유는 매우 복잡하다. 난독·난산 등의 증세가 있는 경우도 있다. 가정에서 안정적인 돌봄이 이뤄지지 않는 탓도 있다. 따라서 학생 한 사람 한 사람에 대한 맞춤형 처방이 필요하다. 단지 시험과 학력을 강조하는 것만으로는 풀 수 없는 문제다. 서울시교육청을 포함해 많은 교육청이 느린 학습자에 대한 지원과 기초학력 보장을 가장 중요한 과제로 설정하고 있다. 물론 배우는 속도가 빠른 학생은 자신의 재능을 보다 다양하게 꽃피울 수 있어야 한다.

▌ 계층 통합의 원칙

아울러 학교는 다양한 계층이 공존하는 학교가 되어야 하며, 이는 포기할 수 없는 교육의 원칙이 되어야 한다. 비슷한 계층끼리만 교류하고, 소득 및 교육 수준이 낮은 계층은 없는 존재 취급하는 문화도 생겨나고 있다. '계급·계층적 분리 교육'의 관성이 생겨나고 있는 것이다. 실제로는 상위 계층인데 스스로 중산층이라고 여기는 현상도 그래서 생긴다. 중간 이하 계층은 아예 의식하지 못하고 지내니까 중간이 바닥처럼 여겨지는 것이다. 학교 역시 이 같은 문제에서 자유롭지 못하다. 고등학교 서열화가 다시 강화된다면 계층에 따른 분리 교육은 더 심해질 것이다. 나는 이것이 공화적 민주시민교육을 위협하는 대단히 중대한 도전이라고 생각한다. '태어난 집은 달라도 배우는 교육은 같아야 한다'는 우리의 가치 지향이 퇴색해서는 안 된다. 우리 학생들은 자기보다 형편이 어려운 이들, 형편이 넉넉한 이들의 존재를 두루 의식하는 시민으로 자라야 한다. 그래야 공존의 사회로 나아갈 수 있다.

나는 공화가 추구하는 공동체성이 가진 자들의 것이어서는 안 된다고 생각한다. 그런 점에서 배움이 느린 자와 계급·계층적인 소외학생이 공동체적 평등을 향한 적극적인 배려를 경험하지 못한다면, 그것은 진정한 공화적 교육이 될 수 없다.

배정 갈등과 계급계층적 분리
공화적 교육의 진정한 위기

교육계 외부에서는 낯설지만, 교육청에서는 매년 신학기 초에 이른바 '배정 갈등'이 격렬하다. 서울의 경우 평준화 지역이기 때문에 초등학교, 중학교, 고등학교 학생들을 교육청이 학군에 따라서 학급당 학생 수를 고려하면서 '근거리 균형배치'를 한다. 그런데 최근에는 배정을 둘러싼 학부모들의 민원이 심각하게 발생하고 있다. 민원의 성격이 지역에 따라 다르기는 하지만, 대체로 선호학교에 자녀들이 배정되기를 원하는 데서 발생한다. 특히 대도시의 경우 지역별로 재개발이나 재건축이 이루어지거나 신도시가 들어서는 등으로 '(학생) 인구의 지리적 분포'가 달라진다. 이때 신생 중산층 아파트의 학부모들은 자녀들이 자신들이 선호하는 학교에 들어가기를 원한다. 인근의 선호 학교가 과밀되어 조금 먼 학교로 배정될 경우 격렬히 반대한다. 때로는 가까운 곳에 비선호 학교가 있는 경우 그것을 기피하고 먼 거리에 있는 선호 학교에 배정되기를 원하면서 민원을 제기한다. 가까이에 임대아파트가 있는 경우 그곳에 사는 학생들이 다니지 않는 다른 학교에 배정되기를 원한다.

개별적 사례들은 다양하지만, 많은 경우 계급·계층적 분리 교육의 경향이라고 말할 수 있다. 계급계층 라인을 따라 배경이 다른 학생들과 섞이기보다는 분리되기를 원한다. 그동안 대한민국의 교육은 '통합' 교육이었다. 부모의 사회경제적 배경이 아무리 다르더라도 교실에서는 섞여서 공부했고 그것이 당연한 것으로 여겨졌다. 그러나 사회경제적 계급계층의 차이가 확대되면서 이제 교육에서의 계급·계층적 분리 추구 경향이 나타나고 있는 것이다. 민주화가 보장한 권리를 '이익추구형 권리'로 생각하고 사회경제적 배경이 다른 아이들과 분리되고자 하는 반공화적 욕망이라고 아니할 수 없다. 앞서 언급한 대로 민주화를 통해 당당해지고 때로 전투적이 된 시민들은 자신의 자녀들의 교육에서는 '분리주의적 전투성'을 드러내기도 한다. 나는 교실이 계급·계층적 차이를 넘는 통합과 섞임의 용광로가 되어야 한다고 생각하고, 이것이 공화적 교육의 한 확고한 방향이라고 생각한다.

초등학교 배정 갈등
신규 아파트 주민과 기존 주민의 배정 갈등

한 가지 구체적인 예를 들어보자. 2025년 후반에 드러난 잠실 초등학교 배정 및 증축 갈등이다. 2025년 말 입주를 앞둔 서울 송파구 재건축 단지 '잠실 래미안아이파크'(잠래아 2678가구)가 있고, 2026년 초에 입주 예정인 '잠실 르엘'(1865가구) 아파트가 있다. 여기에 기존 배정단지인 '파크리오' 아파트 주민들이 있다. 잠래아로 이사 올 초등학생들은 근거리 초등학생 배정 원칙에 따라 잠실초로 배정되는데, 그렇게 되면 과밀이 된다. 2025년 현재 학급당 평균 인원이 20.6명으로 교육부 권장 기준(28명)보다 과소학급 상태이다. 그런데 잠래아와 나아가 잠실 르엘 학생들(약 1000명 추정)이 유입되면 학급당 인원이 30명 선까지 증가한다.

여기서 교육청(교육지원청)은 신규 유입 학생들을 잠실초와 인근 학교(잠현초, 잠동초 등)에 분산 배정하면서 과밀을 피하기 위해 교실을 증축하게 된다. 특별히 단기간의 학생 수용을 위해 모듈러 교실(조립식 교실)을 만들어서 학생들이 수업을 받기도 하며, 중·단기적으로는 교실 증축을 시도하게 된다. 바로 여기서 다양한 민원과 갈등이 벌어진다. 잠래아 학부모와 기존 파크리오 주민 간의 갈등이 핵심적이다. 전자는 신규 아파트이지만 자녀들이 먼 학교로, 위험을 무릅쓰고 가기를 원하지 않기 때문에 먼 학교에 배정되는 것을 반대한다. 후자는 기존에 "멀쩡하게 학교를 잘 다니고 있었는데" 자녀들이 피해를 보는 것을 반대한다. 증축 공사나 모듈러 교실이 되면 자녀들이 피해를 본다고 항변한다. 후자는 아예 신규 학생들을 전원 통학버스를 이용해 다른 학교에 배치하고 기존의 권리를 침해하지 말 것을 요구한다.[14]

여기에는 우리 사회 갈등의 또 다른 모습이 담겨 있다. 최근에는 학생 수가 급감하기 때문에 학교를 증축하기는 어렵다. 또한 재개발이나 재건축 단지의 경우 4000세대 이상의 큰 단지는 학교 부지를 기부채납을 해야 하므로, 그것을 피하기 위해(기부채납을 하면 주민들이 학교 건축비를 분담해야 하므로) 규모를 축소·조정해 개발하기도 한다.[15] 앞서 아파트 주민들 간의 배정 갈등에는 단지 자녀가 좋은 학교에 배정되기를 바라는 요구뿐만 아니라, 아파트 가격 상승이라는 경제적 요인이 작용한다. 이른바 '초품아'(초등학교가 바로 붙어 있어 도보 동선에 있는, 차로가 없는 아파트)는 수천만 원의 가격 차이를 누릴 수가 있다. 이런 갈등에 부동산 중개업자들이 끼어 있는 것이 일반적이다.

■ 이익 갈등 구조와 사회의 성숙

이런 잠실의 갈등은 서울 전역의 학교 배정 갈등의 대단히 일반적인 모습이다. 더 나아가 우리 사회에 만연한 이익 갈등의 전형적인 모습도 보여주고 있다. 서울에는 대단지 아파트가 들어서는 경우도 있고, 중규모의 신축 주택단지가 들어오는 경우가 많다. 그러면 초등학교 배치를 둘러싸고 예외 없이 갈등이 벌어진다. 이 갈등의 패턴은 대단히 일반적이다. 새로 들어선 아파트의 주민들은 자신들의 자녀가 가까운 학교에 다니기를 원한다. 그런데 대체로 기존 학교에는 인근에 거주하는 학생들이 연례적으로 배정되어 학교를 다니고 있었다. 그래서 새로운 아파트 단지가 들어서서 학생 수가 늘어나면 이익 갈등이 발생한다. 기존에 배정되던 학교에 다닐 수 있어야 한다고 항변하는 학부모가 한편에 있고, '근거리 배정'이라는 기준에 맞춰 오히려 신규 아파트 입주자들에게 배정되어야 한다고 생각하는 학부모들이 있다. 이것은 사회 전반에 만연한 이익 갈등의 일반적 패턴이다.

나는 이런 갈등이 혁신학교 주민과 학교 인근 신축 아파트 주민 간에도 벌어진다는 점에 위기의식을 느낀다. 혁신학교는 공동체적 미덕을 증진하며 민주적 공동체성을 강조하는 학교이다. 입시경쟁에 매몰되는 것이 아니라 학생 하나하나를 보듬고 어려운 학생도 잘 성장하도록 특별한 관심과 배려를 하려는 학교이다. 그런데 혁신학교의 학부모도 동일한 이익 갈등 패턴에 따라 신규 아파트 학생들의 진입을 최대한 막아내려는 방어적 태도를 보이는 경우도 있었다. 물론 혁신학교는 학급당 학생 수가 일반학교에 비해 적으므로, 이를 방어하려는 선의의 요구에 기초하고 있기도 하다. 이를 보면서 나는 민주적 공동체성을 발휘하는 것이 쉽지 않은 과제라는 것을 인식했다.

갈등 해결과 사회의 성숙

이러한 배정 갈등 양상은 정확히 우리 사회의 현실을 반영한다. 나는 '학교는 작은 사회'라고 생각한다. 앞서 언급한 최대이익주의적 경향이 정확히 이런 식으로 표현된다. 개인의 이해와 공동체의 이해의 균형을 사고하는 여백은 없다. 물론, 10년 동안 서울교육청의 행정을 책임진 입장에서 이런 갈등을 해결할 책임도 관(官)에 있다고 생각한다. 이익 갈등의 현실을 인정하면서 이 충돌하는 이익의 접점을 찾아내고(접점을 찾아낸다는 것은 갈등하는 집단이 감내할 수 있는 수준의 대책을 만들어낸다는 의미한다), 그런 접점이 가능한 행정 대책 마련하기 위해 노력하여 많은 경우 최종적으로는 접점을 찾아낸다. 문제는 한 사회가 성숙한다는 것은 현존하는 이익 갈등에도 불구하고 최대한 소모적 갈등을 줄이면서 열린 마음으로 접점을 신속히 찾아낼 수 있느냐에 있다고 생각한다. 거기에 한 사회, 한 집단, 한 개인의 성숙도가 있다고 생각한다. 이런 성숙한 의식을 학부모들이 갖는다면, 관은 갈등을 최소화하면서 이 문제를 풀어갈 수 있다.

현재 나는 이 책에서 공화적 민주정을 지향하는 우리 모두의 노력이 필요함을 지적하고 있다. 일반적으로 나타나는 이런 이익 갈등을 나와 내가 속한 아파트 단지의 이익을 넘어서서 공동체적으로 풀어가는 성숙함을 우리가 만들어가야 한다는 것이다. 앞서 민주적 전투성이라는 표현을 사용한 바 있다. 과거 독재나 권위주의 시대에는 개인과 집단의 이익을 억압했다. 그러나 민주화가 되면서는 오히려 개인의 자유와 권리, 그 일부로서의 이익 추구 권리를 보장하는 식으로 변화했다. 긍정적인 변화이다. 모든 개인이나 집단은 자신의 자유와 권리, 이익을 방어할 권리를 위해 전투적으로 행위한다.

나는 도덕주의적으로 이 문제를 해결해야 한다고 주장하는 것은 아니다. 사실 교육자이자 사회학자인 나의 시각에서 볼 때, 갈등은 문제를 드러내는 것이다. 갈등이 없으면 문제도 없다. 민원이나 갈등으로 드러난 문제를 어떻게 해결하느냐 하는 것이 오히려 중요하다. 모두가 민주적 전투성을 담지해 당당해진 지금을 염두에 두되, 민주적 공동체성을 어떻게 조화시킬 것인지를 함께 고민할 필요가 있다. 이를 위해서는 문제가 갈등으로 드러난 이후에 갈등의 주제들을 인정하고 열린 마음으로 열린 숙의를 통해 이익 갈등의 접점을 함께 찾아가는, 민주적 공동체성의 미덕이 필요하다. 지금까지는 이런 점에 대해 고려조차 하지 않았던 것이 사실이다. 공화적 민주시민교육은 진정으로 이런 미덕을 함양하는 것이다.

▌ 기후위기와 생태시민

다음으로, 공화적 민주시민교육이 새롭게 추구하는 다차원적 공존에는 인간과 자연의 공존도 빼놓을 수 없다. 기후위기는 이제 누구도 부정하기 힘든 현실이 됐다. 우리 아이들은 생태계가 달라지고, 에너지와 자원이 부족해진 시대를 살아갈 가능성이 있다. 기후위기라는 전 인류의 위기 시대에 근대산업문명에 대한 진지한 성찰적 마인드를 우리 미래세대들이 갖도록 하고, 나아가 자연감수성과 생태친화적 마인드를 갖는 생태시민으로 성장하도록 하는 것은 교육이 회피할 수 없는 절박한 과제가 되고 있다. 민주화 시대의 핵심적인 가치로서의 인권의 견지에서 보더라도 이미 "불타는 지구"16)를 외면할 수 없다. 인간이 다른 생명체와 공존하려면 교육의 감수성도 바뀌어야 한다. 에너지와 자연을 덜 쓰고, 생태계에 부담을 덜 주는 습관과 취향을 길러야 한다. 서울교육청의 경우 기후위기 시대의 교육 방향으로 생태전환교육을 설정한 바 있다.

▌생태전환교육의 의미와 과제

생태전환교육은 두 가지 측면에서 기존의 환경교육보다 가치 지향을 확장하는 것이라고 하겠다. 하나는 기후위기로 상징되는 근대산업문명의 파괴적 결과를 직시하고 적극적으로 생태문명으로의 변화를 지향한다는 점이다. 그리고 '전환(transformation)'을 강조하는데, 이는 산업생산 양식, 산업구조, 소비 양식을 포함하는 생활양식 등 구조와 삶의 방식 자체를 변화시키고자 하며, 이런 점에서 단순히 정책 비판을 넘어 우리들의 주체적 삶의 양식까지를 성찰의 대상으로 삼는다는 점이다. 즉, 지금 우리가 겪고 있는 기후위기와 팬데믹, 생물 멸종, 미세먼지 같은 환경재난은 현재의 산업문명에 내재한 시스템적인 한계와 오류로 인해 발생한 구조적 재난이기 때문에 근본적인 시스템의 전환이 필요하다는 것이며, 그리고 이런 시스템에 적응되어 재생산되고 있는 우리들 자신의 생활양식 자체의 성찰적 변화가 필요하다는 것이다. 최근 우리가 경험하는 극단적인 이상 기후가 인간의 탐욕이 빚어낸 것으로서 우리가 살아가는 토대인 지구 전체의 생태적 위기를 의미하므로, 이를 타개하기 위해서는 미래세대에게 자연친화적 감수성과 생태적 마인드를 함양하도록 하고, 생태적 삶의 방식으로 대전환하는 교육이 매우 중요하고 시급하다는 문제의식을 깔고 있다.

▌손수건부터 태양광까지

내가 교육청에 재직할 때 서울교육청은 "손수건부터 태양광까지"라는 슬로건 아래, 에너지 다소비형·자원낭비형 생활습관을 넘어서기 위해 손수건을 사용하는 작은 실천에서부터, 에너지자립형 학교 건축과 탄소배출 제로 학교 건축을 지향하는 정책에 이르기까지 다양한 정책을 폈다. 조금 더 세분화해 서술하면, 생태 전환을 향한 교육을 여러 영역으로 나누어볼 수 있다. 무엇보다도 생태문명을 지향하는 학교 교육과정이 중요할 것이다. 교육과정 연계 생태전환교육을 시행하고 다양한 생태전환교육 프로그램을 교실 및 교실 외부의 수업과 연계시켜 진행하는 것이 중요할 것이다. 근본적으로 미래세대의 생태환경적 역량을 강화하는 것이다.

서울의 경우 체육수업과 관련해 '지구를 살리는 라이딩' 체험 프로그램을 실시한다거나, 교과서에 자전거가 등장하는 초등학교 4학년 때 자전거를 탈 수 있는 역량을 학생들에게 전수하는 교육 프로그램을 운영하는 것도 그 예가 될 것이다. 다음으로 생태시민 육성을 위한 교육환경을 구축하는 것이다. 예컨대 탄소배출 제로학교 구축이나 학생동아리 및 청소년 생태전환 활동을 지원하는 것이 포함될 것이다. '기후행동 365'라는 이름으로 학생·학부모 등이 친환경 주체로 이런 과정에 적극 참여하도록 하는 노력도 진행되었다. 이 과정에서 지역사회 연계 동아리도 장려되었다. 공공기관으로서는 거의 유일하게 화장실에서 손을 씻을 때 사용하는 '무료 손티슈'를 없애고, 손수건을 제작해 전 직원에게 배포하여 사용을 권장하는 사업도 있었다. 다음으로 서울교육청에서는 '먹거리 생태전환' 교육이라는 이름으로 Non-GMO 급식이라든가, 급식 재료에 친환경 식재료를 70% 사용한다거나, 음식물 쓰레기를 줄이기 위한 '지구를 살리는 빈공기 캠페인'을 전개하기도 했다.

▌ 농촌유학의 의미와 실제

생태전환교육의 대표적인 교육 프로그램으로 부각된 것 중 하나로 '농촌유학' 프로그램이 있다. 초등학교에서부터 중 1~2학년까지 1학기나 1년 동안 농촌의 소규모 학교에서 수업을 받고 농촌에서 생활하는 것이 농촌유학 프로그램이다. 농촌유학은 멀게는 2010년대 초반에 자연 속에서 공동체적 삶의 교육을 실현한다는 목적하에, 지금 '농어촌유학전국협의회'로 묶인 단체들의 선구적인 노력으로 이어져 왔다. 그리고 몇몇 지자체 시·도 간에, 그리고 한 시·도 내에서 아이들이 주변 농촌으로 유학하는 노력들도 있었다. 서울의 경우에는 2021년에 처음으로 전남교육청과 본격적으로 농촌유학을 추진한 이후 전북과 강원도로 확대되었다. 정근식 교육감은 2025년부터 제주도 농촌유학으로까지 확대했다. 2025년 2학기 기준으로 800여 명의 학생들이 농촌 유학을 하고 있으며, 1학기를 체류한 이후 연장하는 학생들도 많아지고 있다. 강원도의 경우 2025년 2학기 기준 44개 학교에 서울 이외의 학생까지 포함해 364명의 농촌유학생이 생겨났다.

농촌유학은 단순히 시골에서 보내는 시간만이 아니다. 그것은 자연 속에서 한 학기를 살아보는 삶의 전환 경험이다. 아이는 학교 교실에서 배우지 못했던 것을 산과 들, 강과 바람을 통해 배운다. 논두렁의 개구리 울음, 여름 장마 뒤의 무지개, 가을걷이의 기쁨 속에서 아이들은 책으로는 얻을 수 없는 감수성을 키운다. 아이에게는 새로운 평생의 교육적·인격적 자산이 전수된다. 그것은 곧 자연친화적·생태환경적 감수성을 길러주는 길이다. 오늘날 기후위기 시대에 가장 절실한 것은 바로 이러한 생태적 눈과 마음이다. 농촌유학은 아이들에게 그 눈을 열어주고 그 마음을 심어준다. 기후위기 시대에 미래세대가 기성세대처럼 에너지 과소비형 인간, 자연파괴적 인간으로 성장하는 것이 아니라 자연친화적 생태시민으로 성장하는 것은 우리 시대 최고의 교육적 책임성이기도 하다. 그런 점에서 나는 기후위기 시대에 조응할 미래 역량을 키우는 생태전환교육의 가장 의미 있는 교육 프로그램을 들라고 하면 당당하게 농산어촌 유학이라고 이야기한다.

농촌유학은 농촌의 입장에서 보면, 농촌의 체류 인구, 즉 미래에 농촌을 사랑하거나 귀환할 인구를 늘리는 정책이기도 하다. 그런 점에서 도시와 농촌의 상생을 실현하는 교육이라고 할 수 있다. 도시는 농촌에 새로운 활력을 불어넣고, 농촌은 도시 아이들에게 삶의 지혜와 생태 감수성을 길러준다. 도시 학생들에게 농촌유학이 교육의 다양성과 풍요로움을 느끼고 경쟁과 입시 위주의 교육에서 벗어나 흙을 만지고 계절의 변화를 배우며, 공동체의 일원으로 살아가는 법을 배우는 기회라고 한다면, 다른 한편에서 농촌유학은 농산어촌의 현재에 '관계인구'를 확대하는 정책이기도 하며 미래를 여는 희망이기도 하다. 한 아이의 웃음소리, 한 가족의 정착이 농촌을 다시 살아 숨 쉬게 할 수도 있다. 이 교육 프로그램은 코로나 시기에 기후위기 시대의 대안적 생태환경 프로그램으로서, 또한 지방 및 농촌 소멸 시대에 농촌의 회복력을 제고하고 도농 상생을 가능케 하는 교육 프로그램으로서, 영국 BBC와 일본 ≪아사히 신문≫에서 "기후위기 시대의 교육적 실험"이라고 평가할 정도로 외국에서도 주목하는 프로그램이 되었다.

▌민족과 국가의 경계를 뛰어넘는 공존교육

다음으로, 나는 공화적 시민교육이 민족국가 및 국민국가 내부의 평등한 관계를 추구하는 민주시민교육을 넘어설 뿐 아니라 공화가 국경을 넘어 확장되어야 한다고 생각한다. 바로 이 점에서 자폐적 민족주의나 협소한 국가주의를 넘어서는 코스모폴리탄적 시민의식을 갖는 민주시민교육이 더욱 필요하다. 우리가 트랜스내셔널(trans-national)한 지구시민성을 이야기한다면, 그것은 곧 지구적 기후위기에 대응하는 생태시민성을 갖는 것이어야 하며, 민족과 국가의 경계에 매몰된 혐오와 차별을 넘어, 국경 없는 공존을 추구하는 세계시민성 또는 지구시민성을 내포해야 한다.

　공화적 민주시민교육에서 강조하는 공화적 덕성은 단지 민족과 국가적 정체성을 공유하는 인간들 간에서만이 아니라, 국가·민족·인종·종교 등에서 차이가 있는 인간과 인간의 관계에까지 확장되어야 한다. 민주주의의 보편적 원리가 국가의 틀에 갇힐 때, 현재 서구에서 나타나는 바와 같은, 이주민과 난민에 대한 혐오와 차별, 그것을 극단적으로 확대한 극우정치의 출현으로 이어진다. 현 단계 지구화의 도도한 흐름 속에서 민족주의적 민주시민교육과 트랜스내셔널한 민주시민교육의 각축이 있다고 하겠다. 폐쇄적인 극우의 경우 전자, 특히 폐쇄적인 민족주의적 (민주)시민교육으로 경도되는 것이라고 할 수 있다(이 자체가 민주주의 시대의 시민교육이 아니라고 규정할 수도 있을 것이다). 후자가 민주시민교육의 공화적 확장에서 새로운 과제가 된다.

■ 열린 교실, 세계시민형 감수성

이와 같은 국경을 넘는 공화적 덕성을 어떻게 시민적 덕성이 되도록 할 것인가. 여전히 타 종교의 사원 건축을 중단시키기 위해 해당 공사 현장에서 돼지고기를 구워먹는 혐오 행위자들이 여전히 있다. 이런 현실 속에서도 학생들에게 국경을 넘는 공화적 덕성 교육을 하는 것은 중요하다. 그래야 한국의 미래가 있을 것이다. 다양한 민족·인종·종교를 배경으로 하는 학생들과 친구로서 살아가게 하는 세계시민형 감수성을 교실에서 키워야 한다.

서울교육청을 포함해 많은 교육청에서는 유네스코 협력학교, 세계시민혁신학교 등을 통해 다양한 지구적 의제들에 대한 감수성을 키우고, 세계시민적 마인드 함양을 위해 다양한 노력을 경주하고 있다. 서울의 경우 8·8 미얀마 군부의 쿠데타로 고통받는 미얀마 사태에 대한 계기수업이 이루어졌으며, 미얀마 난민을 위한 모금도 행해졌다. 우크라이나와 러시아 전쟁 중에 희생된 우크라이나 학생을 위한 모금을 실시하기도 했다. 2025년 9월 말 혐중(嫌中) 시위가 명동과 대림동 부근에서 벌어지는 가운데 인근 학교의 교장들이나 남부교육장, 나아가 정근식 서울시교육감까지 나서서 "혐오는 또 다른 혐오를 낳는 심각한 행위이기 때문에 더 이상 학생들을 혐오 시위에 시달리게 해선 안 된다"라는 강한 의견을 표명하고, "교육환경보호구역에서 혐오 시위를 금지하는 법령을 국회 등에 제안"하는 의견 표명과 기자회견을 하기도 했다.[17]

▌ 다문화국가로의 미래

이미 대한민국의 많은 교실에는 다양한 민족·인종·종교를 배경으로 하는 학생들이 다문화 학생으로 존재한다. 나는 이른바 다문화 학생들이 대한민국의 인재로, 리더로 성장하는 데 부족함이 없는 교육을 만드는 것이 우리 시대의 새로운 교육 목표가 되어야 한다고 생각한다. 대한민국은 이미 저출산·저출생 국가가 되었다. 0.7 이하의 세계 최고 저출산율을 기록하고 있다. 불가피하게 다문화사회로 가고 있고, 이 미래의 다문화국가가 다문화 국민까지 포함하는 공화적 국가가 되기 위해서는 교육에서 세계시민형 공존 마인드를 키우는 것이 중요해지고 있다. 교실이 다양한 인종·민족·종교적 배경을 갖는 존재들에게 최대로 열린 '환대'의 공간이 되도록 하는 다양한 정책들을 더욱 확대·개발해야 할 것이다.

이처럼 여러 차원에서 공존을 지향하는 공화적 시민교육이 실현되어야 한다. 많은 교육청들이 그렇게 노력하고 있다. 1987년 이후 민주화 투쟁의 언어만으로는 다층적인 공존을 추구하는 공화적 시민교육을 제대로 설명할 수 없다. 민주화 이후 새로 제기된 과제를 직시할 때만 낯선 미래를 준비하는 새로운 교육도 가능하다고 생각한다.

▌ 좋은 가치를 추구하는 권리를 존중하면서도 복수의 좋은 가치의 균형과 접점을 찾아야

앞서 학교 교육의 '내용'과 관련해 공화적 민주시민교육을 어떻게 실현할 것인지에 대해 살펴보았다. 이제 교육 영역에서 나타나는 다양한 갈등 사안을 중심으로, 어떻게 공화적 지향을 구체적으로 찾아갈 수 있을지 논의해 보자.

앞서 선악이분법으로는 담아낼 수 없는 현실의 복합성이 등장했으며, 그 한 현상으로 일면적이고 최대주의적인 경향이 나타났음을 지적한 바 있다. 이를 두 가지로 개념화했는데, 하나는 최대이익주의적 극단성의 문제이며, 다른 하나는 '좋은 가치'의 최대주의적 실현 과정에서 드러나는 그늘과 의도치 않은 딜레마였다. 이러한 문제는 교육 영역에서도 동일하게 나타날 수 있다. 바로 이 지점에서 공화형 민주주의 학교는 이러한 극단성을 성찰하며, 서로 다른 가치들 사이의 공화적 접점을 찾아가는 노력 속에서 그 의미를 발견할 수 있다.

그렇지 않을 경우, 학교는 다양한 이익과 가치가 충돌하는 '만인의 만인에 대한 투쟁'의 공간으로 전락할 위험이 있다. 이미 그렇게 한탄하는 분도 많다. 이러한 가능성을 극복하고, 미래세대가 공존을 배우고 체험하는 공화적 공간으로 학교를 재구성해야 한다. 이를 위해서는 더 높은 정의의 가치를 향한 사회적 투쟁을 존중하되, 권리와 그 일부로서의 이익 추구 행위를 존중하면서도 그것이 최대이익주의적 극단으로 흐르지 않게 해야 한다. 동시에 하나의 좋은 가치를 추구하는 노력을 인정하면서도, 복수의 좋은 가치 간 균형을 모색하는 실험의 장으로 학교가 기능해야 한다.

▮ 두 가지 가치의 충돌 사례들

권위주의 시절 권리와 가치 추구가 억압되던 학교·사회 현장과 달리, 민주화 이후 권리와 자유가 확장된 환경에서는 반대의 딜레마적 상황이 나타나고 있다. 다양한 사례를 들 수 있다. 예컨대 학생 인권을 이전보다 폭넓게 존중하려는 노력은 당연히 추구해야 하지만, 일부 학생이 이를 왜곡해 교권을 훼손하는 경우가 있다. 또한 학부모를 단지 '치맛바람'의 주체로 보지 않고 학교 의사결정의 당당한 참여자로 세우는 것은 바람직한 변화지만, 일부 학부모가 사적 이해를 앞세워 학교 현장을 혼란스럽게 만드는 경우도 존재한다.

'성적 중심'의 경쟁 구조로 황폐해진 학교를 '모두가 성장하는 공간'으로 바꾸려는 노력 역시 중요하지만, 그 과정에서 교육의 본질인 지적·인격적 성장, 사회 구성원으로서 필요한 기본 문해력과 기초학력이 간과되는 경우도 있다. 과거 권위주의적 '황제 경영'의 학교문화를 극복하기 위해 민주적 거버넌스를 구축하려는 노력은 필요하지만, 이 과정에서 학교 운영의 책임자가 행사해야 할 최소한의 권한까지 훼손되는 사례도 드물지 않다.

권위주의 시대에 억압되었던 개인의 이익과 이해 추구는 이제 당연하게 인정되는 시대가 되었다. 노동조합은 구성원의 권리와 이익을 옹호하는 자연스러운 제도로 자리 잡았다. 그러나 그 과정에서 개인이나 집단(직위, 직렬, 직군 등)의 이해관계가 침해될 가능성을 이유로 어떤 변화도 받아들이지 않으려는 태도 역시 나타난다. 후술하겠지만, 학교폭력을 둘러싼 현상도 이와 유사하다. 가해학생과 피해학생이 갈등 후 화해해 다시 함께 어울리는 경우도 있지만, 정작 그 부모들은 각종 법적 절차를 동원해 감정적 대립을 극단으로 몰고 가는 사례가 많다. 물론 피해가 제대로 보상되지 않아 안타까운 경우도 존재하지만, 일반적으로는 이러한 양상이 지나치게 극단화되곤 한다. 이러한 현상들은 민주화 시대의 긍정적 변화가 드러내는 그늘이자 새로운 과제라 할 수 있다.

■ 빈대 소독을 누가 해야 하는가?

사회 일반에서의 노동조합의 문제도 이런 원리에서 바라볼 수 있다. 노동조합에는 두 가지 기본 성격과 과제가 있다. 하나는 조합원의 권리를 지키고 이해를 증진하는 이익집단으로서의 성격이다. 다른 하나는 그 권리 및 이해 투쟁이 갖는 공익적 성격이다. 우리 사회가 절대 후진국이었던 1970년대에는 노동조합의 모든 권리와 이익 확대 노력이 불법이었고 그 자체만으로도 100% 공익적일 수 있었다. 여기서 공익적이라고 하는 것은 최대 약자로서의 노동자 권리 투쟁 자체가 전체 사회구성원의 권리와 이익을 증진하는 계기로 작동한다는 의미이다. 그러나 1987년 7, 8, 9월 노동자 대투쟁으로 민주노동조합 시대가 열리고, 노동조합의 권리가 법적으로 보장되는 단계로 이행했다. 노동자계급의 내부 구성 분화도 나타나고 있다. 여전히 노동자계급의 하층을 점유하는 비정규직의 투쟁의 경우 고용 불안과 처우 개선이라는 공적 성격이 강하지만, 대기업 노조의 경우에는 자신의 이익 극대화만이 아니라 전체 노동자계급 및 전체 사회의 공동체적 이익과의 균형점을 고민해야 하는 조건에 놓여 있다. 노조가 강한 대기업 노조가 자녀들의 고용 불안을 해결하고자 고용세습을 단체협상에 명문화해 문제가 된 경우도 있었다. 노동시장에 진입조차 못한 20·30세대는 기존의 임금 체계와 진입의 폐쇄성만을 강화하려는 일부 노조의 태도에 비판을 쏟아내기도 한다. 내가 교육감으로 재직하던 시기에는 16개의 교육 노동조합(협회의 성격을 띤 조직을 포함)이 존재했다. 다른 노조 영역과 달리, 이해관계가 상이한 직역 및 직종별로 노조가 분리되어 있다. 이는 민주주의의 당연한 권리이기도 하다. 다만 이것이 학교라는 공간에서 일상적인 이익 갈등으로 나타나고, 교육이라는 목표를 지닌 학교교육 공동체 내에서의 적절한 협력을 방해하는 경우도 적지 않다.

2024년 상반기에 '빈대 소독을 어느 집단이 해야 하는가'를 둘러싸고 학교 사회에서 논쟁과 갈등이 발생했다. 7~8월 파리 올림픽을 앞두고 파리에서 빈대 출현으로 소독 문제가 부각되었는데, 한국에서도 빈대의 출몰로 인한 예방적 소독 문제가 제기된 것이다. 이를 두고 보건교사가 할 것인가, 행정실 직원이 할 것인가, 공무직이 담당할 것인가를 두고 논의가 있었다. 더구나 각 집단이 노동조합 형태로 조직화된 상황에서, 이는 일종의 '노-노 갈등'의 성격도 일부 띠었다. 이러한 사례를 통해 시시비비를 가리려는 것이 아니라, 이런 식의 이익 갈등이 거의 모든 사안에 내재되어 표출된다는 점을 지적하고자 한다. 외부에서 보는 학교와 내부에서 보는 학교는 다르다. 그러나 앞서 서술했듯, 학교는 작은 사회이므로 이러한 집단적 갈등 양상은 우리 사회 전체를 관통하는 하나의 특징이기도 하다. 더구나 앞서 언급한 민주적 전투성을 우리 사회의 모든 개인과 집단이 지닌 상황에서는 더욱 그러하다. 바로 이 지점에서 공동체의 목표에 비추어 각 집단의 이해가 존중되면서도, 가장 합리적인 접점을 찾아가는 열린 자세가 필요하다고 하지 않을 수 없다. 이를 위해서는 열린 공화적 이니셔티브를 누군가는 발휘해야 한다. 공화적 이니셔티브에는 주도적으로 공통의 대안을 향한 숙의와 협치에 노력하는 것도 포함된다. 그러나 많은 경우 갈등을 회피하려는 방식으로 대응하는 것이 일반적이다. 또한 모두가 약자의식만을 갖고 있기 때문에, 공화적 이니셔티브라는 전략적 인식 공간 자체가 없다. 이런 사례들은 우리의 새로운 상황을 예견하는 듯하다. 노동자계급의 헤게모니적 성격을 강화하기 위해서라도 이러한 변화된 상황에 대한 인식이 필요하다.

▮ 개인-집단의 이해와 공동체 간의 긴장 인식

학교와 사회의 접점 지대에서도 이러한 방향의 노력이 필요하다. 개개인의 최대이익과 권리를 보장하는 것만으로 평화롭고 좋은 사회가 만들어지지는 않는다. 예컨대 대학생들의 기숙사를 지으려 하는데 대학 외부의 주택 소유자들이나 임대업자들이 이를 반대하는 행위도 단적인 예일 것이다. 특수학교와 탈북학생을 위한 학교를 지으려는데 이를 혐오시설로 간주하여 집값 하락을 우려해 반대하는 경우도 유사한 예라고 생각한다.

공화라고 하는 것은 사회구성원이 개인과 자신이 속한 집단의 이해나 권리를 개인이나 집단의 관점에서만이 아니라 전체 사회 혹은 공동체의 관점에서 바라보는 능력을 통해 가능해진다.

즉, 억압받지 않은 개인 및 집단의 이해와 권리 추구 행위가 '만인의 만인에 대한 투쟁'으로 가지 않고 공화적 단계 혹은 공동체적 공존의 단계에 이르도록 하는 것이 필요하다. 여기서 다원성의 가치에 대한 인식과 존중이 필요하며, 서로가 권리와 좋은 가치를 위해 쟁투하지만 모든 주제에서 적대적으로 가지 않고, 최대한 비적대적 방식으로 조화와 접점을 찾아내려는 노력도 필요하다. 특히 미래세대를 향한 교육 현장에서는 특히 그러하다.

미래세대에게 시민교육이 필요하다면, 자신의 권리만이 아니라 권리와 책임의 균형을 생각하는 미덕이 함양되어야 한다. 달리 표현하면 사적 이해와 권리의 관점과 동시에 공공적 관점에서 현실의 쟁점들을 바라볼 수 있는 능력을 미래세대가 갖추도록 하는 공화형 민주시민교육이 필요하다. 그리고 그런 공화형 민주시민교육을 실천하는 현장에서, 현실 교육의 쟁점을 둘러싸고도 그런 가치 방향이 현실로 체감되도록 하는 노력이 필요하다.

▌교육은 사라지고, 학교가 학교폭력의 사법 관리 기관이 되다

전국의 학교를 '학폭 사법행정기관'으로 전락시키고 있는 학교폭력을 예로 들어 논해보자. 학교폭력(이하 '학폭') 사건을 많이 다루었던 변호사에게 직접 들은 이야기다. 한 학교에서 학폭이 발생하자, 법률에 정통한 가해 학생의 부모가 자녀에게 이렇게 지시했다.

"절대 가해 사실을 인정하지 말아라."

"너도 그 학생에게 맞거나 피해를 본 적이 있을 테니, 무엇이든 기억해 내라."

"그런 사례가 없으면 친구들에게 물어봐서라도 피해 학생의 '가해 사실'을 수집해라."

학생들은 친구로 지내다가도 다투고 관계가 틀어지기도 하는데, 그런 관계가 학교폭력을 둘러싸고 더 큰 갈등으로 번지기도 한다. 다른 유형의 사례도 적지 않다. 요즘 학생들은 SNS 공간에서 욕설을 주고받거나 조롱하고 힐난하며 소통하기도 하는데, 갈등이 발생하면 그동안의 모든 SNS 대화 내용이 가해의 증거 자료로 제출되곤 한다. 욕설이 일상화된 중학생 집단의 경우, 학교폭력 사안이 이러한 방식으로 구성되는 경우도 나타난다.

일종의 '패트릭(patrick)' 현상이라 할 수 있는 사례도 있다. 졸업을 앞두고 과거의 감정적 갈등에 대한 앙갚음을 목적으로 가해를 신고한 뒤, 정작 교육지원청의 학교폭력대책심의위원회에는 출석하지 않는 경우들이다. 학교폭력 제도가 보복의 수단으로 활용되는 것이다. 맞폭(맞대응 학교폭력)도 확대되고 있는데, 거의 무고형 맞폭도 등장하고 있는 것이다. 최근에는 법률 지식이 풍부한 부모의 조언을 받아, '학교폭력예방 및 대책에 관한 법률(학교폭력예방법)'이 아니라 살해 등 극단적 사건이 계기가 되어 강화되어 온 '스토킹 범죄의 처벌 등에 관한 법(스토킹처벌법)'을 적용해 고소하는 사례도 나타나고 있다. 이는 가해 학생을 학교폭력 절차를 넘어 보다 중하게 처벌하려는 의도에서 비롯된 것이다.

처음 듣는 사람은 '설마 저 정도까지야?'라고 반문할 수도 있다. 그러나 이 사례는 실제로 일어났다. 이 이야기를 꺼내는 이유는 오늘날 학폭 처리 방식이 교육 현장을 얼마나 비틀고 있는지를 적나라하게 보여주기 때문이다. 인간이 본래 이기적이라서 그렇다고 치부할 수도 있지만, 나는 이기심은 그걸 조장하는 환경에서 폭발한다고 본다. 그리고 그 환경 중 하나가 현행 '학교폭력예방법'이다.

앞서 민주화의 과정에서 개인의 자유와 권리가 보장되고, 그런 과정에서 이제 개인들은 자신들의 자유와 권리가 침해되면 당당하게 싸우는 민주적 전투성이 충분히 꽃피우게 되었다는 점을 서술했다. 어떤 의미에서 그런 민주적 전투성이 왜곡되어 발현되는 사례가 학교폭력을 둘러싼 갈등이라고 할 수 있다.

하나의 예를 더 들어보자. 어느 초등학교에 이런 '학교폭력 사건'이 발생했다. 한 학생이 키가 작은 친구에게 "난쟁이 똥자루"라고 놀렸다. 이 말을 들은 아이는 화가 치민 나머지 그 학생의 목을 눌렀다. 담임 선생님이 이를 보고 불러서 꾸짖고, 동시에 달래서 마무리를 지었다. 그리고 하교를 했는데, 목이 눌린 학생의 엄마에게서 전화가 왔다. "우리 애가 숨이 막혀 죽을 뻔했다'는 것이다. 그런데 왜 방치했는가"라고 비판했다. 담임교사는 정황을 더 알아보고 연락하기로 했으나 이미 학폭 사건으로 신고 접수를 한 상황이었다. 목을 누른 '가해' 학생이 피해 학생과 학부모에게 사과를 위한 연락을 원했지만, 분리 조치 전에 연락처를 알려주지 않아야 한다는 학폭 처리 규칙에 따라 알려줄 수도 없었다. 2차 가해로 이어질 수 있기 때문이다. 이런 학폭 사안에서 교사가 화해를 주선하고 교육적으로 해결하고자 하면, 불철저한 학폭 처리를 했다고 징계받을 수도 있다. 사실 학폭 사건의 구체적 진실은 물론 더 점검해 보아야 하지만, 이런 유의 사안은 무수하게 많다. 어떤 학폭 사안에서는 가해·피해 학생이 여섯 명이었는데, 변호사 여섯 명이 '출두'했다는 이야기도 들었다.

▋ 아이들은 '헤헤' 웃는데, 부모는 법정에서 싸운다

초등학교 현장을 떠올려 보자. 오전에 치고받고 싸우던 아이들이 오후가 되면 금세 화해해 함께 웃으며 논다. 하지만 그 시간에 부모들은 이미 법적 공방을 준비한다. 교육지원청 학폭심의위원으로 활동하는 한 전문가는 "아이들은 어렴풋이 기억도 못 하는 몇 달 전 사건을 '학폭'으로 규정해 놓고, 그 기억을 억지로 끄집어내려 애쓰는 내 모습이 한심하게 느껴질 때가 있다"라고 털어놓았다. 민주화 시대의 그늘, 민주적 전투성의 그늘이 나타나고 있는 하나의 풍경에 학교폭력도 있다.

▋ '온고이지신'이 필요하다면
우리 어린 시절의 풍경, 그리고 지금

우리 세대의 어린 시절은 오늘날과는 다른 풍경이었다. 동네에서 아이들이 싸워 누군가가 다치면, 가해 학생이 집에 돌아갔을 때 부모는 "이놈, 친구를 피나게 때려?"라며 회초리를 들었다(오늘날의 시각으로는 이를 가정폭력으로 볼 수도 있겠지만). 반대로 피해 학생이 울면서 들어오면 "피 좀 났다고 질질 짜냐? 친구끼리 싸우며 크는 거야"라며 달래곤 했다.

물론 그때 방식을 지금에 그대로 적용할 수는 없다. 다만 사회 전체가 폭력에 민감해지고 강력한 '학교폭력예방법'이 도입되면서 학교 구성원들이 '법대로' 맞서게 되자, 예전과 같은 훈훈한 화해담은 '천연기념물'만큼 찾기 어려워졌다. 온고이지신(溫故而知新)이라는 것이 필요한 현재적 사례다.

특히 심각한 학폭이 보도될 때마다 더 강한 처벌이 요구되어, 생활기록부에 가해 사실을 기재해 대학 입시에 반영하는 조치까지 나왔다. 고위 공직자 자녀가 연루된 사건이 정치적 공방으로 번져 처벌 수위가 높아진 일도 있었다. 앞서 시민사회의 쟁투와 정치적 갈등의 연계에 대해서 서술한 바 있다. 고위 공직자의 자녀가 연결되는 경우에는 반대 진영을 공격하기 위한 소재로서, 극단적이기까지 할 정도로 공방이 이어지기도 한다.

더 우려되는 대목은 부모의 경제력이다. 여유가 있거나 법률 지식이 있는 부모는 변호사를 선임해 모든 절차를 활용하지만, 저소득층은 그럴 여력이 없다. 어떤 부모들은 고2, 고3 자녀의 입시가 끝날 때까지 확정 판결이 나오지 않도록 '재판 지연 전략'을 구사하기도 한다. 당연히 고액 수임료가 든다.

■ '강한 처벌'이 낳은 역설과 학교의 사법화

우리 사회에서 극단적 사건이 발생하면 '충격 → 강하게 처벌하라는 여론 확산 → 졸속 법 개정 → 소송 급증 → 방어 전략 확산 → 갈등 만연'이라는 악순환이 반복된다. '정치의 사법화'라는 말이 회자되지만, 학교 현장을 보면 '학교의 사법화'가 더 적절한 표현으로 보인다. 물론 극단적 사례에 대한 강한 처벌은 필요하다. 그러나 모든 사건을 일괄적으로 강력 규정에 얽어매면 의도치 않은 부작용이 잇따른다. 실제로 현행 '학교폭력예방법' 아래에서 학교는 종종 비교육적 대립 공간이 되고 있다.

여기에는 '법의 역설'도 개재된다. 이 법이 생긴 이후에는 아이들이 '싸움'하는 것이 '폭력'이라는 거대한 법률적 범주에 포함되고, 그렇기 때문에라도 모두가 여기서 벗어나기 위해 사투를 벌인다. 선생님들은 법률전문가도 아닌데 이 폭력 행위의 관리자가 되어야 하며, 학부모 간의 갈등으로 '고래 싸움에 새우등 터지듯' 하는 상황에 어려움을 겪는다. 교사는 법률 전문가가 아니기 때문에 거대한 소송전의 견지에서 보면 학교의 학폭 처리 과정에 작은 '절차적' 문제가 있을 수 있다. 그런 경우 고액 변호사를 고용하면 가해 학부모가 승소하는 경우가 많다.

신학기가 되면 학폭 문제를 관장하는 생활지도부장을 구하는 일이 일부 학교장의 최대 난제이다. 학폭 처리 문제로 교사가 정작 소진(burn-out)되어 정당한 학생 지도도 소송이 두려워 기피하게 되는 등의 부작용이 나타나고 있다.

사실 학폭 사건은 천차만별이다. 한 학생의 인생이 망가지거나 중상을 입거나 자살에 이르게 할 정도로 극단적인 학폭도 많다. 이는 당연히 준사법적으로 엄정하게 다루어져야 한다. 그러나 극단적이 아닌 사안에 대해서도 부모의 감정싸움에 의해 극단적으로 규정되고 소송까지 가게 되는 경우도 많다. 교육적 해결은 뒷전인 현재의 방식으로는 학폭은 교육 문제가 아니라 일반 형사 사건이 된다. 그리고 그렇게 되는 순간, 사랑하는 자식을 둔 모든 학부모들은 다 학폭 '전쟁'을 하게 된다. 아이의 미래 운명이 걸릴 수도 있으니, 화해고 나발이고 온 가정 구성원이 총출동하고 가정의 모든 경제적 자원을 다 동원해 소송 전쟁에 나선다. 학폭 갈등이 간간이 보도되는 심각한 사안만으로 일색화되어 인식되다 보니, 학폭은 '소년법'보다 더 강한 처벌, 평생 가는 주홍 글씨, 경중이 고려되지 않는 엄벌주의만이 관철된다.

이른바 법화 혹은 사법화의 위험성은 사회에서 발생하는 모든 사안에서도 경계해야 한다. 우리 사회는 사실 그 고통의 늪으로 빠져들고 있다. 특별히 학교라는 공간에서 벌어지는 학폭 사안에 대해서는 그 양상이 더욱 심각하다.

▌민주적 전투성이 가해 축소와 피해 과장으로 연결되기도

이처럼 학교폭력 사건이 점점 심각한 갈등으로 비화하고, 감정싸움 끝에 끝없는 소송전으로 이어지는 현상은 우연이 아니다. 이는 우리 시대에 꽃피운 민주적 전투성이 '피해자 중심주의'와 결합되면서 나타난 한 가지 의도하지 않은 결과이기도 하다. 이 결합은 한편으로는 자녀의 가해 가능성을 끝없이 축소하려는 태도(앞서 언급했듯이 '절대 인정하지 말라'는 조언)로 나타나고, 다른 한편으로는 감정적 대립이 격화될 경우 피해를 과도하게 확장하고 과장하는 방식으로 표출되곤 한다.

민주화의 과정에서 가해자, 권력자, 가진 자에 대한 비판적 감수성이 높아지는 것은 필연적이며, 그 자체로 바람직한 변화이다. 피해의 은폐나 축소, 혹은 무마하려는 시도는 분명히 엄중히 다루어져야 한다. 그러나 피해의 규정이 일정 부분 주관적 판단에 의존할 수밖에 없다는 한계를 지니는 한, 민주적 전투성이 피해자 중심주의와 결합되면 악의적 의도를 가진 경우에는 사실의 왜곡과 과장이 거의 무한대로 확장될 여지도 함께 존재한다.

앞서 열거한 학교폭력 사례들은 이러한 문제의식을 극단적으로 보여주는 사례이면서도, 동시에 우리 사회 전반에 작동하는 일반적 경향을 드러낸다는 점에서 단지 예외적인 사건으로만 볼 수는 없다.

앞서 현실의 정치적 갈등과 적대에 대해 어떻게 응대할 것인가라는 문제를 다루었다. 학폭 사건은 그런 정치적인 적대적 갈등과 차이가 있으면서도 동시에 유사성도 발견할 수 있다. 우리가 정치적 갈등에 어떤 자세로 응대하는 것과 마찬가지로, 학폭의 가해자와 피해자가 이에 어떻게 대응하느냐에 따라 다른 경로가 기다리고 있다. 정치적 갈등이 적대적 방향으로 치닫는 것과 같이, 학폭 사건은 소송전을 동반한 비교육적 갈등으로 치닫는 경우가 많다.

앞에서 예시로 든 사건에서도 놀림과 목 조름이 사안의 쟁점이다. 어린아이들이 항상 그러하듯이 경미한 사안일 수도 있고, 아이가 트라우마를 가질 정도로 심각한 사안일 수도 있다. 그런데 엄마는 목 조름을 '숨이 막혀 죽일 뻔한' 상황으로 과도하게 규정할 수도 있다. 그리고 학교폭력 사건으로 신고해 가해학생을 처벌받게 할 수도 있고, 그와는 달리 사과를 받고 용서할 수도 있다.

심각한 사례여서 재발 방지를 위해 엄격한 학폭 처리 절차를 통해 기록을 남기고 가해학생에게 훈육의 기회가 필요한 경우도 있다. 그러나 그렇지 않은 수준에서는 용서와 화해의 미덕을 발휘할 수도 있다. 가해학생이 진정으로 사과하고 화해하는 것이 이후 학교생활에서의 원만한 관계를 위해서라도 좋을 수 있다.

▌ 학교는 다시 교육의 자리로

문제는 갈등이 악순환되는 우리 사회에서, 무조건 피해를 과잉 규정하고 일반적인 갈등 회로에 따라 '법대로' 처리하는 경향이 많아지고 있다는 것이다. 우리의 정치와 사회 갈등의 일반적 경향과 학교에서의 학폭을 둘러싼 갈등의 경향이 동조 현상을 보이고 있다는 점이 문제이다. 이는 앞서 우리 사회와 정치의 갈등을 서술하면서, 민주화에 따라 개인의 권리의식이 높아지고 민주적 전투성을 모든 개인이 갖게 되면서 권리와 권리의 충돌, 갈등의 적대적 확산으로 나아가게 되는 부작용을 서술한 바 있다. 학폭 사건에서도 바로 그런 경향을 발견하게 되는 것이다. 더구나 학생들 사이에 화해와 용서로 끝날 수 있는 사안에 있어서도 갈등이 적대로 나아가게 하는 동력으로 작동한다는 점이다. 이는 갈등의 왜곡된 발전이 자녀들의 인성을 파괴하는 수준으로까지 발전하고 있음을 보여준다. 사회적 차원에서 적대가 암살 사건으로까지 표현되는 것에 준하는 현상이라고도 해석해 볼 수 있다. 바로 이런 점에 대한 성찰적 인식이 필요하다. 이러한 악순환에는 앞서 언급한 대로, 사회적 갈등 사안이 적대적 진영정치 갈등과 연관되면서 증폭된다. 가해자의 부모가 적대 진영의 인사인 경우 그 학폭 사안의 경중을 불문하고 그 사건을 최대의 위중한 사건으로 간주하고 공격하면서 최대한 강한 처벌을 요구하는 식으로 진행된다. 적대적 진영정치의 갈등에서 '적'을 성악설적으로 공격하기 위한 소재로 활용이 되고, 그런 만큼 학교는 학폭 사법 갈등으로 치닫는다. 이런 치열한 악순환의 회로 속에서도, 학교와 교육은 달라야 한다고 나는 생각한다. 여기에 주체적 요인 또한 개재되면서 이러한 악순환은 더욱 강화된다. 경미한 사건이 발생했을 때조차 최대한의 강한 처벌을 요구하는 사회적 경향이 존재하고, 그 속에서 교사와 학교는 학폭 조사와 처리, 선도 과정의 부담을 회피하기 위해 최소주의적 대응을 선택하게 된다. 그 결과 교육적 해결보다는 학폭 사안을 '사법 절차'로 넘겨버리는 경향이 나타난다. 극단적인 경우, 학교 내부의 교육적 판단 대신 학폭전담조사관이라는 '외부' 조사와 교육지원청이라는 또 다른 '학교 외부'의 심리와 판정에 사안을 위임하는 양상도 많이 발생하고 있다. 다행히도 여전히 열정적이고 헌신적인 교육적 접근의 정신이 현장에 살아 있어, 상당수의 사안은 학폭의 사법적 프로세스로까지 이행되지 않고 있다. 그럼에도 불구하고 이러한 구조적 문제 역시 결코 작지 않게 존재한다. 너무 당연하지만 학교는 학교폭력 사법기관일 수 없고, 교육기관이 되어야 한다. 평등한 공존의 미덕을 배우는 공동체적 훈련기관이어야 한다. 교육자들은 사회에 역류하는 심정으로, 아니 미래의 사회를 바꾸는 헌신으로 지금의 학교 현실에 응전해야하며, 거기에 교육자의 진정한 소명이 있다고 믿고 있다.

지난 10여 년간의 교육혁신을 통해 권위주의적 학교를 넘어 민주적 학교를 만드는 거대한 행진을 우리는 해왔다. 그러나 이제 공화적 민주주의 학교를 만들어야 한다는 점을 지적한 바 있다. 학교폭력이라는 사안이야말로, 민주주의 학교 내에서 공화성이 어떻게 꽃피워야 하는지를 고민하게 하는 주제라고 나는 생각한다.

■ 권위주의적 학교를 넘어, 민주적 학교를 기반으로 한 공화형 민주주의학교

이상의 논의를 종합해 볼 때, 우리 사회, 그리고 작은 사회로서의 학교가 직면하는 과제는 새로운 민주적 공동체성, 즉 공화의 실현이라고 말할 수 있다. 지난 10~20년 동안 교육민주화와 교육혁신을 통해 우리가 '권위주의적 학교(문화)를 민주적 학교로' 만들어왔다고 하면, 이제 민주적 학교(문화)를 기반으로 공동체형 학교(문화)를 만들어야 한다.[18] 이처럼 과거의 권위주의적 공동체성과 구별되는 민주적 공동체성을 나는 공화로 규정했다. 그런 의미에서 민주공화형 학교 또는 공화형 민주주의 학교를 만들어가는 과제로 표현하고 싶다.

앞서 민주화의 과정을 통해서 당당해진 전투적 시민들에 대해 언급했다. 그 '성공의 위기'로 '만인의 만인에 대한 투쟁'도 나타나는 것이다. 과거 교육부가 모든 교육정책에 대해 결정 권한을 가지고 군림하던 권위주의 시대의 학교는 다른 다양한 가치들이 억압되었다. 학생 인권, 학부모 참여, 성적에 따른 차별이 아닌 학생 개개인의 다양성 존중, 학교의 자율성, 다양한 교육 주체들 간의 수평적인 관계 등의 가치가 억압되거나 도외시되었다.

그러나 민주화 시대 이후의 학교는 권위주의 시대에 억압되었던 이러한 가치와 그것을 담당하는 주체들을 존중하는 수평적 문화의 학교로 전환되는 과정을 겪었다. 그 과정에서 사회와 학교 내의 모든 개인과 집단은 민주주의가 보장하는 일체의 자유와 권리를 보장하는 법제도, 민주화 과정에서 제도화되어 온 시민권리 보장, 국가권력의 민주화 과정에서 만들어진 제도들을 최대한 활용하면서 자기중심적으로 행위해 가고 있다. 바로 이 지점에서 개인의 자유와 권리를 억압하는 외적 대상과의 싸움의 문법으로 동료와 싸우면서 공동체를 균열시키는 경우도 나타나고 있다.

이런 가운데 교사들은 고립되고 각자도생하는 학교가 되고 있다. 책임은 사라지고 '위험은 개인에게 전가되는 조직적 무책임성'[19]도 나타나고 있다. 이것은 민주화 시대의 당당한 개인들이 자기 방식의 합리적 선택으로 행위하지만, 전체 학교는 점점 더 공동체성을 잃어가고 교육이라는 목표 가치로부터 멀어지면서 (더구나 대입을 향한 속도전과 결합되면서 더 인성 파괴적으로) 비합리적인 갈등 공간이 되어가고 있다는 것을 의미한다.[20]

어떤 의미에서 이것은 민주화의 '실패에 따른 새로운 도전'이 아니라 '성공의 위기'라고 할 것이다. 문제는 과거 권위주의적 방식으로 돌아가지 않으면서 어떻게 이 당당한 전투성이 공화적 기조 위에서, 혹은 공동체적 최소 공간을 유지하면서 발휘될 수 있을까를 고민할 때가 왔다고 생각한다.

■ 민주성과 공화성을 체험하는 공간으로서의 학교

이것은 미래세대가 성장하는 학교에서 그 미래의 가치가 문화로서 체험되고 일상 속에서 스며들 수 있어야 하기 때문이다. 학교는 민주성을 체험하는 공간, 나아가서 공화성을 체험하는 공간이 되어야 하고, 될 수 있을 것이다. 미래의 공화적 시민교육을 학생에게 훈육하는 것으로만 사고해서는 안 된다.

앞서 (교사의 정치적 기본권 문제와 관련해) 교실에서 혐오와 차별의 언어와 습관, 태도를 극복하는 교육이 필요함을 언급했다. 또한 타인의 시선을 내가 가져보는 역지사지형 토론 수업에 대해서도 언급했다. 이는 '공화적' 민주시민교육이 교실에서 이루어지는 것을 의미한다고 생각한다. 그리고 공화성과 민주성이 학교에서 문화로, 관계로 학생들이 체험할 수 있을 때 그 교육은 더욱 효과를 발휘하고 몸속에 스며든다고 생각한다.

이제 학생들도 민주적 주체성과 민주적 전투성을 담지하는 존재가 되었기 때문에, 만일 이런 공화적 덕성을 훈육으로만 한다고 하면 그것은 큰 효과를 내지 못할 수도 있다. 학생들 스스로가 강요에 의할 때 주체성이 훼손된다고 느끼기 때문이다. 그런 점에서 학교의 문화가 민주주의적 관계와 문화를 삶으로서 느끼는 공간이 되어야 하며, 민주사회 운영 원리의 일부로 타인에 대한 존중과 배려, 양보와 타협을 배우고 느끼는 공간이 되어야 할 것이다. 그런 점에서 학생들이 일상적인 학교문화로 민주성과 공화성을 체험하도록 해야 한다.

여기서 민주성은 학생들이 자신의 자유와 권리 앞에 당당하고, 그를 위해 당당하게 싸울 수 있는 역량이 필요함을 의미한다. 공화성은 동시에 그런 자유와 권리를 넘어서서 공동체적 협력을 할 수 있는 역량이 필요함을 의미하며, 학교의 여러 구성원들이 학교라는 공동체를 위해서 자신의 이해를 넘어 협력하는 모습이 드러날 수 있어야 한다. 그것이 문화로서 체험될 수 있어야 한다.

좋은 교육은 나쁜 권력과의 싸움으로만 만들어지지 않는다
공동체형 학교를 향한 주체적 열정의 몫

앞서 나는 3-7제 인식에서, 3은 '적'의 합리성을 포착하는 것일 수도 있지만,

더 확장하면 나와 내가 속한 집단을 중심으로 하는 시각을 넘어서서 공동체, 공공선, 공동선 등 더 큰 집단의 시각이라고도 할 수 있다는 점을 서술한 바 있다. 공동체형 학교로 가기 위한 공화적 이니셔티브는 관리자나 책임자에게만 기대할 필요는 없다.

그동안의 권위주의적인 하향식 학교 위계 체제를 염두에 둘 때, 교육부 장관, 교육감, 교육장, 교장으로 이어지는 상층 교육 권력의 변화가 시급했다. 아직도 갈 길이 멀지만 그렇게 변화해 왔다. 공동체형 학교와 좋은 교육은 상층의 변화만으로 달성될 수 없다. 다양한 주체들의 몫이 있다.

사실 학교에서는 이른바 '권리 타령'이라는 것도 존재한다. 권리 주장의 과잉성을 비판하는 말이다. 교사들 입장에서도 학교 전체 교육의 관점에서 자신의 직무를 생각하는 것이 필요하다. 왕왕 자신의 최대이익주의적 관점에서만 학교를 바라보게 되면 지금 일부 학교에서 나타나는 현상도 존재한다. 예컨대 금요일 오후에는 학교가 비는 경우가 많다.

젊은 교사가 열정적으로 학생을 더 잘 지도하려는 의욕을 보이는 경우, 경력 많은 교사가 "왜 쓸데없이 그렇게 하냐"라고 은밀하게 힐난하는 것도 상식적으로 통용되고 있다. 이런 현상들은 다 어느 위치에서 보느냐에 따라 다르게 보일 수 있는 사안들이다. 그러나 최근 교사들의 전반적인 정서가 직무의 '최소주의'적 경향을 보이는 것이 사실이다. 교원단체가 스스로 주장했던 정책이 막상 실행 단계에 오면, 현장에서 업무가 힘들다고 하는 즉자적인 불만들이 제기되고 그러면 교원단체는 이를 수용해 그 즉자적 요구가 교원단체 일반의 요구로 확정·확산되는 경향이 강화되고 있다. 이런 즉자성에만 교원단체가 압도된다면, 의대 정원을 둘러싼 파업에서 보여준 의사단체의 전철을 교원 단체가 밟을 가능성도 완전히 배제할 수는 없다. 이것은 민주화에 따른 권리의식의 증가, 소진을 강제하는 행정 체계, 학교 내의 다른 직종들의 조직화된 소극성, 학부모와 사회 일반에서의 과도한 압박 등이 작용하는 것이 사실이다. 더구나 정책의 제기 단계와 정책의 실행 단계 사이에서 교사의 가르치는 일과 생활 지도는 더욱더 어려워졌고, 행정 당국이 학생을 위해 좋은 교육을 한다는 이유로 인력 충원 없이 가중되는 것에 대해 학교 사회의 기저에 큰 반감이 존재하기 때문이다. 그럼에도 불구하고 학교 사회에서 교사는 리더라고 생각한다. 그런 환경을 바꾸어 학교를 어떻게 더 미래 지향적인 교육 헌신의 공간으로 만들어갈지를 고민하고, 그것을 나쁜 권력과의 싸움을 통해 해결할 부분과 현장에서의 새로운 공화적 리더십으로 헤쳐가야 할 부분으로 나누어보면서 그것이 '합력해 선을 이루는' 방법에 대한 고민을 포기해서는 안 된다. 모두가 즉자적이고 개별적인 시선에서만 학교라는 공동체를 보아서도 안 된다.

"좋은 교육은 나쁜 권력과의 싸움으로만 만들어지지 않는다." 사실 내가 이 책에서 이야기하는 '장기 민주화 시대'의 전반적인 흐름은 권위주의적 권력, 특별히 교육 권력에 대한 비판과 저항을 통해 교육할 만한 환경을 만들어가는 데 초점을 맞추었다. 지금도 국가 중심의 각종 하향식 행정 체계로 인해 '말단'의 학교와 교사에게 '공문'이라는 형태로 각종 부담을 지우는 경우도 실제로 많다. 그렇기 때문에라도 교육할 만한 환경을 향한 교육 행정 기관의 배전의 노력이 필요하다.

다만 장기 민주화 시대의 '후기'에는 그동안의 교육운동의 '성공'으로 이런 측면에서의 환경 변화가 있었다(지금은 학생 수 감소나 디지털·AI기술 혁명 등으로 인한 또 다른 '전환'적 변화 때문에 학교의 부담이 가중되고 있기도 하다). 그런데 이제는 '좋은 교육은 나쁜 교육 권력과의 투쟁으로만 성취해야 한다'는 생각을 넘어서야 한다. 나쁜 권력과의 싸움은 필요조건이지 충분조건이 아니다. 교육개혁운동의 중요한 의제 중 하나는 '학급당 학생 수의 감축'이었다. 서울의 경우 학급당 학생 수가 지역과 학교에 따라 15명에서 35명까지 편차가 크지만, 대체로 25명 내외의 학생들이 있다. 지금은 '학급당 학생 수 20명'을 요구하고 있다.

중단기적으로는 학생 수의 급격한 감소 등, 객관적 조건에 힘입어 교육운동의 요구대로 변화할 것이다. 그렇다면 학급당 20명이라는 목표가 성취되면 그다음에는 어떻게 할 것인가. 그때가 되면 '학급당 학생 수 15명' 시대를 요구하며 전진할 수도 있다. 나는 그런 목표도 가능하다고 생각한다. 단지 여기서 강조하는 것은 좋은 교육이 좋은 환경에 의해서만 만들어지는 것이 아니라는 점이다. 만일 그렇다면 열악한 환경에서 고투했던 선배 교사들 시기에는 좋은 교육이 없었다는 이야기가 된다. '참교육'과 초기 혁신학교의 열정은 열악한 조건에서 발휘된 열정이었기 때문에 더욱 아름다웠고, 그리고 지금까지 이어지는 혁신학교와 혁신교육운동의 큰 동력이 되었던 것이다.

내가 여기서 이야기하는 3-7제 인식틀에서 보면, 30%는 그런 생각을 넘어서야 한다. 그리고 그것을 주체적 열정으로 채워야 한다. 좋은 교육은 그렇게 완성된다고 나는 생각한다.

■ 다시 새로운 미래를 이야기해야 한다

나는 누누이 우리 모두가 강자에 대한 피해의식에 머물지 말고, 공동체의 리더로서 자신을 인식해야 한다는 점을 강조했다. 앞서 나는 정치 공동체를 전제로 정치혁신을 이야기했는데, 이 장에서는 교육이라는 영역을 중심으로 '교육 공동체의 리더'라는 시선이 필요하다는 점을 강조하고자 한다.

지난 시기는 권위주의에 맞서 민주주의를 실현해 온 민주화의 과정 속에 있었다. 교육도 마찬가지였다. 권위주의적 교육을 민주주의적 교육으로 바꾸어온 교육민주화의 여정, 그 속에 민주시민 교육이라는 방향이 함께 자리했다. 그러나 이제는 민주주의 학교를 넘어, 새로운 학교의 미래를 이야기할 때다. 돌이켜 보면 권위주의적 교육 체제를 민주적으로 전환한 것은 서구적 근대성의 원리를 수용한 교육개혁의 과정이기도 했다. 그 변화는 불완전했지만, 분명 성공을 거두었다. 그리고 지금 우리는 아이러니하게도 '성공의 위기'에 직면해 있다. 그런 점에서, 그 위기까지도 응시하며 더 큰 미래를 이야기할 수 있어야 한다.

민주진보적 가치를 지키면서, 우리는 어떤 학교와 어떤 교육을, 그리고 어떤 선진형 교육 모델을 국민과 함께 그려갈 것인지를 고민하고 선도해야 한다. 이를 위해 교육공동체 구성원 한 사람, 한 사람의 자각이 필요하며, 여러 교원단체 또한 미래적 논의를 선도해야 한다.

만약 관성적으로 나아간다면 우리는 성공의 위기를 더 악화시키고, 그것이 결국 극우의 발흥이라는 부작용으로 되돌아올 수 있다. 민주화의 성취가 동반하는 특성의 하나는 개인과 집단 모두에게 '민주적 전투성'이 꽃피운다는 점이다. 그러나 교육의 영역에서 관성적 전진만이 있게 되면, 모든 과제를 '권위주의적' 나쁜 권력과의 대립으로 환원하는 위험이 있다. 그리되면 민주적 전투성은 공동의 선이 아니라, 집단적 최대이익주의로 기울게 된다. 현실에서는 직무 최소주의나 이해관계 중심의 움직임으로 나타날 수도 있다. 의사 파업의 사례처럼, 공동의 미래보다 당장의 이익이 앞설 우려가 있다.

교육의 영역에서 우리는 이런 '성공의 역설'을 직시해야 한다. 민주적 전투성의 오용, 권리와 권리의 충돌, 그리고 극우적 혐오(특정 소수자에 대한 공격적 배타성, 인종·종교·민족을 둘러싼 새로운 차별의 부활)이 우리 앞에 있다. 이런 새로운 도전을 응시하면서, 이제 반권위주의적인 민주주의 교육을 넘어, 우리 학생들을 어떠한 미래형 열린 인간으로 육성해 갈 것인지, 우리의 학교를 어떻게 새로운 평등한 공존의 공간으로 만들어갈 것인지 등 미래를 논의해야 한다. 이것은 사실 민주시민교육을 새로운 맥락에서 심화하고 확장하는 것이기도 하고, 민주주의에 대한 새로운 내용을 만들어가는 것이기도 하다. 권위주의에 대립하면서 지향했던 인간화 교육, 단순한 지식교육을 넘어 공동체적 미덕을 갖춘 배려와 존중의 진정한 전인교육과 같이(우리가 익숙하게 지향했던 것을) 새로운 시대적 맥락에서 재구성하고 확장하는 것일 수도 있다. 이제 다시 우리는 미래를 이야기해야 한다. 공존의 미래를 만들어가는 공화적 이니셔티브를 교육에서도 우리 모두가 발휘해야 한다. 다시 교육의 미래를 이야기해야 한다. 그런 새로운 고민을 해야 한다고 나는 생각한다.

▍ 변방의 주체에게도 공화적 이니셔티브의 공간이 존재

학교의 가장 중요한 집단 주체이면서 동시에 학교 사회에서 '변방'에 위치한다고 하는 공무직의 예를 들어보자. 공동체형 학교로 가는 데 교사 이외의 주체들의 몫이 있다. 행정직도 있을 것이고, 공무직도 있다. 공무직을 잘 모르는 외부인도 많을 텐데, 학교의 경우 일부를 제외하고서는 '무기계약직'이었다.

나도 교육감이었을 때 비정규직의 극복이라는 견지에서, 미진한 부분도 있지만 무기계약직 전환에 나름대로 힘을 기울였다. 앞서도 언급했지만, 사회의 변방에 위치할수록 투쟁 중심의 전략을 구사하는 것에 아무런 문제가 없다. 역지사지형 성찰성에 기반한 3-7제 인식도 필요할 수 있지만, 강조하지 않아도 된다. 그러나 투쟁이 성공하면 할수록 그런 시각을 가져가야 한다. 그게 한 집단의 영향력이나 투쟁의 성과 극대화를 위해서도 필요하다. 순수 이익집단으로 투영되는 것은 한 집단의 사회적 영향력을 약화시킬 수도 있다.

그 극단적인 예가 2024년 의대 정원 문제를 둘러싼 의사 파업이다. "내가 죽게 생겼는데, 사회적 존경이고 뭐고 다 필요 없다"라는 의식이 한 집단 내에 팽배하게 되면 그 집단의 사회적 영향력은 감소하게 된다. 한 가지 예를 통해서 가장 변방의 존재에게서도 기대되는 공화적 이니셔티브에 대해서 언급하고자 한다.

2019년에서 2021년까지 코로나 위기에 직면했던 적이 있다. 전례 없던 일이라 새로운 길을 내느라고 허둥대기도 했다. 그 당시 학교 수업이 온라인 수업으로 대체되어 가면서 온라인 학습 시스템을 구축하느라 초기에 힘들었던 기억도 난다. 인터넷 기반 교육, 스마트 교육 등 다양한 이름으로 불리던 온라인 교육은 코로나라는 위기를 매개로 급진전되어 새롭게 정착했다. 디지털·AI기술 혁명의 급진전은 코로나가 매개했다고 해도 과언이 아니다.

코로나 초기에 학교 수업을 할 수 없을 때, 학교에는 교직원들과 돌봄을 받는 소수의 학생들만 있는 상황이었다. 다른 직종은 출근을 기피하는 데 반해 조리종사원들은 출근을 허락해 달라고 요구하는 상황이었다. 왜냐하면 조리종사원은 출근을 하지 않으면 '월급'을 받지 않지 못하는 임금 구조였기 때문이다.

당시에 돌봄 학생들에 대한 급식 문제도 있고 해서, 당연히 시·도 교육청들은 출근하는 교직원, 돌봄 학생, 조리종사원인 자신들을 위한 급식 조리를 조리종사원 노조에 요청했다. 그때 노조에서는 '학교급식법'상 조리종사원은 학생을 대상으로 한 급식 제조를 하는 것이지, 다른 주체를 위해서는 하는 것이 어렵다고 했다. 맞는 말이다.

단지, 나는 이 사례를 근거로 학교 사회에서 가장 약자인 공무직에게도 어떤 순간에는 공동체를 위한 자기희생적 몫도 있다는 점을 드러내고자 한다. 당연히 노조의 입장에서는 "조리하다가 사고 나면 누가 책임지는가", "이번에 선례가 되면 다음에 학생 외에 급식 대상을 확대하는 빌미가 되어 부담이 늘어난다"라는 정당한 사유도 존재한다. 쉽지 않은 문제이기도 하다. 그러나 당시가 국가적 위기 상황이었다는 점을 감안하면, 얼마든지 보완이 가능했다고 생각한다. 나는 국가적 위기 상황에서 한 집단이 보다 적극적으로 공동체에게 필요한 과업을 수용, 대면하면서 그 과업을 위한 전제조건의 전향적 해결을 결합시키는 방안이 얼마든지 가능하다고 생각한다.

최대이익주의적 전략을 넘는 역발상적인 자기희생적 전략이 역으로 헤게모니적 효과가 있다는 점을 나는 말하고 있다. 학교에서는 젊은 평교사들이 공무직의 업무와 그 집행 행위에 대해 불만을 터뜨리는 경우도 많다. 나는 변방의 주체에게도 공화적 이니셔티브의 공간이 존재한다는 점을 말하고 싶다. 앞서 햇볕정치에서 제도정치권에 요구하는 것도 정확히 동일한 것이다.

▌ 민주성에 기반한 공화를 향해

우리는 지난 40년에 다가가는 장기 민주화의 여정에서 좋은 사회, 좋은 가치의 실현, 각자가 중시하는 이른바 PC의 더 확대된 실현을 위해 매진해 왔다. 그러나 '각개약진'이 이루어졌다. 각자의 좋은 실천이 모아져서 전체적인 상이 어떤가를 점검해 볼 때가 왔다. "부분이 전체가 아니다"라는 말은 새삼스러운 말이 아니다.

이것은 사회과학적 논리로 볼 때 당연하다. 왜냐하면 개인이나 집단은 자신의 의제와 자신의 시각으로 실천하고 전진한다. 그것이 가져오는 '의도하지 않은 결과'나 그런 부분적 실천이 모아져서 만들어지는 전체적인 상에 대해 책임질 필요가 없다. 사회의 원리가 그런 것이다. 진보의 경우도 마찬가지이다.

그렇지만 그런 부분적 각개약진이 모아져서 만들어내는 의도하지 않은 종합적 결과에 대해 직시하고, 긴 민주화 40년을 종합적으로 돌아볼 필요가 있다. 나는 이 책에서 일관되게, 권리의 최대이익주의적인 극단적 활용이나, 하나의 좋은 가치의 최대주의적 추구 과정이 극우의 강화로 이어지지 않도록 하는 복합적 접근이 필요하다는 전제 위에서 서술하고 있다.

민주화의 긍정적 결과로 인해 이제 모두가 당당해졌고 모두가 민주적 전투성의 담지자가 되어 있다. 민주화의 성공의 역설이다. 그것을 전제로 교육공동체 전체의 관점에서 성숙한 협의와 합의를 만들어낼 수 있느냐 하는 것이 새로운 과제가 된다. 민주화 시기의 전 여정에서 전투적 민주주의가 존재했다. 그 전투성은 민주주의의 역동성의 또 다른 얼굴이다.

그런 점에서 그 전투성의 합리적 핵심을 견지하면서도 어떻게 민주진보가 민주성에 기반한 공화성을 실현할 수 있을 것인가 하는 것이 새로운 도전이 되고 있다. 이는 우리가 세계에 영감을 주는 '성숙한 민주주의'의 길을 만들어가기 위한 과제이기도 하다.

▍ 능력주의 '괴물'만 있는 것은 아니다

주지하다시피, 대한민국은 교육을 중시하는 나라이다. 교육입국(敎育立國)의 이념 아래, 전 국민이 배움을 국가 발전의 원동력으로 삼아왔다. 한국전쟁 이후 '출발선의 평등'이 어느 정도 갖추어진 상황에서, 국민은 교육이라는 희망을 붙잡고 우골탑을 쌓듯 온 가족이 헌신했다. 산업화와 고도성장은 바로 그 집념의 결실이었다. 계층 상승의 꿈을 품고 모두가 공부에 매달렸고, 가정은 콩나물 살 돈을 아끼며, 누나는 동생의 학비를 벌기 위해 평화시장에서 땀을 흘렸다. 그렇게 우리는 분명 '성공'했다.

그러나 그 치열하고 긍정적이던 교육의 힘이 이제는 대립적 에너지로, 또는 이른바 '대립물'로 전환되고 있다. 문제는, 교육입국의 긴 여정 속에서 우리 사회가 점차 험악한 능력주의 사회로 변모했다는 점이다. 특히 성적 중심의 메리토크러시(meritocracy)가 병적인 수준으로 제도화되었다. 김누리 교수의 말대로, 능력주의의 그늘 아래 '괴물들'이 출현했다면,[21] 한국의 교육은 파시즘적 인간형을 재생산하는 왜곡된 체제가 되고 만 셈이다.

저출생이라는 국가적 위기도 이와 무관하지 않다. 한국 사회의 인구 소멸 위기에는 부동산과 더불어 교육이 한 축으로 작용한다. 아이를 키우고 제대로 교육시킬 자신이 없어 출산을 미루거나 포기하는 현실, 이는 단순히 경제적 문제가 아니라 교육이 희망이 아닌 절망이 된 시대적 징후다(물론 이는 객관적 통계보다는 주관적 체감의 차원이기도 하다).

그럼에도 불구하고, 절망의 조건 속에서도 학교 현장에서는 '참혹한 토양 위에 꽃'을 피워내려는 교사들의 노력이 계속되어 왔다. 민주시민을 길러내기 위한 그들의 헌신이 있었기에, 한편으로는 비상계엄의 폭력적 만용을 가진 엘리트들이 등장했지만, 다른 한편에서는 온몸으로 그것을 막아낸 남태령의 젊은 세대나 조용한 저항으로 비상계엄의 '성공'을 좌절시킨 젊은 군인들이 있었다. 우리 사회에 능력주의 '괴물'만 있는 것은 아니다. 그래도 희망은 있다.

이제 우리는 민주주의로부터의 퇴행을 막아내는 데 그치지 말고, 더 나아가 공화적 민주주의로의 재정립을 향해야 한다. 권위주의의 망령을 넘어, 시민적 덕성과 공화적 감수성을 회복하는 일, 그것이야말로 이 시대 교육이 품어야 할 새로운 사명일 것이다.

보론 2

손흥민과 이강인의 갈등의 드라마를 보면서, 한국 정치와 교육을 생각한다

나는 이 책에서 분노와 대립을 넘는 공화적 접근이 한국 사회에 필요하다는 것을 제안하고 있다. 이것은 부정의에 대항해 정의의 투쟁을 하지 말자는 것이 아니다. 오히려 안 해도 되는 싸움을 절제했으면 한다는 것이 정확할 것이다. 또한 군사적 전투로만 좋은 사회가 오지 않는다는 것을 이야기하고자 하는 것이다. 나는 다음의 예를 들어서 우리가 갈등 상황에서 어떻게 공화적 접근을 할 수 있는지를 예시해 보고자 한다.

한국 축구대표단이 아시안컵 4강에서 좌절한 직후인 2024년 2월 8일, 손흥민이 패배 후에 한 발언에 감동을 받아 "손흥민 선수의 발언에서 찾은 희망, 그리고 감동"이라는 글을 올렸다. 그런데 당시에는 몰랐던 사실들이 뒤늦게 알려졌다. 경기 패배의 원인 중 하나가 선수들 간의 갈등과 싸움이었다는 것이었다. 아시안컵 본선 기간에 이강인 선수가 손흥민 선수의 지도를 거부해 갈등이 일어났고, 이 과정에서 이강인 선수와 충돌해 손흥민 선수의 손가락이 탈구되었다고 한다.

사태는 일파만파 커졌다. 축구를 사랑하는 사람들 사이에선 굉장히 중요한 일이었으므로 논쟁이 이어졌다. 아시안컵 4강 좌절과 함께 이런 불미스러운 일이 일어나면서 클린스만 감독이 경질되기도 했다. 관리·감독 기관인 대한축구협회를 비롯해 정몽규 회장에게도 비난이 쏟아졌다. 이렇게 되자 국민적 신뢰가 큰, 그리고 피해자가 된 손흥민에게는 우호적인 감정이, 일종의 트러블 메이커인 이강인에게는 '퇴출'까지 요구할 만큼 비난이 고조

되기 시작했다.

이 무렵 나는 학교폭력 등 학내 갈등 사안을 둘러싸고 가해자와 피해자 모두가 전투적인 자세로 상대방을 대하고, 이로 인해 작은 갈등이 큰 갈등으로 번져 소모적 과정이 빈발하는 데 대해 고민하고 있었다. 용서와 화해, 단기적인 분노에 집착하지 않는 중기적인 포용과 소통 노력 등이 필요하다고 생각하던 참이었다. 그래서 손흥민 선수가 귀감이 되는 일을 해서 모두에게 새로운 본보기가 되었으면 좋겠다는 생각했다. 원숙하고 포용적인 모습을 이강인 선수에게 보여주기를 기대하는 마음으로 2024년 2월 18일, "우리의 캡틴 손흥민에게 대한 또 하나의 기대"라는 글을 페이스북에 올렸다(교육감의 글이므로, 몇몇 언론이 다루기도 했다).

소송전으로 비화되는 학폭 사건과는 다르게 아름다운 갈등 해결을

교육행정을 담당하면서, 무슨 기사를 읽건 우리 교육과 연결지어 생각하는 버릇이 들었습니다. 아시안컵 4강 좌절 직후 손흥민 선수의 발언에서 '틀리지 않기 경쟁을 넘어서는 교육'을 향한 희망을 찾으려 했던 것도 아마 그 때문일 것입니다.

여전히 저는 스포츠 기사나 정치 기사를 보면서도 학교를 떠올립니다. 오늘의 학교는 내일의 사회입니다. 학교에서 지금 벌어지는 갈등은 머지않아 사회에서 재연되곤 합니다. 또 학교 밖 사회에서 생긴 대립이 학교 안에서 반복되기도 합니다.

축구에 대해 잘 모르는 제가 감히 축구대표단 이야기를 하는 것도 실은 학교에 대한 고민을 나누기 위해서입니다. 물론, 축구대표단에서 벌어진 갈등과 우리 학교의 현실이 그대로 겹치는 것은 아닙니다. 다만 갈등을 대하는 태도와 해법 측면에서 잠시 생각해볼 기회는 된다고 봅니다.

학교폭력을 둘러싸고 학교 안팎에서 종종 갈등이 벌어집니다. 학교폭력이 발생했습니다. 가해학생과 피해학생이 있습니다. 가해학생 학부모는 혹여 큰 문제로 번질까 봐 자기 자녀에게 이렇게 이야기합니다.

1) 절대 때렸다고 인정하지 말고 가해를 숨겨라, 2) 그리고 '방어'를 위해, 혹시 피

해학생에게 예전에 가해를 당한 어떤 경험이 있는지 최대한 기억을 해보라, 3) 그래도 안 되면, 주위 친구들에게 물어서 그 피해학생에게 혹시 가해당한 사건이 있는지 탐문을 해보라.

실제로 있는 일입니다. 학교 밖 역시 마찬가지입니다. 정치권이나 다른 사회적 갈등현장에서도 비슷한 일이 벌어집니다. 갈등이 화해로 풀리기보다 증폭되는 방향으로 힘이 작동하는 것입니다. 차이와 적대를 과장하고 갈등을 부추겨서 이익을 꾀하기도 합니다.

이런 현실에선 다양성을 존중하는 공동체가 유지되기 어렵습니다. 공동체의 구성원이 스스로 갈등을 풀고 화해하는 법을 익히기도 어렵습니다.

그래서 감히 기대를 품어 봅니다. '우리의 캡틴' 손흥민 선수가 갈등을 푸는 한 모범을 우리 사회와 학교에 보여줬으면 하는 기대입니다. 경기 전날의 갈등에도 불구하고, 4강 경기에서 함께 손잡고 최선을 다했던 것처럼, 넓은 품으로 보듬고 화해해 아름답게 매듭지었으면 하는 바람입니다. 마침 신태용 감독도 최근 비슷한 말씀을 하셨습니다. 손흥민, 이강인 두 선수가 직접 한 발씩 양보하는 지혜가 필요하다는 말씀이었습니다.

저는 앞서 올린 페이스북 글에서 아무리 뛰어난 사람도, 매 순간 최선을 다하는 사람도 인생에서 몇 번쯤은 실패와 패배를 겪는다는 말씀을 드렸습니다. 누구나 승리를 염원하지만 모든 이가 승리할 수는 없으며, 지금 승리한 사람도 언젠가는 패배를 겪는다는 말씀도 드렸습니다. 따라서 중요한 것은 승리와 패배 그 자체가 아니며, 승리와 패배 너머를 보는 시선이 더 중요하다고 말씀드렸습니다. 승리에 갈채를 보내고, 패배에 절망하기에 앞서, 보다 넓은 시야로 성찰하는 힘을 기르는 것이 공교육의 책무라고 했습니다.

개인이 아닌 공동체에 대해서도 비슷한 말씀을 드리고 싶습니다. 모든 공동체가 평화를 염원하지만, 갈등과 다툼을 피할 수는 없습니다. 천사들이 모인 공동체도 몇 번쯤은 큰 갈등을 겪습니다. 따라서 중요한 것은 갈등과 다툼 그 자체가 아닙니다. 갈등과 다툼을 거친 뒤 화해하고 회복하는 과정이 정말 중요합니다. 그 힘을 기르는 것

역시 교육공동체의 책무입니다.

▌ 공동체의 상처를 회복해 화해로 나아간 손흥민의 모범 사례[22]

사건이 노출된 이후, 글에도 썼지만, 학교폭력과 유사한 상황이 손흥민(팬, 손흥민을 응원하는 측)과 이강인(팬, 이강인을 응원하는 측) 사이에 벌어질 것 같은 험악한 분위기가 조성되었다. 심지어 나의 페이스북에 와서, 이강인에 대한 분노를 품고 이강인을 비판하고 질타를 할 일이지, 왜 쓸데없이 피해자인 손흥민에게 용서와 화해를 주문하는가 하는 댓글을 달기도 했다.

내가 예로 들은 학교폭력을 거론하면서, "아니 피해자(손흥민)에게 용서를 요구하는 것이 타당한가, 말도 안 된다"라는 댓글이 달리기도 했다. 학교폭력에서 우리가 목도하는 관성적 태도를 전제로 하면, 이강인은 뭇매를 맞고 대한축구협회가 나서 징계도 하는 식으로 전개될 수도 있었을 것이다.

이후 태국과의 북중미 월드컵 아시아 2차 예선 2연전을 앞두고 선수 선발을 해야 하는 상황에서는 홍준표 대구시장이 이강인 선수에 대해 "인성이 단체 경기에 부적합하다"라며 선발에 반대하는 일도 있었다. 사실 정치인은 분노가 높아지면 그것에 편승해서 질타를 하는 경우가 많다. 홍준표 전 시장의 말 자체보다도 그런 이야기를 하는 것이 자연스러울 정도로 이강인에 대한 질타 분위기는 당시 상당히 높았다.

다행스럽게 그 후 상황은 나의 소망대로 되었다. 당시 비난이 거세서 비를 피해가려 한다는 식의 시선도 있었지만, 그래도 이강인 선수가 손흥민 선수가 머물던 영국 런던으로 찾아가 진심 어린 사과를 했다. 그리고 그때 손흥민 선수는 따뜻하게 용서하고 포용했다. 손흥민 선수와 이강인 선수가 어깨를 건 사진도 손흥민이 SNS에 올렸다. 우리 국민은 손흥민 선수의 넓은 포용의 자세에 감탄했다. 나 역시 '우리의 캡틴에게 성원'을 보냈다. 치열한 갈등의 현장에서도 화해와 포용의 꽃이 피어나야 한다는 취지였다.

▋ 태국과의 월드컵 예선전을 앞두고

3월 중순에 태국과의 북중미 월드컵 아시아 2차 예선 2연전에 나갈 선수를 발표해야 하는 순간이 되었다. 사임한 클린스만 감독에 이어 지휘봉을 잡은 황선홍 감독으로서도 난감한 상황이 되었다. 역시 다행스럽게 황선홍 감독은 축구대표팀 명단을 발표하면서, 손흥민은 물론이고 이강인을 출전 선수에 포함해 발표했다.

그런데 그때까지도 여진이 남아서 이강인의 포함 여부에 대해서 우려하고 비난하는 목소리도 많이 제기되었다. 이강인의 선발에 반발한 일부 축구 팬이 경기를 보지 않겠다고 선언하기도 했다. 이를 의식한 듯 황선홍 감독은 "태국과의 2연전을 통해 다시 하나 된 모습을 보여드리고 싶다"라는 포부를 밝혔다. 나는 이강인의 사과와 손흥민의 포용으로 이어진 아름다운 모습이 깨지지 않고 이어지기를 소망했고, 황선홍 감독의 곤혹스러운 상황을 아주 조금이라도 덜어주고자 3월 13일 다음과 같은 글을 올렸다.

이강인을 배제해 갈등의 상처를 증폭시키지 않기를

여전히 이강인 선수의 태도에 대해 우려하고 비판하는 목소리가 있는 것도 사실입니다. 아시안컵 당시 갈등의 여진이 남아있으리라는 말도 나옵니다. 이런 입장에 대해 이해가 안 가는 것은 아닙니다.

하지만 저는 황선홍 감독의 입장을 성원하고 지지를 보냅니다. 황선홍 감독의 결정이 우리 국민에게 지난 아시안컵의 갈등이 화해로 마무리된 아름다운 기억을 간직하는 계기가 됐으면 합니다. 황선홍 감독의 화해 용병술을 계속 지켜보고 싶습니다.

물의를 일으킨 이강인 선수에게 북중미 월드컵 아시아 2차 예선 배제라는 패널티를 줘야 한다는 입장도 이해합니다. 하지만 제가 더 간절히 보고 싶은 것은 다른 장면입니다. 천사들이 모인 공동체에서도 갈등과 다툼은 있기 마련입니다. 중요한 것은 갈등이 있고 없음이 아닙니다. 갈등과 다툼을 어떻게 풀어 화해하는지, 상처를 어떻게 치유하는지가 훨씬 중요합니다.

이강인 선수가 나름대로 진지한 사과를 하고 우리의 손흥민 캡틴이 화해의 손을 내밀어 아름다운 마무리를 한 마당에, 다시 그 상처를 환기하는 것은 바람직하지 않다고 생각합니다. 더 나아가 황선홍 감독이 화해와 포용에 바탕한 리더십을 보이는 것을 막아서도 안 된다고 봅니다.

제가 황선홍 감독에 대해 그의 화해의 리더십을 지켜보고자 하는 것은, 아시안컵 사태를 아름답게 관리하지 못한 클린스만의 실패한 리더십을 옹호하는 것도 아니며, 아시안컵 이후 한국축구협회에 대한 비판을 멈추는 것과도 다릅니다.

저는 세상은 천사와 악마의 싸움터가 아니라는 이야기를 자주 합니다. 천사에게도 악마의 속성이 30퍼센트쯤은 있고, 악마에게도 천사의 속성이 30퍼센트쯤은 있기 마련입니다. 악마의 속성이 자라나면, 천사도 악마 같은 행동을 하게 됩니다. 천사의 속성을 잘 북돋우면, 악마도 천사처럼 행동할 것입니다. 이처럼 우리의 내면에 있는 좋은 속성을 제대로 싹 틔우고, 나쁜 속성을 성찰해 제어하도록 하는 게 교육의 역할이라고 생각합니다.

한번 문제를 일으킨 학생이라 해 포기한다면, 교육하는 자세가 아닙니다. 인간의 인성이 고정돼 있다고 믿는다면, 교육 자체가 성립할 수 없습니다.

이강인 선수도 아시안컵 당시의 갈등을 통해 많이 배우고 성숙했으리라 생각합니다. 이 같은 제 생각이 자칫 오해를 부를까 걱정도 듭니다. 다툼이 있을 때 시시비비를 엄격히 가릴 필요가 없다는 뜻이 아닙니다. 가해 사실을 무작정 덮어두자는 취지도 아닙니다. 가해자가 제대로 반성하지 않았는데, 피해자에게 용서를 강요하는 적반하장 행태를 옹호하는 것은 당연히 아닙니다. 물론 우리 역사에선 가해자의 적반하장 행태가 횡행했던 사례가 많이 있습니다. 하지만 자라나는 세대는 다른 역사를 쓰며 살아가야 합니다.

시시비비는 제대로 가리되, 반성과 용서, 그리고 우정의 선순환 역시 강화해야 합니다. 잘못에 대해 반성하고, 이를 용서해 화해하고, 보다 우정 어린 관계로 나아가는 경험이 쌓일 때, 우리 교육공동체도 한발 더 나아갈 수 있으리라 생각합니다.

갈등하면서도 화해하고 공존해야

나는 이 글에서 국민들이 관심을 갖는 축구라는 소재를 통해서, 우리의 교육
과 정치에서의 새로운 접근을 이야기하고 싶었다. 그래서 이렇게 썼다.

이는 꼭 교육에만 해당하는 이야기가 아닙니다. 우리 사회와 정치 역시 적대와 혐오
그 자체를 목적으로 삼는 모습을 자주 보입니다. 불의를 미워하고 그에 맞서 싸우는
일은 정의롭습니다. 하지만 이는 정의와 사랑을 실현하기 위한 목적일 때만 정당합
니다. 적대와 갈등 그 자체가 목적이 될 수는 없습니다. 또 이미 벌어진 갈등을 계속
방치한다면, 그 역시 책임 있는 태도가 아닙니다. 갈등의 상처와 앙금을 씻고 화해로
나아가기 위한 노력은 모든 리더의 책무입니다. 황선홍 감독의 결정을 성원하는 것
도 그 때문입니다.

대한민국 헌법 제1조는 '대한민국은 민주공화국'이라고 규정합니다. 이 문장을 볼
때마다, 우리는 과연 민주공화국을 제대로 실현하고 있는지 되묻게 됩니다. 민주에
대해선 철저했다고 생각합니다. 치열한 헌신과 희생이 있었습니다. 하지만 민주주의
를 위해 싸웠던 이들조차 공화의 가치에 대해선 소홀하지 않았는지 반성하게 됩니
다. 우리 사회에 만연한 극단적인 진영 논리는 그 결과일 수 있다고 봅니다.

지금 자라나는 세대가 지속가능한 공동체 안에서 행복한 미래를 그릴 수 있으려
면, 적대를 넘어 공존의 사회를 만들기 위한 노력이 절실합니다. 저는 공존의 교육으
로 공존의 사회를 만들겠다는 약속을 시민께 드리고 세 번째 임기를 시작했습니다.
우리 학생들은 입장이 다른 상대와 치열하게 갈등하면서, 또 화해하고 공존하는 법
을 익히기를 바랍니다. 그리하여 우리 학생들이 자라서 만들어 갈 대한민국은 민주
와 공화의 가치가 모두 실현되는 사회가 되길 바랍니다.

축구 전문가도 아닌 제가 자꾸 말을 거는 이유도 여기에 있습니다. 물론 저는 축구
광입니다. 저는 축구를 계기로 우리 미래세대들이 만들어 갈 한국 교육과 한국 사회
에 대해 한 번 더 생각해 주기를 바라기 때문입니다.

이렇게 홍역을 치르면서 이루어진 선수 선발과 태국과의 경기에서 '대패'를 했다면 아마도 또 다른 상황이 전개되었을 수도 있겠지만, 유종의 미를 거두듯이 손흥민과 이강인이 선전했고, 축구 대표팀이 태국을 상대로 3 : 0의 대승을 거두었다. 그리고 손흥민과 이강인이 얼싸안는 장면이 사진으로 보도되었다. 정말 감동의 순간이었다. 계속 달아오르던 갈등이 결국 아름다운 화해로 마무리되었다.

두 선수가 협력해서 골을 넣는 순간, 경기를 중계하던 한 온라인 플랫폼에선 가수 김동률의 노래 「다시 사랑한다 말할까」가 흘러나왔다. 이 기막힌 선곡이 또 장안의 화제가 되었다. 하나의 드라마틱한 스토리라고 생각한다.

▎손흥민과 이강인의 포옹에 감동하며

3월 28일, 나는 다시 다음과 같은 글을 페이스북에 올렸다.

축구 경기장 밖 학교와 사회로 눈을 돌려 봅니다. 다양한 입장과 이해관계가 곳곳에서 거세게 충돌합니다. 서로 다른 입장 사이에서 공통분모를 찾으려는 노력 자체를 회피하고, 적대를 부추기기만 하는 모습도 흔합니다. 우리 편의 오류에는 눈을 감고, 상대의 잘못은 실제보다 과장하는 목소리가 오히려 환영받기도 합니다.

이처럼 극단적인 진영논리 앞에서 답답해하는 분들에게, 손흥민과 이강인의 포옹 장면을 권하고 싶습니다. 축구 대표팀을 둘러싼 비난과 갈등이 한창 고조되던 당시엔 파국으로 향하는 경로가 주로 부각됐습니다. 다른 가능성을 찾는 목소리는 높지 않았습니다. 하지만 당시엔 희미했던 가능성이 이제 현실이 됐습니다. 치열한 갈등도 대화의 끈을 놓지 않는다면, 결국 화해로 풀릴 수 있다는 가능성이 확인됐습니다.

적대적인 이항 대립이 치열한 가운데서도, 제3의 경로는 늘 있기 마련입니다. 그 사실을 잊지 말자고, 저 스스로 다짐합니다. 학교도 마찬가지입니다. 학교는 사회의 축소판이라고 합니다. 그래서 사회 속 온갖 갈등이 학교 안에서 재연되곤 합니다. 첨예한 갈등에 휘말려 있다 보면, 서로 부딪히는 양쪽 이외의 다른 가능성은 떠올리지 못할 때가 많습니다. 그때마다 손흥민과 이강인의 포옹 장면을 떠올려봤으면 합니다.

화해의 꽃은 전쟁터에서도 피어난다고 생각합니다. 그 가능성을 기억하는 한, 우리의 학교 공동체는 때론 비틀거릴지언정 더 나은 공교육으로 향하는 길에서 벗어나는 일은 없을 것입니다.[23]

교회가 관용과 다원성의 공간이 되기를: '교회의 정치화'의 양면성을 생각하며[1)]

과거와는 달리 우리는 매우 독특한 정치 현상과 마주하고 있다. 앞에서 극우가 '동원 대상'에서 '자발적 대중운동'으로 전환하고 있다고 말했는데, 그 전환 과정에서 보수 기독교가 핵심적 역할을 하고 있다. 기독교 보수주의가 정치적 (극)보수주의, 나아가 극우 보수주의의 기반으로 자리 잡고 있는 것이다.

■ 신앙은 어떻게 정치가 되는가?

12·3 비상계엄에 반대하는 탄핵 반대 집회를, 전광훈으로 상징되는 광화문 태극기 부대가 주도했고, 부산에서는 손현보 목사의 세계로교회 그룹이 중요한 역할을 했다. 두 집회 모두에서 개신교 신자들이 핵심 인원으로 동원되었다. 광화문 탄핵 반대 집회는 거의 개신교의 예배 형식으로 진행된다. 그곳에서 김대중·문재인은 '빨갱이'이자 김정은의 사주를 받는 반국가 세력으로 규정된다. 반면 이승만은 국부로 추앙받아야 할 인물로 강조된다. 부산·여의도 집회에서는 '이승만 학교'를 만들어 새로운 역사 인식으로 무장해야 한다는 주장까지 나온다. 집회에서 태극기와 함께 성조기를 흔드는 모습은 일상적인 풍경이 되었고, 한미 '혈맹'을 강조하는 신념과 결합해 있다. 이스라엘 국기가 등장하는 장면도 낯설지 않다.

이처럼 한국에서 극우의 자발적 대중화 가능성을 키우는 데 보수 교회가 극우 정치와 결합하면서 극우 세력의 인식적·도덕적 정당화를 적극 뒷받침하고 있다. 광화문 집회에서 전광훈이 맡는 역할은 이를 상징한다. 그가 교단 내부에서는 '이단' 취급을 받기도 하고, 언론에서 과잉 보도하는 측면도 있지만, 그가 표상하는 기독교 이미지가 상당수 기독교인과 국민에게 영향을 미친다는 사실은 부정하기 어렵다.

1970~1980년대, 특히 기장(기독교장로회)을 중심으로 한 진보적인 신앙 전통은 민주화운동의 중요한 동지였다. 민주화운동 진영이 도덕적 우위를 점하고, 그 정신이 대한민국의 방향을 선도하던 40여 년의 민주화 시기가 지나면서, 지금은 보수적 퇴행기의 국면 속에서 기독교 보수주의가 정치적 보수주의를 떠받치는 보루가 된 셈이다.

개인적 경험을 떠올려 보자. 초등학교 시절부터 이른바 보수적 교회에 출석했다. 중고등학교 때는 거의 교회와 도서관만 오가는 모범생이었다. 그러나 유신 시대에 대학을 다니며 신앙과 현실 정치 이념 사이에서 깊은 방황을 경험했다. 보수적 신앙 교육과 사회과학 서클에서 배우는 진보적 이념 사이의 긴장을 조화시키기 어려웠다. 결국 장로교에 다니며 현대신학에 관심을 가지는 방식으로 절충을 시도했다. 존 로빈슨(John Robinson)의 『신에게 솔직히』를 읽고 토론했고, 마지막에는 '해방신학'을 함께 공부했다. 'Missio Dei(하나님의 선교)'에 관한 글을 쓰기도 했고, 1980년대 초 엄혹한 시절에는 영문으로 된 신학 원서를 번역하는 아르바이트로 생계를 이어간 적도 있다.

이 오래된 신앙 경험을 꺼내는 이유는, 세속적 이념과 신앙 및 종교의 관계를 말하기 위해서다. 이재명 정부 출범 직후인 2025년 8월 15일에도, 보수 기독교를 중심으로 한 '반정부' 집회가 서울역에서 열렸다. 과거와 다른 점은, 치열한 정치 갈등의 선두에 교회가 서 있다는 것이다. 자연스럽게 '교회의 정치화'라는 표현이 나올 수밖에 없다. 진보 측에서는 이를 '교회의 보수 정치화/극우 정치화'라고 부를 것이다. 물론 전체 교회가 그런 것은 아니므로, 정확히 말하면 '일부 교회의 정치화'이다. 당사자들은 자신들은 극우가 아니며 '정상적인 정치 참여'라고 주장할 것이다. 여기서 목표는 이 현상을 일방적으로 비판하거나 옹호하는 것이 아니라, 사회학적 관점에서 그 양면성을 조명하는 것이다.

교회나 기독교가 정치성과 사회성을 가진다는 사실은 새삼스러운 일이 아니다. 루트비히 포이어바흐(Ludwig Feuerbach)의 고전적 테제를 들지 않더라도, 교회의 사회적 성격에 대한 논의는 오래되었다. 그러나 최근 현상은 단순히 "교회가 일정한 사회적·정치적 입장을 갖는다"라는 수준을 넘어선다. 12·3 탄핵 국면에서 보듯, 기성 보수 정당조차 명시적으로 내세우지 못한 비상계엄 옹호, 탄핵 반대와 같은 강한 극보수 정치운동의 최전선에 일부 교회가 서 있다. 지난 40여 년 민주화 시기에 형성된 진보적 역사관·사회관의 정반대 지점에 선 극보수 역사관과 사회관을 교회가 대변하고 있는 것이다.

더 눈에 띄는 점도 있다. 탄핵 반대 집회와 이재명 정부 출범 이후 진행된 '반정부' 극우 집회를 기독교가 주도하지만, 이들이 옹호하는 윤석열 정부의 무속적 성격에 대해서는 거의 문제 삼지 않는다. 12·3 비상계엄 주도자의 무속적 행위는 말할 것도 없고, 윤석열 정부 내내 무속 관련 루머가 끊이지 않았고, 내란 수사 과정에서 그 일단이 드러났음에도, 교회가 주도하는 탄핵 반대 집회에서 무속에 대한 비판은 사실상 부재한다.

전통적으로 교회는 무속과 '이단'을 강하게 비판해 왔다. 그 기준에서 보면 지금의 침묵은 매우 비정상적인 일이다. 그러나 달리 보면 이해할 수 있다. 일부 교회가 극보수 정치 공동체로 변모하는 과정에서, 무속 비판이라는 기존 신앙적 기준조차 부차화되었다고 볼 수 있다. 비상계엄 주도 세력과의 정치 및 이념적 일체감이 신앙적 기준을 압도해 버린 것이다.

여기서 중요한 것은 '옳고 그르다'를 넘어서, 교회가 극우 정치의 선봉에 선 대변자가 되는 것이 어떤 효과를 가져올 것인가 하는 문제다. 특히 교회의 성장과 신뢰에 어떤 영향을 미칠 것인지가 관건이다.

▍독재하에서 교회는 피난처였다

나의 대학생 시절은 독재정권 말기였다. 당시 교회는 서슬 퍼런 독재정권 (안기부의 고문, 사찰 및 해직이 일상화된, 사실상의 전체주의·파시즘적 체제)의 감시 망 속에서 거의 유일하게 '손대기 어려운 공간'이었다. 교회는 안기부와 경 찰도 함부로 침범하기 어려운 영역이었기 때문에, 반독재 민주화운동의 우 산이자 병풍 역할을 했다. 젊은이들에게 교회는 심신의 피난처였다. 박노 해, 문성현, 정현경 등도 그러한 공간에서 만났다.

이 경험을 상기하는 이유는, 한국 교회 성장의 여러 요인 중 하나로 '저항 적 이미지'를 꼽고 싶기 때문이다. 엄혹한 현실 속에서도 도덕적 관점에서 볼 때, 교회에 다니는 것에는 어느 정도의 정당성과 명예가 부여되었다.

한완상의 『민중과 지식인』 같은 책은 당시 젊은 세대가 기독교에 귀의하 는 데 도덕적인 촉진제 역할을 했다. 감옥으로 끌려가는 친구를 보며 「아침 이 슬」과 「친구」를 함께 부르던 세대에게, 교회는 자연스럽게 친화적 공간이 되었다. 그런 기억들은 교회 성장의 중요한 배경이었다.

일제하에서도 교회는 도피처였다. 일본 제국주의의 삼엄한 지배 아래서, 3·1 운동 민족대표 33인 중 16인이 기독교인이었다는 사실에서 드러나듯, 기독교는 항일 독립운동의 한 축을 이루었다. 이런 적극적 참여는 당시에는 혹독한 탄압을 불러왔지만, 조선 민중에게 교회를 '피억압자 및 소외자와 함 께하는 친구'로 인식하게 만들었다. 이 경험이 해방 이후 한국 교회가 급속 히 성장하는 밑바탕이 되었다고 볼 수 있다.

▍해방 이후 '근대성'의 상징으로서의 기독교

제2차 세계대전 이후 미국이 남한에서 가장 영향력 있는, 사실상 지배적 국 가로 군림하면서 이런 경향은 더 가속화되었다. 선진국 콤플렉스를 갖고 있 던 한국인에게, 미국은 '최첨단 근대성'의 상징이었고, 기독교는 이와 결합 된 종교였다.

기독교는 일제하에서 저항의 이미지를 갖는 동시에, 전후에는 선진국 및 미국과 연결된 근대적 이미지를 갖게 되었다. 1960~1970년대 박정희, 1980년대 전두환 정권이 미국과 갈등을 빚으면서 독재를 강화할 때에도, 기독교는 저항의 친구로 기능했다.

물론 해방 후 기독교의 지배적 형상은 어디까지나 '권력자에 대한 축복' 역할을 수행하는 국가 친화적 종교였다. 국가적으로도 가장 영향력 있는 종교였다. 1949년 크리스마스가 가장 먼저 국정 공휴일로 지정되고, 불교의 부처님오신날(4월 초파일)은 1975년에야 공휴일이 된 것도 상징적이다. 기독교는 국가권력과의 친화성을 바탕으로 성장했지만, 동시에 저항 종교라는 이미지도 함께 유지했다. 이 양면성이 교회 성장에 유리하게 작용했다.

제2차 세계대전 이후 미국이 패권 국가로 부상한 뒤, 아시아 여러 나라 중에서 기독교가 생활 종교이자 토착 종교로 뿌리내린 거의 유일한 나라가 한국이다. 일본과 중국의 상황을 떠올려 보라. 지금 한국은 미국에 이어 전 세계에서 두 번째로 많은 선교사를 파견하는 나라가 되었다.

전후 한국에서 기독교는, 한편으로는 지배적 국가의 선진 근대 종교라는 미래 지향적 이미지를 가지면서, 다른 한편으로는 독재에 저항하는 친구라는 이미지, 이 절묘한 조합을 통해 성장했다. 그 결과 어느 이념 스펙트럼에서 있든, 기독교를 전면적으로 배척하기는 어려운 환경이 조성되었다.

▮ 민주진보 세계관의 협소함과 극우 공간의 확장

역지사지형 성찰성의 관점에서 보면, 1980년대 이후 민주화 시대를 주도한 진보적 세계관의 협소함과 폐쇄성이, 역설적으로 극우의 인식 공간을 넓히는 데 기여한 측면이 있다. 1980년대 급진적 인식에 경도되었을 때, 많은 사람들은 붕괴 이전의 '이상화된 소련 사회주의'를 전제로 논리를 전개했다. 지금 돌아보면, 그 한계가 보수·극우 진영의 반격을 위한 공간을 열어준 셈이다.

'세상은 변화한다'는 점에서, 민주진보의 세계관과 사회관 역시 끊임없이 갱신·확장되어야 한다. 단일한 패러다임이 없어도, 민주진보 진영 내부에서 다양한 인식틀과 다원성이 허용되어야 한다. 그러나 민주진보 세계관이 변화하는 현실의 복합성을 충분히 설명하지 못하는 틈을 비집고, 뉴라이트 이념이 부상했고, 이것이 보수적 기독교와 결합했다.

사물은 변화·발전하지만, 인식틀이 정체되면 괴리가 커진다. 과거 민주정부의 문제점, 민주진보 역사관의 한계가 부각될 때, 새로운 극보수 이념과 주장이 일정 부분 교정 효과를 낼 수도 있다. 안티테제(반명제)는 기존 테제를 비추는 거울 역할을 하며, 때로는 더 나은 진테제(참된 종합)를 향해 나아가는 계기가 되기도 한다. 그러나 정치·사회가 변화하는데 안티테제가 다시 경직된 도그마가 되면, 건강한 선순환은 끊긴다.

현재 상황은 이 점에서 위험하다. 극보수 정치운동의 전면에 일부 교회 및 기독교가 나서는 양상은, 해방 이후 기독교가 유지해 온 '양면적 이미지'를 해체하고, 일면적으로 보수주의·극우주의와 일체화되는 방향으로 가고 있음을 보여준다. 기독교가 '첨단 근대 종교' 혹은 '저항 종교'라는 이미지를 잃어버리고 과거 지향적, 퇴행적 이미지와 결합하는 셈이다.

이 흐름이 장기화될 경우, 교회 안에서 정치적으로 진보적 생각을 가진 사람들은 자연스럽게 '퇴거'하게 될 가능성이 크다. 대학 시절 경험했던, 교회가 저항과 연대의 파트너였던 풍경과 정반대의 장면이 나타날 수 있다.

한 교회가 사회 통념상 극단적 입장의 정치를 대변하면, 그 정치 입장을 공유하지 않는 사람들은 두 가지 선택지에 직면한다. 교회의 정치 노선을 내면화하거나, 교회를 떠나거나. 그 결과 교회는 신앙 공동체이자 동시에 보수 정치 공동체로 수축된다. 단기적으로는 '결집 효과'를 보일 수 있으나, 중장기적으로는 교회의 성장과 위상에 큰 마이너스 요인이 될 위험이 크다. 일제 강점기와 독재 시절의 '절묘한 배합'이 붕괴되면서, 기독교는 광범위하게 '정치적으로 보수주의의 종교'로 인식될 가능성이 높다.

이미 많은 교회에서 정치가 격렬한 논쟁 대상이 되고 있다. 탄핵을 둘러 싼 찬반이 교회 안에서 크게 다뤄질 필요는 없지만, 일부 교회에서는 탄핵 찬성을 공개적으로 말하는 것 자체가 어렵다. 교회가 탄핵 반대라는 협소한 '정치적 부족주의'의 공간이 되어버린 셈이다.

목사가 탄핵 반대 집회 참여를 공개적으로 독려하는 것 자체가 어렵다. 교회라면, 정치적 견해까지 사실상 일체화되지 않으면 신자로 남기 어렵다. 이는 교회가 신앙 공동체인 동시에 보수 정치 의견 공동체로 변하는 것을 의 미한다. 장기적으로 교인 확대에 파괴적인 결과를 초래할 수 있다.

▎교회 신도 감소와 정치화의 결합

최근 개신교 신자 수는 이미 감소 추세를 보이고 있다. 전체 인구 감소와 종 교 인구 축소 흐름과 궤를 같이하지만, 개신교의 감소 속도는 더 가팔라질 위험이 있다. 2015년 통계청 조사에서 개신교 인구는 전체의 약 19.7%였으 나, 이후 여러 조사에서 15% 수준(대략 700만 명대 중반)으로 추정되며, 20~40 대 젊은 층에서 감소가 특히 두드러진다는 결과가 반복되고 있다. 청년층에 서 '종교 없음' 비율이 60~70%에 이르고, 60대 이상에 비해 두 배 가까운 차 이를 보인다는 조사도 있다.

저출생으로 인한 인구 공동체의 위기(합계출산율 0.7명대)까지 감안하면, 종 교 인구 감소는 구조적 추세로 봐야 한다. 이런 상황에서 일부 교회의 극우 정 치화는 개신교 신자 감소를 촉진하는 부정적 요인으로 작용할 수 있다.

▎복합성의 시대, 미래 리더십 그리고 신앙과 정치

더 우려되는 것은, 보수적 정치 의견이 종교적 신념과 결합할 때, 정치 갈등 이 타협·공존 가능한 영역에서 벗어나 '절대 선 대 절대 악' 구도로 강화된다 는 점이다. 나는 이 책에서 민주진보가 절대적 선악 구도로 세상을 보지 말 자는 논지를 제시하고 있다. 그런데 정치적 보수의 인식론을 그런 선악 구도로 고착화하는 역할을 교회가 하고 있다. 교회를 떠나지 않고 신앙을 유지하는 미래세대가, 그 신앙과 결합된 극우 정치 견해를 가진 채 공직에 진입하고 국가를 운영하게 될 때, 그 영향은 더욱 증폭될 것이다.

이미 세계 질서는 과거보다 훨씬 복잡해졌다. 과거에는 단순한 덧셈·뺄셈으로도 해결할 수 있던 문제가, 이제는 미적분으로도 풀기 어려운 복합한 난제가 되어 있다. 지구화, 냉전 종식, 중국의 부상과 일본의 상대적 쇠퇴, 동아시아 정세 변화, 지구화의 부정적 효과에 대한 반발로 등장한 트럼프식 자국 우선주의 등, 이루 다 헤아리기 어려운 도전들이 펼쳐지고 있다. 이런 복잡한 정세 속에서, 예를 들어 '중국 혐오론'으로 무장한 미래세대가 대중 외교와 통상에 관여한다고 상상해 보자.

이런 현실에서는 유연한 인식과 복합성에 대응하는 세심한 지혜를 갖춘 미래 리더십이 필요하다. 그러나 극우 기독교 집회에서 반복되는 '한미 혈맹' 절대주의, 노골적인 반중 혐오 등이 그대로 정치 신념으로 굳어질 경우, 외교·안보·경제 정책에서 본질주의적·도그마적 태도가 강화될 위험이 있다.

신앙으로 특정 정치 입장을 정당화할 경우, 현실 정치와 국제 정세를 대하는 태도는 더욱 경직된다. 신학적 도그마가 아니라 정치적 입장까지 도그마화하는 순간, 복잡한 현실을 다루는 능력은 급격히 위축된다. 젊은 시절 극보수의 입장을 취할 수 있다는 사실 자체보다, 그 신념이 평생 경직된 채 유지될 경우 위험이 더 크다.

개인적으로도 젊은 시절에는 지금과는 다른 일직선적·일면적 생각을 많이 했다. 다양한 경험을 거치면서, 세상 모든 사태에는 양면성이 있다는 점을 점점 깊이 느끼게 되었다. 하나의 견해와 가치에 일면적으로 몰입하면, 그것을 최대화하는 것이 선이라고 믿고 전력을 다하기 쉽다. 그러나 시간이 지나면, 그 일면성에 가려져 있던 다른 측면이 쟁점화되고, 과거의 확신이 '부메랑'이 되어 돌아오는 경우를 자주 보게 된다. 지금 일부 교회의 극보수적 입장과 행동이, 한국 교회 전체에 거대한 부메랑으로 돌아오지 않을까 우려하는 이유가 여기에 있다.

대안은 무엇인가
교인 개인과 집단으로서 교회의 정치 활동 분리

그렇다면 무엇을 할 것인가. 두 가지를 강조하고 싶다.

첫째, 신자 개인이 시민으로서 정치 활동을 하는 것과, 목사나 교회 리더의 독주로 교회 전체가 집단적 정치 행동에 나서는 것은 분리할 필요가 있다. 신자는 시민이다. 시민으로서 정치적 권리를 행사하는 것은 정당하다. 다만 교회라는 집단이 하나의 정치 입장을 공식화하고, 신앙과 정치 견해를 일체화하는 것을 경계하자는 것이다.

정치 활동 자체를 하지 말자는 이야기가 아니다. 과거 독재 시절, 교회가 집단적으로 '단비' 같은 역할을 하며 국민적 찬사를 받았던 기억을 떠올릴 수 있다. 다만 치열한 의견 대립의 쟁점에 교회가 집단적으로 뛰어드는 것은 신중해야 하며 절제할 필요가 있다.

이 원칙은 진보 진영에도 똑같이 적용된다. 독재 시기에는 국가가 국민에게 하나의 정치 견해를 강요하던 시대였다. 교회는 그 억압을 돌파하는 데 중요한 역할을 했다. 그러나 민주화 시대는 정치적 견해의 다원성이 존중되어야 하는 시대이다. 갈등과 대립이 있더라도 보수는 진보의 견해를, 진보는 보수의 견해를 최소한 '존재할 권리'라는 차원에서 존중해야 한다. 문제는 극단에 대한 우려를 어떻게 다루면서 이 다원적 민주주의 공간을 지킬 것인가 하는 점이다.

둘째, 정치적 견해를 주고받을 때 '절제의 미덕'을 회복할 필요가 있다. 이전에 함께 신앙생활을 했던 김천 추수교회 김영근 목사가 자신의 설교를 담은 동영상을 보내주었다. 그는 설교에서 찬송가를 1절만 부르듯, 정치 이야기를 할 때도 "1절만 말하자"라고 제안했다. 공동체 곳곳에서 이미 깊은 균열이 생기고 있다. 논쟁이 심해지면 의견 차이를 넘어 '너는 인격이 문제, 너는 잘못된 사람'이라는 인신공격으로 넘어가기 쉽다. 더 나아가 '너는 악한 인간, 나는 선한 인간'이라는 선악 이분법으로 흘러간다. 여기서 벗어나려면, 서로 정치적 입장을 말할 때 '1절만 말하기'라는 절제의 미덕이 필요하다. 상대의 의견을 듣고 존중하는 자세가 중요하다. 극단적 대립으로 치닫지 않도록 '뱀 같은 지혜'가 필요하다.

▮ 정치적 논쟁을 대하는 방식

오늘날처럼 정치 갈등이 격화된 상황에서, 강준만은 '정치 이야기의 금기화'[2]를 이야기한 바 있다. 실제로 친밀하지 않은 관계에서는 아예 정치 이야기를 하지 않는 것도 한 방법이다. '1절만 말하기' 또는 '정치 대화 자체를 피하기'는 현실적인 방안이다. 그러나 나는 이에 대해서 서로의 정치적·사회적 견해 차이에 대한 존중 위에서의 '역지사지형 공존형 토론'을 주장한 바 있다.[3] 실제 우리 사회가 어떤 의미에서 '정치 과잉', '진영 과잉'[4] 사회로 나아가고 있는 점이 있다. 사회적 갈등을 해결하기 위한 기제로서의 정치가 있는 것이 아니라, 정치가 오히려 사회적 갈등을 극단화하는 점도 있다(물론 나는 양면이 있다고 생각한다. 변화를 바라는 전투적 열정이기도 하며, 다른 한편에서는 '과유불급'이고 일정 측면에서 극단적 갈등의 악순환의 관성이 생겨난 면도 있다).

앞에서도 말했지만 서울시교육감 재직 시절, '역지사지형 토론수업' 모형을 만들고 이를 교육과정에서 실행했다. 1단계에서는 논쟁적 주제를 두고 찬반 토론을 진행하고, 2단계에서는 입장을 바꿔 토론하게 하는 방식이다. 논쟁할 때 '적의 시선을 마음에 품고' 말하며, 글을 쓰는 역량을 기르는 훈련이다. 그렇게 되면, 자신과 다른 견해에 대한 이해와 감수성이 커질 뿐 아니라, 논리적 사고력과 인식의 유연성도 강화된다. 이 역지사지형 토론 모형은 더 확대되어, 초등학교에서는 '역지사지 공감형 토론 수업'으로까지 확대되었다. 열린 논리적 사고뿐만 아니라, 함께하는 정서를 심는 교육, 공통 감각을 회복하는 교육으로까지 확대하고자 하는 시도이다.

갈등과 논쟁이 불가피하더라도, 서로 절제와 존중의 미덕을 조금 더 많이 발휘했으면 좋겠다. 나의 주장이 일정 부분 틀릴 수 있다는 전제를 품고, 대화하고 판단하는 문화가 필요하다. 이런 의미에서 앞서 3-7제 인식과 '3-7제 민주주의'라는 개념을 제안했다. 자신의 주장에 대해 70%의 확신을 가지고 말하되, 나머지 30%는 상대방 주장을 경청할 여지를 남겨두자는 것이다.

■ 교회가 관용과 다원성의 공간이 되기를

우리 사회는 과거보다 관용이 줄어들고, 적대적 진영정치와 갈등이 확산되는 추세에 있다. 이는 대한민국 공동체의 위기이다. 정치적 의견의 다원성과 다양성이 그 자체로 존중되는 방향으로 나아가야 한다. 사생결단의 싸움이 아니라, 극단적 의견이 존재하더라도 광범위한 중간지대와 상호 존중의 문화를 키워야 한다.

2025년 4·4 탄핵 인용 판결의 핵심은, 대통령이 시민사회의 극단적 보수 입장을 그대로 자기화한 '대통령의 전광훈화', 즉 대통령의 극단화를 민주주의가 허용할 수 있는 한계를 넘었다고 판단한 것이다. 한국 민주주의와 공동체가 동시에 맞닥뜨린 경고 신호였다.

일제와 독재 시기에 교회는 대한민국이 미래 지향적으로 나아가도록 돕는 병풍 역할을 했다. 지금 필요한 것은, 교회가 다시 '진보적 정치'의 전위가 되라는 요구가 아니다. 오히려 특정 정치 이념에 과도하게 기울지 않고, 기독교 본래의 정신에 따라 관용, 존중, 도덕적 배려의 공간이 되기를 바라는 것이다. 교회가 과거 독재 시대에 피와 눈물로 확보한 민주적 공간을, 다원적 존중의 공간으로 지키기 위해 새로운 노력을 기울여야 한다.

2025년 4월 탄핵을 앞두고 갈등이 격화되던 시기에, 여의도순복음교회 이영훈 목사는 "편 가르기는 망국병이며, 헌재가 어떤 결정을 내리든 존중해야 한다"[5]라고 설교했다. 어느 한편을 드는 것이 아니라, 헌정 질서에 대한 최소한의 존중을 말한 것이다. 그럼에도 이영훈 목사를 포함해 포용적 발언을 한 목사들에게 "공산주의자 아니냐"라는 항의 전화가 수십 통씩 걸려왔다고 한다. 이른바 '좌표 찍기'가 작동한 것이다. 전체 기독교 목사들의 이념적 스펙트럼을 보면 이영훈 목사는 진보적 목사가 아니다. 그럼에도 극우적 기독교의 정치적 입장에 기초해 항의를 한 것이다.

전 세계적으로 민주주의와 다양성의 가치가 후퇴하고, 미국과 유럽에서도 DEI(다양성, 형평성, 포용성)의 기조가 흔들리는 이때, 한국 민주주의는 오히려 DEI를 향해 나아가야 한다. 이를 위해 교회가 다원성 존중과 관용·절제의 미덕이 살아 있는 공간으로 남아야 한다.

신앙이 정치적 도그마와 결합해 진영 갈등을 악화시키는 힘이 아니라, 서로 다른 입장과 삶을 포용하는 힘으로 작동할 때, 교회는 다시 한국 공동체의 미래를 지탱하는 중요한 기둥이 될 수 있을 것이다.

'총'을 든 채로 사랑할 수 있는가?
민주주의의 마지막 질문

언젠가 인터넷에서 이런 게시글을 보았다.

> 세월호 유족은 돈도 많이 받아놓고, 왜 그렇게 시끄럽게 하는지 모르겠다며 볼멘소리 하는 기사님들이 있다. 나는 그런 분들에게 "그러게나 말입니다. 그분들 자식 말고 기사님 같은 분 자식이 죽었어야 기사님이 돈도 받고 나라도 조용하고 참 좋았을 텐데요"라고 말해준다. 최대한 진지한 표정으로 말이다. 그렇게 말해주면 … 입 닫고 목적지까지 조용히 간다.

이 글을 읽으며, 세월호 희생자 가족들을 향한 울분과 분노, 안타까운 연민의 정에는 공감하면서도, '이건 아닌데' 하는 생각에 잠겼다. 나와 견해가 다른 이들을 향한 저주와 조롱을 접하면 순간 속이 후련해지는 느낌을 받다가도, 곧 '이건 아닌데'라며 후회했던 기억이 떠올랐다. 내가 분노했던 대상을 나도 모르게 닮아간다는 생각 때문이다. 민주화 이후 시대의 대안적 길을 고민하는 뜻에서도, 반독재 민주화운동, 시민운동, 넓은 의미의 진보가 지녔던 정신을 되돌아볼 필요가 있다.

우리는 좋은 사회를 실현하기 위해, 나쁜 권력(특히 독재 권력, 광주 학살을 자행한 전두환 권력)에 분노하고 증오하며 투쟁했다. 분노가 곧 정의였던 시절에 젊은 날을 보냈다. 영혼이 순수할수록, 인간에 대한 사랑이 지극할수록, 치열한 투사가 된다고 믿던 시절이었다. 숱한 젊은 목숨이 군사정부에 맞서다 스러져 갔고, 살아남은 이들 역시 고문과 강제 징집, 불법 사찰과 폭력의 기억을 지우지 못했다. 오늘 우리가 권력을 두려워하지 않는 세상에서 살아가는 것은, 지난 세월 흘린 피와 눈물 덕분이다. 한국이 전쟁과 빈곤, 독재의 과거를 딛고 수준 높은 민주주의에 도달한 역사는 분명 세계사적인 성취다.

그런데 지금은 혹시 분노와 증오에 기초한 투쟁만 남은 것은 아닌지 고민해야 한다. 때로는 보수적 반대 세력을 비판하기 위해, 혐오를 동원하는 경우마저 있다. 더 높은 정의를 향한 분노와 증오, 그리고 그에 기반한 투쟁은 여전히 필요하다. 그러나 우리는 사랑하는 사회, 연대하는 사회, 타인의 어리석음을 박멸하는 사회가 아니라 보듬고 함께 성장하는 사회를 위해 분노하고, 증오하고, 투쟁해 왔다.

더 많은 분노 투쟁과 우리들의 증오 투쟁만으로는 좋은 사회가 만들어지지 않는다. 분노와 증오의 투쟁은 미러링을 통해 우리 편의 감정적 힐링과 단합을 촉발할 수는 있지만, 상대를 설득하고 승복시키지는 못한다. 상대방도 똑같이 미러링을 시작한다. 이처럼 당연한 사실을 자주 잊는다. 정의를 실현하기 위해서가 아니라, 분노와 투쟁 그 자체를 목적으로 삼는 일이 벌어진다. 정치·경제적 이익을 노리고 분노를 선동하는 일도 잦다. 하지만 분노와 투쟁은 결코 목적이 될 수 없다.

정의에 눈을 뜨면 누구나 불의에 분노한다. 그러나 불의에 분노하는 정도에 비례해 나와 세상이 더 정의로워지는 것은 아니다. 그래서 스스로에게 묻게 된다. "우리의 분노의 목적은 사랑이었는가." 분노와 투쟁은 더 나은 세상으로 향하는 징검다리일 뿐이다. 그래서 다시 묻는다. "총을 든 채로 사랑할 수 있는가?"

불의를 향한 분노는 나와 우리가 더 올바른 존재가 되려 할 때라야 정의롭다. 분노의 대상과 내가 다를 바 없는 존재라면, 그 분노는 공동체를 파괴할 뿐이다. 지금처럼 절대 악이 분명하지 않은 시대에는 더욱 그렇다. 내가 비판하는 대상이 실은 우리 편 안에 있을 때도 많다. 세상은 천사와 악마의 싸움터가 아니다. 이 글에서 누차 강조했듯, 우리 편이 꼭 천사인 것도 아니고, 상대가 반드시 악마라고 볼 수도 없다. 우리 편에도 30%쯤의 오류는 있기 마련이고, 상대편에게서도 30%쯤은 배울 점이 있다. 그래서 3-7제 인식을 누누이 말해온 것이다

우리 아이들 역시 온라인과 오프라인에서 매 순간 조롱과 분노, 투쟁의 콘텐츠를 접한다. 이 아이들이 분노를 위한 분노, 조롱을 위한 조롱에 빠지지 않게 하려면, 공교육은 무엇을 해야 하는가?

어려운 질문이다. 다만 분명한 것은, 분노로 분노를 없앨 수는 없다는 점이다. 조롱과 분노, 그 자체를 목적으로 삼아 타오르는 불길을 끌 수 있는 것은 결국 인간에 대한 사랑이라고 믿는다. 독재와 맞섰던 청년 시절의 분노역시 마찬가지였다고 생각한다. 당시의 투사들 역시 분노 자체를 위해 싸운것이 아니라, 억눌리고 다친 이들을 향한 사랑 때문에 싸웠다.

2022년 선거에서 '공존의 교육, 공존의 사회'를 주요 표어로 내건 것도 같은 맥락이다. 취임 이후 줄곧 '공존의 교육'을 이야기해 온 이유도 여기에 있다. 분노가 곧 정의로 통하던 사회를 이제는 마감해야 하기 때문이다. 21세기를 넘어 22세기를 살아갈 우리 아이들은 다른 세상에서 살아야 한다. 아이들에게 꼭 말해 주고 싶다. 나와 내 친구들이 청년 시절 품었던 분노의 목적은, 결국 사랑이었다고. 더 치열하게 사랑하기 위해 분노했다고.

우리는 민주주의자로서 독재와 권위주의에 맞섰다. 그 결과 한국 민주주의는 세계적인 수준으로 발전했다. 이제 민주화 이후의 민주주의, 즉 모두

가 민주적 권리를 최대치로 향유하고 활용하며, 일부는 악용하기까지 하는 조건 위에서 새로운 투쟁과 새로운 사랑을 고민해야 한다. 지금처럼 분노와 적대의 시대에, 적대적 진영정치가 전 지구적으로 편만한 시대에, 한국의 민주진보 세력은 그것을 넘어서는 새로운 사유와 실천을 고민해야 한다.

'견지망월(見指忘月)'이라는 고사성어가 있다. 달을 보라고 손가락으로 가리켰더니, 달은 보지 않고 손가락만 본다는 뜻이다. 반독재 민주화 투쟁의 성공적 역사를 가진 이 나라에서 민주화운동은, 본디 더 좋은 세상, 평화로운 세상, 따뜻한 세상을 만드는 '달'을 지향하는 운동이었다. 다만 그때는 전두환이라는 거의 악마적인 권력이 있었기에, 그 악마와의 투쟁이 운동과 정치의 거의 전부가 되었을 뿐이다. 극한의 현실 조건이 투쟁을 전면에 내세웠을 뿐, 진짜 핵심은 더 좋은 세상과 더 좋은 사회를 향한 따뜻한 정신이었다.

이제는 그 원래의 정신을 상기해야 한다. 더 좋은 세상으로 가는 길과 방법은 하나가 아니다. 내전을 끝내고 정치의 복원을 이뤄냈는데, 다시 내전적 상황으로 치닫고 있다. 진보적 관점에서 보면, 윤석열 등 극보수의 반민주적 통치 행태가 직접적인 계기인 것도 사실이다. 그러나 그렇다고 진보역시 그 틈바구니에서 또 다른 적대로만 이를 이겨내려 해서는 안 된다. 필요한 것은 새로운 초월의 노력이다.

2024년, 전남대 명예교수 김상봉은 『영성 없는 진보: 한국 민주주의의 위기를 생각함』이라는 책에서 이렇게 말했다.

진보와 보수를 막론하고 오늘날 우리는 어디서도 나와 세계가 하나라는 믿음도, 그 믿음에 근거해 전체를 위해 자기를 희생하는 정신도 찾아보기 어렵게 되었다. 한국 민주주의의 위기는 바로 이런 믿음의 실종에서 비롯된다. 왜냐하면 나와 세계가 하나라는 믿음을 잃어버리고 나면, 정치는 나를 던져 세계를 구하겠다는 열정이 아니라, 단지 권력을 쟁취하고 세상을 지배하겠다는 욕망의 경연장이 될 수밖에 없기 때문이다(온뜰, 2024).

그가 말한 '영성(spirituality)'은 종교적 의미만은 아닐 것이다. 진보가 모두의 소망을 불러일으키고 품어 안는 새로운 영감의 가치, 새로운 원리가 되어야 한다는 뜻으로 읽힌다. 그래서 진보 그리고 보수 역시 자체의 영성과 영감을 다시 여는 새로운 에토스와 파토스가 필요하다는 것이 그의 제안이라고 생각한다.

누군가는 말했다. "세상을 바꾼다는 것은 비판하는 것이 아니라, 희망을 노래하는 것이다." 더 좋은 사회를 상상하고, 그 사회가 가능하다고 대중이 실제로 느낄 때, 비로소 대중은 움직인다. 적을 향한 압력만으로는 적을 이길 수 없다. 척박한 대립의 현실을 초월할 수 있는 희망이 필요하다. 장기 민주화 시대 40년을 향해 가는 지금, 그런 희망은 많이 소진되었다.

스티븐 호킹은 이렇게 말했다. "발을 내려다보지 말고, 별을 쳐다보라(Remember to look up at the stars and not down at your feet)." 민주진보는 미래를 이야기해야 하고, 희망을 노래해야 한다. 험악하고 치열한 대결의 발끝만 내려다보지 말고, 다시 별을 올려다보아야 하는 이유가 여기에 있다.

"돌아와 거울 앞에 서서" 돌아본다는 표현을 앞서도 사용했다. 한국전쟁 이후에 태어난 몸으로, 산업화·민주화·정보화, 그리고 지금의 AI에 이르기까지 온갖 정치적·사회적·기술적 혁명과 변화를 온몸으로 겪으며 살아왔다. 새로움의 연속이었고, 그 새로움을 받아들이기 위해 고투하며 긴 세월을 보내왔다. 그런데 각 변화에 대응하는 논리적 사고틀은 놀랄 만큼 비슷한 것도 많다. 최근 인공지능과 비교해 인간의 고유지능을 논의하는 것을 보면, 사고의 틀 자체는 그리 새롭지 않을 수 있겠다. 전도서 1장 9절의 "해 아래 새것 없음"이라는 말이, '유한한 인간'의 세계에서는 어느 정도 들어맞는지도 모른다. 그래서 "해 아래 모든 것이 새롭고, 그러나 해 아래 새로운 것은 없다"라고 말하곤 한다. 나는 평생을 진보, 민주진보의 시선으로, 그리고 지금도 그렇게 사고하며 살아왔다. 다만 돌아와 거울 앞에 서 있을 때, 그 수많은 경험 이후에 40년 전의 나와는 다른 시선으로 인간사를 볼 수 있는 가, 그것이 중요할 것이다. 바로 그런 '돌아와 거울 앞에 선' 심정으로 민주진보의 인식 확장을 성찰적으로 도모해 보려는 문제의식으로 이 글을 썼다. 변화된 상황 속에서 민주진보가 미래를 향해 다시 전진하자는 취지이다.

윤석열의 비정상적인 12·3 내란형 쿠데타 시도가 이루어진 이후, 우리는 불안정한 시기를 지나왔다. 국민의 투쟁 덕분에 또 한 번의 전환을 이루어 냈다. 12·3 이후 한국의 국가와 민주주의는 진정한 위기에 처해 있었다. 세계의 찬사를 받던 민주주의 '선진국'이 한순간에 후진국으로 추락한 듯한 느낌이었다. 그러나 민주적 전투성을 지닌 시민들의 궐기로 탄핵 인용을 끌어 냈고, 이른바 '내란 세력의 준동'에도 불구하고 민주주의 진전의 길을 다시 열기 위해 애쓰고 있다. 만약 우리가 역지사지형 성찰성을 갖고, 새로운 발상의 햇볕정치로 극우의 시대를 막아내며 한국 민주주의의 진정한 회복력과 안정성을 보여줄 수 있다면, 한국은 다시 세계에 영감을 주는 나라가 될 것이라고 믿는다.

▌ 산업화의 그늘, 민주화의 그늘

반복이 되더라도, 한 가지는 또다시 강조하고 넘어가고자 한다. 나는 이 책에서 선악 이분법을 넘어서는 새로운 응시를 제안했다. 그런 시선으로 보면, 민주진보 진영은 역사적으로 산업화의 '그늘'에 저항함으로써 자기 정체성을 확립하고 성장해 왔다. 나는 이제 이 책에서 민주화의 '그늘' 또한 정면으로 응시하자고 제안한다. 왜냐하면 내가 보기에 오늘날 나타나는 극우는 과거 독재 권력에 의해 위로부터 동원된 극우가 아니라, 민주화의 그늘에 대한 (때로는 왜곡된 인식을 매개로 하기도 하지만) 정서와 정동이 서로 연결되고 증폭되면서 형성된, 아래로부터의 자발적 대중운동으로서의 극우라는 성격이 새로 부가되었기 때문이다. 양비론으로 가자는 말인가? 아니다. 이 응시는 민주진보의 (정부, 정당, 시민사회, 그리고 교육 차원의) 실천에서 우리의 전략을 다변화하고 풍부화하기 위한 것이다. 바로 이 지점에서 내가 제안하는 '3-7제 인식'이 힘을 발휘한다. 나의 제안은 '70%의 확신으로 싸우자'는 것이다. 그리고 남은 30%는, 우리가 경쟁 집단이나 이른바 '적'으로 여기는 반대 집단이 '옳다'고 믿는 어떤 지점을 응시하면서 여백을 두고 우리의 사고를 확장해 나가자. 여기서 '옳다'라는 말은 민주진보가 아직 포착하지 못한, 그들이 주목하는 현실이나 대중 삶의 단면을 의미한다.

이른바 '장기 민주화 시대'를 관통하며 나 자신을 포함해 (민주)투쟁적 리더십으로 더 나은 세상을 만들기 위한 노력을 해왔다. 그러나 이제 그 (민주)투쟁적 리더십 위에 공화적 리더십을 결합하자고 제안한 것이다.

대학 재직 시절, 나는 민주주의론을 포함한 정치사회학을 강의했다. 그러나 시간이 지나 거울 앞에 서서 나 자신을 되돌아보면, 민주주의는 근본적으로 내적 한계를 가진 제도임을 절감한다. 민주주의는 국민 각자의 주권적 판단의 총합 위에 서 있는 체제다. 브렉시트의 선택도, 트럼프의 당선도 그러했다. 주권자의 판단은 표현의 자유와 결사의 자유 위에서 이루어지며, 그 판단이 모여 대표자를 선출하고 국가의지를 결정한다.

그러나 이 주권자적 개인은 흔히 내가 '일면적 최대주의'라 부르는 원리에 따라 행동한다. 자신의 최대이익, 혹은 자신이 옳다고 믿는 가치의 전면적 실현을 위해 일면적으로 매진한다. 지난 장기 민주화 시대를 통해서 이런 일면적 최대주의가 전투적으로 표현되었고 그것을 통해 한국의 민주주의는 세계가 부러워하는 수준에 도달한 것이다. 그런데 내가 이 책에서 표현하는 '민주적 전투성'의 그늘에 대해서는 아무도 고민하지 않는다. 사실, 민주주의 원리상 책임질 필요조차 없다.

이제 나는 그 자랑스러운 민주적 전투성이 민주적 공동체성과 결합되도록, 새로운 이니셔티브를 민주진보가 발휘해야 한다고 제안했다. 그것을 공화적 이니셔티브나 공존의 이니셔티브라 할 수 있을 것이다. 사회주의 체제

운영에서도 70%의 확신만으로 접근했다면 결과는 달라졌을 것이다. 파시즘 역시 그 '반동성'을 비판하는 데 그치지 말고, 오늘날 '후기 자본주의적 파시즘'이라는 양상이 스며들고 있다면 이에 대한 새로운 접근을 탐색해야 한다. 이러한 사고는 학교의 폭력 갈등 해결이나 시민사회운동의 방향 설정에도 적용될 수 있다.

결국 내가 이 책을 쓰는 이유는 명확하다. 개별적 실천(그것이 정부의 정책 결정이든, 정당의 선택이든, 시민사회운동이든, 교육 현장의 실천이든)은 그 자체로 존중받아야 한다. 그러나 내가 느끼는 위기의식은, 대한민국이라는 공동체의 배가 지금 산으로 향할 수 있다는 것이다. 우리는 해방 공간에서 암살이라는 극단의 갈등을 겪었고, 21세 백주대낮에 박근혜 대표와 이재명 대표의 피습을 경험했다. 위기의 기운이 결코 먼일이 아니다.

나는 어느 쪽이 옳거나 그르다고 단정하려는 것이 아니다. 다만 '100%의 확신'으로 응전해 온 나 자신과 그 일면적 최대주의의 관성을 성찰하며, 이제는 민주진보 내부에서 응시의 새로운 사유와 실천 실험을 시작하자고 제안하는 것이다.

이 책의 논지는 민주진보 세력의 성찰적 전환을 촉구하는 데 맞추어져 있지만, 그대로 보수의 성찰적 전환에도 적용될 수 있다. 그런 변화가 실제로 나타났으면 좋겠다. 보수가 극보수화하고, 극우가 보수의 중심에 자리 잡도록 부추기는 것이 아니라, 보수 내부에서도 성찰적 전환이 이루어진다면, 민주진보의 전환과 시너지를 내면서 그만큼 K-민주주의는 서구와는 다른 길을 개척할 수 있을 것이다.

■ '또 다른 세상'을 이야기해야

나는 이 책에서 정치혁신, 사회혁신, 교육혁신을 함께 논했다. 혁신의 궁극적 과제는 '또 다른 미래'를 제시하고, 그것을 대중에게 설득력 있게 말하는 일이다. 극우의 부상은 단지 이념의 문제가 아니라, 현존하는 질서가 대중에게 불만과 좌절을 축적해 온 결과이기 때문이다.

그런데 아이러니하게도, 또 다른 세상을 만들기 위한 '투쟁의 이니셔티브' 조차 어떤 의미에서는 하나의 '덫'에 걸려버렸다. 과거에는 달랐다. 1980년 대 민주화운동 과정에서 한양대 이석 구타 사망 사건 등이 발생했을 때조차, 학생운동 집단은 독재 세력에 맞서는 민주주의라는 미래의 시대정신을 담지하고 있었다. 바로 그 점 때문에, 급진적인 장면들마저도 일정하게 대중의 관용 속에 놓일 수 있었다.

그러나 오늘 우리는 묻지 않을 수 없다. 지금 우리에게는 그러한 미래의 시대정신이 존재하는가. 이제 우리는 새로운 미래의 시대정신을 창조해야 한다. 내가 말하는 '공화적 이니셔티브', 곧 평등한 공동체적 공존을 지향하는 정치적·교육적 기획은 현존 정치를 넘어서는 새로운 정치의 상상이며, 현재의 학교를 넘어서는 미래 교육의 비전이다.

하지만 이것만으로는 충분하지 않다. 극우로 경도되는 대중의 불만과 좌절을 넘어설 수 있는 사회경제적 개혁의 구체적인 미래 계획이 함께 제시되어야 한다. 오늘의 사회경제적 구조는 디지털-AI 기술혁명과 그것에 기반한 새로운 지구화 속에서 재편되고 있다. 그렇다면 그 구조적 전환에 상응하는, 보다 높은 차원의 개혁 구상 또한 필요하다.

그런 점에서 이 책이 제안하는 정치와 교육에서의 공화적 이니셔티브는 분명 하나의 필요조건이다. 그러나 그것이 곧 충분조건은 아니라는 점을 안타깝지만 부언해 놓지 않을 수 없다.

나는 2000년대에 열린 세계사회포럼에 몇 차례 참여한 적이 있다. 그 구호는 '또 다른 세계는 가능하다(Another world is possible)'였다. 세계사회포럼은 지금은 열리지 않지만, 이 구호는 여전히 새로운 세계를 꿈꾸는 이들의 마음속 깊은 곳에서 살아 숨 쉬고 있다. 내 마음속에도 그렇다. 때로는 이를 '또 다른 대한민국은 가능하다(Another Korea is possible)', 더 나아가 '또 다른 교육은 가능하다(Another education is possible)'로 바꾸어 혼잣말처럼 되뇌곤 한다.

▌ 떨리는 지남철

내가 재직하던 교육감실에는 신영복 선생이 써준 서화 한 점이 걸려 있었다. '지남철'이다. 북극성을 가리키는 나침반을 말하지만, 그 아래에는 이렇게 적혀 있다. "바늘 끝이 언제나 떨고 있다. 여윈 그 바늘 끝이 떨고 있는 한 우리는 그 바늘이 가리키는 방향을 믿어도 좋다. 만일 그 바늘 끝이 불안한 전율을 멈추고 어느 한쪽에 고정될 때 우리는 그것을 버려야 한다." 나침반을 굳게 간직하되, 동시에 '불안한 전율'을 유지할 수 있는가. 늘 스스로에게 묻게 된다. 떨리는 나침반으로 북극성을 향한 방향성과 열정을 놓치지 않으면서 이 복합성의 시대를 향해 떨리는 마음으로 응전하는 태도가 필요하다고 생각한다.

지난 40년에 이르는 장기 민주화 시대 동안, 1970~1980년대 반독재 민주화운동의 희생과 헌신 속에서 거대한 도덕적 자원이 축적되었고, 진보는 보수에 대한 뚜렷한 '도덕적 우위'를 가졌다. '열사'라는 말은 민주주의라는 대한민국의 정의로운 미래를 위해 자신의 생명을 바친 헌신을 의미했다. 수많은 반독재 주체들이 해고·제적·구속·투옥·고문을 감내했고, 그 희생이 거대한 도덕적 우위의 기반이 되었다. 그러나 그 자원은 이제 상당 부분 고갈되었다. 민주진보가 보수를 압도하던 영성, 초월적 힘, 도덕성, 헤게모니가 눈에 띄게 약해졌다. 새로운 도덕적 자원을 다시 쌓아야 한다. 이 글에서 제시한 공화적 이니셔티브, 자기희생적 햇볕정치, 역지사지형 성찰성, 지구적 진보의 새로운 헌신 영역 개척, 미래세대를 향한 다양한 사회적 상속 등은 그를 위한 몇 가지 시도일 뿐이다. 좋은 사회는 나쁜 '적'을 공격하는 것만으로는 도달할 수 없다. 그와 함께 좋은 사회를 위한 다양한 자기희생적 실천이 필요하다고 믿는다.

▌ 성숙함의 의미

몇 년 전, 서울교육청과 언론사의 초청으로 한국을 찾았던 거트 비에스타

(Gert Biesta) 교수는 현대 민주시민교육의 한 핵심 가치로 '성숙성(grown-up-ness)'을 제시해 깊은 인상을 남겼다. 그는 성숙성을 세계의 중심에 자신을 두지 않고, 세계 속에 존재하는 것이라고 설명했다. 만약 세계에 존재하는 유아적 방식이 세계에는 눈길도 주지 않고 자신의 욕망만 추구하는 것이라면, 성숙한 방식은 욕망(욕구, 권리, 이해)을 억압하는 것이 아니라, 그 욕망을 점검하고, 질문을 던지고, 필요하다면 전환시키는 것이라고 말했다. 그리고 이러한 자기 성찰적 절제 능력을 배우는 공간이 바로 "중간지대로서의 학교"여야 한다고 강조했다. 학교라는 작은 사회에서도 이런 절제가 필요하다. 미래의 학생들은 특히 이런 미덕을 배우고 체질화할 필요가 있다.

압축성장이 아니라 압축성숙으로

이런 점에서, 우리 모두 학교와 사회의 문제를 풀어갈 때 높은 기대를 유지하면서도, 절대 후진국처럼 단일 방정식이 아니라 복합 방정식으로 풀어야 한다는 사실을 다시 확인해야 한다. 그래야만 해법 찾기가 가능해지고, 다양하고 유연한 접근이 가능해지며, 복합 방정식이 안고 있는 여러 가치와 요인을 개방적으로 고려할 수 있는 여지가 생긴다. 한국은 세계가 부러워하는 압축성장의 성공 사례 국가다. 이제 압축성장을 넘어 '압축성숙'을 이룰 수는 없을지 하는 소망을 품어본다. 그러기 위해서는 우리 현실과 관계를 새롭게 바라보는 인식론이 필요하다고 믿는다.

'빛의 혁명'이 초월의 계기로

우리는 1차 탄핵을 끌어낸 '촛불혁명'에 이어, 2차 탄핵을 성취한 '빛의 혁명'을 수행했다. 빛의 혁명은 과거로의 퇴행을 막아낸 거대한 대중의 힘이었다. 동시에 그 속에는 촛불혁명과 87년 시민혁명이 담지 못한 또 다른 미래의 씨앗들도 함께 담겨 있다. 이제 빛의 혁명 이후 우리 사회를 어떻게 새롭게 열어갈지에 대한 비전이 필요하다. 빛의 혁명 정신을 안고 전진해야 한다.

하지만 빛의 혁명 앞에는 복합적 도전이 놓여 있다. 그 가운데 첫 번째는 '내란 척결'이라는 과제로 상징되는, 퇴행의 근거들을 확실하게 극복하는 일이다. 과거로의 퇴행을 다시 상상할 수조차 없을 만큼 결연한 극복의 노력이 필요하다. 동시에 비상계엄 이후 탄핵 반대와 대선 과정에서 드러난 극우 극단주의, 그리고 그것의 주류화 가능성을 차단하는 새로운 노력도 병행되어야 한다. 윤석열의 시대착오적 퇴행 시도에도 불구하고 여전히 견고하게 남아 있는 보수·진보의 경계선을 해체하려는 노력이 절실하다. 아니, 현존하는 보수·진보, 좌우의 경계를 초월하는 노력이 필요하다. 그들의 내적 결집을 떠받치는 인지적·도덕적 기반을 해체하는 새로운 고민이 필요하다.

여기서 승리의 측면만 강조해서는 다가오는 극우의 시대를 막기 어렵다. 극우의 시대 그리고 윤석열의 퇴행 이후에도 40% 안팎의 지지가 곧바로 복원되는 상황 자체를 성찰해야 한다. '이제는 돌아와 거울 앞에 서서', 극우를 떠받치는 도덕적·인지적 계기가 우리 자신에게도 있음을 인정하는 성찰적 관점이 마련되지 않으면, 이를 진정으로 예방할 수 없다. 문제의 복합적 원인을 오직 타자에게만 돌리거나, 군사적 승리만 강조해서는 더 이상 '지도적'일 수 없다.

퇴행의 근거들을 해체하려는 노력 속에서야 비로소 빛의 혁명 속에 잉태된 미래 지향적 요소들을 현실화할 수 있다. 그렇지 않으면, 전진이 아니라 어두운 백래시와 처연한 소모적 싸움이 이어질 뿐이다. 전 지구적 퇴행의 물결 속에서 우리는 더욱 평등한 세상, 다양한 소수자들이 당당하게 존재하고 연대하는 사회, 빛의 혁명에서 품었던 꿈을 향해 전진해야 한다고 믿는다.

주

1부 아주 긴 민주화, 세상은 어떻게 변해왔을까?: '장기 민주화 시대'의 국내적·국제적 변화

1장 세상이 바뀌면 문제가 사라질까?: 민주화의 단계적 변화와 민주주의의 새로운 위기

1) 나는 긴급조치 9호 시대(1975~1979)에 젊디젊은 청년 시절을 보냈다. 혹자는 대학생으로 살기도 했고, 혹자는 공장노동자로 살기도 했다. 삶의 위치는 달랐지만, 그들 모두 유신 시기를 한국 현대사에서 가장 억압적인 정권 시기로 체험했다고 생각한다. 아마도 한국 현대사에서 '파시즘'이라는 표현을 쓴다면, 이때가 해당될 것이다. 이 파시즘적 억압 체제가 붕괴한 이후에, 전두환이 이끄는 신군부 세력이 광주학살을 자행하며 그 체제를 유지하고자 했지만, 이미 통치 체제로서의 정당성과 근거를 잃어버린 체제라고 할 수 있었다. '국민적 저항에 직면해 붕괴하는 파시즘'이라고 하는 편이 더 적합할 것이다. 그만큼 엄혹한 시대와 마주하면서 우리는 우리의 정치적·사회적 캐릭터를 형성했고 형성당했다. 파시즘적 시기를 살았던 우리는 그때 몸에 체화된 '반독재 민주주의 정신'을 가지고 50여 년의 개인사와 한국 정치사를 살아왔다.

2) 한국 현대사에 대한 연구는 이루 헤아릴 수 없을 정도로 많고, 수많은 훌륭한 연구가 축적되어 있다. 나는 제도정치와 운동정치의 상호작용적 시각으로 한국 현대사를 이명박 정부까지 『투트랙 민주주의』I, II(서강대학교 출판부, 2016)라는 책을 통해 분석한 바 있다. 역사비평사에서 발간한 '청소년과 시민을 위한 20세기 한국사' 시리즈 중 현대사는 다음과 같이 세 권으로 정리되었다. 서중석의 『이승만과 제1공화국: 해방에서 4월 혁명까지』(역사비평사, 2016), 조희연의 『박정희와 개발독재시대: 5·16에서 10·26까지』(역사비평사, 2016), 정해구의 『전두환과 80년대 민주화운동: '서울의봄'에서 군사정권의 종말까지』(역사비평사, 2016)이다. 한국 현대사를 주제별로 분석한 훌륭한 연구도 수없이 많다. 나도 연구자로서 '국가폭력'을 주제로 현대사를 분석한 바 있다[정해구 외, 『국가폭력, 민주주의 투쟁, 그리고 희생』(함께읽는책, 2002)].

3) '제3세계 민주화 논의'는 초기에는 주로 이행(transition)의 문제로 접근되었고, 이후 민주주의의 공고화(consolidation) 의제로 확산되었다. 그런 다음, 제3세계의 이행과 공고화 현상이 매우 다양하기 때문에 이행과 공고화의 다양성에 대한 논의가 진척되었다고 볼 수 있다. 이와 함께 공고화된 민주주의가 더욱 높은 수준으로 발전하려면 정치적·사회적·문화적 차원에서 다원화가 확산되어야 한다는 논의가 등장했다. 최근에는 민주주의의 후퇴(backsliding) 혹은

역전(autocratization)의 논의로 이어지고 있다. 한국에서의 연구도 이런 방향에서 이루어졌다고 생각된다. 먼저 민주화 '이행(Transition)' 패러다임은 1980년대 중후반~1990년대 초에 부상했다고 할 수 있다. 권위주의 체제가 어떻게 붕괴되고 민주화로 이행하는지에 관심이 집중되었고, 초기에는 서구 근대화론처럼 선형적·단선적 진보 과정으로 이해하는 낙관적 시각이 지배적이었다. 엘리트 협상, 타협, 제도화의 전략적 선택이 강조되었다. '협상된 이행(negotiated transition)'을 강조한 오도넬(O'Donnell)·슈미터(Schmitter)·화이트헤드(Whitehead)의 *Transitions from Authoritarian Rule*(Baltimore: Johns Hopkins University Press, 1986), 그리고 제3세계 민주화를 전 지구적 확산의 '물결'로 설명한 헌팅턴(Huntington)의 *The Third Wave* (Norman, OK, University of Oklahoma Press, 1991)가 대표적이다. 다음으로는 민주주의 '공고화(Consolidation)' 패러다임이 1990년대 중후반~2000년대 초에 부상했다고 판단된다. 안착, 공고화의 조건과 과정에 관심이 집중되었다. "정권 교체가 반복 가능하고 되돌릴 수 없는 상태"가 되어야 한다는 것이 기준이 되기도 했으며, 제도화, 법치, 정당 시스템, 시민사회, 시장경제 등 '조건론'이 주어지기도 했다. 공고화의 제도·사회적 조건을 제시한 린츠(Linz)와 스테판(Stepan)의 *Problems of Democratic Transition and Consolidation* (Baltimore, Johns Hopkins University Press, 1996)이나 민주주의는 우연한 성취가 아니라 '제도적 게임 규칙의 안정화'라는 점에서 '법의 지배'를 강조하는 아담 쉐보르스키(Adam Przeworski) 등의 *Democracy and the Rule of Law* [아담 쉐보르스키·호세 마리아 마라발, 『민주주의와 법의 지배』, 안규남·송호창·강중기 옮김(후마니타스, 2008)] 등이 한국에서 주목을 받았다. 다음으로 2000년대에는 공고화된 민주주의의 '질(quility)에 대한 논의가 주목받았고, 자연스럽게 민주주의는 단일 경로가 아니라 다양한 경로와 형태를 갖는다는 점에도 눈길이 미쳤으며, 공고화의 근본 조건으로서 다원화의 필요성도 제기되었다. '제도'가 아니라 역사적·사회적 갈등과 권력관계 속에서 형성되는 과정으로 규정하면 시민권 확장, 정치적 평등, 정권에 대한 통제 능력 확대 등 '경로적(processual) 민주화' 관점을 제시한 찰스 틸리(Charles Tilly)의 *Democracy* (Cambridge and New York: Cambridge University Press, 2007), 자유화와 참여 확대라는 두 축으로 다차원적 민주주의 이해를 시도한 로버트 달(Robert Dahl)의 *Polyarchy: Participation and Opposition* (Yale University Press, 1971)을 적용한 다양한 연구 등도 예로 들 수 있겠다. 이와 함께 참여 민주주의, 숙의 민주주의 등 민주주의의 다양한 모델, 그리고 경제개혁, 시장과 민주주의의 관계 등에 대한 논의도 이루어졌다. 다음으로, 2010년대 이후에는 역설적으로 민주주의의 틀 내에서의 퇴행과 후퇴가 주목받았다. 이는 실제적으로 그런 퇴행과 역전의 경험적 현상이 전 지구적으로 나타났기 때문이다. 이전의 패러다임이 한번 성취된 민주주의의 지속적 전진을 가정했다고 하면, 이제는 민주주의 형식 속에서의 실질적인 후퇴 양상들을 주목하게 되었다고 생각한다. 당연히 낙관적 기조에서 비관적 기조가 나타나게 되었다. 이런 후퇴는 과거의 군사쿠데타와는 다른, 선거와 제도 내부를 통해서 민주주의가 약화되는 현상인 것이다. '절차는 유지되지만 내용이 비어가는 민주주의'의 새로운 현상들이 주목받게 되었다. 겉은 민주주의, 실질은 권위주의라는 현상을 분석한 레비츠키(Levitsky)와 웨이(Way)의 *Competitive Authoritarianism* (Cambridge, UK: Cambridge University Press, 2010), 여러 다양한 나라에서의 민주주의 퇴행의 사례를 비교분석한 해거드(Haggard)와 카우프만(Kaufman)의 *Backsliding: Democratic Regress in the Contemporary World* (Cambridge: Cambridge University Press, 2021), 선거는 있지만 자유주의적 권리가 없는 민주주의를 분석한 파리드 자카리아(Fareed Zakaria)의 *The Future of Freedom: Illiberal Democracy at Home and Abroad*(New York: W. W. Norton and Company, 2003), 쿠데타 감소, 제도 내부 침식 증가 등을 분석한 낸시 버메오(Nancy Bermeo)의 Democratic Backsliding["On Democratic Backsliding," *Jurnal of Democracy*(2016)] 개념도 등장하게 되었다. "민주주의의 조용한 해체"나 "제도 내부에서 이루어지는 권위주의화"에 대한 책도 한국에 많이 번역되었다. 특별히 미국의 트럼프 현상에 대한 분석을 중심으로 제3세계뿐만 아니라 서구에서도 민주주의 후퇴 현상을 주목하는 다양한 저작이 번역되었다. 예를 들면, 레비츠키(Steven Levitsky)·지블랫(Daniel Ziblatt)의 『어떻게 민주주의는 무너지는가』(박세연 옮김, 어크로스, 2024) 등도 있다.

4) 자유민주주의, 공화주의, 직접 민주주의, 다원주의, 숙의 민주주의, 세계시민민주주의 등 민주주의의 다양한 모델들에 대해서는 데이비드 헬드(David Held), 『민주주의의 모델들』, 박찬표 옮김(후마니타스, 2010) 참조.

5) 이 책에서 보수와 진보는 현존하는 한국의 개념을 전제로 사용했다. 서구 사회에서의 맥락과 의미 규정이 있듯이 한국에서의 맥락과 의미 규정이 존재하므로 서로 다른 것은 오히려 당연하다고 생각한다. 서구에서의 좌와 우가 사실은 우리의 진보와 보수에 대응한다고 말할 수도 있다. 그런데 한국에서 좌우라는 표현은 남북 분단의 이념적 대치 상황에서 그 표현 자체가 억압된다. 좌우, 보수-진보의 의미와 자유주의-사회주의를 대응시켜 보는 경우도 많다. 그렇게 되면 좌, 진보, 사회주의라는 개념과, 우, 보수, 자유주의라는 것을 일치하는 것처럼 보이는데, 당연히 중첩 부분이 있지만 그 각각의 개념의 내포와 외연이 다르고 반드시 일치하는 것은 아니다[이에 대해서는 조희연 외, 『한국의 정치사회적 지배담론과 민주주의 동학』(함께읽는책, 2003) 참조]. 단지 진보의 급진파 내부에서는 민주당을 '진보' 정당이라고 할 수 있는가, 최대치로 이야기해서 중도개혁정당이라고 해야 한다는 시각도 있었고, 현재도 있다. 변혁적 진보를 중시하는 1980년대 반독재 투쟁의 고양기에는 좌파의 입장에서 '부르주아 우파, 부르주아 좌파'라는 개념을 사용하기도 했다. 현재의 언어 맥락에서 보면, 한국에서의 진보는 자유주의적 진보, 급진적 진보, 좌파적 진보 등이 혼합된 개념이라고 해야 할 것이다. 나는 진보를 기본적으로 평등을 지향하는 가치 지향, 즉 평등주의라고 본다. 현존·기존 체제는 평등하다고 말할 수 없기 때문에, 평등의 가치 지향에서 보면 자연히 현존·기존 체제 내지는 그 체제의 현실에 대해 비판적일 수밖에 없고 변화를 지향할 수밖에 없다. 그리고 그 평등주의는 불평등한 현실에 대한 비판으로 제시되는 것이다. 그 불평등의 구조 속에서 강자와 약자가 존재하고, 다수자와 소수자가 존재한다. 그래서 평등주의는 소수자와 약자의 시선에 서서 변화를 모색하는 것이라고

아니할 수 없다. 사회주의는 평등주의의 한 급진적 이념이라고 할 수 있다. 사회주의는 마르크스주의적 철학과 정치경제 분석 방법론에 기초해 그 평등의 이상을 특정한 체제 형태로 현실화하려고 했던 근대 이후의 조류라고 할 수 있다. 1980년대 이후 마르크스주의, 레닌주의, 사회주의의 이념도 진보의 일부로서 국내에 소개되고 공유되고 확산되었다. 주지하다시피 1989~1990년 사회주의 붕괴 이후, 이른바 TINA(There is no alternative, 대안 부재) 증후군이 강한 속에서, 마르크스주의의 이상을 재해석하려는 흐름도 다양하게 존재한다.

6) 한승훈, "메시아는 오지 않는다", ≪한겨레신문≫, 2025년 5월 5일 자.

7) 나는 민주화 과정을 '다층적인 탈독점화' 과정으로 설정하고 정치적·경제적·사회적 독점의 해체 과정을 분석한 바 있다. 정치적 독점은 권위주의 세력이 정치권력을 독점한 것을 의미하는데, 이것이 어떻게, 어느 정도로 해체되는지에 따라 신생 민주주의의 질이 규정된다고 보았다. 나아가 경제적 차원에서도 대기업의 경제력 집중 등 권위주의하에서 강화된 경제적 독점의 해체가 중요하다고 보고, 이의 해체 과정을 민주화와 연관시켜 분석하고자 했다. 사회적 탈독점화라는 프리즘으로 여러 사회적 기득권 체제의 변화 과정을 분석하고자 했다[조희연·김동춘 엮음, 『복합적 갈등 속의 한국 민주주의: "정치적 독점"의 변형 연구』(한울엠플러스, 2008); 조희연·김동춘·오유석 엮음, 『한국 민주화와 사회경제적 불평등의 동학: "사회경제적 독점"의 변형 연구』(한울엠플러스, 2009)]. 나아가 이런 관점을 아시아 여러 나라의 민주화 이행 과정에 적용하고자 했다[조희연 엮음, 『복합적 갈등 속의 아시아 민주주의: "정치적 독점"의 변형 연구』(한울엠플러스, 2008); 박은홍·조희연·이홍균 엮음, 『아시아 민주화와 사회경제적 불평등의 동학: "사회경제적 독점"의 변형 연구』(한울엠플러스, 2009)]. 이러한 탈독점화의 질을 조희연·박경태·김형철 외, 『민주주의의 질과 아시아 민주주의 지표』(한울엠플러스, 2014)에서 객관적으로 지표화하고자 한 바도 있다.

8) Cas Mudde, *The Far Right Today* (MA: Polity Press, 2019), pp.160~205.

9) 최영준, 「한국 사회·정치 극우 성향을 읽다: 세대별 성향과 사회적 요인」(한겨레경제사회연구원 외 주최 '한국 사회·정치 극단화 진단과 전망' 포럼, 2025년 6월 27일 발표 논문).

10) 박상현·경수현, "日자민, 총선 역사적 압승 … 전후 첫 단일정당 ⅔의석·개헌선 확보", 2026년 2월 9일 자.

11) 신진욱, "한국 민주주의의 실천적 계보와 현재적 전망"(민청학련 동지회, 조선투위, 동아투위, 천주교 정의구현 사제단 외 '민주단체 50주년 토론회, 2024년 12월 6일). 그는 이 두 가지 양상과 관련해, "극우 세력이 보수정치의 주류로 부상하고, 보수 정당을 표방하던 국민의힘이 전면적으로 극우화되었다"[신진욱, 「한국 민주주의의 위기와 극우 파시즘」, 신진욱 외, 『광장 이후: 혐오, 양극화, 세대론을 넘어』(문학동네, 2025)]라고 표현했으며, 나아가 "윤석열 정부 출범 이후 극우 정치 세력이 국가권력의 수뇌부를 장악하고 계엄 후 극우 세력이 보수 정치의 중심부로 진입한 '극우의 주류화'가 나타났다"[신진욱, 「계엄과 탄핵 이후 한국 민주주의 진단과 전망: 파워엘리트, 극우 생태계, 정당정치 지형을 중심으로」, ≪경제와 사회≫, 제147호(2025), 181

쪽'라고 표현했다.

2장 적이 있는 민주주의와 적이 없는 민주주의, 성공의 역설: 민주화 이후 구조·주체의 변모와 성공의 역설

1) 이 글은 「포스트 민주화시대의 새로운 도전」, ≪르몽드 디플로마티크≫, 2023년 2월호를 수정·보완한 것이다.

2) 장석준, 『근대의 가을: 제6공화국의 황혼을 살고 있습니다』(산현글방, 2022).

3) 시민운동의 정치적 지향에 차이가 있는 것도 사실이었다. 참여연대 같은 경우는 '민중적 시민운동' 혹은 '진보적 시민운동'이라는 방식으로, 반독재 민주화운동을 주도했던 민중운동과의 연대성을 유지하려고 하는 경향을 보였다[조희연, 「민중운동과 시민사회, 시민운동」, 김호기·유팔무 엮음, ≪시민사회와 시민운동≫(한울엠플러스, 2013)]. 경제정의실천시민연합은 진보적 자유주의의 성격을 띠었다고 할 수 있다. 단지 경실련은 경제정의라는 이름으로 부동산, 재벌, 세금 문제 등을 집중적으로 천착했고, 참여연대는 권력감시운동이라는 이름으로 의회감시, 사법감시 등을 초기에 집중했다. 1990년대 중반 이후 시민운동은 다양하게 분화되고 확대되었다.

4) 1997년 말 한국이 외환위기로 IMF 체제로 전환되고 그 후 IMF가 요구한 자본시장 개방 및 노동시장 유연화 정책, 한계기업 청산 등의 정책이 수용되었는데, 이후 이른 '시장만능주의'적인 경향의 신자유주의 정책이 본격화되었다고 평가된다. 그런데 87년 6월 민주항쟁 이후 노동조합운동의 고양 등으로 시장 자본주의의 기본 틀 내에서 민주주의적 투쟁을 통해 복지확대·소득분배 개선 등 일련의 진보적 변화가 이루어졌는데, 1997년 이후에 시장과 민주주의의 관계, 자본주의의 정치경제적 성격을 둘러싼 논쟁이 있었다. 당시 나도 참여했는데, 이 논쟁의 일단은 손호철, 「한국체제' 논쟁을 다시 생각한다: 87년 체제, 97년 체제, 08년 체제론을 중심으로」, 『한국과 국제정치』, 제25권 2호(2009) 참조. 이에 대한 비판은 조희연·서영표, 「체제논쟁과 헤게모니전략: 손호철의 '97년 체제론'에 대한 비판적 개입」, ≪마르크스주의연구≫, 제6권 제3호; 조희연, 「한국사회체제논쟁' 재론: 97년체제의 '이중성'과 08년체제하에서의 '헤게모니적 전략'에 대한 고민」, ≪민주사회와 정책연구≫, 제17호(2010) 참조.

5) 최병천, 『좋은 불평등: 글로벌 자본주의 변동으로 보는 한국 불평등 30년』(메디치미디어, 2022), 74~75쪽.

6) 구해근, 『특권 중산층: 한국 중간계층의 분열과 불안』(창비, 2022), 14쪽.

7) 최근 한 언론보도에 따르면 "스스로 중산층이라 인식하는 비율이 39.5%"라는 조사 결과도 보도된 바 있다(Yoon Min-sik, "Koreans feel economy is at its worst since 2020, despite positive data," *The Korea Herald*, Nov. 8, 2025). KDI의 최근 보고서(이영옥, 「우리나라 중산층의 현주소와 정책과제」, KDI FOCUS, 2023년 1월 31일)에 따르면, 중산층 가구의 비중이 2013년 51.4%에서 2021년 58.8%로 증가했다는 보고가 있었다. 물론 이는 1990년대 70%대를 웃돌았던 것과 비교하면 거시적 경향은 불변했다고 할 수 있을 것이다.

8) 조희연, "정치는 천사와 악마의 싸움이 아니다: '조국사태'에 대한 두가지 교육적 성찰", ≪프레시안≫, 2019년 9월 16일 자.

9) 2025년 말부터 2026년 초 사이 김병기 의원을 둘러싼 여러 사건이 잇따라 불거졌다. 아들과 관련한 특혜 의혹, 보좌진을 개인적 사안에 동원했다는 의혹, 부당 금품 수수 및 특혜 의혹, 지방선거 공천 헌금 수수 의혹, 보좌진 갑질 및 배우자의 법인카드 유용 의혹 등이 제기되었다. 강선우 의원의 경우에는 서울시 의원에게서 공천 청탁과 관련해 1억 원을 수수하고 다시 반납했다는 의혹으로 수사를 받고 있다. 여성가족부 장관 인사 청문 과정에서는 보좌관 갑질 문제 등이 논란이 되었다. 한겨레신문 성한용 기자는 칼럼에서 "윤석열·김건희 부부는 금품을 받고 공직 인사, 정당 공천, 당직 선거에 개입한 혐의로 재판을 받고 있다. 민주당 의원들의 공천 뇌물 사건이 윤석열·김건희의 범죄와 본질적으로 무슨 차이가 있는지 잘 모르겠다"라고 쓰기도 했다("민주당 공천 뇌물, 김건희와 뭐가 다른가", ≪한겨레≫, 2026년 1월 8일 자). 민주당을 지지하는 집단 내부에서도, 보수 진영을 향해 제기해 온 것과 유사한 유형의 사건이 당 안에서 터져 나오나오자 이와 같은 내부 비판이 제기된다. 당연히 보수 진영 내부에서는 "똑같다"라는 비판이 나오고, 이를 통해 자기 진영의 보수적 지지와 정치적 정당성을 강화하는 식의 언술이 활용되고 있다.

10) 나 자신에 대해서도 본문에서 서술하듯, 자사고와 외고를 폐지하려는 교육감을 두고 "아들이 외고를 나왔다"라고 비판하는 경우가 있다. 이에 대해 '자사고·외고 폐지 정책을 물타기하려고 아들 문제를 끄집어냈다. 우리 아이들은 자사고 정책이 전면화되기 전에 외고를 나왔을 뿐이다. 견강부회다'라고 항변하고 싶다. 나는 '7'의 비중으로 억울함을 호소하고 싶다. 그러나 '없는 약점도 소설 쓰듯 들춰낸다'는 점과는 별개로, '우리 아이가 외고를 나온 것은 사실이고, 내가 자사고·외고 폐지를 추진한 것도 사실이니, 이를 연결해 공격하는 것 자체는 완전히 근거 없다고 할 수만은 없다'는 점을 '3'의 비중으로 인정하고 싶다.

3장 장기 민주화 시대의 그늘: '적'의 시선으로 우리를 바라보기

1) 1990년 3당 합당은 노태우(민주정의당), 김영삼(통일민주당), 김종필(신민주공화당)이 1990년 1월 22일 합의해, 거대 여당인 민주자유당(민자당)을 만든 사건이다.

2) 다양한 사람들이 김대중에 대한 왜곡된 지역주의적 악마화에 대해 비판하며 균형을 이루고자 했다. 강준만의 여러 저작이 있지만, 당시 가장 상징적이고 영향력이 있었던 책은 『김대중 죽이기』(개마고원, 2017)이다.

3) 조국 사건의 경과를 조금 자세히 서술해 보자. 문재인 대통령은 2019년 8월 조국을 법무부 장관 후보자로 지명했다. 그 배경에는, 2025년 이재명 정부 수립 이후 더욱 부각된 검찰 개혁을 포함한 권력 기관 개혁 의지가 있었다고 할 수 있다. 민주·진보 진영에서는, 개혁의 대상이 된 검찰이 조국을 희생양으로 삼아 저항한 것으로 해석했다. 논란은 청문회를 둘러싸고 딸의 입시 관련 특혜 의혹, 학력 및 연구 실적, 표창장 위조 논란, 가족의 사모펀드 문제로 이어졌다(사실 입시

비리 문제를 제외하면, 사모펀드가 대중적 공분을 자아냈으나, 조국은 이 사안으로 기소되지 않았으며, 정경심은 이 건으로 기소되었지만 무죄가 나왔다). 딸의 학력과 연구 실적 증명서, 표창장 위조 의혹은 한국 사회에서 공정성 논란과 연결되면서 민감한 사안이므로 더욱 증폭되었다. 조국의 임명과 이후 사퇴를 둘러싸고 한국 사회는 두 진영으로 나뉘어 갈등했다. 광화문에서는 공정성 회복을 주장하며 조국 임명 반대 집회가 연일 열렸고, 서초동에서는 '검찰 개혁 및 편파 수사 반대'를 주장하며 조국 지지 집회가 이어졌다. 이 과정에서 사회 전반의 갈등이 심화했고, 소셜 미디어와 언론을 통한 진영 간 논쟁이 격렬해졌다. 이 사안은 이전과 달리 민주화를 위한 변호사 모임이나 참여연대 같은 대표적 시민단체들조차 내홍을 겪을 정도로 심각한 갈등의 주제가 되었다. 조국 가족에 대한 의혹에 대해 검찰이 수사에 본격 착수했고, 이는 정치권의 갈등과 맞물렸다. 당시 수사는 윤석열 검찰총장이 주도했는데, 조국 옹호 진영에서는 이를 윤석열의 의도적인 쟁점화, 과도한 수사, 나아가 검찰 개혁의 역전 시도로 평가했다. 2019년 9월 문재인 대통령은 이와 같은 논란에도 조국을 법무부 장관에 임명했으나, 논란과 수사가 계속되면서 임명 35일 만인 10월 14일 조국 장관이 사퇴했다. 조국 사건은 이후 조국 본인과 아내인 정경심 교수의 구속·기소·재판으로 이어졌다. 대학 입시와 관련된 사안은 한국 사회에서 입시가 갖는 무게와 상징성, 청년 세대의 공정성 이슈와 결합되면서 큰 도덕적 쟁점이 되었지만, 실정법 차원에서는 사모펀드 의혹 등이 핵심이었다. 전자는 유죄로 확정되었고, 후자는 무죄가 선고되었다. 유죄 판결로 인해 조국은 서울대학교 교수직을 포함한 직위도 상실했다. 조국은 자신의 수사를 지휘했던 윤석열이 대통령이 된 뒤, 2024년 3월에 4월 총선을 앞두고 '조국혁신당'을 창당했다. 4월 10일 총선에서 조국혁신당은 비례대표로 12석을 확보해 원내 제3당으로 부상했다. 그 후 그는 2024년 10월 대법원에서 2년형이 확정되어 대표직에서 물러나 수감되었다가, 2025년 8·15 사면으로 복권되어 정상적인 정당 활동을 재개했다.

4) "김순덕의 도발: 사회주의 조국이 그린 '한반도 새 질서'", ≪동아일보≫, 2019년 10월 8일 자.

5) "워싱턴 거리에서 '反한미FTA 삼보일배' … 원정투쟁단, 미의회 앞에서 백악관 근처까지", ≪프레시안≫, 2006년 6월 8일 자.

6) 이에 대해 나는 "'나프타'보다 가혹한 한-미 협정"(≪한겨레신문≫, 2006년 6월 13일 자)과 같은 비판적 칼럼을 썼다.

7) 이것 역시 과장이 동반되지만, 홍준표는 이런 지점을 공격해 페이스북에 글을 올려 비판했다 ("美소고기 먹느니 청산가리 먹겠다던 '개념 연예인' 어디 갔나", ≪동아일보≫, 2025년 8월 2일 자).

4장 트럼프식 정치는 왜 저런 모습일까?: 서구의 '적대적 진영정치'와 지구화

1) "日도 우익 물결…'일본인 퍼스트' 참정당, 15석 확보 약진", ≪동아일보≫, 2025년 7월 22일 자.

2) Przeworski, Adma and John Sprague, *Paper Stones: A History of Electoral Socialism* (Cambridge: University of Chicago Press, 1986). 쉐보르스키 등은 혁명 대신 선거 참여를 통해

정치 영향력을 행사하려는 사회주의 정당들의 선택과 전략을 분석하는데, 계급적으로 소수인 노동자들이 의회에서 다수가 되기 위해 자신의 계급적 요구를 넘어 더 폭넓게 자신을 확장해야 하는 '선거사회주의의 딜레마'를 지적하고 있다(55쪽).

3) '악마화'와 '과잉 악마화'를 구분할 수도 있을 것이다. '과잉' 악마화일지라도 그것에 대한 경계심을 유지할 필요가 있다. 카를 슈미트(Carl Schmitt)가 말했듯 정치는 "적과 동지를 구별해 내는 예술"이다[카를 슈미트, 『정치적인 것의 개념』, 김효전·정태호 옮김(살림, 2002), 38~40쪽]. 그런 점에서 정치적 과정에서 자기 집단 내부의 시각과 외부 집단에 대한 시각은 다를 수밖에 없다. 사회학적으로도 내집단과 외집단의 구분은 명확히 존재한다. 그런데 오늘날과 같은 전 지구적 적대성이 고조된 국면에서는 '과잉' 악마화의 경향까지 나타나고 있다. 악마화와 과잉 악마화의 차이는 다음과 같다. 악마화는 실제의 사실이 갖는 다면성 중 일정 측면에 근거해 그것을 증폭해 이루어지는 적에 대한 비판과 공격이라면, 과잉 악마화는 허구적 사실에 기반해, 즉 '탈진실의 시대'라는 말이 상징하듯 적을 악마화하기 위해 기획적으로 비판과 공격을 조직하는 것을 의미한다.

4) 더글러스(Karen M. Douglas)와 치호츠카(Aleksandra Cichocka)(2017)는 *The Psychology of Conspiracy Theories*에서 음모론이 중요한 사건들을 악의적이고 강력한 집단의 비밀스러운 공모로 설명하는 서사라는 점을 지적하며, 그러한 믿음이 인지적·실존적·사회적 동기에 의해 추동된다고 본다. 한국에서 음모론은 흔히 '적'의 허위의식 정도로 치부되지만, 이러한 음모론적 사고는 보수와 진보, 여야, 우익과 극우를 가로질러 공통적으로 나타날 수 있다. 앞에서 논의한 셋째 축과 연결해, 여기서는 음모론 확산을 설명하는 동기에 전략적 동기를 추가하고자 한다. 치열한 정치적·사회적 전투에서 패배가 발생했을 때, 지지 집단의 결속을 유지하고 다음 전투에서의 승리 가능성에 대한 주관적 기대를 높이려는 전략적 동기에 의해서도 음모론은 확산될 수 있다. 이러한 전략적 동기는 음모론의 내용 자체를 완전히 작위적으로 만들어낸다기보다는, 이미 존재하는 패배의 단서를 '침소봉대'해 해석·서사화함으로써 음모론의 확산을 도모한다는 점에서 특징적이다. 다시 말해 패배의 원인이 될 수 있는 여러 요소 가운데 일부 단서를 선택적으로 부각하고 과대 해석함으로써, 지지자들로 하여금 패배를 외부의 악의적 공모 탓으로 인식하도록 만드는 과정이 전략적 동기의 핵심이라고 할 수 있다. 이는 음모론이 단지 인지적 오류나 허위의식의 산물일 뿐만 아니라, 패배 이후 집단 정체성과 결속을 관리하기 위한 정치적·전략적 자원으로 활용될 수 있음을 시사한다[Douglas, Sutton and Cichocka, "The Psychology of Conspiracy Theories", *Current Directions in Psychological Science*, vol. 26, no. 6(2017)].

5) 얀-베르너 뮐러(Jan-Werner Müller), 『누가 포퓰리스트인가: 그가 말하는 '국민' 안애 내가 들어갈까』, 노시내 옮김(마티, 2017).

6) 피케티는 정치 체제와 이데올로기 구조의 변화를 논하면서, 지식 엘리트 중심의 좌파와 자산/상업 엘리트 중심의 우파 간의 정당적 균열을 설명하는 맥락에서 이 개념을 활용하고 있다.

피케티는 "불평등은 경제적인 것도 기술공학적인 것도 아니다. 오히려 이데올로기적이고 정치적인 것이다"라고 말한다. 그는 세계적인 현상 중의 하나는 과거 노동자 정당이었던 좌파 정당들이 고학력-고소득자 정당으로 변질되었다는 것, 진보 정당이 가난한 저학력 유권자에 대한 관심이 적어지고, 능력주의적 현실을 그대로 수용한 고학력 정당이 되며, 반면에 저학력자들은 트럼프의 경우에서 볼 수 있듯 보수당을 지지하는 모순적 현실을 지적한다. 반대로, 전통적인 상위 자산 보유자들의 정당인 보수 정당들은 포퓰리즘적 동원 방식으로 가난한 50%를 민족주의, 일자리 지키기 정책으로 유인하면서 보수적으로 동원하게 되고, 그런 점에서는 더욱 기량을 갖는 극우정치 세력이 득세하게 된다고 본다. 특별히 현재 세계화와 그와 연관된 금융 체제를 좌우 정당 모두 지지한다. 그는 브라만 좌파와 상인 우파를 축으로 하는 다중 엘리트 체계는 지배적 질서를 용인하는 삼원사회로의 회귀라고까지 비판하고 있다. 토마 피케티, 『자본과 이데올로기』, 안준범 옮김(문학동네, 2020), 1297~1300쪽.

7) 미켈 볼트 라스무센(Mikkel Bolt Rasmussen), 『후기자본주의 파시즘』, 김시원 옮김(한울 아카데미, 2024), 20쪽.

8) 알렉스 C. 카프(Alex C. Karp)·니콜라스 W. 자미스카(Nicholas W. Zamiska), 『기술공화국 선언: 강력한 기술, 흔들리는 가치, 인류의 미래는 어디로 가는가』(지식노마드, 2025); 이병한, 『이병한의 아메리카 탐문: 피터 틸, 일론 머스크, 알렉스 카프, J.D. 밴스, 이들은 미국을 어떻게 바꾸려 하는가』(서해문집, 2025).

9) 미켈 볼트 라스무센, 『후기자본주의 파시즘』, 28쪽.

10) 같은 책, 20쪽.

2부 변화의 시대, 생각의 지도를 다시 그리다: 국내적·국제적 변화에 대응하는 인식틀의 혁신과 확장

5장 우리의 좋은 실천이 갖는 그림자를 돌아보자: 복잡성의 시대에 대응하는 민주진보 인식틀의 확장

1) 이런 인식 전환이 궁극적으로 도달해야 할 지점은 민주·진보적 세계관의 확장이다. 민주화 40년에 이르는 과정에서 민주·진보적 세계관은 충분히 확장되지 못했다. 때로는 '토착왜구론'처럼 퇴행적 언어로 후퇴하기도 했다(거리 시위에서 전술적 구호로 사용하는 것은 가능하겠지만, 지적 언어로는 퇴행적이다). 보수는 근대화를 통해 한국 사회의 물적 토대와 경제 구조를 변화시켰고, 진보는 민주화를 통해 정치·사회·문화적 변화를 이끌었다. 국제적·문명적 환경도 변화했다. 역사관 역시 확장되어야 한다. 여기서 말하는 확장은, 과거의 이분법을 버리고 곧장 보수로 이월하는 것이 아니라, 민주·진보의 관점 자체를 깊고 넓게 만드는 것을 뜻한다.

2) 한국 민주주의의 역사를 '드라마'라는 프리즘으로 분석한 『몸, 스펙터클, 민주주의』에서 김정환은 한국 민주주의가 언제나 "'깨치고 나아가 끝내 이기리라'는 노랫말로 요약되는 신성한 승리 서사"로 인식되고 전개되었다고 말한다. 실제로 "죽음과 결집이라는 두 개의 스펙터클을 양축으로 진행되는 서사"가 반복되어 왔다. 김정환은 이러한 분석 위에서 "죽음으로부터 부활

을 이루어내는 성스럽고 거룩한 민주주의가 아니라, 일상적이고 세속적인 민주주의, 민이 국가
에 대해 승리하는 민주주의가 아니라 각자의 민이 평등하게 살아갈 수 있는 민주주의"[김정환,
『몸, 스펙터클, 민주주의: 새로운 광장을 위한 사회학』(창비, 2025), 358~359쪽]를 지향해야
한다고 말한다. 곧 일상의 실천을 통해 만들어가는 민주주의로 나아가야 한다는 제안이다.

3) 물론 이러한 현상은 한국만의 문제가 아니다. 민주화 이후 정권 교체가 반복되면서 '독재 대
반독재' 대립 구도에 가려졌던 반독재 민주 세력의 집권기 정책 역량과 청렴성에 대한 도전이
등장하는 것은 일반적 현상이다. 일반적인 청렴 등 도덕적 기준에서 민주진보 세력이 더 민감하
다고 할 수 있지만, 집권 이후 정책 수행에서 유능하지 못한 측면이 드러나고, 부패 사건에 연루
된 인사들이 나타나면서 과거의 단순 대립 구도외는 다른 새로운 구도가 형성된다. 중남미 좌파
정권하에서도 뇌물 수수, 공적 선거 자금 유용 등 다양한 부패 사건이 발생했고, 베네수엘라처
럼 높은 인플레이션으로 민생이 파괴되는 사례도 많았다. 이로 인해 이른바 좌파 정권 약진의
물결인 '핑크 타이드 2.0'도 위기에 처해 있다("권력자 무능·부패 … 중남미 좌파정권 설 자리
잃어간다", ≪문화일보≫, 2025년 7월 10일 자). 권위주의, 광주 학살, 극단적 반공주의로 점철
된 보수에 대한 민주·진보의 비판은 정당했다. 그러나 민주·진보가 주도하는 중앙 및 지방 정
부 역시 스스로 설정했던 기준에 비추어 정의롭지 못한 사례가 적지 않다. 모든 기성 체제와
집단은 자신의 이익을 독점화하려는 경향을 갖는다. 이런 점에서 광주라는 상징성을 가진 지자
체와 지역사회가 대구·경북 지자체·지역사회보다 평등성·형평성·탈독점성 기준에서 더 정
의롭다고만 말하기는 어렵다. 광주 학살로 인해 고통받은 피해자들이 다양한 '공법 단체'로 공
식화되어 있지만, 공법 단체들 사이의 갈등도 존재한다. 우리가 비판해 온 기성 집단의 패권적
태도와 독점적 성격이 그대로 재편되는 지점이 있기 때문이다. 여기서 말하고자 하는 것은 민
주·진보를 상징하는 개인, 집단, 지자체도 똑같이 문제투성이라는 것이 아니라, 우리가 과거에
보수에게 들이댔던 기준이 '역의 기준'으로 민주·진보를 공격하려는 사람들에게 충분한 도덕
적·인지적 분노의 근거를 제공하고 있고, 그것이 극우 대중 확산의 도덕적 자원이 되고 있다는
점이다.

4) 나는 정치적·사회적 대립구도를 보는 2분법적 인식보다는, 3분법적 인식이 더욱 중간지대에
대한 포착을 가능하게 한다고 생각된다. 정치적 갈등이 치열해지는 절박한 조건에 처할수록
사람들은 타인을 '적과 동지'로 구분하는 사고에 빠지기 쉽다. 전형적인 이분법이다. 이때 우리
편은 천사, 상대편은 악마로 인식되기 쉽고, 선·악의 대립 구도로 등치되기도 한다. 그러나 혁
명적 국면을 지나 민주화가 진행되면서 새로운 조건이 출현했음에도, 과거와 동일한 이분법
틀로 집단 관계를 보면 과잉 인식의 우려가 생긴다. 흥미로운 것은 현대 서구에서 출현한 적대
적 진영정치가 정확히 아방·타방의 2분법적 인식에 해당한다는 점이다. 민주화 과정을 거친
한국에서도, 여전히 아방·타방 이분법으로 정치·사회 세력 관계를 보면 현실과의 미스매치가
생긴다. 그런 점에서 아방과 타방 사이 '중간지대'가 존재한다는 사고, 나아가 중간지대를 상정
하고 바라보는 인식틀이 필요하다. 실제로 우리 편과 반대편으로만 분류되지 않는 다양한 사람

들이 존재하기 때문이다. 이분법적 인식 구도가 고착화되면, 역으로 우연적 요인, 특히 자기 진영의 실책에 따라 적대적 대립의 결과가 크게 달라지며, 우연성이 정치의 향배를 결정한다. 1987년 6월 민주항쟁 국면에서의 민주·진보 진영의 '압도성'이나 박근혜 탄핵 국면에서의 압도 성은 찾아보기 어렵다. 경계가 허물어지지 않는 적대적 진영 구도 안에서 유동성과 불확실성만 존재하는 것이다. 이것이 여기서 강조하고자 하는 지점이다.

5) 3-7제 인식은 기독교에서 말하는 바와 같이, 인간은 본질적으로 불완전하다는 점을 인정하는 것이다. 동시에 인간은 이기적 존재라는 사실을 전제로 한다. 나는 10년 동안 교육감으로 재직 했다. 교육감의 위상은 상대적으로 낮지만, 대통령이 전국을 관할한다면, 교육감은 시·도지사 와 함께 17개 광역 시·도 공간을 '통치'하는 역할을 담당한다고 할 수 있다. 매일 수많은 선택을 해야 한다. 하나의 사안이 발생하면, 다양한 전략적 선택지를 비서실과 이른바 '계선' 부서에서 마련해 오고, 그 여러 선택지 가운데 가장 적절하다고 생각하는 것을 골라 집행하는 일이 일상 이다. 그러나 여기서 강조하고자 하는 점은, 겉으로 드러나지 않지만 이러한 선택이 광역 공간 의 선출직인 교육감에게 유리한지가 중요한 요인으로 작동한다는 것이다. 특히 선거가 가까워 질수록 그 비중은 더욱 커진다. 앞서 지적했듯이, 우리 사회에 만연한 개인과 집단의 최대이익 주의적 시선은 선출직에게서 더 강하게 나타난다. 그래서 시민단체의 감시와 감시 기간과 규칙 이 필요하다. 노동조합도 그렇고, 좌우·보수·진보 진영 유튜브의 인플루언서들도 모두 마찬 가지다. 인간사의 본질이 그러하기 때문이다. 바로 이런 점을 전제로 우리의 정치적 투쟁과 갈등, 관계 방식을 조정하자는 것이다. 이중 기준 적용이나 '내로남불' 논란도 정확히 이와 연결 되어 있다. 전략적으로 '그렇지 않은 것처럼' 포장할 필요도 없다.

6) "전교 부회장 당선 취소됐다고…교장·교감까지 괴롭힌 학부모", ≪서울신문≫, 2023년 11월 28일 자.

7) 물론 나는 의대 정원 확대를 밀어붙이는 윤석열 정부의 정책 시도가 무조건 옳았다는 것을 이야 기하는 것은 아니다. 의사 집단의 파업 투쟁이 큰 틀에서 갖추는 구조적 성격에 대해 이야기하 는 것이다.

8) 황태연은 서양의 '정의 국가'와 한국, 중국의 '인의 국가'를 대비시킨다. 그는 정의 제일주의와 사랑 없는 정의 국가를 '패도 국가'로 비판한다. 거기에 사랑과 인의가 결여되어 있다는 것이다. 이는 결국 정의의 이름으로 자행되는 폭력, 정의라는 명분의 살육 전쟁으로 나아갈 수 있음을 보여준다. 이에 그는 '인의 국가'를 대안으로 제시한다. 나는 동서양의 국가관을 단순 대립시키 는 것에는 동의하지 않지만, '사랑 없는 정의 국가'에 대한 비판에는 동의한다. 서양에서도 정의 일면주의와 정의 가치에 기대어 살육과 전체주의적 폭력으로 치달은 파시즘, 십자군 전쟁 등 수많은 사례가 존재한다. 중국 등 동양 국가에서도 그 반대의 경우가 있었다. 동서양을 관통해, 하나의 가치를 최대주의적으로 실현하는 과정에 내재한 딜레마를 성찰적으로 인식하는 것이 중요하다. 황태연, 『정의국가에서 인의국가로』, 상·하(지식산업사, 2025).

9) 로먼 크르즈나릭(Roman Krznaric), 『내일을 위한 역사』, 조민호 옮김(더퀘스크, 2025).

10) "'총기 암살' 찰리 커크 부인, 추모식서 '범인 용서한다'", MBN 뉴스, 2025년 9월 22일 자.

11) "찰리 커크의 죽음이 부른 '기독교 신앙의 부흥' … 美 전역에서 '찰리 커크 효과' 확산", ≪펜N마이크≫, 2025년 10월 17일 자.

12) "우리 사회는 공정하지 않다 … 서울 61%, 뉴욕·도쿄 23%", ≪조선일보≫, 2023년 5월 30일 자.

6장 70%의 확신과 30%의 성찰로 민주주의를 지키다: 역지사지형 성찰성에 기반한 '3-7제 민주주의'

1) 조희연, "'역지사지형 전투주의'가 필요하다: 조희연의 시대사색", ≪경향신문≫, 2025년 2월 7일 자.

2) 김동춘이 말한 '전쟁정치'는 한국 사회의 보수 지배 세력이 전쟁·안보 논리를 상시화하면서 정치적 반대 세력과 시민사회조차 적대적 대상으로 만드는 구조를 비판적으로 포착한 개념이다[김동춘, 『전쟁정치: 한국정치의 메커니즘과 국가폭력』(길, 2013)]. 국가폭력, 정치적 적대, 통제를 구조화한 정치 메커니즘이 일상적으로 작동하는 것이다. 이 개념은 매우 정확한 분석틀이다. 다만 나는 민주진보 세력이 이러한 전쟁정치의 회로를 초월해야 한다고 본다.

3) 레거시 미디어 시대와 뉴미디어 시대의 차이도 여기서 드러난다. 전자가 주도하던 시기에는 여론·상식이 일정한 기준으로 기능했고, 적대적 진영 간에도 어느 정도 승복이 가능하며 극단성을 제어하는 규범적 장치가 존재했다. 그러나 적대적 진영정치 구도에서는 한 진영의 극단성이 다른 진영의 극단성을 자극·증폭시키는 '적대적 공생'이 나타난다. 이를 끊어내야 한다. 최근 전광훈 목사가 '조중동 불매 운동'을 벌인 것은 보수 레거시 미디어와 극단적 유튜브로 무장한 극우 진영 사이의 균열을 보여준 사례다. 역지사지형 성찰성은 이러한 균열을 직시하고, 극단 간 적대적 공생 구조를 넘어설 수 있는 시각을 제공한다.

4) 여기서 3-7제 인식을 '물신화'할 필요는 없다. '실체적'으로 어떻게 해야 3-7제 인식이 되는지, 이를 인격화하거나 우상화할 이유도 없다. 3 : 7이라는 비율 자체가 정교한 학술적 근거를 가진 것은 아니다. 4 : 6, 2 : 8, 1 : 9와 같은 다른 비율도 가능하다. 중요한 것은 현재와 같은 '적대'적 진영정치 구도에서 자기 진영 주장에 어느 정도 정당성이 있다고 보면서도 이와 동시에 일정 비율만큼은 상대 진영의 주장에도 타당성이 있음을 성찰적으로 인정할 수 있느냐이다. 현실 정치에서 보수·진보, 여야, 좌우 모두 자신들의 주장이 100% 옳다고 확신하기 쉽다. 이런 상황에서 자기 진영의 정당성을 80~90%로 보더라도, 최소 10~20%는 상대의 비판을 경청하거나, 반대로 자신이 속한 진영의 주장 중 그만큼은 과도하다고 인정하는 태도 자체가 중요하다. 4 대 6 구도(자기 진영 60%, 상대 진영 40%의 타당성을 인정하는 경우)는 주장들이 '경합적'이라는 것을 인정하는 것으로, 진영 귀속감이 약하고 적대적 대립 속에서도 중간지대 혹은 관망자의 위치에 서 있게 만들 수 있다. 이 책에서 제시되는 여러 사례 역시, 나의 시선과 현재 맥락, 3-7제 인식틀 속에서 예시적으로 제시된 것일 뿐이다. 돌이켜 보면 1980년대에는 '혁명이냐 개량이냐'가 큰 쟁점이었다. 그러나 실제 현실에는 혁명과 개량이라는 두 가지 범주만 존재하는 것이 아니다. 양극단 사이에는 다양한 스펙트럼이 존재한다. 혁명적 입장에서는 사회주의 혁명의

대의와 직접 연결되지 않는 모든 것을 '개량'으로 매도하는 경향도 있었다. 1990년대 초 소련 공산당 체제가 붕괴한 뒤, 나는 ≪월간 사회평론≫에 "그 많던 레닌은 다 어디로 갔는가"라는 표현을 쓴 적이 있다. 1980년대 당시 수많은 이들이 '레닌주의자'를 자처하며 너무도 쉽게 타인을 '개량주의자'로 규정했다. 오늘날에도 '반자본주의' 관점에 서면, 그 기준에 미치지 못하는 다양한 입장을 모두 '개량적' 혹은 비사회주의적 인식으로 간주할 수 있다. 이처럼 주체의 인식에 따라 현실에 대한 판단은 크게 달라질 수 있다. 3-7제 인식은 다양한 실천 상황에 탄력적으로 적용·응전할 수 있는 틀이다. 예컨대 대선에서 '주 4.5일제' 공약이나 극단적 부동산 불평등을 해결하기 위한 강력한 소유 제한 조치가 과연 급진적인지는 사전에 쉽게 단정할 수 없다. 1970년대 초 박정희 정부가 '중고교 평준화'를 추진할 때, 그것이 당시 대한민국 현실에서 실현 불가능한 급진 정책인지 역시 주체의 인식에 달려 있었다. 12·3 이후 4·4까지의 기간 동안 한국 시민들이 보여준 역동성과 전투성 역시 마찬가지다. 탄핵에 찬성하는 역동성과 반대하는 역동성이 정면으로 격돌했는데, 그러한 역동성은 12·3 이전에는 상상하기 힘든 것이었다. 이처럼 주체의 인식과 그에 기반한 행동은 상황·맥락에 따라 크게 달라진다. 그런 의미에서 3-7제 인식에서 3과 7의 경계도 고정된 것이 아니며, 한 시점에서 3의 범주에 속하는 판단이 다른 상황에서는 전혀 다르게 재구성될 수 있다는 점을 지적해 두고자 한다.

5) 이 3-7제 인식틀의 전거를 굳이 여기서 찾은 것은 아니지만, 참고로 제시한다면 중국에서의 평가 방식에서 찾을 수 있다. 먼저 중국 사람들이나 정부 운영상의 특유한 탄력성이다. 그것이 이전 시기에도 중국에는 '7할 공, 3할 과(功七過三, 七分成绩, 三分错误)'라는 관용적 비율 표현이 사용되었고, 나는 이것이 그런 탄력성이고 혼융적인 사고로 이어졌다고 생각한다. 다음으로, 마오쩌둥에 대한 평가이다. 중국에서 개혁개방이 본격화된 이후 덩샤오핑 시기에 중국 공산당이 마오쩌둥 시대를 공식적으로 정리한 문건에서 바로 '성과가 70%, 오류가 30%'라는 취지로 평가하는 입장이 확립되었다. 이 평가는 덩샤오핑이 1979~1981년 사이에 한 연설에서 반복적으로 언급하며 굳어졌고, 이후 중국의 공식 역사 서술과 교육에서 기본 평가 틀로 자리 잡았으며, 1981년 「건국 이후 당의 몇 가지 역사 문제에 관한 결의」(중국공산당 제11기 중앙위원회 6중 전회 채택)에서 공식적으로 채택된 것으로 알려져 있다. 마오쩌둥의 건국 공헌과 사회주의 기반 구축은 인정하되 대약진 운동, 문화대혁명 등의 과정에서의 오류와 거대한 인적·물적 참사는 과오로 규정하는 것인데, 이는 공산당 정권의 정통성은 유지하면서 대중이 심각하게 느끼는 과오는 직시하고자 하는 정치적인 타협 내지는 종합이라고 할 수 있다. 다음으로, 역설적으로 마오쩌둥도 스탈린을 "70% 긍정, 30% 부정"이라고 평가한 바 있다. 마오쩌둥은 1957년 중국 공산당 내부 회의에서 "스탈린의 업적은 전체의 약 70%, 실책은 약 30%"라고 평가했다고 전해지며, 『10대 관계에 대하여(On the Ten Major Relationships)』 같은 문헌에서 확인된다고 한다. 이는 사실 1956년 흐루쇼프의 스탈린 비판 시점에 흑백 논리로써 스탈린을 완전히 부정하는 흐루쇼프식 비판과는 달리, 스탈린의 장점이 훨씬 크다고 보면서도 그의 잘못들을 부정하지는 않는다는 취지로 말한 것이다. 또한 하나의 이익·가치 투쟁에서 싸우는 주체의 구조적 지위

에 따라 3과 7의 비율은 달라질 수 있다. 통치 엘리트와 시민사회 활동가는 다르게 평가되어야 하며, 후자(특히 변방의 소수자·약자)의 정당성은 더 크게 존중되어야 한다. 예컨대 장애인이 비정상적인 차별 현실에 맞서 3 : 7이 아니라 0 : 10의 인식으로 싸우더라도, 그 투쟁은 존중받아야 한다. 그러나 제도정치 내 주류 정당이나 통치자가 시민사회 변방의 극단적 인식을 그대로 자기화하면 그것은 '극단'이 된다. 내가 12·3 비상계엄을 '윤석열의 전광훈화'라고 표현한 것도, 시민사회 내부의 극단적 입장이 통치자의 인식 및 행동으로 일체화되었을 때의 문제를 지적하기 위함이다. 적과의 관계에서 '3'의 합리성을 인정한다는 것은, 예컨대 공장 노동자와 기업주 사이에도 하나의 기업 구성원으로서 최소한의 공통 기반(공동체성)이 존재함을 인정한다는 뜻이다. 실제 노동조합 투쟁에서도 최대치 요구를 내걸고 싸우지만, 최종 타결 과정에서 양보와 타협을 하는 것은 상대와의 갈등에도 불구하고 일정한 공통 기반이 있음을 전제하기 때문이다. 물론 나는 소수자·약자 역시 3-7제 사고를 가질 수 있다면 그것이 더 성숙한 태도라고 생각한다. 사회의 모든 주체는 구조적 위치를 가지지만, 동시에 다층적 정체성을 가지므로 다수자성과 소수자성이 서로 얽혀 있다는 인식 속에서 3-7제 인식을 적용할 수 있다. 나는 3-7제 인식을 일차적으로 제도정치 내 투쟁 관계에 적용하지만, 그 특수성을 고려한다면 다양한 영역으로 확대 적용하는 것도 가능하다고 본다.

6) "If we could read the secret history of our enemies, we should find in each man's life sorrow and suffering enough to disarm all hostility." 롱펠로가 1860년대 ≪애틀랜틱 먼슬리(The Atlantic Monthly)≫ 기고문에서 남긴 말로 알려져 있다. 적대적 관계에 놓인 타인의 삶 속 고통을 상상하는 것 자체가 역지사지형 성찰성의 출발점이 될 수 있음을 시사한다.

7) "의대 증원 '지역의사제' 한정에도 … 의료계 "졸속 결론" 반발", ≪세계일보≫, 2026년 2월 19일 자.

8) 인천 교육소식집합소, 2025년 12월 20일 자.

9) 원래 교원 단체들은 학생 지원 프로그램들이 분산적으로 시행되는 문제를 지적하며 통합 지원 방향을 주장해 왔다. 그러나 막상 '학교 맞춤형 통합지원(학맞통)'이 시행되자, 교원 단체들이 학맞통에 반대하는 입장으로 선회하는 상황이 전개되었다. 나는 정책 시행 이전과 이후, 초기 주장과 후속 주장이 달라질 수 있다는 점 자체는 자연스러운 일이라고 생각한다. 그리고 정책을 계획한 이후 정작 실행 단계까지의 사이에 교육 당국이 합당한 사전 준비와 시행에 따른 교사의 부담을 경감하는 조치를 충분히 하지 못했다는 전제 위에서 이야기한다면, 고교학점제나 학맞통 사례에서 보듯, 이러한 변화는 노동조합 및 교원단체가 지닌 내재적 딜레마와 관련된 측면이 있다. 정책 시행 시점이 다가오면 학교 현장의 조합원들은 정책 시행에 따른 부담과 어려움을 강하게 체감하게 되어, 상향식 '즉자적' 항의가 조직 내부로 올라온다. 이때 지도부가 이러한 요구를 걸러내고 조정·종합하는 리더십을 발휘하지 못하면, 조직은 조합원의 즉자적 이해에 밀려 초기 입장과 다르게 움직이게 된다.

10) "이승만 정부의 농지개혁, 대한민국을 지켜내다", ≪조선일보≫, 2025년 12월 27일 자.

11) 안희정, 『산다는 것은 끊임없는 시작입니다』(위즈덤하우스, 2013), 70~80쪽.

12) 조희연, 『투 트랙 민주주의』 I, II(서강대학교 출판부, 2016), 8장.

13) 천관율·정한울, 『20대 남자』(시사인북, 2019). 20대 남성의 눈에 한국 여성은 "도움을 받을 자격에는 미달하지만 권력을 등에 업고 특혜를 누리는 집단", 일종의 무임승차자로 비친다. 이들은 '무임승차'가 불의하다고 느끼며, 자신들의 분노를 도덕적으로 정당하다고 여긴다(7~8쪽). 일반적으로는 여성 차별이 심각하다는 인식이 강하지만, 이 조사에서 "남성차별이 심각하다"는 응답은 20대 남성에게서 68.7%에 달했다(18쪽). "페미니즘은 여성을 피해자로만 본다"는 진술에 동의한 비율은 20·30대 여성이나 30대 남성과 달리, 20대 남성의 경우 86.8%였다(48쪽). 이들이 이제 30대 남성이 되었고, 새로운 20대 남성 역시 유사한 정치·사회 태도를 보인다는 분석이 많다.

14) 김현수, 『극우 청년의 심리적 탄생: 누가 그들의 마음속 분노·좌절·박탈감을 원한과 복수로 키워 극우가 되게 하는가』(클라우드나인, 2025), 6장 3절. 그는 "파시즘과 극우는 민주주의의 상처와 흉터에서 자라난다"라고 말하며, 사회적으로 극우가 등장하는 시기는 시민의 '자아'가 위축된 시기라고 진단한다. 저성장, 저출생, 높은 자살률, 높은 청년 실업률은 자아 위축을 초래하는 우리 사회의 큰 병폐이며, 불안과 불신 속에서 10년 넘게 각자도생을 강요받은 결과다. 이런 취약한 상황에서, 지지 기반이 허약했던 지도자가 봉인되어 있던 극우·파시즘의 뚜껑을 열어버렸다고 비판한다(9~10쪽).

15) "청년 남성 극우화를 막기 위해 새 정부가 해야 할 일", ≪오마이뉴≫, 2025년 6월 9일 자.

16) 우경화를 민주·진보 진영의 '실패'라는 결과로 접근해 보는 시각이 필요할지 모른다. 그렇다면 20·30 남성들은 우리가 만든 세상의 고통 속에서, 작은 보수적 투표 행위라는 방식으로 기성세대에게 항변하고 있는 것인지도 모른다. 이 불편한 가설을 직시하지 않는 한, 우리는 같은 질문을 끝없이 반복하게 될 것이다.

17) 신진욱, 『그런 세대는 없다: 불평등 시대의 세대와 정치 이야기』(개마고원, 2022).

18) 최영준, "한국 사회·정치 극우 성향을 읽다: 세대별 성향과 사회적 요인"(한겨레경제사회연구원 등 주최 '한국 사회·정치 극단화 진단과 전망' 포럼, 2025년 6월 27일 자).

19) "사적이어서 더 혁명적인, '5중 소수자' 프리다 칼로의 절규", ≪프레시안≫, 2025년 10월 2일 자.

20) 이 부분은 조희연, "성숙한 민주주의를 향하여: 언론과 지식인이라는 중간지대의 붕괴?", ≪미디어오늘≫, 2021년 9월 11일 자를 기초로 작성한 것이다.

21) 이러한 인식과 사고는 근대 '이후' 철학의 핵심 정신과 맞닿아 있다. 근대 철학과 정치경제학은 기본적으로 이분법적 사고 양식을 전제로 했다. 부르주아지와 프롤레타리아, 자본가와 노동자, 억압 민족과 피억압 민족의 이분법이 대표적이다. 이때 후자는 인간·사회 해방의 천사로, 전자는 악마로 인식됐다. 피억압 '민족', 피억압 '계급'을 강조하는 과정에서 이들이 신성화되고 전일적·단일한 존재로 그려지면서, 그 내부의 균열과 차이는 가려졌고, 그들을 위한 모든 행위가 신성화된 이름 아래 정당화되는 부작용이 나타났다. 20세기 제1·2차 세계대전과 에릭 홉스봄(Eric Hobsbawm)이 '극단의 시대'라 부른 장구한 폭력의 세기는, 이런 사고틀 위에서 전개되

었다고 할 수 있다. 20세기 사회주의 체제의 절대화와 붕괴 역시 이러한 이분법적 인식 구조와 무관하지 않다. 근대 이후 철학의 한 중요한 특징은 이러한 이분법적 인식의 강을 '횡단'하려는 시도도. 이안 감독의 영화 〈색, 계〉가 보여주고자 했던 것도, 민족 해방이라는 대의를 위해 인간의 성(性)을 도구화하는 것에 대한 비판이라고 할 수 있다. 실제 자본가와 노동자는 순수하고 일체적인 단일 범주로 존재하지 않는다. 그렇게 단일 범주로 인식하는 것은 오히려 피억압 민족 내부의 모순과 균열을 가리는 효과를 낳는다. 다수자와 소수자를 나누더라도, 다수자 속에는 소수자적 속성이, 소수자 속에는 다수자적 속성이 공존한다. 남성과 여성의 관계, 여성과 레즈비언의 관계도 동일하지 않다. 현실에는 순수한 악마도, 순수한 천사도 없다. 악마적 천사와 천사적 악마만 있을 뿐이다. 물론 이런 시각을 제기하는 이유가 "모두가 도둑놈이다"라는 식의 냉소주의를 부추기거나, 근대 이후 철학이 보여준 극단적 상대주의로 미끄러지려는 것은 아니다. 상대주의를 표방하더라도 정치 영역에서는 '적과 동지'의 구분이 너무도 분명해진다. 카를 슈미트가 정치를 "적과 동지를 구분하는 기술"이라고 말한 이유도 여기에 있다.

22) 당시 이재명 민주당 대표는 공수처(고위공직자범죄수사처)를 둘러싼 논란 속에서, 공수처의 특정 수사 행태에 대해 "자다가 봉창 두드리는 격"이라고 비판한 바 있다. 이는 제도 개혁을 위해 만든 기관이 실제 작동 과정에서 개혁 취지와 어긋난 방향으로 움직일 수 있다는 우려의 표현이었다.

23) 당시 교육·인권 단체 등 100여 개 단체는 '서울교육지키기 공동대책위원회'를 구성해, 해직교사 복직을 위한 적극 행정이 위법하다며 기소·처벌하려는 움직임에 맞서 재판 전 과정에서 함께 싸웠다. 이 과정에서 해직교사의 복직이 정치적 공격의 대상이 아니라, 민주주의·노동권·교육권의 관점에서 어떻게 평가되어야 하는지에 대한 사회적 토론이 전개되었다.

24) 조희연 페이스북, 2025년 8월 11일 자 게시물.

25) 에릭 홉스봄(Eric Hobsbawm), 『극단의 시대』, 이광일 옮김(까치, 1997).

26) 테오도어 W. 아도르노(Theodor W. Adorno)·막스 호르크하이머(Max Horkheimer), 『계몽의 변증법: 철학적 단상』, 김유동 옮김(문학과지성사, 2010); 막스 호르크하이머, 『도구적 이성 비판: 이성의 상실』, 박구용 옮김(문예출판사, 2022),

27) 이 부분은 조희연, "복기와 횡단, 미래를 여는 두 개의 공약 실행 열쇠", ≪경향신문≫, 2025년 4월 18일 자 글을 바탕으로 보완·정리한 것이다.

7장 민주주의는 언제나 위기에 처할 수 있다: 공화성이 빠진 민주주의의 빈틈 메우기

1) 한국 학계에서도 공화와 공화주의에 대한 논의는 상당히 활발하며, 특히 최근 들어 더 활기를 띠고 있다. 주요 저작으로는 김경희, 『공화주의』(책세상, 2009); 정원규, 『공화민주주의』(CIR, 2016); 이명순, 「공화주의의 유형과 그 비판: 강한 유형과 약한 유형」, ≪철학사상≫, 제26권(2007); 이상훈, 「민주공화주의 이념의 기원」, ≪철학≫, 제124호(2015); 곽준혁, 「민주주의와 공화주의: 헌정체제의 두 가지 원칙」, ≪한국정치학회보≫, 제39권 3호(2005); 「왜 그

리고 어떤 공화주의인가」, ≪아세아연구≫, 제131호(2008); 권형기·김경미 외, 『열린 공화주의: 이론과 역사』(사회평론 아카데미, 2024); 조승래, 『공화국을 위하여』(길, 2010); 채진원, 『공화주의와 경쟁하는 적들』(푸른길, 2019); 임채원, 『시민적 공화주의』(한울엠플러스, 2017) 등이 있다. 한국 헌정 질서와 체제 개혁에 공화적 시각을 적용한 연구로는 장은주, "왜 지금 '공화'인가?", ≪민주주의와 인권≫, 제23권 1호(2023); 21세기 공화주의 클럽, 『21세기 공화주의』(2019); 21세기 공화주의 클럽, 『21세기 공화주의와 공동선』(2020); 구갑우 외, 『한국의 사상 정세와 새 공화주의』(박영률출판사, 2025); 이기호, 「공화주의적 시민국가론을 위한 시론」, ≪동향과 전망≫, 제124호(2025); 이기호, 「정당정치의 위기와 광장 정치의 변화: 민중주의와 공화주의」, ≪동향과 전망≫, 제123호(2025), 「공화주의와 제6공화국: 제7공화국을 위한 시론」, ≪동향과 전망≫, 제121호(2024); 정상호, 「한국의 보수·중도의 새로운 정치이념으로서 공화주의의 가능성과 한계」, ≪동향과 전망≫, 제120호(2023); 금민, 『사회적 공화주의: 한국 사회 위기 해소를 위한 정치 기획』(박종철출판사, 2007) 등이 있다. 장은주는 『공화주의자 노무현: 시민적 진보의 탐색』(피어나, 2024)에서 노무현을 공화주의 관점에서 해석하기도 했다. 공화 논의를 돌봄·생태 환경으로까지 확장하려는 시도로는 김영준·이나미·장석준·장은주 외, 『공화, 돌봄, 녹색: 새 공화국과 헌법의 기본 가치에 관하여』(산현글방, 2025)가 있다.
2) 질 들뢰즈(Gilles Deleuze)·펠릭스 가타리(Félix Guattari), 『천 개의 고원: 자본주의와 분열증 2』, 김재인 옮김(새물결, 2001); 질 들뢰즈·펠릭스 가타리, 『안티 오이디푸스: 자본주의와 분열증 1』, 김재인 옮김(2014, 민음사) 참고.
3) 정연보, 「물질성과 함께 배우기: 신유물론과 응답의 페다고지」, ≪과학기술학연구≫, 제24권 3호(2024), 204~231, 205~206쪽.
4) 김환석, 『브뤼노 라투르』(커뮤니케이션북스, 2024), 4장.
5) 브뤼노 라투르, 『존재양식의 탐구: 근대인의 인류학』, 황장진 옮김(사월의책, 2023).
6) 이 책은 신영복의 강의를 정리한 것인데, 그의 『강의: 나의 동양고전 독본』, 『나무야 나무야』, 『감옥으로부터의 사색』 등에서 펼친 자신의 사유를 종합한 것이라고 할 수 있다.
7) 조희연·김동춘 엮음, 『복합적 갈등 속의 한국 민주주의: '정치적 독점'의 변형 연구』(한울엠플러스, 2008).
8) 그람시의 책에서 핵심적인 메시지는 노동자 계급이 단순히 '지배적 계급(dominant class)'이 될 뿐만 아니라, 지도적 계급(hegemonic class)이 되어야 한다는 것이었다. 여기에 정치적·문화적·도덕적·문명적 지도력으로서의 헤게모니(hegemony) 개념이 도입된다. 그람시는 이탈리아의 현실에 주목하면서, 전통적 마르크스주의의 산업 노동자 중심 계급구조 인식을 확장해, 복합적 상황에 직면한 이탈리아에서는 농민, 소규모 상공인, 지식인 등 다양한 민중 계층과의 연대가 필요하다고 보았고, 그런 '민족적-민중적' 연대가 가능할 때, 노동자 계급은 민족적 계급이나 대중적·민중적 계급이 될 수 있다고 보았다. 여기에 '역사적 블록(historic bloc)' 개념

이 연결된다. 안토니오 그람시, 『그람시의 옥중수고』, 1·2권, 이상훈 옮김(거름, 1999), 246~252쪽.

9) 나는 시민운동에 참여할 때 이를 '저수지'론으로 이야기한 바 있다. 저수지 물이 많아지고 흘러 넘치는 물을 향유할 수 있어야 한다. 그러나 지금은 수원이 고갈되어 간다는 우려가 존재한다.

3부 새로운 정치 양식, 햇볕정치의 다섯 가지 유형

8장 거센 바람만으로 마음을 녹일 수 없다: 햇볕정치의 의미와 성격

1) 여기서 '햇볕정치'라는 표현을 쓰는데, 이때 정치란 협의의 제도정치, 정당정치, 여의도 정치에 국한되지 않는 광의의 정치를 뜻한다. 시민사회 정치, 시민의 정치, 생활정치까지 포괄하는 개념이다. 나는 『투 트랙 민주주의 I, II: 제도 정치와 운동 정치의 병행 접근』(서강대학교 출판부, 2016)에서 제도정치와 운동정치의 상호작용 속에서 민주주의가 발전한다는 점, 정치를 정당·제도정치에만 협애화해서는 안 된다는 점, 그리고 "근대 대의 민주주의는 한 번도 정당 민주주의나 제도화된 정치와 일체화된 적이 없다"라는 점을 지적한 바 있다.

2) 현재의 극단적 양상은 1991년 5월 '김기설 유서 대필 사건'의 아픈 기억을 떠올리게 한다. 2007년 진실·화해를 위한 과거사정리위원회에서는 해당 유서 대필이 조작되었음을 공식 인정하고 강기훈에 대한 재심을 권고했고, 2015년 대법원은 재심에서 무죄를 확정했다.

3) 지금의 탄핵 국면에서도, 극단적 방식으로 "생명을 던지겠다"라며 나서는 국민이 일부 존재한다. 전광훈과 같은 인물이 이를 '효과 있는 죽음'으로 유인하며 정치적으로 활용하려 시도하기도 한다. 이 상황은 민주화 투쟁 시기 분신을 선택했던 열사들의 맥락과는 정반대에 가까운 장면이기도 하며, 진보가 응시하고 성찰해야 할 지점이다.

4) 사회운동론에는 '해동(un-freezing)'이라는 개념이 있다. 기존의 인식틀을 탈고 정화해 새로운 인식 가능성을 연다는 뜻이다. 프레임은 세상을 바라보는 인식틀이기 때문에, 인식 자체를 규정한다. 그러므로 프레임을 바꾸지 않으면 대중 인식의 전환도 어렵다. 특히 고양·격동 국면일수록 군사적 제압 관점이 부상하기 쉽고, 이에 맞서 그람시가 말한 '헤게모니'의 문제 설정이 중요해진다. 강퍅함이 해소되지 않으면, 그것은 다른 계기에서 보수적 정치 지지로 되살아나는 경향이 있다.

5) 비상계엄 국면에서 아버지와 어머니는 대표적인 민주 진보 인사이자 민주당 지지자에 가깝지만, 자녀는 적극적인 윤석열 옹호자인 사례가 여러 차례 보도되었다("'좌파 담론은 위선' 박성제 前 MBC 사장 아들이 '윤 어게인' 외치는 이유는", ≪The Public릭≫, 2025년 4월 22일 자). 나는 '내가 그 부모였다면 어땠을까'를 생각하게 된다. 많은 386세대 부모 가정에서 비슷한 현상이 관찰된다. 자녀들은 "아버지·어머니 말이 논리적으로 틀린 말은 아니지만, 왠지 싫다"라고 말하곤 한다. 이는 민주화 시대를 전제로 과거의 '옳음'을 가르치는 훈육 방식이 더 이상 잘 작동하지 않는다는 점을 보여준다. 왜곡되고 전도된 신념을 종교처럼 자발적으로 믿는 이들을 어떻게 응대하고, 이런 현상을 최소화·비확산화할 것인지가 중요한 과제가 되었다.

6) 한국에서는 대개 집권 초기에 '허니문 기간'이 존재한다. 새 정부의 정책·통치에 대해 긍정적이거나 관망하는 태도가 우세하다. 그러나 체제 작동 원리는 어느 정도 보편적이고, 5년 대통령 임기의 순환 구조 또한 유사하기 때문에, 중·후반기에 접어들면 부정적인 평가가 늘어난다. 거대 집권 블록 내부의 일원들이 부패에 연루되거나 언행에서 실수를 하고, 정책 부작용이 대중에게 가시화되면서, 이런 취약점에 대한 비판과 공격이 심화되고, 결국 "가랑비에 옷 젖듯" 정부 비판 여론이 다시 지배적이 되는 악순환이 반복된다. 이 책의 문제의식은 바로 이러한 순환 구조를 어떻게 바꿀 것인지에 맞춰져 있다.

7) 여기서 우리는 김대중의 햇볕정책의 정신과 넬슨 만델라(Nelson Mandela)의 다음과 같은 언명이 동일한 궤에 있음을 알 수 있다. "자유로 이끄는 문을 나서던 순간, 나는 알았다. 증오와 원한을 내려놓지 않는 한, 나는 몸은 풀려나도 여전히 감옥에 갇힌 존재일 것임을(As I walked out the door toward the gate that would lead to my freedom, I knew if I didn't leave my bitterness and hatred behind, I'd still be in prison)".

8) 임지현, 『적대적 공범자들』(소나무, 2005).

9장 버려진 분노와 먼저 악수하다: 음지 의제를 양지로 끌어올리는 햇볕정치
1) 민병두, "음모론의 생산자들, 맹신자들 그리고 중국 혐오", 페이스북, 2025년 4월 14일 자.
2) "'20년 전 법으론 소셜 미디어 대처 못 한다' 영국 경찰의 반성: 유튜브 20년, 낡은 규제, 그 사이 파고든 거짓", ≪조선일보≫, 2025년 5월 2일 자.
3) 부정선거론에서 촉발된 내란에 대한 수사와 재판이 진행되는 상황에서, 이런 식의 부정선거 자체를 검증의 대상으로 설정하려는 시도가 부정적 영향을 줄 수 있다는 우려도 가능하다. 그러나 '내란 척결 국면'이 어느 정도 일상적 국면으로 돌아간 이후에는 이런 노력도 필요하다고 생각한다.
4) 이히니, 페이스북, 2025년 1일 20일 참조.
5) 2012년 대선 이후 박근혜가 대통령이 된 뒤, 진보 진영 일각에서도 여러 종류의 음모론이 제기되었다는 사실은 기억할 필요가 있다. 음모론적 사고가 특정 진영에만 국한된 현상이 아님을 보여주기 때문이다.

10장 국민들이 더 많은 것을 스스로 결정하게 하자: 직접 민주주의형 햇볕정치
1) "촛불혁명 2기 '조용한 혁명'으로 7공화국 열어야", 민들레, 2024년 5월 20일 자.
2) 박명림, 「대화와 대화 민주주의」, 『사회적 대화의 실제, 타궁(Tagung)』(여해와 함께, 2025), 186쪽.
3) 김종영, 『지민의 탄생: 지식 민주주의를 향한 시민 지성의 도전』(휴머니스트, 2018). 김종영은 지식 엘리트와 정치 엘리트가 결합한 '지배 지식 동맹'이 전문가로서의 권위를 내세워 시민들에게 지식 정치를 펼치고, 이에 맞서 시민과 대항 전문가들이 '대항 지식 정치'를 전개한다고 본다.

삼성 반도체 백혈병 투쟁, 황우석 사태, 4대강 사업 등이 그런 사례다. 이 과정에서 탄생한 새로운 지적 시민을 그는 '지민'이라 부른다.

4) 배수찬은 20·30세대들의 정치적 보수화를 분석한 『20·30, 영혼의 연대기』(통나무, 2025)를 발간하면서, "단군 이래 최고 눈높이의 유권자층"이라는 표현을 사용한 바 있다.

5) 1991년 5월 투쟁은 공안 통치와 3당 합당을 통해 권위주의적 통치로 회귀하던 노태우 정권을 최대 위기로 몰고 간, 6공화국에서의 최대 대중투쟁이었다. 백골단에 의해 강경대 학생이 사망한 4월 26일부터, 명동성당 농성의 지도부가 완전히 철수한 6월 29일까지 이어진 투쟁이다. 공안 통치적 폭압과 수서 비리 사건 등에 대한 저항이 집중적으로 표출되던 시기였다. 이해 5월에 수많은 학생이 분신했고, 그런 국면에서 정원식 국무총리에게 밀가루 세례를 가한 사건을 계기로, 노태우 정부의 대대적 반격과 정국 안정 시도가 이어졌다.

6) "네팔 반정부 시위로 최소 30명 사망 … 교도소 탈옥 1만 3000여 명", 연합뉴스, 2025년 9월 11일 자; "'의회 해산, 내년 3월 총선' 혼돈의 네팔, 72명 사망", ≪매일신문≫, 2025년 9월 14일 자.

7) 조희연, 『투 트랙 민주주의 1, 2: 제도정치와 운동정치의 병행 접근』.

11장 성악설과 성선설의 거리를 좁히자: '내로남불' 논란에 대응해 '일반적 규칙'을 정립하는 협치형 햇볕정치

1) "14시간 청문회에도 계속 터져 나오는 강선우 후보자 거짓 해명 논란", ≪오마이뉴스≫, 2025년 7월 15일 자.

2) 이 장에서의 제안은 정원교의 표현에 따르면, 일종의 '절차주의적 공화민주주의 모델'이라고 할 수 있겠다[정원규, 『공화민주주의』(싸아이알, 2016), 112~115쪽].

3) 1980년대 한국 사회는 전두환 독재의 절정기였고, 광주 학살에 대한 분노 속에서 혁명적 진보의 길을 모색했다. 1987년 반독재 투쟁의 고양을 일종의 '혁명적 고조'로 인식하기도 했다. 젊은 시절 혁명적 에토스가 운동사회와 지적 지형을 지배했고, 당시 많은 이들이 서구의 1968년 이후 비판 이론을 혁명성이 부족한 '개량적' 이론으로 평가했다. 마르크스주의 분석 방법과 레닌주의 전략이 운동사회에서 강력한 지향으로 도입되던 시기였다. 그 시절 하버마스의 공론장 이론, 숙의 민주주의 등에 대해서는 '혁명적 긴장감을 훼손하는 개량적 담론'이라는 비판적 시선이 지배적이었다. 악마적 본질이 명백한 독재 권력에 대해 '어떻게 타도할 것인가'라는 혁명 전략 논의가 우선순위였기 때문이다. 이 치열한 전투성과 열정 위에서 1987년 이후 한국은 민주화 궤도에 진입했고, 40년에 가까운 역동적 민주주의 발전이 이어졌다. 권위주의와 독재의 망령, 권위주의하에서 고착된 경제·사회·문화 구조가 강고하던 시기에는, 개인의 자유·권리·구체제 개혁에 대한 저항이 컸고, 전투적 투쟁을 통해 민주주의를 확장하는 데 집중하는 것이 필요했다. 그러나 지금은 다른 국면에 도달했다. 성숙한 민주주의의 필요성이 제기되고 있다. 그런데 K-민주주의의 독특한 과제는 그동안 민주주의 발전을 추동해 온 민주적 전투성이라는 장점을 유지하면서도, 공론장에서의 긴 숙의를 통해 차이가 있는 입장들 사이에서 균형점과

접점을 찾아내는 것이다. 그냥 화합, 타협으로 가는 것이 아니라, 민주적 전투성의 긍정성을 계승하면서도 공동체적 최소 기반을 유지하며 그것을 과거와는 확장된 숙의와 공론을 통해서 채우는 것이다.

4) 2008년 4월 치러진 8대 국회의원 선거에서 각 정당별 의석 수는 한나라당 153석, 통합민주당 81석, 민주노동당 5석, 자유선진당 18석, 친박연대 14석이었다. 이명박 정부 초기에 치러진 선거에서 여당이 압승한 것이다. 그럼에도 불구하고 야당의 강력한 투쟁으로 인해, 여당은 국정 운영 및 국회 운영에 어려움을 겪었다.

5) 이 사건으로 김선동 의원은 '총포·도검·화약류 등의 안전관리에 관한 법률' 위반으로 기소되었고, 최종심에서 징역 8개월에 집행유예 1년을 선고받아 의원직을 상실했다.

6) 더욱 흥미로운 사례는 '국회선진화법'이다. 이 법을 주도했던 정당이 정작 나중에 해당 법으로 기소되는 상황이 발생했다. 2019년 4월, 자유한국당과 민주당은 공수처 설치법과 연동형 비례대표제 도입안을 패스트트랙에 올릴지를 두고 충돌하면서, 나경원 의원 등이 채이배 의원을 의원실에 감금하고 의안과·정개특위·사개특위 회의장을 점거한 혐의로 기소되었다. 2025년 11월 1심에서 이들은 의원직 상실에 이르지 않는 벌금형을 선고받았고, 당시 야당이었던 현재 여당 의원들 역시 같은 수준의 형량을 받아 의원직을 유지했다. 검찰도 항소하지 않았다("'패스트트랙 충돌' 1심 나경원·송언석 벌금형 … 의원직 유지", ≪국민일보≫, 2025년 11월 20일 자).

7) "진영의 틈 벌리는 중도 … 2022년판 '4자 필승론'?", ≪경향신문≫, 2021년 3월 6일 자.

8) "'청문회 이원화' 골자 … 공직윤리청문회·공직역량청문회", ≪뉴스1≫, 2025년 7월 7일 자.

9) "조국 '입시 비리, 국민께 사과'", ≪조선일보≫, 2025년 10월 13일 자.

10) "인권위 '양평 공무원에 진술 강요 있었다' … 특검 수사관 고발", 연합뉴스, 2025년 12월 1일 자.

11) 에릭 홉스봄, 『극단의 시대』, 이광일 옮김(까치, 1997).

12) 안병진은 "한국도 미국처럼 헌정 질서가 위협받는 '차가운 내전' 또는 '유사 내전'이 빈발할 것"이라 경고하며, 윤 대통령 파면 이후 조기 대선이 열린다면 그것은 '민주 헌정주의'와 '반헌정주의'의 싸움이 되어야 한다고 말한다(안병진, "헌정주의 무너지면 언제든 더 유능한 '윤석열'이 돌아올 수 있다", ≪한겨레≫, 2025년 3월 17일 자 인터뷰).

13) 레비츠키·지블랫의 『어떻게 민주주의는 무너지는가: 우리가 놓치는 민주주의 위기 신호』(어크로스, 2018)에서는 "정치적 경쟁자를 전복해야 할 적으로 보기 시작하는 순간, 민주주의는 내부에서부터 무너진다"라고 한다. 그들은 헌법 등 공식 제도 못지않게 '상호 관용(mutual toleration)'과 '자제(forbearance)' 같은 정치 규범이 민주주의 유지에 핵심이라고 본다. 권위주의적 지도자의 징후로는 ① 규칙·제도에 대한 거부, ② 정적의 정당성 부정, ③ 폭력의 묵인·조장, ④ 언론·선거 제도 약화를 꼽는다. 이는 트럼프 집권기의 미국 정치, 우익 포퓰리즘과 권위주의 경향에 대한 비판으로 제시된 것이지만, 그 자체로 보편적 진단 틀이다. 나는 이런 기준을 '타자에 대한 규범'으로만 보지 않고, 민주·진보 진영에도 일정 부분 적용해야 한다고 주장한다. 3-7제 인식틀에서 말한 30%의 자기 성찰이 요구되는 지점이다. 레비츠키·지블랫은 민주주

의 붕괴가 한쪽 잘못만이 아니라 양 진영이 규범을 잠식하는 상호 악순환 속에서 가속된다고 지적한다. 따라서 진보 진영도 사회정의·불평등 해소라는 목표가 정당하더라도, 절차적 정당성을 훼손하거나 상대 정당을 제도적으로 배제하는 방식으로 정치가 진행되면 결국 민주주의를 해칠 수 있다는 점을 자각해야 한다. 저자들은 미국 민주당 또한 트럼프 이전부터 공화당과 함께 규범 약화 책임을 공유하고 있다고 지적한다.

14) 김대중 정부 집권 초기의 DJP 연합은 권력 분점에 기반한 협치 전략으로 볼 수 있다. 김대중의 DJP 전략은 50년 만에 야당 정부를 탄생시키기 위한 고육지책이자, 공화적 권력 분점의 사례로 평가될 수 있다.

15) 박훈상·이지운·조권형, "李, 보수 이혜훈 파격 발탁 '통합 승부수' … 野 "부역행위, 환승정치"", ≪동아일보≫, 2025년 12월 29일 자.

16) 오연호, "연정 제안하면 한나라 당황할 줄 알았다 … 수류탄 던졌는데 우리 진영에서 터져버려", ≪오마이뉴스≫, 2007년 10월 10일 자.

12장 반독재 민주화운동의 헌신성을 되살리는 정치는 불가능한가?: 자기희생형 햇볕정치

1) 긴급조치 세대는 저항에 나서기 위해 일생일대의 결단이 필요했던 은둔·익명 세대였다. 이에 비해 1980년대 386세대는 공개적으로 국민적 지지를 받는 세대였으며, 전대협 등 학생운동에 참여하는 것 자체가 정치적 자산이 되었다. 이러한 공개성과 국민적 신뢰는 1987년 이후 정치 민주화의 장이 확대되면서 386세대가 정치 엘리트 집단으로 부상하는 계기가 되었다. 조희연, 「민청세대·긴조세대의 형성과 정치개혁 전망」, ≪역사비평≫, 제32호(1995).

2) Rutger Bregman, *Moral Ambition: Stop Wasting Your Talent and Start Making a Difference* (Bloomsbury Publishing PLC, 2025), p.175.

3) 조희연, "사회적 협의·합의기구로서의 국가교육위원회의 강화를 위한 개혁 방안: 한국형 숙의 민주주의 모델로서의 배심원형 제도 도입을 중심으로"(김영호 국회 교육위원장 주최 '국가교육위원회 개혁 방안 국회 입법 토론회' 발제, 2025년 4월 21일).

4) 정대화 상임위원 등 국가교육위원회 위원 다섯 명은 위원회 구성 과정의 정파성, 사회적 합의 부재, 의견 수렴 부실, 의도적 소통 차단, 교육부 하청 기구로의 전락, 강고한 비밀주의, 위원장 독단 등을 문제로 지적하며 리더십 혁신, 전문위원회 개편, 논란이 된 중장기 국가교육발전계획의 전면 재검토를 요구했다(≪한국일보≫, 2024년 10월 7일 자).

5) 2025년 국회 교육위원장 김영호 의원 주도로 정대화·이광호·반상진·안영신·손우정·조희연 등이 참여해 숙의 민주주의형 협치 모델로 국가교육위원회를 운영하는 방안을 논의했고, 김영호 의원은 이를 법안으로 발의한 상태다.

6) "'긴급조치' 피해자들 배상금으로 인권기금 조성", 연합뉴스, 2013년 12월 23일 자; "'긴급조치' 배상금', 아시아 인권기금으로", ≪경향신문≫, 2013년 12월 24일 자.

7) 조희연, "586세대, 사회적 상속에 나설 때다", ≪경향신문≫, 2022년 9월 28일 자.

1) 백승호, 페이스북, 2025년 6월 게시글.

2) 신경아는 "성평등에 대한 인식은 급속히 확산되었으나, 노동시장·가족 영역에서의 성별 격차 개선 속도가 이를 따라가지 못해 성 형평성에 대한 성별 인식 격차가 매우 커졌고, 청년 세대를 중심으로 비혼·비출산 의식이 급속 확산되고 있다"라고 지적한다. 동시에 "다행스럽게도 젊은 층에서는 남성의 가정 내 역할 변화, 성별 돌봄 격차 해소를 위한 일터 혁신 등 새로운 변화가 자연스럽게 나타나고 있으며, 성평등 민주주의 확산 지체가 저출생 위기의 구조적 요인 중 하나로 분명히 존재한다"라고 말한다(신경아, 「한국의 사회재생산 위기와 성평등 민주주의」, '새 정부의 성평등 정책 비전과 과제를 찾아서' 토론회, 2025년 5월 9일).

3) 정체성 정치와 헤게모니 정치를 엄밀히 구분하지 않고, 후자를 전자의 확장으로 이해하는 관점도 가능하다. 이 책에서는 양자를 구분하되 상호 접합의 가능성에 주목한다.

4) 파울로 프레이리(Paulo Freire), 『페다고지: 억눌린 자를 위한 교육』, 성찬성 옮김(한마당, 1995).

5) 벨 훅스(bell hooks), 『모두를 위한 페미니즘(Feminism Is for Everybody)』, 이경아 옮김(『문학동네』, 2017), 11쪽, "단 한 번도 페미니즘 운동이 여성들만의 것이라고도, 그래야만 한다고도 생각해본 적 없다. 여성이든 남성이든, 소녀든 소년이든 모두가 페미니즘에 한 발 더 다가오게 설득하지 못하면 페미니즘 운동이 성공할 수 없다는 사실을 마음 깊이 확신했다".

6) '지방공무원 임용령' 제51조 2항은 '여성 또는 남성의 선발예정 인원 초과 합격'과 관련해 다음과 같이 적용하고 있다. "① 시험실시기관의 장은 여성과 남성의 평등한 공무원 임용기회를 확대하기 위하여 필요하다고 인정하는 경우에는 제50조 제1항·제3항·제8항 및 제50조의3(제8항에 따른 전직시험에서 면접시험 및 최종합격자 결정과 제10항에 따른 5급 일반승진시험에서 면접시험 및 최종합격자 결정은 제외한다)에도 불구하고 한시적으로 여성 또는 남성이 시험 실시 단계별로 선발예정 인원의 일정비율 이상이 될 수 있도록 선발예정 인원을 초과하여 여성 또는 남성을 합격시킬 수 있다. ② 제1항에 따라 선발예정 인원을 초과하여 여성 또는 남성을 합격시킬 경우에 그 실시대상 시험의 종류, 채용목표비율, 합격자 결정방법과 그 밖에 시험의 시행에 필요한 사항은 교육부장관 또는 행정안전부장관이 정한다". 이 규정에 따라서, 어느 한 성(性)의 합격자가 목표 인원에 미달하는 경우, '우수' 등급을 받은 해당 성의 수험자 중에서 필기시험 성적이 높은 사람부터 차례로 목표 미달 인원만큼 초과로 최종 합격 처리한다. 그러고도 여전히 어느 한 성의 합격자가 목표 인원에 미달하는 경우에는 '보통' 등급을 받은 해당 성의 사람 중에서 이와 같은 방법으로 처리한다. 이 경우 동점자 전원을 추가 합격시킴에 따라 목표 인원을 초과하더라도 동점자 모두 합격 처리(동점자 계산은 소수점 이하 둘째 자리까지)하는 규정까지 있다. 당연히 목표 인원에 미달하는 인원만큼 해당 성의 응시자를 추가 합격시키는 것이므로, 합격선 내의 다른 성 합격자가 탈락하는 것은 아니다.

7) 시스젠더(cisgender)는 출생 시 지정된 성과 자신이 정체화한 성별 정체성이 일치하는 사람을

가리키는 말이다.

8) TERF는 트랜스젠더를 배제하는 급진적 여성주의자(Trans-Exclusionary Radical Feminist)의
    약자로, 여성 의제를 내세우면서 트랜스젠더를 혐오·배제하는 입장을 가리킨다.

9) 교육공동체 벗, ≪오늘의 교육≫, 제85권(2025), 10~11쪽.

4부 공화의 꿈, 교육에서 길을 찾다: 공화적 개혁과 교육의 과제

14장 공동체 미덕이 숨 쉬는 학교의 꿈을 포기하지 말자: '공화적 민주시민교육'의 과제와 방향

1) 민주시민교육의 세계적 동향과 한국적 상황에 대해서는 심성보 외,『학교 민주시민교육의 세
    계적 동향과 과제』(살림터, 2019) 참조.

2) 민주시민교육과 공화주의 교육을 결합하려는 시도로는 이혁규·안데르스 슐츠(Anders
    Schultz),『민주주의 위기 시대, 교육의 응답: 자존감, 공감, 공화주의와 민주시민교육』(에듀니
    티, 2025)을 들 수 있다.

3) 민주시민교육의 핵심 가치이자 지향이다. 시민교육이 근대와 함께 등장한 만큼, 근대 민주주
    의와 시민교육은 구조적으로 결합되어 있다. 독일에서 민주주의 시민교육이 강하게 제도화된
    것도 제1·2차 세계대전 사이 파시즘의 부상에 대한 국가적 교육 대응으로 볼 수 있다. 물론
    이를 필요조건으로는 평가할 수 있지만 충분조건으로 보기는 어렵다. 오늘날 민주시민교육이
    잘 제도화된 독일에서조차 극우정당이 부상하고 있기 때문이다. 제도화 자체는 긍정적이지만,
    그 위에 더 다양한 실천이 쌓여야 한다는 점이 강조되어야 한다.

4) 나는 민주시민교육을 민주주의 시민교육과 동일한 의미로 사용한다. 특별히 다른 의미를 두지
    않는다.

5) 김현수,『극우 청년의 심리적 탄생: 누가 그들의 마음속 분노·좌절·박탈감을 원한과 복수로
    키워 극우가 되게 하는가』(클라우드나인, 2025).

6) 교육의 정치적 중립성 등 심층 논의는 김용 외,『교육의 정치적 중립성』(살림터, 2025)을 참고
    할 수 있다.

7) "국민 40%가 '정치 성향 다르면 밥도 먹기 싫다'", ≪조선일보≫, 2023년 1월 4일 자.

8) 보이텔스바흐 합의와 민주시민교육의 연계를 탐구한 저작으로는 심성보 외,『보이텔스바흐
    합의와 민주시민교육』(북멘토, 2019)이 있다.

9) "민주시민교육 늘린다는데 … 전교조도 우려하는 이유", ≪한겨레신문≫, 2026년 2월 2일 자.

10) 오찬호,『납작한 말들-차별에서 고통까지, "어쩌라고"가 삼킨 것들』(어크로스, 2025).

11) 유지민, "'장애인'이 혐오 표현이 된 학교", ≪한겨레≫, 2025년 5월 8일 자. 그는 "'병○' '장애○이
    냐' 같은 말은 물론이고, '장애인같이 ○○한다'는 말은 아이들 사이에서 흔히 통용되는 비유가
    되었다"라고 지적한다. 이런 혐오가 현실 정치와 연결될 때 교사는 더욱 곤란한 상황에 놓인다.

12) '공존의 교육'과 관련해 중랑구의 한 초등학교를 방문했는데, 한 교사가 공존의 의미를 대단히

풍부하게 만들어서 교육하고 있는 것을 보았다. 즉, 공존을 네 개의 공존으로 나누고 공존의 '존'을 zone으로 해석했다. 제1공존은 '모두를 존중하는 공(恭)존(zone), 제2공존은 '세계와 함께하는 공(共)존, 제3공존은 친환경으로 비우는 공(空)존, 제4공존은 디지털로 만드는 공(工)존을 설정했다. 매우 창의적이고 열정적인 교육의 모습을 보여주어, 여기에 공유한다.

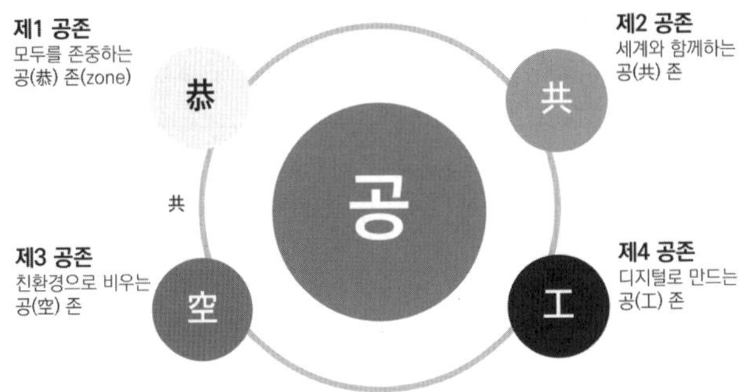

13) 토론교육에는 논쟁·갈등을 전면화하는 방식과, 토론자 간 접점을 찾아가는 방식이 있다. 후자는 공화형 토론교육이라 부를 수 있다. 나는 신라시대 화백회의를, 대등한 귀족들이 합의점을 찾아가는 집단적 토론 형식으로 이해한다[유동걸, 『토론의 전사 10: 화백회의와 직접민주주의』(한결하늘, 2021)]. 이는 현대적 의미에서 공동체의 합의점을 모색하는 치열한 토론 모델로 볼 수 있다. 원효의 '화쟁' 사상도 차이를 지우거나 통일하기 위한 논리가 아니라, 차이를 합리적으로 조정하는 철학으로 읽을 수 있다. 박태원은 『원효의 화쟁철학: 문 구분에 의한 통섭』(세창출판사, 2020)에서 화쟁을 "차이를 다루는 합리적 실력"에 대한 통찰로 해석한다. 이도흠은 『화쟁 기초학 이론과 실제』(한양대학교 출판원, 1999)에서 화쟁의 더 깊은 의미를 탐구한다.

14) "코앞 학교 두고 먼 곳 등교? … 재건축 단지 '초교 배정' 곳곳 갈등", 《동아일보》, 2025년 9월 9일 자.

15) 윤석열 정부 이후, 도시 내 학교 신설을 용이하게 한다는 명분으로, 규제 완화와 함께 재개발·재건축 조합에 부과되던 학교 관련 부담금을 면제하거나, 학교 영향평가·신설 요건을 완화하는 조치가 시행되었다. 불필요한 규제를 줄이는 것은 필요하지만, 학교 확보를 통한 교육권 보장이라는 가치를 훼손해서는 안 된다는 점을 함께 고려해야 한다.

16) 인권 관점에서 생태·환경 인권의 지평을 확장하는 조효제의 연구는 중요한 인식의 확장으로 주목된다[조효제, 『불타는 지구에서 다르게 살 용기』(창비, 2025); 조효제, 『침묵의 범죄 에코사이드』(창비, 2022); 조효제, 『탄소사회의 종말: 인권의 눈으로 기후위기와 팬데믹을 읽다』(21세기북스, 2020) 참조].

17) "대림역 옆 학교 찾은 교육감 '교육보호구역서 혐오 시위 금해야'", 《오마이뉴스》, 2025년 9월

25일 자.

18) 조희연, "한가위에 '공동체형 학교'를 꿈꾼다", ≪한겨레≫, 2023년 9월 27일 자.

19) 김영식, 「학교를 위험하게 만드는 것들: '위험사회론'으로 본 학교」, 『대한민국 교육트렌드
2026』(에듀니티, 2026).

20) 정용주는 입시가속체제를 "초등부터 고교까지 교육 전 과정이 미래 성취를 위해 지배되는 구
조"라고 규정하며, 그 위에 세워진 '가속학교'를 "수업·평가·행정·관계·의사결정 모든 층위에
서 가속을 내면화한 구조"라고 진단한다. 가속학교에서는 존재를 증명하는 것 외에는 아무것
도 허용되지 않으며, 학생은 점수·스펙으로, 교사는 수업안·실적으로, 교장은 보고서·성과지
표로 자신을 증명해야 한다. 그는 대안으로 '시간 주권을 되찾는 교육'과 느린 학교 설계를 제안
한다[정용주, 『멈추지 못하는 학교: 입시가속체제와 시간주권』(교육공동체 벗, 2026)].

21) 김누리, 『경쟁 교육은 야만이다: 누리 교수의 대한민국 교육혁명』(해냄, 2024).

22) https://www.facebook.com/share/p/16wFUdBEse/.

23) https://www.facebook.com/share/p/1JEMYMDmgF/.

[보론 3] 교회가 관용과 다원성의 공간이 되기를: '교회의 정치화'의 양면성을 생각하며

1) 이 글은 조희연, "'교회의 정치화' 그 양면성을 생각하며: 기독교가 정치적 극(極)보수의 보루가
되다면"(≪쿠키뉴스≫, 2025년 4월 7일 자)을 바탕으로 보완한 것이다.

2) 강준만, "이 또한 지나가리라", ≪한겨레≫, 2023년 4월 10일 자.

3) 조희연, "정치 이야기, 금기시 말고 '공존형 토론'을", ≪중앙일보≫, 2023년 5월 17일 자.

4) 박명림, 「대화와 대화민주주의」, 『사회적 대화의 실테, 타궁』(재단법인 여해와 함께, 2025),
177쪽.

5) "편가르기는 망국병 … 탄핵 결과로 나라 쪼개져선 안 돼", ≪중앙일보≫, 2025년 3월 12일 자.

지은이

조희연(曺喜昖)

2014년에 서울특별시 교육감으로 당선되어, 3선을 거쳐 2024년까지 재직했다. 서울대학교 사회학과를 졸업하고, 연세대학교 사회학과에서 석박사 학위를 받았다. 미국 남가주대학교(USC), 일본 게이센대학, 대만 국립교통대학, 영국 랭커스터대학교, 캐나다 브리티시컬럼비아대학교(UBC)에서 교환교수를 지냈다. 1990~2014년에 성공회대학교 교수로 재직했다. 성공회대에서는 사회과학부 교수, 기획처장, 일반대학원장, 민주주의연구소장, 시민사회복지대학원장 등을 역임했다. *Inter-Asia Cultural Studies* 편집위원으로 참여했다. 1988년 22개 진보적 인문사회과학연구단체의 연합체인 학술단체협의회 창립에 참여했으며, 1994년 참여연대 창립에 참여하여 초대 사무처장으로 활동했다. 비판사회학회 회장, 민주화를위한전국교수협의회 상임의장을 역임했다.

교육감으로 재직하면서는 혁신학교, 혁신교육지구 등 다양한 혁신교육정책을 추구해 '교복 입은 시민' 정책의 일환으로 학생자치, 학생인권, 민주시민교육을 추진했다. 또한 '정의로운 차등'이라는 이름으로 평등교육의 이상을 추구했으며, '중학교 협력종합예술', '역지사지 공존형 토론수업', 국제공동수업, 생태전환교육, 농촌유학 등 다양한 혁신교육정책을 추진했다. 2022년부터 2024년까지는 전국시도교육감협의회 회장을 지냈다. 일반고 전성시대, 자사고 폐지, 서울형 마이스터고, '운동 하나, 악기 하나', 공영형 사립유치원, 공영형 사립학교 등도 추진했다. 학교밖학생들을 위한 '기본소득형' 정책인 '교육참여수당'도 만들었으며, '서울형 작은학교' 정책을 통해 작은학교의 회생도 도왔다. 17년 동안 주민들의 반대로 설립할 수 없었던 특수학교를 세 개 설립했고, 꿈을 담은 화장실, 꿈담교실 등 공간혁신사업도 추진하면서 21세기형 학교 건축 모델도 추구했다.

주요 저서로는 『계급과 빈곤』, 『현대 한국 사회운동과 조직』, 『한국의 민주주의와 사회운동』, 『한국의 국가·민주주의·정치변동』, 『비정상성에 대한 저항에서 정상성에 대한 저항으로』, 『박정희와 개발독재시대』, 『지구화 시대의 국가와 탈국가』, 『동원된 근대화』(일본어로 번역됨) 등이 있다. 민주화운동, 시민운동, 교수운동, 학술운동의 경험을 종합하여 한국정치와 사회운동의 역동적 상호 관계를 다룬 『투 트랙 민주주의: 제도정치와 운동정치의 병행 접근』(전 2권)을 출간한 바 있다. 교육 관련 저서로는 『병든 사회, 아픈 교육』, 『태어난 집은 달라도 배우는 교육은 같아야 한다』, 『일등주의 교육을 넘어』, 『교육감의 페이스북: 특별하지 않은 꽃은 없다』, 『지금 만나러 갑니다: 대한민국 교육의 미래를 바꾸는 23인의 목소리』 등이 있다.

극우시대가 온다

햇볕정치와 공화적 민주시민교육

ⓒ 조희연, 2026

지은이 | 조희연
펴낸이 | 김종수
펴낸곳 | 한울엠플러스(주)
편집책임 | 최진희

초판 1쇄 인쇄 | 2026년 3월 15일
초판 1쇄 발행 | 2026년 3월 27일

주소 | 10881 경기도 파주시 광인사길 153 한울시소빌딩 3층
전화 | 031-955-0655
팩스 | 031-955-0656
홈페이지 | www.hanulmplus.kr
등록 | 제406-2015-000143호

ISBN 978-89-460-8437-7 03370 (양장)
      978-89-460-8438-4 03370 (무선)

* 책값은 겉표지에 있습니다.
* 무선 제본 책을 교재로 사용하려면 본사로 연락해 주시기 바랍니다.